Peter Decker, Mathias Schmelz

Kompaktwissen

Rechnungswesen und Steuerung
für Bankkaufleute

15. Auflage

Lernfeld:		
Unternehmens-leistungen erfassen und dokumentieren	Grundlagen der Buchführung	1
	Erfassung erfolgs-neutraler und erfolgswirksamer Geschäftsfälle an einfachen Beispielen	2
	Der Jahresabschluss von Kreditinstituten – Bestandteile und ihre Aufgaben	3
	Umsatzsteuer	4
	Jahresabschluss-arbeiten in Kreditinstituten	5
Lernfeld: Kosten und Erlöse ermitteln und beeinflussen	Bankcontrolling als integratives System von Planung, Steuerung und Kontrolle	6
	Kosten-und-Erlös-Rechnung	7
Lernfeld: Dokumentierte Unternehmens-leistungen auswerten	Rücklagen- und Ausschüttungspolitik in Kreditinstituten	8
	Jahresabschlüsse von Kunden analysieren	9

Bestellnummer 80301N

■ Bildungsverlag EINS

westermann

Bildquellenverzeichnis
Umschlag
fotolia.com, New York: obere Reihe, erste Position von links (Phongphan Supphakank); obere Reihe, zweite Position von links (Rido); obere Reihe, dritte Position von links (Erwin Wodicka); obere Reihe, vierte Position von links (contrastwerkstatt); unten (mojolo)

service@bv-1.de
www.bildungsverlag1.de

Bildungsverlag EINS GmbH
Ettore-Bugatti-Straße 6-14, 51149 Köln

ISBN 978-3-427-**80301**-0

westermann GRUPPE

Vorwort

Liebe Auszubildende,
liebe Kolleginnen und Kollegen für Bankfachklassen,
liebe Ausbilderinnen und Ausbilder,

die Ausbildungsordnung „Bankkaufmann/Bankkauffrau" vom 1. August 1998 sowie der Rahmenlehrplan der Kultusministerkonferenz für den Ausbildungsberuf vom 17. Oktober 1997 haben die Schwerpunkte des Faches „Rechnungswesen und Steuerung" praxisorientiert definiert.
Neben die traditionellen, jedoch unverzichtbaren Bereiche „Grundlagen der Buchführung" und „Erstellung von Jahresabschlüssen in Kreditinstituten" treten gleichberechtigt die „Kosten-und-Erlös Rechnung" und die „Unternehmensanalyse". Hierdurch sollen die Auszubildenden eine berufliche Handlungskompetenz erwerben, die sich u. a. in preisbewusstem Denken und Handeln konkretisiert.
Ausgehend von problembehafteten betrieblichen Situationen sowie vielen Beispielen werden die zur Lösung benötigten Lerninhalte strukturiert und somit nachvollziehbar entwickelt. Hierdurch wird den Auszubildenden die Möglichkeit geboten, sich die Lerninhalte der relevanten Lernfelder selbstständig zu erschließen und in der Praxis erfahrbar zu machen.
Das vorliegende Buch dient somit sowohl zur Vorbereitung des Unterrichts als auch zur Nacharbeit der relevanten Themen im Wege des Selbststudiums. Anschauliche Übersichten am Ende der einzelnen Kapitel fassen komplexe fachsystematische Inhalte in einprägsamer Weise zusammen.
Hervorzuheben sind die umfangreichen Aufgabensammlungen am Ende eines jeden Kapitels, die der anwendenden Übung, der selbstverantwortlichen Lernarbeit und der effizienten Vorbereitung auf die Zwischen- und Abschlussprüfung dienen.
Rechtsstand ist der 31.12.2017. Mit der Neuauflage wurde das Buch fachlich inhaltlich an die aktuelle Rechtslage angepasst. Insbesondere die neuen Grenzen für geringwertige Wirtschaftsgüter ab 2018 wurden eingearbeitet. Für die Zwischen- und Abschlussprüfung nicht zwingend notwendige Inhalte haben wir konsequent aus dem Buch genommen. Da diese Inhalte aber dennoch für einen anschaulichen Rechnungswesenunterricht benötigt werden, haben wir sie unter der Rubrik „BuchPlusWeb" aktualisiert online gestellt (siehe Anzeige auf der Umschlaginnenseite). Die dazugehörigen Lösungen der Aufgaben finden Sie weiterhin im Lehrerhandbuch.
Widmen möchten wir dieses Buch unserem verstorbenen Freund und Mentor, Gregor Wurm, ohne den dieses Buch nicht möglich gewesen wäre. Ferner möchten wir uns bei allen Kolleginnen und Kollegen bedanken, die uns mit kritischen Hinweisen und kreativen Tipps geholfen haben. Unverzichtbar waren auch die Anregungen unserer Schülerinnen und Schüler sowie die Informationen, die wir von den Kreditinstituten der Region bereitwillig erhalten haben. Vielen Dank auch hierfür.

Köln, im Dezember 2017

Peter Decker
Mathias Schmelz

Inhaltsverzeichnis

1	**Grundlagen der Buchführung**	9
1.1	Teile des Rechnungswesens und ihre Aufgaben	9
1.2	Grundbegriffe und Grundregeln der Bankbuchführung	11
1.2.1	Inventur und Inventar	11
1.2.2	Bilanz	13
1.2.3	Wertveränderungen in der Bilanz	16
1.2.4	Auflösung der Bilanz in Bestandskonten	20
1.2.5	Buchungssatz	23
1.2.6	Abschluss von aktiven und passiven Bestandskonten	25
1.2.7	Eröffnungsbilanzkonto und Schlussbilanzkonto	28
1.2.8	Gutschriften, Belastungen, Soll- und Habensalden	30
1.2.9	Erfolgskonten	31
1.2.9.1	Veränderungen des Eigenkapitals	31
1.2.9.2	Aufwands- und Ertragskonten	33
1.3	Kontokorrentkonten	39
1.3.1	Kundenkontokorrentkonto	39
1.3.2	Bankenkontokorrent	47
1.3.3	Weg einer Überweisung	53
1.4	Gemischte Konten	55
1.5	Kontenrahmen und Kontenplan	59
2	**Erfassung erfolgsneutraler und erfolgswirk-**	
	samer Geschäftsfälle an einfachen Beispielen	62
2.1	Buchungen im Kassenverkehr	62
2.2	Buchungen im Spargeschäft	63
2.3	Kassenabstimmung – Kassendifferenzen	Web
2.4	Scheck- und Lastschriftbuchungen	66
2.4.1	Einlösung von auf uns gezogene Schecks	66
2.4.2	Rückgabe unbezahlter Schecks	67
2.4.3	Einzug von Schecks	68
2.4.4	Schecks kommen unbezahlt zurück	69
2.4.5	Einzug von Sepa-Lastschriften	72
2.4.6	Rückgabe von Sepa-Lastschriften	74
2.5	Gehaltsabrechnungen und Personalbuchungen	Web
2.6	Geschäftsgang von Bilanz zu Bilanz	76
3	**Der Jahresabschluss von Kreditinstituten – Bestandteile**	
	und ihre Aufgaben	79
4	**Umsatzsteuer**	81
4.1	Warum wird die Umsatzsteuer auch als Mehrwertsteuer	
	bezeichnet?	81
4.2	Umsatzsteuer in Kreditinstituten	83

5	**Jahresabschlussarbeiten in Kreditinstituten**	**88**
5.1	Bewertung von Sachanlagen	88
5.1.1	Ursachen und Methoden der Abschreibung auf Sachanlagen	88
5.1.2	Buchung der Abschreibung auf Sachanlagen	92
5.1.3	Der Einfluss des Steuerrechtes auf die Abschreibung.	94
5.1.3.1	Degressive Abschreibung	94
5.1.3.2	Geringwertige Wirtschaftsgüter	95
5.1.4	Verkauf von gebrauchten Sachanlagen	97
5.2	Bewertung von Forderungen an Kunden	102
5.2.1	Ursachen und Buchungen von direkten Abschreibungen, Einzel- und Pauschalwertberichtigungen.....................	102
5.2.2	Zahlungseingänge zugunsten zweifelhafter Forderungen	111
5.2.3	Ermittlung des Pauschalwertberichtigungssatzes	116
5.3	Bewertung von Wertpapieren.............................	119
5.3.1	Wertpapierkategorien	119
5.3.2	Bewertung der Wertpapiere des Anlagevermögens nach gemildertem Niederstwertprinzip	120
5.3.3	Bewertung der Wertpapiere der Liquiditätsreserve nach strengem Niederstwertprinzip	121
5.3.4	Bewertung der Wertpapiere des Handelsbestandes nach dem Zeitwertprinzip (fair value)	128
5.3.5	Bewertung nach Niederstwert und Zeitwert im Überblick........	135
5.3.6	Bewertung der Wertpapiere nach International Financial Reporting Standards (IFRS)	135
5.4	Zeitliche Abgrenzung des Jahreserfolges	137
5.4.1	Transitorische Rechnungsabgrenzungsposten.................	137
5.4.1.1	Ertragsabgrenzung.......................................	137
5.4.1.2	Aufwandsabgrenzung	139
5.4.2	Antizipative Rechnungsabgrenzungsposten..................	141
5.4.2.1	Aufwandsabgrenzung	141
5.4.2.2	Ertragsabgrenzung.......................................	143
5.4.2.3	Antizipative Zinsen.......................................	145
5.4.2.3.1	Aufwandsabgrenzung	145
5.4.2.3.2	Ertragsabgrenzung.......................................	147
5.4.3	Rückstellungen	151
5.5	Vorsorge für allgemeine Bankrisiken	155
5.5.1	Instrumente der Risikovorsorge in Kreditinstituten	156
5.5.1.1	Bildung offener Vorsorgereserven nach § 340 g HGB (Fonds für allgemeine Bankrisiken).........................	156
5.5.1.2	Bildung stiller Vorsorgereserven nach § 340 f HGB (Versteuerte Pauschalwertberichtigungen)	157
5.5.1.3	Stille und offene Vorsorgereserven im Vergleich	162
5.5.1.4	Bildung stiller Reserven..................................	163
6	**Bankcontrolling als integratives System von Planung, Steuerung und Kontrolle.**	**164**
6.1	Was bedeutet Controlling?................................	164
6.2	Aufgaben des Controllings	165
6.3	Internes Rechnungswesen als Element des operativen Controllings...	166

7	**Kosten-und-Erlös-Rechnung**	**167**
7.1	Grundlagen der Kosten-und-Erlös-Rechnung	167
7.1.1	Aufgaben der Kosten-und-Erlös-Rechnung	167
7.1.2	Grundbegriffe der Kosten-und-Erlös-Rechnung	168
7.1.2.1	Grundkosten und Zusatzkosten	168
7.1.2.2	Neutrale Aufwendungen	174
7.1.2.3	Grunderlöse und Zusatzerlöse	174
7.1.2.4	Neutrale Erträge	176
7.1.3	Ermittlung von Kosten und Erlösen aus der Gewinn- und-Verlust-Rechnung	177
7.2	Grundprobleme der Selbstkostenermittlung	183
7.2.1	Innerbetriebliche Leistungen und Marktleistungen	184
7.2.2	Dualismus von Marktleistungen	185
7.2.2.1	Betriebsleistungen	185
7.2.2.2	Wertleistungen	186
7.2.2.3	Zusammenhang zwischen Wert- und Betriebsleistungen	187
7.3	Methoden der Bankkalkulation	190
7.4	Gesamtbetriebskalkulation	190
7.4.1	Kalkulatorisches Betriebsergebnis	191
7.4.2	Gesamtzinsspannenrechnung	192
7.4.2.1	Was ist eine Zinsspanne?	192
7.4.2.2	Gesamtzinsspannenrechnung im engeren Sinne	193
7.4.2.3	Nettozinsspannenrechnung	194
7.4.2.4	Zusammenhang zwischen Gesamtbetriebskalkulation und Nettozinsspannenrechnung	195
7.4.3	Ermittlung der Nettogewinnspanne	198
7.5	Kalkulationen im Wertbereich	201
7.5.1	Marktzinsmethode	202
7.5.1.1	Grundstruktur der Marktzinsmethode	202
7.5.1.2	Aufbau der Marktzinsmethode	203
7.5.2	Barwertkalkulationen	Web
7.5.3	Kalkulation von Risikokosten	216
7.5.3.1	Wie entstehen Risikokosten?	216
7.5.3.2	Berücksichtigung von Risikokosten bei der Zinssatzkalkulation	217
7.5.3.3	Ermittlung von Risikokostensätzen	218
7.6	Kalkulationen im Betriebsbereich	219
7.6.1	Kostenarten der Betriebskalkulation	219
7.6.2	Verfahren der Betriebskalkulation	224
7.6.2.1	Betriebsabrechnung als Vollkostenrechnung	Web
7.6.2.2	Betriebskalkulation als Teilkostenrechnung	225
7.6.2.2.1	Merkmale der Teilkostenrechnung auf Einzelkostenbasis	225
7.6.2.2.2	Standard-Einzelkostenrechnung	225
7.6.2.2.3	Aufbau der Standard-Einzelkostenrechnung	226
7.7	Einzelkalkulationen als Deckungsbeitragsrechnungen	237
7.7.1	Merkmale der Deckungsbeitragsrechnung in Kreditinstituten	237
7.7.1.1	Begriff des Deckungsbeitrages	237
7.7.1.2	Grundstruktur der Deckungsbeitragsrechnung in Kreditinstituten	237
7.7.2	Produktkalkulationen	238

7.7.2.1	Kalkulation von Aktivprodukten	239
7.7.2.2	Kalkulation von Passivprodukten	241
7.7.2.3	Kalkulation von Marktleistungen des Betriebsbereichs	243
7.7.3	Kundenkalkulationen	248
7.7.3.1	Formaler Aufbau	248
7.7.3.2	Zweck	249
7.7.3.3	Kalkulation eines debitorisch und kreditorisch geführten Kundenkontos	249
7.7.3.4	Konsequenzen der Kundenkalkulation für die Beratung	252
7.7.4	Geschäftsstellenkalkulation	Web
8	**Rücklagen- und Ausschüttungspolitik in Kreditinstituten**	258
8.1	Das bilanzielle Eigenkapital von Aktiengesellschaften	258
8.1.1	Die Bestandteile der Bilanzposition Eigenkapital	258
8.1.2	Stille und offene Rücklagen	262
8.2	Jahresüberschuss	263
8.2.1	Ermittlung des Jahresüberschusses	263
8.2.2	Verwendung des Jahresüberschusses	264
8.2.3	Schema zur Jahresüberschussverwendung	265
8.2.4	Verwendung des Bilanzgewinns	266
8.2.5	Konsequenzen der Jahresüberschussverwendung für das Eigenkapital	267
9	**Jahresabschlüsse von Kunden analysieren**	272
9.1	Unterschiede der Bilanzen von Industrie-,Handels-, Dienstleistungs- und Handwerksunternehmen	272
9.1.1	Strukturmerkmale von Kundenbilanzen	273
9.1.2	Bilanzgliederung	274
9.1.3	Bilanzpositionen im Vergleich	274
9.1.4	Erläuterungen zu besonderen Bilanzpositionen	275
9.1.5	Erläuterungen zur Gewinn-und-Verlust-Rechnung von Nichtbanken	277
9.2	Auswertung von Jahresabschlüssen der Kunden im Hinblick auf Kredit- und Anlageentscheidungen	279
9.2.1	Jahresabschlussanalyse als Basis der Unternehmensanalyse	280
9.2.2	Bankinternes Rating (BIR)	281
9.2.3	Jahresabschlussanalyse	284
9.2.3.1	Grundprobleme der Jahresabschlussanalyse	284
9.2.3.2	Aufbau der Jahresabschlussanalyse	285
9.2.3.3	Aufbereitung von Jahresabschlussunterlagen	286
9.2.3.3.1	Aufbereitung der Gewinn-und-Verlust-Rechnung	286
9.2.3.3.2	Aufbereitung der Bilanz	287
9.2.3.4	Kennzahlen der Jahresabschlussanalyse	290
9.2.4	Analyse zukunftsorientierter Unternehmensinformationen	298
Anhang		312
Anhang I	Bilanzformblatt	312
Anhang II	Gewinn-und-Verlust-Rechnung	314
Anhang III	Inhalte wichtiger Bilanzpositionen	318

Anhang IV Inhalte der G + V-Rechnung im Überblick   320

Anhang V   Schema zur Ermittlung des Betriebsergebnisses aus der
                  Gewinn-und-Verlust-Rechnung.   322

Anhang VI Kontenplan der IHK-Abschlussprüfung   323

Sachwortverzeichnis **324**

1.1 Teile des Rechnungswesens und ihre Aufgaben

Situation

Am ersten Tag der Ausbildung werden die neuen Auszubildenden der Rhein-Ruhr-Bank AG zu ihrer Orientierung durch die Bankräumlichkeiten geführt. In der Abteilung „Rechnungswesen" erhalten die Auszubildenden die gerade fertiggestellte Bilanz des letzten Geschäftsjahres vom Abteilungsleiter mit den Worten „Hier bekommen Sie den besten Einblick in unser Unternehmen." überreicht. Im Laufe des anschließenden Gespräches erhalten die Auszubildenden folgende kurz gefasste Informationen über das betriebliche Rechnungswesen.

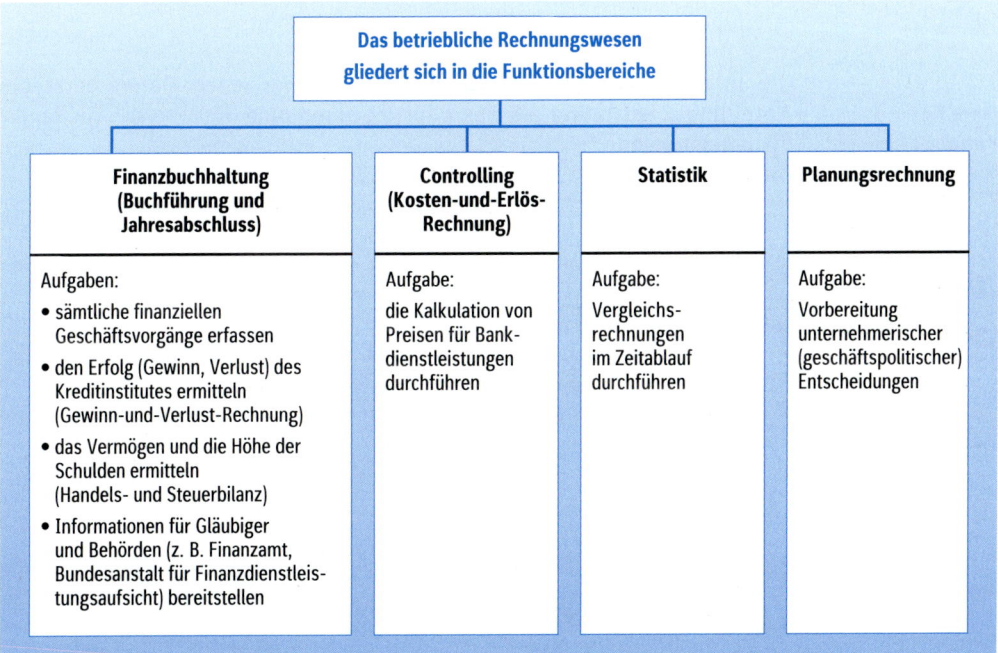

Die Aufgaben der **Finanzbuchhaltung** bestehen darin, sämtliche finanzielle Geschäftsvorgänge zu erfassen, um hierdurch die wirtschaftliche Lage des Kreditinstitutes erkennen und beschreiben zu können. So werden in der Gewinn-und-Verlust-Rechnung alle Aufwendungen und Erträge des letzten Geschäftsjahres gegenübergestellt, um zu sehen, welcher Erfolg realisiert wurde.

Erfolgsmessung

- Sind die Erträge größer als die Aufwendungen, so ist ein positiver Erfolg, ein Gewinn erzielt worden.
- Sind die Aufwendungen größer als die Erträge, so war der Erfolg negativ, ein Verlust wurde realisiert.

Vermögen und Schulden erfassen

Das Kreditinstitut ist ferner daran interessiert zu wissen, welches Vermögen es besitzt und welche Schulden. Zu einem Stichtag werden alle Vermögensbestandteile und alle Schulden in einer Bilanz zusammengefasst und interessierten Dritten zur Verfügung gestellt.

Außenstehende informieren

- So informieren sich z. B. Gläubiger von Kreditinstituten durch die Handelsbilanz über deren wirtschaftliche Situation, um zu ermessen, ob ihre Forderung an das Kreditinstitut sicher ist.
- Das Finanzamt erhält eine Steuerbilanz, die der Öffentlichkeit nicht zugänglich ist. Mit ihrer Hilfe werden die Steuern bemessen, die das Kreditinstitut zu zahlen hat.
- Wegen ihrer besonderen gesamtwirtschaftlichen Funktion unterliegen Kreditinstitute einer staatlichen Aufsicht. Aus diesem Grunde müssen sie Bilanzen der Bundesanstalt für Finanzdienstleistungsaufsicht (BaFin) einreichen.

Preise für Bankdienstleistungen

Die in der Abteilung Finanzbuchhaltung gewonnenen Daten nutzt die **Abteilung Controlling** als Basis für die Ermittlung von Preisen für Bankdienstleistungen.
Hier wird z. B. ermittelt,
- wie teuer ein Kredit sein muss, um kostendeckend vergeben werden zu können, oder
- welche Zinshöhe im Einlagengeschäft maximal angeboten werden kann.

Die **Abteilung Statistik** führt Vergleichsrechnungen durch.
- Wie haben sich Aufwendungen und Erträge sowie Vermögen und Schulden im Zeitablauf verändert? Welche Ursachen waren hierfür maßgeblich?
- Anhand von Branchenvergleichen wird ermittelt, ob andere Kreditinstitute besser gewirtschaftet haben.
- Auf dieser Basis werden Planungsrechnungen durchgeführt, um geschäftspolitische Entscheidungen vorzubereiten.

Bei der Erfüllung dieser Aufgaben muss die Finanzbuchhaltung umfangreiche Rechtsvorschriften beachten.

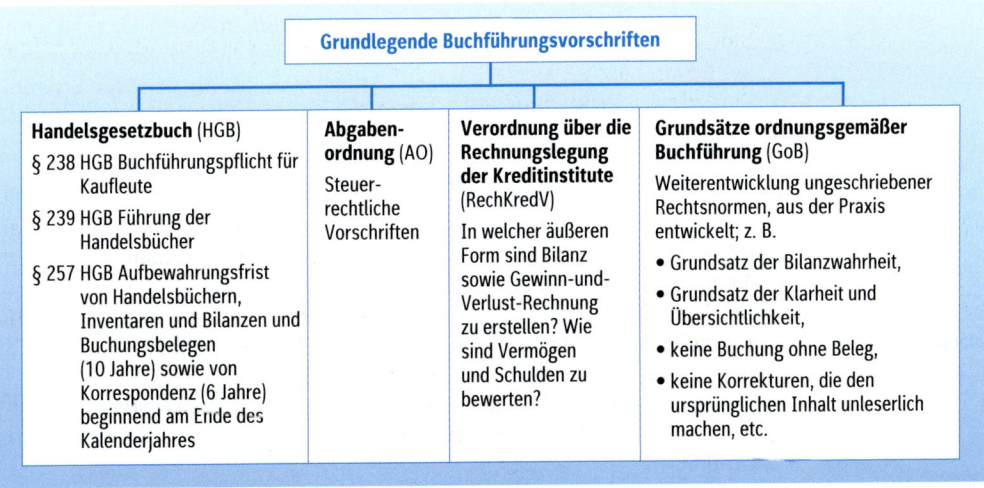

1. *Lesen Sie die §§ 238, 239 und 257 HGB im Original und markieren Sie Ihnen wichtig erscheinende Passagen.*
2. *Beschaffen Sie sich eine Bilanz Ihres Ausbildungsbetriebes und ordnen Sie den Bilanzseiten die Begriffe Vermögen und Schulden zu. Fertigen Sie eine Liste mit wichtigen Vermögens- und Schuldenbestandteilen Ihres Kreditinstitutes in einer Übersicht an.*
3. *Wie lange sind folgende Unterlagen nach den Bestimmungen des HGB aufzubewahren?*
    Tragen Sie ein: ☐1 *10 Jahre*   ☐2 *6 Jahre*   ☐3 *keine Aufbewahrung*
    a) Bilanzen   *c) Handelsbriefe*   *e) Werbeanschreiben eines langjährigen*
    b) Buchungsbelege *d) Hauptbücher*   *Lieferanten von Büromaterial*
4. *Bis zu welchem Datum sind die folgenden Unterlagen der Rhein-Ruhr-Bank AG nach den Bestimmungen des HGB aufzubewahren?*
    a) Auszahlungsbeleg vom 6. Januar 2018
    b) Bilanz des Geschäftsjahres 2017, erstellt am 12. März 2018
    c) Angebot eines örtlichen Bürogroßhändlers über Kopierpapier vom 6. Januar 2018
    d) Empfangene Handelsbriefe aus dem Monat Juni 2018

1.2 Grundbegriffe und Grundregeln der Bankbuchführung

1.2.1 Inventur und Inventar

Anfang Dezember unterhalten sich die Kollegen aus der Rhein-Ruhr-Bank AG über die anfallende Mehrarbeit wegen der bevorstehenden Inventur. Neugierig geworden, forschen die Auszubildenden nach, was es mit der Inventur auf sich hat.

Nach § 240 HGB hat jeder Kaufmann am Ende eines Geschäftsjahres ein Inventar aufzustellen. Hierbei handelt es sich um eine Auflistung der Bestände seiner Grundstücke, seiner Forderungen und Schulden, den Betrag seines baren Geldes sowie der sonstigen Vermögensgegenstände. Außerdem muss er den Wert der einzelnen Vermögensgegenstände und Schulden schätzen und ebenfalls in diesem Inventar angeben.

Inventur

Inventar

Um diese gesetzliche Verpflichtung zu erfüllen, müssen das gesamte Vermögen und alle Schulden gezählt und in einer Liste zusammengestellt werden. Den Vorgang des Zählens nennt man **Inventur**. Das Ergebnis dieses Vorgangs, die Liste mit sämtlichen Vermögensbestandteilen und Schulden, nennt man **Inventar**.

Inventur: mengen- und wertmäßige Bestandsaufnahme aller Vermögensbestandteile und Schulden am Bilanzstichtag		
Arten		
Stichtagsinventur	**Permanente Inventur**	**Zeitlich verlegte Inventur**
zum Ende des Geschäftsjahres	Bestandsaufnahme während des Geschäftsjahres und Fortschreibung der Mengen und Werte bis zum Bilanzstichtag	Bestandsaufnahme innerhalb bestimmter Zeiträume vor bzw. nach dem Bilanzstichtag unter Berücksichtigung der Veränderungen zum Bilanzstichtag
Inventar: Verzeichnis aller Vermögensgegenstände und aller Schulden, gegliedert nach Art, Menge und Wert		

Vermögen

Vereinfachtes Inventar der Rhein-Ruhr-Bank AG zum 31.12.		
I. Vermögen		**Betrag**
1 Kassenbestand		250 TEUR
2 Guthaben bei der Deutschen Bundesbank		4.300 TEUR
3 Schecks		210 TEUR
4 Forderungen an Kunden (Debitoren)		600 TEUR
5 Forderungen an andere Kreditinstitute		800 TEUR
Citibank AG	360 TEUR	
WGZ-Bank	230 TEUR	
Kölnbank	210 TEUR	
6 Wertpapiere		800 TEUR
2,25 % Bundesanleihe 09/19	450 TEUR	
SAP-Stammaktien	350 TEUR	
7 Grundstücke und Gebäude		1.390 TEUR
Eichenallee 178, Dortmund	740 TEUR	
Moritzstr. 12, Köln	650 TEUR	
8 Betriebs- und Geschäftsausstattung		440 TEUR
Mobiliar	120 TEUR	
Technische Einrichtungen	320 TEUR	
Summe des Vermögens		**8.790 TEUR**

Schulden

II. Schulden (Fremdkapital)		
1 Verbindlichkeiten gegenüber Kreditinstituten		970 TEUR
Postbank	190 TEUR	
Deutsche Bank AG	420 TEUR	
Commerzbank AG	360 TEUR	
2 Verbindlichkeiten gegenüber Kunden		4.870 TEUR
a) Sichteinlagen (Kreditoren)	1.430 TEUR	
b) Termineinlagen	760 TEUR	
c) Spareinlagen	2.680 TEUR	
Summe der Schulden		**5.840 TEUR**

III. **Ermittlung des Eigenkapitals**	
Summe des Vermögens	8.790 TEUR
- Summe der Schulden	5.840 TEUR
Eigenkapital (Reinvermögen)	**2.950 TEUR**

Aus der Darstellung ist zu ersehen, dass sich das Eigenkapital aus der Differenz von bewertetem Vermögen und Summe der Schulden berechnet. Die Höhe des Eigenkapitals resultiert also nicht nur aus der einmaligen Bereitstellung bei Unternehmensgründung, sondern aus der Wertentwicklung des Vermögens und der Höhe des Fremdkapitals im Zeitablauf.

Aufgabe

Machen Sie Inventur in Ihrem Klassenraum. Fassen Sie die Ergebnisse in einer Inventurliste nach folgendem Muster zusammen. Versuchen Sie jeden Gegenstand mit seinem aktuellen Wert zu bewerten. Vergleichen Sie anschließend Ihre Ergebnisse.

Inventurliste des Klassenraumes .... zum				Bewertung	
Waren-Inventar-Nr.	Gegenstand	Festgestellte Menge			
	Handelsübliche Bezeichnung	Anzahl	Einheit (Stück, kg, m, l)	Wert je Einheit EUR	Inventurwert EUR
1.					
2.					
...					

1.2.2 Bilanz

Die Auszubildenden der Rhein-Ruhr-Bank AG sind erstaunt über den Umfang des erstellten Inventars, das detailliert jeden Vermögensgegenstand und jede Verbindlichkeit des Kreditinstitutes auflistet und mit einem aktuellen Wert belegt. Sie überlegen daher, ob es nicht möglich wäre, eine komprimierte Auflistung zu erstellen, die weniger detailliert ist, ohne dabei weniger informativ für die am Kreditinstitut interessierten Personen zu sein.

Mithilfe des Inventars wird die Bilanz erstellt. Hierzu fasst der Bilanzbuchhalter gleichartige Bestandteile des Inventars zu Bilanzpositionen zusammen. So wird in einem Inventar z. B. jeder PC einzeln aufgelistet und bewertet. In der Bilanz hingegen werden alle Einrichtungsgegenstände und technischen Geräte unter der Position „Betriebs- und Geschäftsausstattung" nur mit Ihrem Gesamtwert ausgewiesen. Insofern ist der Aussagegehalt einer Bilanz geringer als der eines Inventars.

Ein weiterer Unterschied besteht im Aufbau des Inventars gegenüber der Bilanz. Für das Inventar bestehen keinerlei Formvorschriften. Der Aufbau einer Bilanz eines Kreditinstitutes wird detailliert in der Verordnung über die Rechnungslegung der Kreditinstitute (RechKredV) geregelt. Hier werden

Vgl. Anhang I

nicht nur Formblätter für die Bilanz und die Gewinn-und-Verlust-Rechnung zwingend vorgeschrieben. Auch die Zuordnung von Vermögens- und Schuldenbestandteilen zu bestimmten Positionen wird detailliert geregelt. Hiermit wird eine einheitliche Struktur erreicht, die die Aussagefähigkeit der Bilanzen erhöhen soll und einen Bilanzvergleich bei verschiedenen Kreditinstituten erleichtert.

Eröffnungs- und
Schlussbilanz

Es gibt zwei Anlässe für die Erstellung einer Bilanz:
- Bei Gründung des Kreditinstitutes wird eine sog. Eröffnungsbilanz erstellt.
- Bei bestehenden Kreditinstituten wird am Ende eines jeden Geschäftsjahres eine Schlussbilanz erstellt. Diese ist gleichzeitig die Eröffnungsbilanz des nächsten Geschäftsjahres.

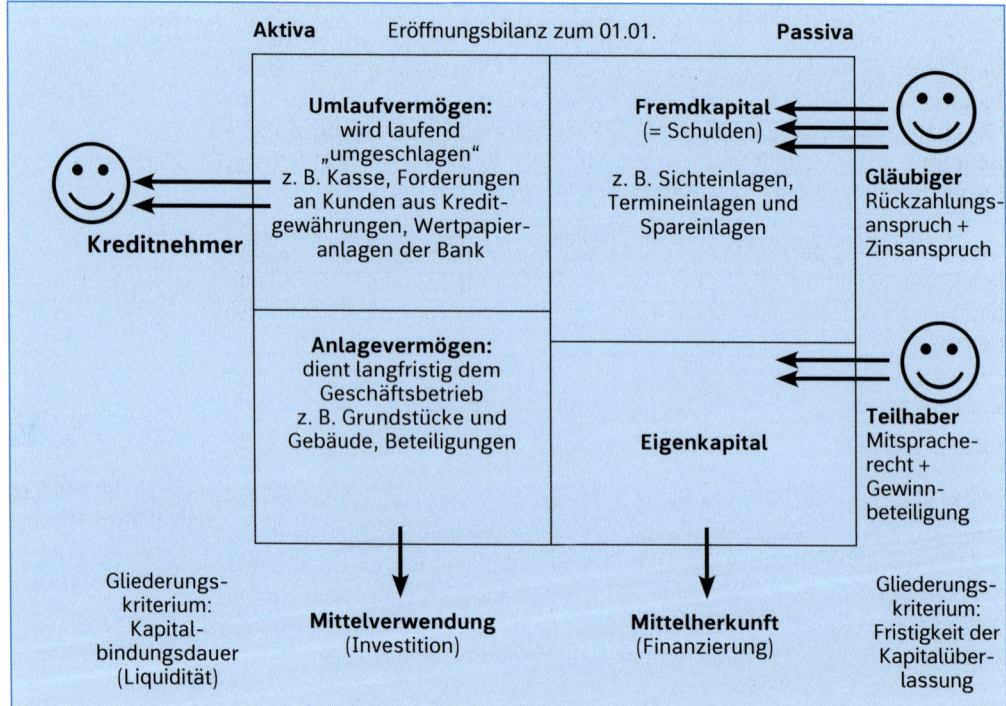

Teilhaber:
Eigenkapital

Gläubiger:
Fremdkapital

Bei Unternehmensgründung stellen die Teilhaber dem Kreditinstitut Eigenkapital zur Verfügung. Als Gegenleistung erhalten sie ein Mitspracherecht bei unternehmerischen Entscheidungen und eine Gewinnbeteiligung. Gläubiger stellen dem Kreditinstitut Fremdkapital in Form von Sichteinlagen (täglich fällige Einlagen auf Konten), Termineinlagen (kurzfristige Anlage von Geldern, die nicht für den Zahlungsverkehr benötigt werden) und Spareinlagen (Anlage und Ansammlung von Vermögen) zur Verfügung. Sie erwerben damit einen Anspruch auf Verzinsung und Rückzahlung ihrer Einlage. Aus Sicht des Kreditinstitutes handelt es sich um Schulden.

Sowohl das Fremdkapital als auch das Eigenkapital werden auf der rechten Seite der Bilanz eingetragen. Diese trägt den Namen **Passiva**. Inhaltlich kommt diesem Namen keine Bedeutung zu. Die Passiva des Kreditinstitutes zeigen auf, woher das Kreditinstitut Kapital bekommen hat. Es spiegelt die **Mittelherkunft** wider. Gliederungskriterium für die Passivseite der Bilanz ist die zunehmende Fristigkeit der Kapitalüberlassung. Daher endet die Passivseite mit dem Eigenkapital, das dem Kreditinstitut unbefristet zur Verfügung steht.

Passiva: Mittelherkunft

Die **linke Seite** der Bilanz zeigt, was das Kreditinstitut mit dem erhaltenen Kapital gemacht hat, wie die **Mittel verwendet** wurden. Ein Teil dieser Mittel wurde in die Kasse gelegt, um die Auszahlungswünsche der Kunden befriedigen zu können. Es wurden Kredite an Kunden vergeben und Wertpapiere gekauft. Bei diesen Positionen handelt es sich um sog. **Umlaufvermögen**. Dieses Vermögen wird dauernd „umgeschlagen". Ferner wurde das zur Verfügung gestellte Kapital dazu benutzt, um Grundstücke und Gebäude, langfristige Beteiligungen an anderen Unternehmen oder Betriebs- und Geschäftsausstattung zu erwerben. Diese Vermögensbestandteile dienen dauernd dem Geschäftsbetrieb und werden daher als **Anlagevermögen** bezeichnet.

Aktiva: Mittelverwendung

Umlaufvermögen

Anlagevermögen

Diese linke Seite der Bilanz heißt **Aktiva**. Auch diesem Namen kommt inhaltlich keine Bedeutung zu. Gliederungskriterium ist die Liquidität oder Kapitalbindungsdauer. So beginnt die Aktivseite mit den liquidesten Vermögensteilen, der Kasse.

Aufgaben

1. Erstellen Sie aus dem Inventar der Seiten 12 und 13 eine Bilanz. Achten Sie auf die richtigen Bezeichnungen der Bilanzpositionen und auf die Gliederungskriterien der Aktiv- und der Passivseite der Bilanz. Vergleichen Sie hierzu das Bilanzformblatt zu Anhang I.

2. Ordnen Sie die folgenden Positionen der
  1 Aktivseite der Bilanz,
  2 Passivseite der Bilanz
zu.

a) Forderungen an Kunden
b) Eigenkapital
c) Verbindlichkeiten gegenüber Kunden
d) Grundstücke und Gebäude
e) Betriebs- und Geschäftsausstattung
f) Wertpapiere
g) Sichteinlagen
h) Schecks
i) Kassenbestand

j) Debitoren
k) Kreditoren
l) Termineinlagen
m) Spareinlagen
n) Mittelherkunft
o) Mittelverwendung
p) Umlaufvermögen
q) Anlagevermögen

1.2.3 Wertveränderungen in der Bilanz

Das Wort „Bilanz" stammt vom italienischen Begriff „bilancia" ab, was so viel wie Waage bedeutet. Genau so ist eine Bilanz zu begreifen. Beide Seiten der Bilanz müssen immer ausgeglichen sein.

Problematisch ist, dass jeder Geschäftsfall, der auf die Erstellung der Bilanz folgt, zu einer Veränderung der Kapital- und/oder Vermögenswerte führt. Diese Veränderung muss in der Art erfolgen, dass die Bilanz nicht aus dem Gleichgewicht kommt.

Im Folgenden sind die Auswirkungen von verschiedenen Geschäftsfällen auf die vereinfachte, als Waage dargestellte Bilanz der Rhein-Ruhr-Bank AG zu analysieren.

Aktiva						Passiva
Kasse	Forderungen an Kunden	BGA	Bilanz-Summe	Sicht-einlagen	Termin-einlagen	Eigen-kapital
7.000,00	17.000,00	10.000,00	34.000,00	16.000,00	12.000,00	6.000,00

1. Geschäftsfall: Barkauf eines PC, 3.000,00 EUR

1. Frage: Welche Bilanzpositionen sind betroffen?
Antwort: Kasse und BGA
2. Frage: Wie verändern sich die Bilanzpositionen?
Antwort: Der Kassenbestand sinkt um 3.000,00 EUR. Die Betriebs- und Geschäftsausstattung mehrt sich um 3.000,00 EUR.

Aktiva						Passiva
Kasse	Forderungen an Kunden	BGA	Bilanz-Summe	Sicht-einlagen	Termin-einlagen	Eigen-kapital
7.000,00	17.000,00	10.000,00	34.000,00	16.000,00	12.000,00	6.000,00
4.000,00	17.000,00	**13.000,00**	34.000,00	16.000,00	12.000,00	6.000,00

3. Frage: Wie verändert sich die Bilanzsumme?
Antwort: Die Bilanzsumme verändert sich nicht.

Ergebnis: Die Aktiv- und die Passivseite der Bilanz bleibt gleich groß, da nur ein Tausch zwischen zwei Aktivpositionen stattfand. Diesen Vorgang bezeichnet man als **Aktivtausch**.

Aktivtausch

2. Geschäftsfall: Ein Kreditor überweist 2.000,00 EUR auf sein Festgeldkonto.

1. Frage: Welche Bilanzpositionen sind betroffen?
Antwort: Sichteinlagen und Termineinlagen.
2. Frage: Wie verändern sich die Bilanzpositionen?
Antwort: Sichteinlagen sinken um 2.000,00 EUR.
Termineinlagen steigen um 2.000,00 EUR.

Aktiva						Passiva
Kasse	Forderungen an Kunden	BGA	Bilanz-Summe	Sicht-einlagen	Termin-einlagen	Eigen-kapital
4.000,00	17.000,00	13.000,00	34.000,00	16.000,00	12.000,00	6.000,00
4.000,00	17.000,00	13.000,00	34.000,00	**14.000,00**	**14.000,00**	6.000,00

3. Frage: Wie verändert sich die Bilanzsumme?
Antwort: Die Bilanzsumme verändert sich nicht.

Ergebnis: Die Aktiv- und die Passivseite der Bilanz bleibt gleich groß, da nur ein Tausch zwischen zwei Passivpositionen stattfand. Diesen Vorgang bezeichnet man als **Passivtausch**. *Passivtausch*

3. Geschäftsfall: Ein Kreditor zahlt 4.000,00 EUR auf sein Konto ein.

1. Frage: Welche Bilanzpositionen sind betroffen?
Antwort: Sichteinlagen und Kasse.
2. Frage: Wie verändern sich die Bilanzpositionen?
Antwort: Sichteinlagen steigen um 4.000,00 EUR.
Der Kassenbestand steigt um 4.000,00 EUR.

Aktiva						Passiva
Kasse	Forderungen an Kunden	BGA	Bilanz-Summe	Sicht-einlagen	Termin-einlagen	Eigen-kapital
4.000,00	17.000,00	13.000,00	34.000,00	14.000,00	14.000,00	6.000,00
8.000,00	17.000,00	13.000,00	38.000,00	**18.000,00**	14.000,00	6.000,00

3. Frage: Wie verändert sich die Bilanzsumme?
Antwort: Die Bilanzsumme mehrt sich um 4.000,00 EUR.

Ergebnis: Die Aktiv- und die Passivseite der Bilanz mehren sich um 4.000,00 EUR, da sich sowohl eine Aktivposition als auch eine Passivposition der Bilanz mehrte. Diesen Vorgang bezeichnet man als **Aktiv-Passiv-Mehrung**. *Aktiv-Passiv-Mehrung*

4. Geschäftsfall: Ein Kunde verfügt über seine Termineinlage in Höhe von 5.000,00 EUR in bar.

1. Frage: Welche Bilanzpositionen sind betroffen?
Antwort: Termineinlagen und Kasse.
2. Frage: Wie verändern sich die Bilanzpositionen?
Antwort: Die Termineinlagen sinken um 5.000,00 EUR.
Die Kasse sinkt um 5.000,00 EUR.

Aktiva						Passiva
Kasse	Forderungen an Kunden	BGA	Bilanz-Summe	Sicht-einlagen	Termin-einlagen	Eigen-kapital
8.000,00	17.000,00	13.000,00	38.000,00	18.000,00	14.000,00	6.000,00
3.000,00	17.000,00	13.000,00	33.000,00	18.000,00	**9.000,00**	6.000,00

3. Frage: Wie verändert sicht die Bilanzsumme?
Antwort: Die Bilanzsumme mindert sich um 5.000,00 EUR.

Aktiv-Passiv-
Minderung

Ergebnis: Die Aktiv- und die Passivseite der Bilanz mindern sich um 5.000,00 EUR, da sich sowohl eine Aktivposition als auch eine Passivposition der Bilanz minderte. Diesen Vorgang bezeichnet man als **Aktiv-Passiv-Minderung**.

Aufgaben

1. *Ordnen Sie den nachfolgenden Geschäftsfällen eine*
   1 *zu, wenn es sich um einen Aktivtausch,*   3 *zu, wenn es sich um eine Aktiv-Passiv-Minderung,*
   2 *zu, wenn es sich um einen Passivtausch,*   4 *zu, wenn es sich um eine Aktiv-Passiv-Mehrung handelt.*

   a) *Sparer heben 600,00 EUR ab.*
   b) *Kauf einer Büromaschine in bar, 980,00 EUR*
   c) *Debitoren zahlen auf ihr Konto 700,00 EUR ein.*
   d) *Verkauf eines ausrangierten PC an einen Kreditor für 200,00 EUR*
   e) *Fällige Termineinlagen in Höhe von 40.000,00 EUR werden von den Kunden abgehoben.*
   f) *Sparkunden übertragen 12.000,00 EUR auf Termingeldkonten.*

2. *Ordnen Sie den nachfolgenden Geschäftsfällen eine*
   1 *zu, wenn es sich um einen Aktivtausch,*
   2 *zu, wenn es sich um einen Passivtausch,*
   3 *zu, wenn es sich um eine Aktiv-Passiv-Minderung,*
   4 *zu, wenn es sich um eine Aktiv-Passiv-Mehrung,*
   5 *zu, wenn es sich um keinen bilanzwirksamen Vorgang handelt.*

   a) *Das Kreditinstitut verkauft Goldmünzen an der Kasse.*
   b) *Ein Kreditor wird mit der Tilgungsrate seines Ratenkredites belastet.*
   c) *Alle Kunden erhalten gebührenfrei eine Karte für den Kontoauszugsdrucker.*
   d) *Kunden wandeln Festgelder in Sichteinlagen um.*
   e) *Das Kreditinstitut verkauft Sparbriefe an Sparkunden.*
   f) *Ein Sparer löst sein Konto auf und nimmt den Abrechnungsbetrag bar mit.*

3. *Man unterscheidet vier Arten von Bilanzbewegungen:*
   1 *Aktivtausch*   2 *Passivtausch*   3 *Aktiv-Passiv-Mehrung*   4 *Aktiv-Passiv-Minderung*

   Prüfen Sie, um welche Art von Bilanzveränderung es sich bei den folgenden Geschäftsfällen handelt.
   a) *Kasseneingänge für Kreditoren*
   b) *Tilgung von Kontokorrentkrediten durch Bareinzahlung*
   c) *Überweisungsaufträge eines Debitors werden über Postbank ausgeführt.*
   d) *Sparkunde hebt bar von seinem Konto ab.*
   e) *Ein Kreditor überträgt auf sein Sparkonto.*

4. *Prüfen Sie, welche Auswirkungen die folgenden Geschäftsfälle auf die Bilanz der Rhein-Ruhr-Bank AG haben. Kennzeichnen Sie die Geschäftsfälle mit einer*
   1, *wenn es sich um einen Aktivtausch handelt.*
   2, *wenn es sich um einen Passivtausch handelt.*
   3, *wenn es sich um eine Aktiv-Passiv-Mehrung handelt.*
   4, *wenn es sich um eine Aktiv-Passiv-Minderung handelt.*

   a) *Ein Kreditnehmer verfügt in bar.*
   b) *Einem Sparer werden Zinsen auf seinem Sparkonto gutgeschrieben.*

c) Überweisungseingang für einen Debitor auf unserem Konto bei der DBB

d) Verkauf einer gebrauchten Büromaschine, bar

e) Miete für Geschäftsräume der Rhein-Ruhr-Bank AG wird über DBB überwiesen.

f) Übertrag vom Postbankkonto auf das Konto der DBB

g) Ein Sparer hebt von seinem Konto ab.

5. Sie wollen nachvollziehen, wie sich bestimmte Bestandsveränderungen auf die Bilanzsumme der Rhein-Ruhr-Bank AG auswirken.

Welche der folgenden Geschäftsfälle sind den untenstehenden Veränderungen der Bilanz der Rhein-Ruhr-Bank AG zuzuordnen?

1 Die Rhein-Ruhr-Bank AG kauft einen Stahlschrank von einem Debitor.

2 Die Rhein-Ruhr-Bank AG verkauft Wertpapiere aus dem eigenen Bestand an einen Kreditor.

3 Ein Debitor zahlt bar ein.

4 Gutschrift auf dem Bundesbankkonto zugunsten eines Debitors

5 Ein Kreditor überweist auf sein Sparkonto.

6 Ein Debitor wird durch eine Bareinzahlung zum Kreditor.

7 Barabhebung der Rhein-Ruhr-Bank AG von ihrem Bundesbankkonto

Veränderungen der Bilanz der Rhein-Ruhr-Bank AG

a) Minderung der Aktiv- und der Passivseite   c) Tausch innerhalb der Passivseite

b) Mehrung der Aktiv- und der Passivseite

Die Aufgaben **6** und **7** beziehen sich auf die folgende Ausgangssituation:

Eine Kundin entscheidet sich, von ihrem Girokonto (Guthaben aktuell 12.700,00 EUR) 10.000,00 EUR auf ein Festgeldkonto zu übertragen und 3.000,00 EUR in einem Sparbrief anzulegen.

6. Welche der folgenden Bilanzveränderungen resultiert aus dem oben genannten Geschäftsfall insgesamt?

a) Aktivtausch   c) Aktiv-/Passivmehrung   e) Keine der Bilanzveränderungen trifft zu.

b) Passivtausch   d) Aktiv-/Passivminderung

7. Ermitteln Sie den Betrag, um den sich die Bilanzsumme der Rhein-Ruhr-Bank AG verändert.

8. Eine Kundin der Rhein-Ruhr-Bank AG unterhält ein Girokonto mit einem Guthaben von 300,00 EUR. Der Kundin werden auf diesem Konto 300,00 EUR gutgeschrieben, die ihr ein Debitor der Rhein-Ruhr-Bank AG überwiesen hat.

Welche der folgenden Aussagen ist aufgrund dieses Vorgangs hinsichtlich der Änderung der Bilanzsumme der Rhein-Ruhr-Bank AG zutreffend?

Die Bilanzsumme ...

a) nimmt um 300,00 EUR zu. Die Sichteinlagen nehmen zu, die Forderungen an Debitoren steigen ebenfalls. Es handelt sich um eine Aktiv-Passiv-Mehrung in der Bilanz.

b) nimmt ab. Die Bilanzpositionen Debitoren und Kreditoren nehmen um jeweils 300,00 EUR ab. Es handelt sich um eine Aktiv-Passiv-Minderung.

c) bleibt konstant. Die Veränderungen der beiden Bilanzpositionen Sichteinlagen und Debitoren heben sich gegenseitig auf, es handelt sich um einen Passivtausch.

d) bleibt konstant. Die Sichteinlagen und die Debitoren nehmen jeweils um 300,00 EUR zu. Es handelt sich bilanziell um einen Passivtausch.

e) bleibt konstant. Die Veränderungen der Bilanzpositionen Sichteinlagen und Debitoren heben sich gegenseitig auf. Es handelt sich um einen Passivtausch.

1.2.4   Auflösung der Bilanz in Bestandskonten

Situation

Die Auszubildenden der Rhein-Ruhr-Bank AG äußern sich erstaunt darüber, dass nach jedem Geschäftsfall eine neue Bilanz erstellt werden soll. Sie überlegen daher, ob es nicht eine sinnvollere und rationellere Möglichkeit gibt, Geschäftsfälle zu erfassen.

Konto

Um eine rationelle und gleichzeitig übersichtliche Möglichkeit zur Erfassung und Dokumentation von Geschäftsfällen zu ermöglichen, wird die Bilanz in Konten aufgelöst. Für jede Bilanzposition auf der Aktivseite der Bilanz wird ein aktives Bestandskonto geführt, für jede Bilanzposition auf der Passivseite der Bilanz wird ein passives Bestandskonto geführt.

Diese Konten werden eröffnet, indem man die Bestände der Eröffnungsbilanz als Anfangsbestände in die Konten einträgt.
* Auf einem aktiven Bestandskonto wird der Anfangsbestand auf der linken Seite eingetragen, da die Bilanzposition auf der linken Seite der Bilanz steht.
* Auf einem passiven Bestandskonto wird der Anfangsbestand auf der rechten Seite eingetragen, da die Bilanzposition auf der rechten Seite der Bilanz steht.

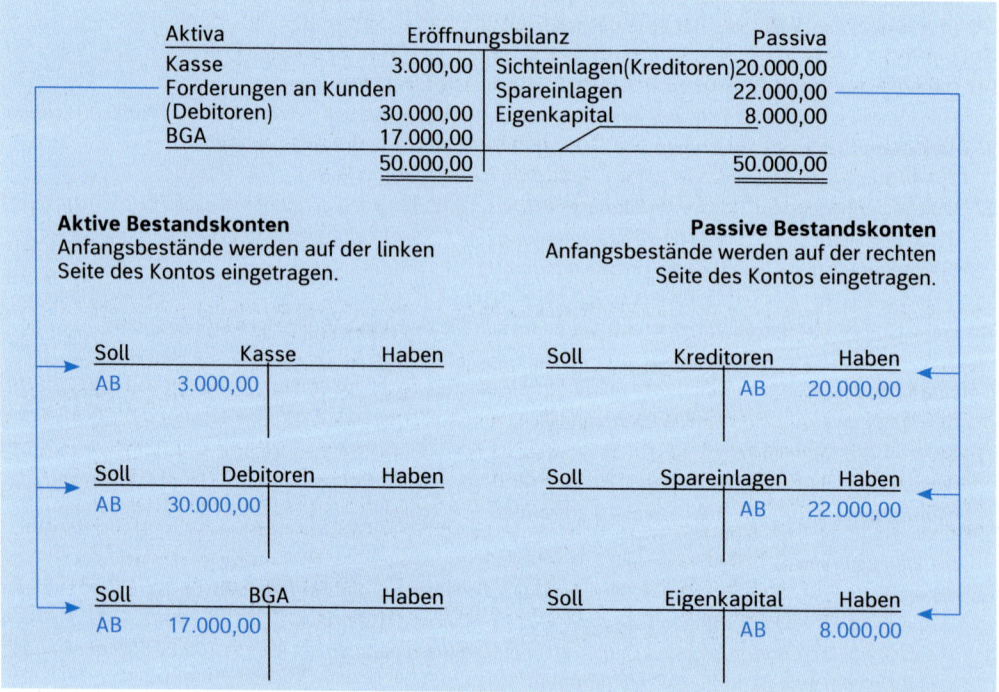

Inhaltlich entspricht der Aussagegehalt der eröffneten aktiven und passiven Bestandskonten genau der Bilanz. Würde man alle aktiven Bestandskonten „übereinanderlegen", so erhielte man als Gesamtergebnis die Aktivseite der Bilanz. Würde man alle passiven Bestandskonten „übereinanderlegen", so erhielte man als Gesamtergebnis die Passivseite der Bilanz.

Die linke Seite eines Kontos heißt Soll, die rechte Seite heißt Haben.
Inhaltlich kommt diesen Bezeichnungen, ebenso wie bei Aktiva und Passiva, keine Bedeutung zu.

Um ein übersichtliches Rechenwerk zu erstellen, werden alle Mehrungen eines Kontos auf der Seite eingetragen, auf der auch die Anfangsbestände eingetragen werden. Minderungen werden auf der entgegengesetzten Seite eingetragen.

Mehrungen
und
Minderungen

Für aktive und passive Bestandskonten ergibt sich folgende Systematik:

Merke:

Soll Aktives Bestandskonto Haben		Soll Passives Bestandskonto Haben	
Anfangsbestand	Minderungen	Minderungen	Anfangsbestand
Mehrungen			Mehrungen
+	**-**	**-**	**+**
Bestandsänderungen auf aktiven und passiven Bestandskonten			

Der Vorteil eines solchen Vorgehens liegt darin, dass nicht nach jedem Geschäftsfall eine neue Bilanz erstellt werden muss, sondern dass Geschäftsfälle in den betroffenen Konten gebucht werden können.

❶ Ausgehend von der folgenden Eröffnungsbilanz werden die Anfangsbestände in die aktiven und passiven Bestandskonten eingetragen.
❷ Buchung der Geschäftsfälle in den Konten.

Geschäftsfall	**Sparkunde zahlt 1.000,00 EUR auf sein Konto ein.**	**Verkauf eines ausrangierten PC an einen Kreditor für 500,00 EUR.**
Frage: **Welche Konten sind betroffen?**	Das Konto Spareinlagen mehrt sich um 1.000,00 EUR. Das Konto Kasse mehrt sich um 1.000,00 EUR.	Das Konto BGA mindert sich um 500,00 EUR. Das Konto Kreditoren (Sichteinlagen) mindert sich um 500,00 EUR.
Frage: **Wie ist dies in den Konten einzutragen?**	Mehrungen von Bestandskonten werden auf der Seite eingetragen, auf der auch der Anfangsbestand steht. Auf dem Konto Kasse steht der Anfangsbestand im Soll, Mehrungen sind daher im Soll zu buchen. Auf dem Konto Spareinlagen steht der Anfangsbestand im Haben, Mehrungen sind daher im Haben des Kontos zu buchen.	Minderungen von Bestandskonten stehen auf der gegenüberliegenden Seite der Anfangsbestände. Auf dem Konto BGA steht der Anfangsbestand im Soll, Minderungen sind daher im Haben zu buchen. Auf dem Konto Spareinlagen steht der Anfangsbestand im Haben, Minderungen sind daher im Soll zu buchen.

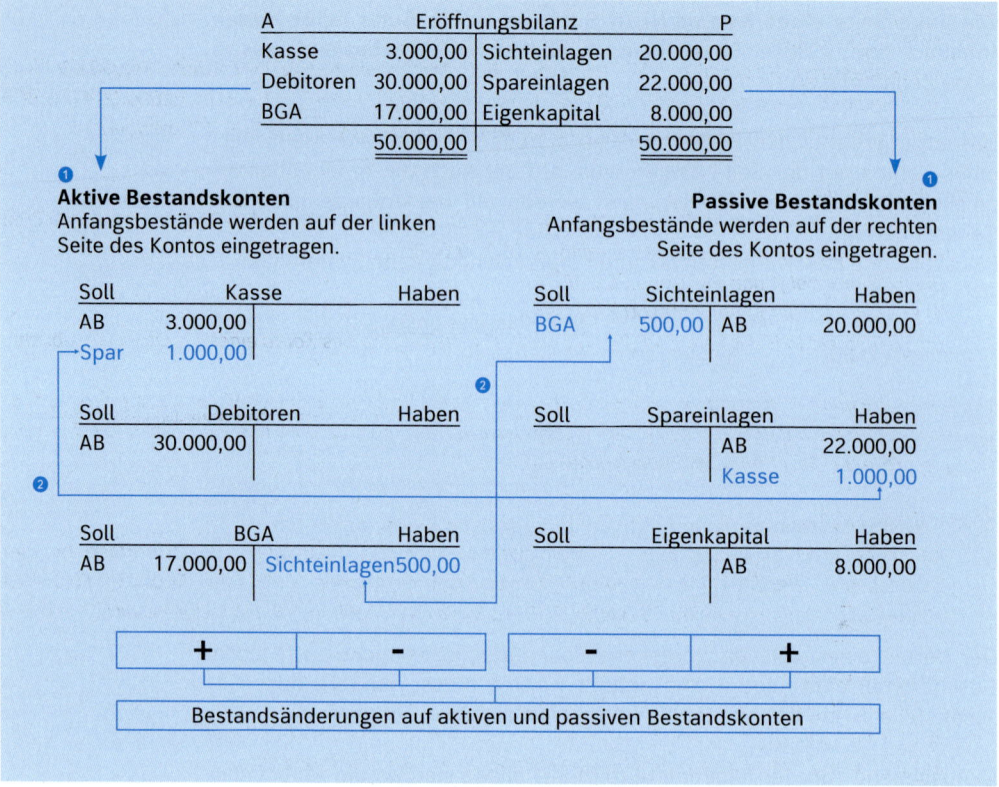

1. *Stellen Sie aus den Anfangsbeständen lt. Inventur die Eröffnungsbilanz auf. Lösen Sie die Eröffnungsbilanz in Konten auf und tragen Sie die Anfangsbestände in die aktiven und passiven Bestandskonten ein. Tragen Sie die Geschäftsfälle in die Konten ein.*

a) Anfangsbestände:
   Kassenbestand 19.000,00 EUR, Sichteinlagen (Kreditoren) 24.000,00 EUR, Forderungen an Kunden (Debitoren) 48.000,00 EUR, BGA 29.000,00 EUR, Spareinlagen 38.000,00 EUR, Termineinlagen 20.000,00 EUR, Eigenkapital?

b) Geschäftsfälle:
   1) Die Rhein-Ruhr-Bank AG verkauft eine gebrauchte Diktiermaschine gegen Barzahlung, 100,00 EUR.
   2) Ein Kreditor überträgt 2.000,00 EUR auf sein Festgeldkonto.
   3) Sparkunden heben 3.000,00 EUR ab.
   4) Ein Kreditor überweist an einen Debitor 500,00 EUR.

2. *Stellen Sie aus den Anfangsbeständen lt. Inventur die Eröffnungsbilanz auf. Lösen Sie die Eröffnungsbilanz in Konten auf und tragen Sie die Anfangsbestände in die aktiven und passiven Bestandskonten ein. Tragen Sie die Geschäftsfälle in die Konten ein.*

a) *Anfangsbestände:*

Kassenbestand 32.000,00 EUR, Guthaben bei der Deutschen Bundesbank 54.000,00 EUR, Sichteinlagen (Kreditoren) 44.000,00 EUR, Forderungen an Kunden (Debitoren) 76.000,00 EUR, BGA 32.000,00 EUR, Spareinlagen 98.000,00 EUR, Termineinlagen 36.000,00 EUR, Eigenkapital?

b) *Geschäftsfälle:*

1) Die Rhein-Ruhr-Bank AG führt den Überweisungsauftrag eines Kreditors über DBB aus, 14.000,00 EUR.

2) Ein Debitor überweist an einen Kreditor, 4.000,00 EUR.

3) Ein Sparer zahlt bar ein, 3.000,00 EUR.

4) Kauf von Büromöbeln, 2.500,00 EUR, bar.

5) Ein Festgeld in Höhe von 5.000,00 EUR wird bei Fälligkeit auf das Konto eines Kreditors umgebucht.

3. *Stellen Sie aus den Anfangsbeständen lt. Inventur die Eröffnungsbilanz auf. Lösen Sie die Eröffnungs-bilanz in Konten auf und tragen Sie die Anfangsbestände in die aktiven und passiven Bestandskonten ein. Tragen Sie die Geschäftsfälle in die Konten ein.*

a) *Anfangsbestände:*

Kassenbestand 51.000,00 EUR, Sichteinlagen (Kreditoren) 64.000,00 EUR, Guthaben bei der Deutschen Bundesbank 116.000,00 EUR, Forderungen an Kunden (Debitoren) 82.000,00 EUR, BGA 36.000,00 EUR, Spareinlagen 83.000,00 EUR, Termineinlagen 94.000,00 EUR, Eigenkapital?

b) *Geschäftsfälle:*

1) Ein Debitor zahlt 2.000,00 EUR auf sein Konto ein.

2) Verkauf eines gebrauchten PC an einen Auszubildenden für 250,00 EUR, bar.

3) Ausführung einer Überweisung eines Kreditors über DBB, 3.000,00 EUR.

4) Einzahlung von 7.000,00 EUR auf unser Konto bei der DBB.

5) Ein Sparer hebt 400,00 EUR ab.

4. *Ordnen Sie die nachfolgenden Begriffe den unten stehenden Definitionen zu.*

Begriffe:

1 *Inventar*   2 *Inventur*   3 *Bilanz*   4 *Konto*

Definitionen:

a) *Mengen- und wertmäßiges Verzeichnis aller Vermögensgegenstände und Schulden des Kreditinsti-tutes*

b) *Mengen- und wertmäßige Erfassung aller Vermögensgegenstände und Schulden des Kreditinstitutes*

c) *Zweiseitige Gegenüberstellung zur Buchung von Beständen und ihren Veränderungen*

d) *Stichtagsbezogene Gegenüberstellung von Vermögen und Kapital eines Kreditinstitutes*

1.2.5   Buchungssatz

Die Auszubildenden der Rhein-Ruhr-Bank AG verbringen die ersten Wo-chen ihrer Ausbildungszeit in der Buchhaltung. Dabei verfolgen sie mehrere Telefongespräche einer Angestellten. Diese gibt den jeweiligen Gesprächs-partnern Anweisungen über Buchungsvorgänge in einer Art und Weise, die für die Auszubildenden nicht verständlich sind. Sie notieren einige dieser Anweisungen wie z. B. „Kasse an Spareinlagen" oder „Termineinlagen an Kreditoren" und beschließen nachzuforschen, was solche Anweisungen bedeuten.

Situation

Buchungssätze sind kürzeste Anweisungen, wie auf Konten zu buchen ist. Der verwendete „Code" folgt einigen Regeln, die an einem Beispiel erläutert werden sollen.

Geschäftsfall: Sparkunde hebt 790,00 EUR ab.	
Vier Fragen zur Erstellung einer Buchungsanweisung	**Antworten**
1. Welche Konten werden von dem Geschäftsfall betroffen?	• Spareinlagen und • Kasse
2. Wie wirkt sich der Geschäftsfall auf die Bestände dieser Konten aus?	• Spareinlagen mindern sich. • Kasse mindert sich.
3. Welche Kontoart liegt jeweils vor?	• Spareinlagen ist ein passives Bestandskonto. • Kasse ist ein aktives Bestandskonto.
4. Auf welcher Seite der Konten muss daher gebucht werden?	• Minderungen vom passiven Bestandskonto Spareinlagen stehen im Soll. • Minderungen vom aktiven Bestandskonto Kasse stehen im Haben.

Buchungsanweisung:
Buchen Sie auf dem Konto Spareinlagen im Soll 790,00 EUR und buchen Sie auf dem Konto Kasse im Haben 790,00 EUR.

Diese Buchungsanweisung wird so stark gekürzt, dass nur noch wesentliche Elemente vorhanden sind. Übrig bleibt:
Spareinlagen im Soll 790,00 EUR und Kasse im Haben 790,00 EUR.

Ferner wird vereinbart, dass das Konto, auf dem im Soll gebucht wird, zuerst genannt wird; das Konto, auf dem im Haben gebucht wird, zuletzt genannt wird. Übrig bleibt:

Grundstruktur eines Buchungssatzes „Soll an Haben"

Buchungssatz: Spareinlagen 790,00 EUR an Kasse 790,00 EUR

Das Verzeichnis aller Buchungssätze wird **Grundbuch** oder Journal genannt.

Aufgaben

1. *Bilden Sie für folgende Geschäftsfälle die Buchungssätze im Grundbuch.*
   a) Ein Kreditor überträgt 20.000,00 EUR auf sein Festgeldkonto.
   b) Abhebung vom Konto der DBB 14.000,00 EUR
   c) Verkauf eines ausrangierten PC an einen Mitarbeiter, 200,00 EUR, bar
   d) Ein Sparer hebt 500,00 EUR ab.
   e) Überweisungseingang für einen Kreditor über DBB in Höhe von 2.500,00 EUR
   f) Übertrag vom Postbankkonto auf das Konto der DBB 150.000,00 EUR
   g) Einzahlung auf das Konto der DBB, 55.000,00 EUR

2. *Bilden Sie für folgende Geschäftsfälle die Buchungssätze im Grundbuch.*

a) Ein Sparer zahlt 1.000,00 EUR auf sein Konto ein.

b) Eine Termineinlage über 20.000,00 EUR wird bei Fälligkeit auf das Konto eines Kreditors umgebucht.

c) Kauf einer Büromaschine für 300,00 EUR, bar

d) Ein Debitor überweist an einen Kreditor 700,00 EUR.

e) Verkauf einer gebrauchten Diktiermaschine an einen Auszubildenden für 25,00 EUR, bar

f) Ein Kreditor überträgt 800,00 EUR auf sein Sparkonto.

3. *Bilden Sie für folgende Geschäftsfälle die Buchungssätze im Grundbuch.*

a) Ein Sparkunde zahlt 400,00 EUR auf sein Konto ein.

b) Einzahlung auf das Konto der DBB, 40.000,00 EUR

c) Ein Debitor überweist 1.500,00 EUR an einen Kreditor.

d) Ein Sparer überträgt 5.000,00 EUR auf sein Festgeldkonto.

e) Ein Sparkunde löst sein Konto auf und nimmt den Abrechnungsbetrag von 270,00 EUR bar mit.

f) Ein Kreditor überweist 1.700,00 EUR an einen Debitor.

4. *Formulieren Sie die Geschäftsfälle, die zu den nachfolgenden Buchungssätzen führten:*

a) Kasse an Spareinlagen 800,00 EUR

b) Termineinlagen an Spareinlagen 1.500,00 EUR

c) BGA an Kasse 400,00 EUR

d) Kreditoren an Debitoren 1.500,00 EUR

e) Kasse an DBB 34.000,00 EUR

f) Kasse an BGA 750,00 EUR

g) Kreditoren an Spareinlagen 1.000,00 EUR

h) DBB an Kasse 88.000,00 EUR

i) Postbank an DBB 100.000,00 EUR

5. *Geben Sie an, welche Geschäftsfälle den folgenden Buchungen zugrunde liegen.*

a) DBB an Kreditoren

b) Debitoren an Kasse

c) Wertpapiere an Spareinlagen

d) Kreditoren an Debitoren

e) Kasse an BGA

1.2.6 Abschluss von aktiven und passiven Bestandskonten

Am Ende des Geschäftsjahres müssen die Konten abgeschlossen werden, um die Schlussbilanz erstellen zu können. Die Schlussbestände ergeben sich aus der Saldierung der aktiven und passiven Bestandskonten. Der Vorgang des Saldierens soll beispielhaft am Konto Kasse vorgenommen werden.

Vorgehen zum Abschluss eines aktiven oder passiven Bestandskontos

Soll	Kasse	Haben
AB	3.000,00	❸ Schlussbestand
Spar	1.000,00	4.000,00
	❶ 4.000,00	➤ ❷ 4.000,00

❶ Addition der Umsätze der größeren Kontoseite. Dies ist bei einem aktiven Bestandskonto stets die Sollseite, bei einem passiven Bestandskonto stets die Habenseite.

❷ Übertrag der Kontosumme auf die jeweils andere Kontoseite.

❸ Ermittlung des Schlussbestandes durch Saldieren, d. h., die Umsätze der jeweils anderen Kontoseite werden von der Kontosumme abgezogen. (4.000,00 – 0 = 4.000,00 Schlussbestand). Die Differenz heißt Saldo, Schluss- oder Endbestand.

Kontoabschluss:

❶ Addition

❷ Übertrag

❸ Saldieren

Wenn alle Bestandskonten abgeschlossen sind, kann die Schlussbilanz erstellt werden, indem alle Schlussbestände der aktiven Bestandskonten auf die Aktivseite der Schlussbilanz eingetragen werden. Die Schlussbestände der passiven Bestandskonten werden auf die Passivseite der Schlussbilanz eingetragen.

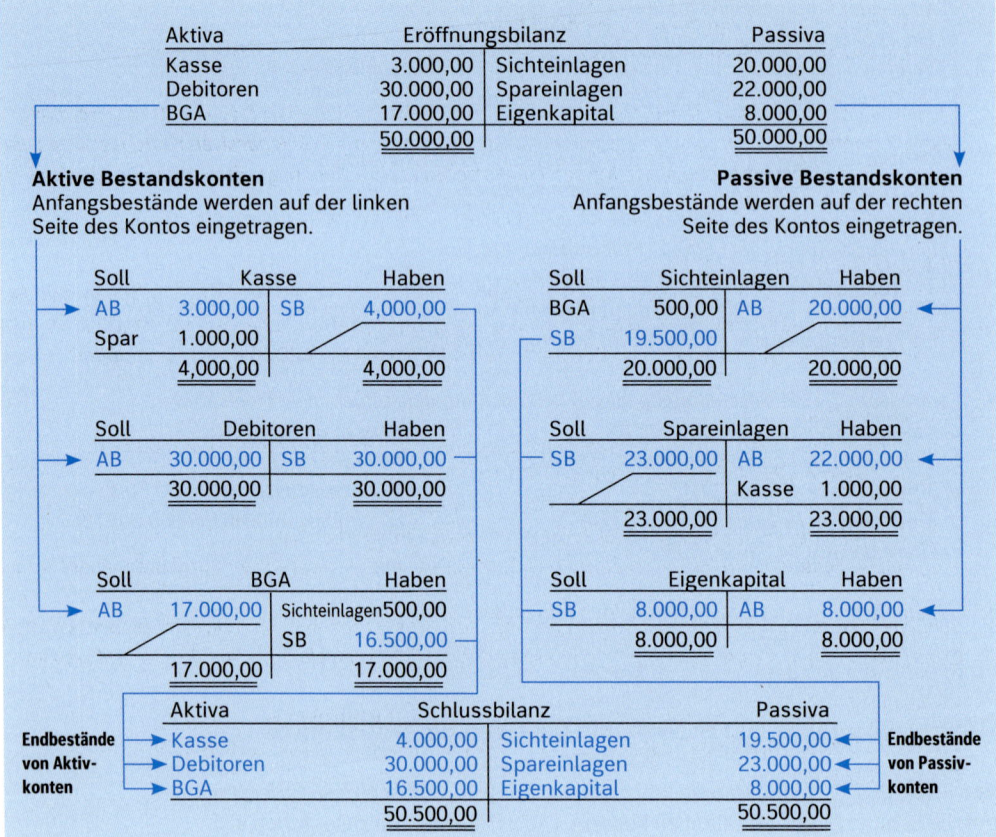

Aufgaben

1. Bilden Sie zu den Aufgaben 1–3 im Anschluss an Kapitel 1.2.4 auf Seite 22 die Buchungssätze zu den Geschäftsfällen im Grundbuch. Erstellen Sie zu den Aufgaben 1–3 jeweils die Schlussbilanz.

2. Stellen Sie aus den Anfangsbeständen lt. Inventur die Eröffnungsbilanz auf. Lösen Sie die Eröffnungs-bilanz in Konten auf und tragen Sie die Anfangsbestände in die aktiven und passiven Bestandskonten ein. Tragen Sie die Geschäftsfälle in die Konten ein. Notieren Sie die Buchungssätze der Geschäftsfälle im Grundbuch. Erstellen Sie die Schlussbilanz.

   a) Anfangsbestände:
   Kassenbestand 14.000,00 EUR, Sichteinlagen (Kreditoren) 19.000,00 EUR, Forderungen an Kunden (Debitoren) 43.000,00 EUR, BGA 24.000,00 EUR, Spareinlagen 93.000,00 EUR, Termineinlagen 17.000,00 EUR, Guthaben bei der Deutschen Bundesbank 70.000,00 EUR, Eigenkapital?

b) *Geschäftsfälle*

   1) Die Rhein-Ruhr-Bank AG verkauft gebrauchte Büromöbel an einen Kreditor für 200,00 EUR.

   2) Ein Debitor zahlt 6.000,00 EUR auf sein Konto ein.

   3) Abhebung vom Konto der DBB, 20.000,00 EUR

   4) Ein Debitor überweist an einen Kreditor 500,00 EUR.

3. *Stellen Sie aus den Anfangsbeständen lt. Inventur die Eröffnungsbilanz auf. Lösen Sie die Eröffnungs-bilanz in Konten auf und tragen Sie die Anfangsbestände in die aktiven und passiven Bestandskonten ein. Tragen Sie die Geschäftsfälle in die Konten ein. Notieren Sie die Buchungssätze der Geschäftsfälle im Grundbuch. Erstellen Sie die Schlussbilanz.*

a) *Anfangsbestände:*

   Kassenbestand 61.000,00 EUR, Sichteinlagen (Kreditoren) 74.000,00 EUR, Guthaben bei der Deutschen Bundesbank 126.000,00 EUR, Forderungen an Kunden (Debitoren) 92.000,00 EUR, BGA 46.000,00 EUR, Spareinlagen 93.000,00 EUR, Termineinlagen 107.000,00 EUR, Eigenkapital?

b) *Geschäftsfälle*

   1) Der Überweisungsauftrag eines Kreditors wird über die DBB ausgeführt, 14.000,00 EUR.

   2) Ein Debitor zahlt 2.000,00 EUR auf sein Konto ein.

   3) Einzahlung von 30.000,00 EUR auf das Konto der DBB

   4) Verkauf eines gebrauchten PC für 300,00 EUR an einen Sparkunden

   5) Fällige Festgelder in Höhe von 30.000,00 EUR werden auf die Konten von Kreditoren umgebucht.

4. *Schließen Sie die folgenden aktiven und passiven Bestandskonten nach den beschriebenen Schritten ① bis ③ ab. Tragen Sie den jeweiligen Schlussbestand in die Konten ein. Erstellen Sie die Schlussbilanz.*

Soll	Kasse		Haben
AB	13.000,00	Spareinl.	900,00
Debitor	1.800,00		

Soll	Sichteinlagen		Haben
BGA	500,00	AB	30.000,00

Soll	Debitoren		Haben
AB	30.000,00	Kasse	1.800,00

Soll	Spareinlagen		Haben
Kasse	900,00	AB	22.000,00

Soll	BGA		Haben
AB	17.000,00	Sichteinlagen	500,00

Soll	Eigenkapital		Haben
		AB	8.000,00

1.2.7   Eröffnungsbilanzkonto und Schlussbilanzkonto

Situation

Nachdem sich die Auszubildenden der Rhein-Ruhr-Bank AG mit den Grundlagen der Buchführung vertraut gemacht haben, wundern sie sich, dass der Anfangsbestand und der Schlussbestand der Bestandskonten einfach ohne eine Gegenbuchung in die Konten eingetragen werden. Es wäre doch nur konsequent, wenn sowohl der Anfangs- als auch der Schlussbestand mithilfe einer Buchung und einer Gegenbuchung in die Konten eingetragen werden könnte. Eine Sachbearbeiterin der Abteilung Buchhaltung soll um Auskunft gefragt werden.

Eine der wichtigsten Regeln der Buchführung besagt, dass von einem Geschäftsfall immer zwei Konten betroffen sind. Keine Buchung erfolgt ohne Gegenbuchung. Vor diesem Hintergrund erscheint es als schwerer Verstoß, den Anfangsbestand einfach ohne eine solche Gegenbuchung in ein Bestandskonto einzutragen. Aus diesem Grunde werden zwei Konten eingeführt, welche ausschließlich dazu dienen, die fehlenden Gegenbuchungen bei der Eröffnung bzw. beim Abschluss der aktiven und passiven Bestandskonten, quasi als Platzhalter, zu sammeln – das Eröffnungsbilanzkonto und das Schlussbilanzkonto.

Eröffnungsbilanzkonto

Da die Anfangsbestände der aktiven Bestandskonten bekanntlich im Soll eingetragen werden, muss die Gegenbuchung auf dem Eröffnungsbilanzkonto im Haben erfolgen. Da die Anfangsbestände der passiven Bestandskonten im Haben eingetragen werden, muss die Gegenbuchung auf dem Eröffnungsbilanzkonto im Soll erfolgen. Im Ergebnis sieht das Eröffnungsbilanzkonto daher wie eine spiegelverkehrte Bilanz aus.

Schlussbilanz-
konto

Der Schlussbestand eines aktiven Bestandskontos wird im Haben eingetragen. Die fehlende Sollbuchung wird daher auf dem Konto Schlussbilanzkonto vorgenommen. Der Schlussbestand eines passiven Bestandskontos hingegen wird im Soll eingetragen. Die korrespondierende Gegenbuchung erfolgt somit im Haben des Schlussbilanzkontos.

Buchungsablauf unter Einschaltung der Eröffnungs- und Schlussbilanzkonten

Aktiva	Eröffnungsbilanz		Passiva	
Kasse	4.000,00	Sichteinlagen	19.500,00	Erstellt aus
Debitoren	30.000,00	Spareinlagen	23.000,00	Inventurergebnissen
BGA	16.500,00	Eigenkapital	8.000,00	
	50.500,00		50.500,00	

Soll	Eröffnungsbilanzkonto		Haben	
Sichteinlagen	19.500,00	Kasse	4.000,00	**Hauptbuch:** Verzeichnis aller T-Konten
Spareinlagen	23.000,00	Debitoren	30.000,00	**Grundbuch:** Verzeichnis aller Buchungssätze
Eigenkapital	8.000,00	BGA	16.500,00	
	50.500,00		50.500,00	

Soll	Kasse		Haben	Soll	Sichteinlagen		Haben
EBK	4.000,00	Spareinl.	500,00	SBK	19.500,00	EBK	19.500,00
		SBK	3.500,00				19.500,00
	4.000,00		4.000,00		19.500,00		

a) Eröffnungsbuchungen
Kasse an EBK 4.000,00 EUR
Debitoren an EBK 30.000,00 EUR
BGA an EBK 16.500,00 EUR
EBK an Sichteinlagen 19.500,00 EUR
EBK an Spareinlagen 23.000,00 EUR
EBK an Eigenkapital 8.000,00 EUR

Soll	Debitoren		Haben	Soll	Spareinlagen		Haben
EBK	30.000,00	SBK	30.000,00	Kasse	500,00	EBK	23.000,00
	30.000,00		30.000,00	SBK	22.500,00		
					23.000,00		23.000,00

b) Geschäftsfall
❶ Ein Sparer hebt 500,00 EUR von seinem Konto ab.
Spareinlagen an Kasse 500,00 EUR

Soll	BGA		Haben	Soll	Eigenkapital		Haben
EBK	16.500,00	SBK	16.500,00	SBK	8.000,00	EBK	8.000,00
	16.500,00		16.500,00		8.000,00		8.000,00

Soll	Schlussbilanzkonto		Haben	
Kasse	3.500,00	Sichteinlagen	19.500,00	**c) Abschlussbuchungen**
Debitoren	30.000,00	Spareinlagen	22.500,00	SBK an Kasse 3.500,00 EUR
BGA	16.500,00	Eigenkapital	8.000,00	SBK an Debitoren 30.000,00 EUR
	50.000,00		50.000,00	SBK an BGA 16.500,00 EUR

SBK an Kasse 3.500,00 EUR
SBK an Debitoren 30.000,00 EUR
SBK an BGA 16.500,00 EUR
Sichteinlagen an SBK 19.500,00 EUR
Spareinlagen an SBK 22.500,00 EUR
Eigenkapital an SBK 8.000,00 EUR

Aktiva	Schlussbilanz		Passiva	
Kasse	3.500,00	Sichteinlagen	19.500,00	Erstellt aus
Debitoren	30.000,00	Spareinlagen	22.500,00	Inventurergebnissen
BGA	16.500,00	Eigenkapital	8.000,00	
	50.000,00		50.000,00	

Aufgaben

1. *Bilden Sie zu den Aufgaben 1–3 im Anschluss an Kapitel 1.2.4 auf Seite 22 die Buchungen zur Eröffnung und zum Abschluss der aktiven und passiven Bestandskonten.*

2. *Stellen Sie aus den Anfangsbeständen lt. Inventur die Eröffnungsbilanz auf. Buchen Sie die Eröffnung der aktiven und passiven Bestandskonten im Grund- und Hauptbuch.*
   Notieren Sie die Buchungssätze der Geschäftsfälle im Grund- und Hauptbuch. Buchen Sie den Abschluss der aktiven und passiven Bestandskonten im Grund- und Hauptbuch. Erstellen Sie die Schlussbilanz.

a) Anfangsbestände:

Kassenbestand 14.000,00 EUR, Sichteinlagen (Kreditoren) 19.000,00 EUR, Forderungen an Kunden (Debitoren) 43.000,00 EUR, BGA 24.000,00 EUR, Spareinlagen 93.000,00 EUR, Termineinlagen 17.000,00 EUR, Guthaben bei der Deutschen Bundesbank 70.000,00 EUR, Eigenkapital?

b) Geschäftsfälle

1) Die Rhein-Ruhr-Bank AG kauft Büromöbel von einem Kreditor für 20.000,00 EUR.

2) Ein Debitor hebt 2.000,00 EUR von seinem Konto ab.

3) Einzahlung auf das Konto der DBB, 5.000,00 EUR

4) Ein Kreditor überträgt 10.000,00 EUR auf sein Festgeldkonto.

3. *Stellen Sie aus den Anfangsbeständen lt. Inventur die Eröffnungsbilanz auf. Buchen Sie die Eröffnung der aktiven und passiven Bestandskonten im Grund- und Hauptbuch. Notieren Sie die Buchungssätze der Geschäftsfälle im Grund- und Hauptbuch. Buchen Sie den Abschluss der aktiven und passiven Bestandskonten im Grund- und Hauptbuch. Erstellen Sie die Schlussbilanz.*

a) Anfangsbestände:

Kassenbestand 61.000,00 EUR, Sichteinlagen (Kreditoren) 74.000,00 EUR, Guthaben bei der Deutschen Bundesbank 126.000,00 EUR, Forderungen an Kunden (Debitoren) 92.000,00 EUR, BGA 46.000,00 EUR, Spareinlagen 93.000,00 EUR, Termineinlagen 107.000,00 EUR, Eigenkapital?

b) Geschäftsfälle

1) Für einen Kreditor geht eine Überweisung in Höhe von 17.000,00 EUR über DBB ein.

2) Ein Debitor überweist 3.000,00 EUR an einen Kreditor.

3) Abhebung vom Konto der DBB, 30.000,00 EUR

4) Verkauf eines gebrauchten PC für 300,00 EUR an einen Debitor

5) Fällige Festgelder in Höhe von 12.000,00 EUR werden auf die Konten von Kreditoren umgebucht.

4. *Buchen Sie die Geschäftsfälle der Rhein-Ruhr-Bank AG im Zusammenhang mit der Eröffnung und dem Abschluss von aktiven und passiven Bestandskonten im Grundbuch.*

a) Abschlussbuchung des Kontos Eigenkapital

b) Eröffnungsbuchung des Kontos Sichteinlagen

c) Abschlussbuchung des Kontos Sichteinlagen

d) Eröffnungsbuchung des Kontos Spareinlagen

e) Eröffnungsbuchung des Kontos Termineinlagen

f) Abschlussbuchung des Kontos Eigene Wertpapiere

g) Eröffnungsbuchung des Kontos Eigenkapital

h) Eröffnungsbuchung des Kontos Kasse

i) Abschlussbuchung des Kontos BGA

j) Abschlussbuchung des Kontos Kasse

k) Eröffnungsbuchung des Kontos Debitoren

l) Eröffnungsbuchung des Kontos Eigene Wertpapiere

m) Abschlussbuchung des Kontos Spareinlagen

n) Abschlussbuchung des Kontos Debitoren

o) Eröffnungsbuchung des Kontos BGA

p) Abschlussbuchung des Kontos Termineinlagen

1.2.8 Gutschriften, Belastungen, Soll- und Habensalden

Merke:

> Alle **Sollumsätze,** sowohl auf aktiven als auch auf passiven Bestandskonten, nennt man **Belastungen.**
> Alle **Habenumsätze,** sowohl auf aktiven als auch auf passiven Bestandskonten, nennt man **Gutschriften.**

Soll	Aktives Bestandskonto	Haben
Anfangsbestand	Habenumsätze = **Gutschriften**	
Sollumsätze = **Belastungen**	Endbestand	

Soll	Passives Bestandskonto	Haben
Sollumsätze = **Belastungen**	Anfangsbestand	
Endbestand	Habenumsätze = **Gutschriften**	

Der Endbestand eines aktiven Bestandskontos ist die Differenz aus Anfangsbestand plus Belastungen minus den Gutschriften. Er zeigt also an, um wie viel die Sollseite des Kontos größer ist als die Habenseite; aus diesem Grunde wird er als Sollsaldo bezeichnet. Dieser **Sollsaldo** wird zum Ausgleich des Kontos auf die Habenseite eingetragen.

Umgekehrt ist die Betrachtung bei einem passiven Bestandskonto. Hier ergibt sich der Endbestand als Differenz aus Anfangsbestand plus Gutschriften minus Belastungen. Der Schlussbestand zeigt also, um wie viel die Habenseite des Kontos größer ist als die Sollseite; aus diesem Grunde wird er als Habensaldo bezeichnet. Dieser **Habensaldo** wird zum Ausgleich des Kontos auf die Sollseite eingetragen.

Sollsaldo

Habensaldo

Soll	Aktives Bestandskonto	Haben
Anfangsbestand		Gutschriften
Belastungen		**Sollsaldo**

Soll	Passives Bestandskonto	Haben
Belastungen		Anfangsbestand
Habensaldo		Gutschriften

Ein Sollsaldo steht im Haben. Er zeigt, um wie viel die Sollseite eines Kontos größer ist als die Habenseite.

Ein Habensaldo steht im Soll. Er zeigt, um wie viel die Habenseite eines Kontos größer ist als die Sollseite.

Merke:

1.2.9 Erfolgskonten

1.2.9.1 Veränderungen des Eigenkapitals

Situation

Zum Quartalsende fallen in der Rhein-Ruhr Bank AG vier Geschäftsfälle an.
① Das Kreditinstitut zahlt Zinsen auf Sichteinlagen, 1.500,00 EUR.
② Das Kreditinstitut belastet Kreditoren mit Kontoführungsgebühren, 3.000,00 EUR.
③ Das Kreditinstitut belastet Debitoren mit Kreditzinsen, 3.500,00 EUR.
④ Das Kreditinstitut zahlt Gehälter an Aushilfen bar aus, 700,00 EUR.

Die bisherigen Geschäftsfälle führten ausschließlich zu einer Veränderung der Bestände an Vermögen oder Schulden, ohne hierdurch einen Gewinn oder einen Verlust zu erzielen. Andere Geschäftsfälle wirken sich aber direkt auf den Unternehmenserfolg der Kreditinstitute aus. Sie verändern das Eigenkapital und werden als erfolgswirksame Vorgänge bezeichnet.

Fall ①: Werden z.B. Zinsen auf Sichteinlagen gezahlt, so mehren sich die Schuldenbestände der Bank, da sich die Einlagen in Höhe der Zinsgutschrift mehren. Gleichzeitig mindert sich das Eigenkapital des Kreditinstitutes.

Aktiva						Passiva
Kasse	Forderungen an Kunden	BGA	Bilanz-Summe	Sicht-einlagen	Termin-einlagen	Eigen-kapital
4.000,00	17.000,00	13.000,00	34.000,00	14.000,00	14.000,00	6.000,00
4.000,00	17.000,00	13.000,00	34.000,00	**15.500,00**	14.000,00	**4.500,00**

Gezahlte Zinsen mindern das Eigenkapital.

Fall ②: Werden Kreditoren mit Kontoführungsgebühren belastet, so mindern sich die Schulden des Kreditinstitutes, da die Einlagen der Kunden um die Höhe der Kontoführungsbelastung sinken. Gleichzeitig mehrt sich das Eigenkapital.

Vereinnahmte Gebühren mehren das Eigenkapital.

Aktiva						Passiva
Kasse	Forderungen an Kunden	BGA	Bilanz- Summe	Sicht- einlagen	Termin- einlagen	Eigen- kapital
4.000,00	17.000,00	13.000,00	34.000,00	15.500,00	14.000,00	4.500,00
4.000,00	17.000,00	13.000,00	34.000,00	**12.500,00**	14.000,00	**7.500,00**

Fall ③: Werden Debitoren mit Kreditzinsen belastet, so mehren sich die Forderungen des Kreditinstitutes um die Höhe der Zinsbelastung. Gleichzeitig mehrt sich das Eigenkapital.

Vereinnahmte Zinsen mehren das Eigenkapital.

Aktiva						Passiva
Kasse	Forderungen an Kunden	BGA	Bilanz- Summe	Sicht- einlagen	Termin- einlagen	Eigen- kapital
4.000,00	17.000,00	13.000,00	34.000,00	12.500,00	14.000,00	7.500,00
4.000,00	**20.500,00**	13.000,00	37.500,00	12.500,00	14.000,00	**11.000,00**

Fall ④: Werden Gehälter in bar an Aushilfen gezahlt, so mindert sich der Kassenbestand und gleichzeitig der Bestand des Eigenkapitals.

Gezahlte Gehälter mindern das Eigenkapital.

Aktiva						Passiva
Kasse	Forderungen an Kunden	BGA	Bilanz- Summe	Sicht- einlagen	Termin- einlagen	Eigen- kapital
4.000,00	20.500,00	13.000,00	37.500,00	12.500,00	14.000,00	11.000,00
3.300,00	20.500,00	13.000,00	36.800,00	12.500,00	14.000,00	**10.300,00**

Merke:

> Erfolgswirksame Geschäftsfälle wirken sich direkt auf die Höhe des Eigenkapitals des Kreditinstitutes aus.
> • Alle Minderungen des Eigenkapitalbestandes werden als **Aufwendungen** bezeichnet.
> • Alle Mehrungen des Eigenkapitalbestandes werden als **Erträge** bezeichnet.

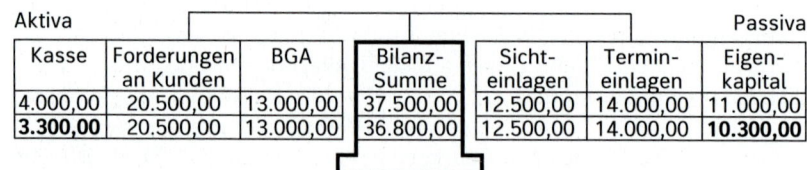

Soll	Eigenkapital	Haben
Bestandsminderungen = Aufwendungen 2.200,00	Anfangsbestand (Eigenkapital alt) 6.000,00
	Bestandsmehrungen = Erträge 6.500,00
Endbestand (Eigenkapital neu) 10.300,00	

Der Erfolg des Kreditinstitutes lässt sich auf zweifache Weise bestimmen.

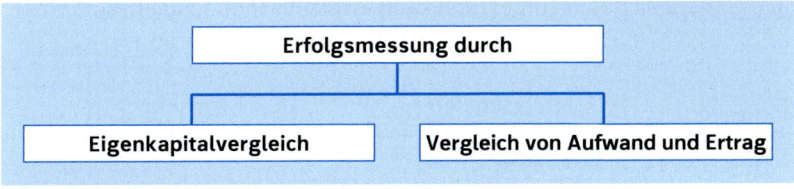

	Summe der Erträge	6.500,00	Erfolgsmessung
Endbestand			
des Eigenkapitals 10.300,00	– Summe der		
– Anfangsbestand			
des Eigenkapitals 6.000,00	Aufwendungen	2.200,00	

Gewinn 4.300,00 EUR, da das Ergebnis positiv ist.
Ist das Ergebnis negativ, so ergibt sich ein Verlust.

1.2.9.2 Aufwands- und Ertragskonten

Situation

Am Ende des Geschäftsjahres erhalten die Auszubildenden der Rhein-Ruhr-Bank AG den Auftrag, die gesamten Personalaufwendungen des Kreditinstitutes zu ermitteln. Ohne große Freude machen sie sich an die Arbeit, aus der Vielzahl von Eigenkapitalminderungen diejenigen herauszusuchen, die Lohn- und Gehaltszahlungen des abgelaufenen Geschäftsjahres betreffen.

Um eine höhere Transparenz über die entstandenen Aufwendungen und Erträge zu erhalten, werden zu dem Eigenkapitalkonto Unterkonten gebildet. Diese Unterkonten werden als Erfolgskonten bezeichnet und lassen sich in Aufwands- und Ertragskonten unterscheiden.

Erfolgskonten

Das Eigenkapitalkonto nimmt wie bisher den Anfangsbestand auf. Die im Jahresablauf anfallenden Aufwendungen und Erträge werden nicht mehr auf dem Eigenkapitalkonto gebucht, sondern auf den Unterkonten zum Eigenkapital, den Aufwands- und Ertragskonten. Für diese gelten grundsätzlich die gleichen Buchungsregeln wie für passive Bestandskonten.

Aufwendungen mindern das Eigenkapital (Sollbuchung auf einem passiven Bestandskonto), sie werden daher im Soll des entsprechenden Aufwandskontos gebucht. Erträge mehren das Eigenkapital (Habenbuchung auf einem passiven Bestandskonto), sie werden daher im Haben des entsprechenden Ertragskontos gebucht.

Aufwands- und Ertragskosten

Am Geschäftsjahresende werden alle Aufwands- und Ertragskonten über das Gewinn-und-Verlust-Konto abgeschlossen. Sind die Erträge größer als die Aufwendungen, wurde ein Gewinn erzielt. Dieser mehrt das Eigenkapital. Sind die Aufwendungen größer als die Erträge, so hat das Kreditinstitut einen Verlust realisiert. Dieser mindert das Eigenkapital. Das Gewinn-und-Verlust-Konto wird nun über das Eigenkapitalkonto abgeschlossen. Im Gewinnfall lautet die Buchung: Gewinn-und-Verlust-Konto an Eigenkapital. Im Verlustfall lautet die Buchung: Eigenkapital an Gewinn-und-Verlust-Konto.

Abschluss über GuV

Die folgende Übersicht zeigt den Buchungsablauf der 4 Geschäftsfälle aus dem vorherigen Kapitel unter Benutzung von Aufwands- und Ertragskonten.

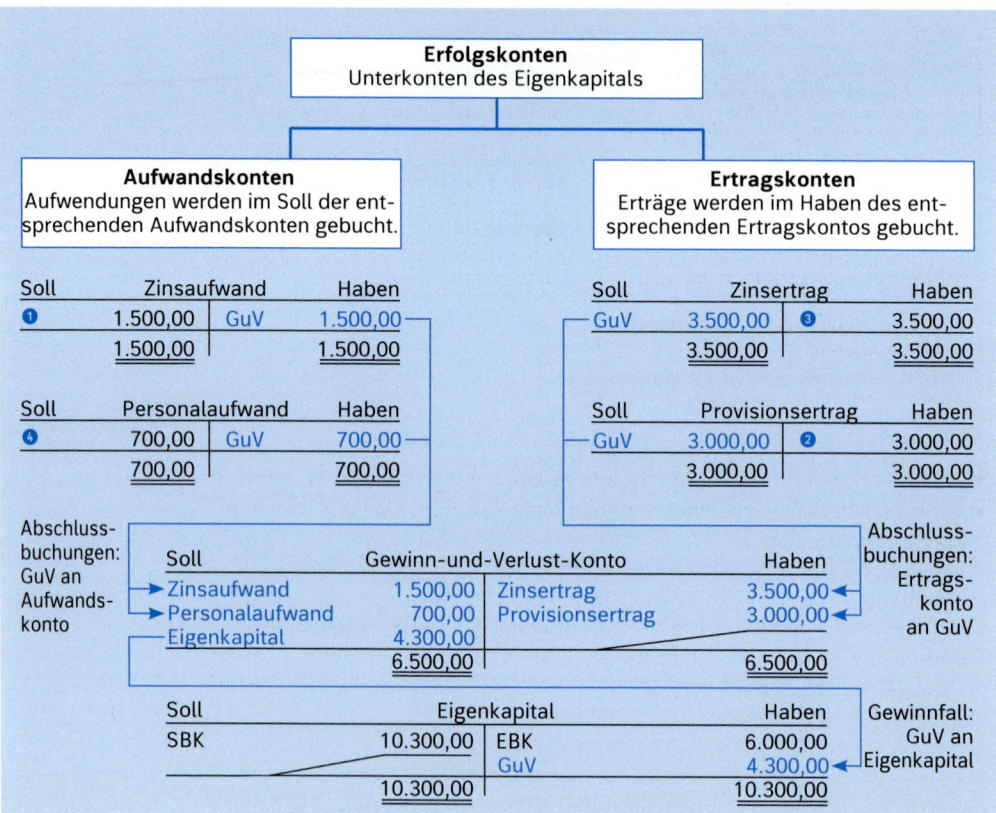

Ein Vergleich mit der Darstellung des Kapitels 1.2.9.1 zeigt, dass beide Darstellungen zum gleichen Ergebnis, einem Eigenkapital in Höhe von 10.300,00 EUR, kommen. Der Vorteil der Einführung der Erfolgskonten liegt in dem höheren Aussagewert der Darstellung. So kann auf einen Blick die Höhe der gesamten Aufwendungen und der gesamten Erträge aus dem Gewinn-und-Verlust-Konto abgelesen werden. Ferner kann aus den Erfolgskonten die Höhe einzelner im gesamten Geschäftsjahr angefallenen Aufwendungen oder Erträge abgelesen werden.

- **Aufwendungen** mindern das Eigenkapital. Sie werden daher im Soll der entsprechenden Aufwandskonten gebucht.
- **Erträge** mehren das Eigenkapital. Sie werden daher im Haben der entsprechenden Ertragskonten gebucht.

Merke:

Wichtige Aufwandskonten	Wichtige Ertragskonten
– Zinsaufwand (Entgelt für Einlagen) – Provisionsaufwand (Gebühren, die das Kreditinstitut zahlt) – Personalaufwand (Löhne und Gehälter) – Andere Verwaltungsaufwendungen (Büromaterial, Versicherungen, Abonnements) – Abschreibungen (Wertminderung von Vermögen) – Steuern – Kursverluste	– Zinserträge (Entgelt für gewährte Kredite) – Provisionserträge (Gebühren, die das Kreditinstitut in Rechnung stellt) – Wertpapierzinserträge – laufende Erträge aus Aktien (z. B. Dividenden) – Kursgewinne

- Aufwands- und Ertragskonten haben **keine Anfangsbestände.**
- Aufwands- und Ertragskonten werden **über das Gewinn-und-Verlust-Konto abgeschlossen**.
  - Abschluss der Aufwandskonten: GuV an Aufwandskonto
  - Abschluss der Ertragskonten: Ertragskonto an GuV
- Das Gewinn-und-Verlust-Konto wird über das Eigenkapitalkonto abgeschlossen.
  - Gewinnfall: GuV an Eigenkapital
  - Verlustfall: Eigenkapital an GuV

Schema: Von der Eröffnungsbilanz bis zur Schlussbilanz (Auch als Faltblatt am Ende des Buches)

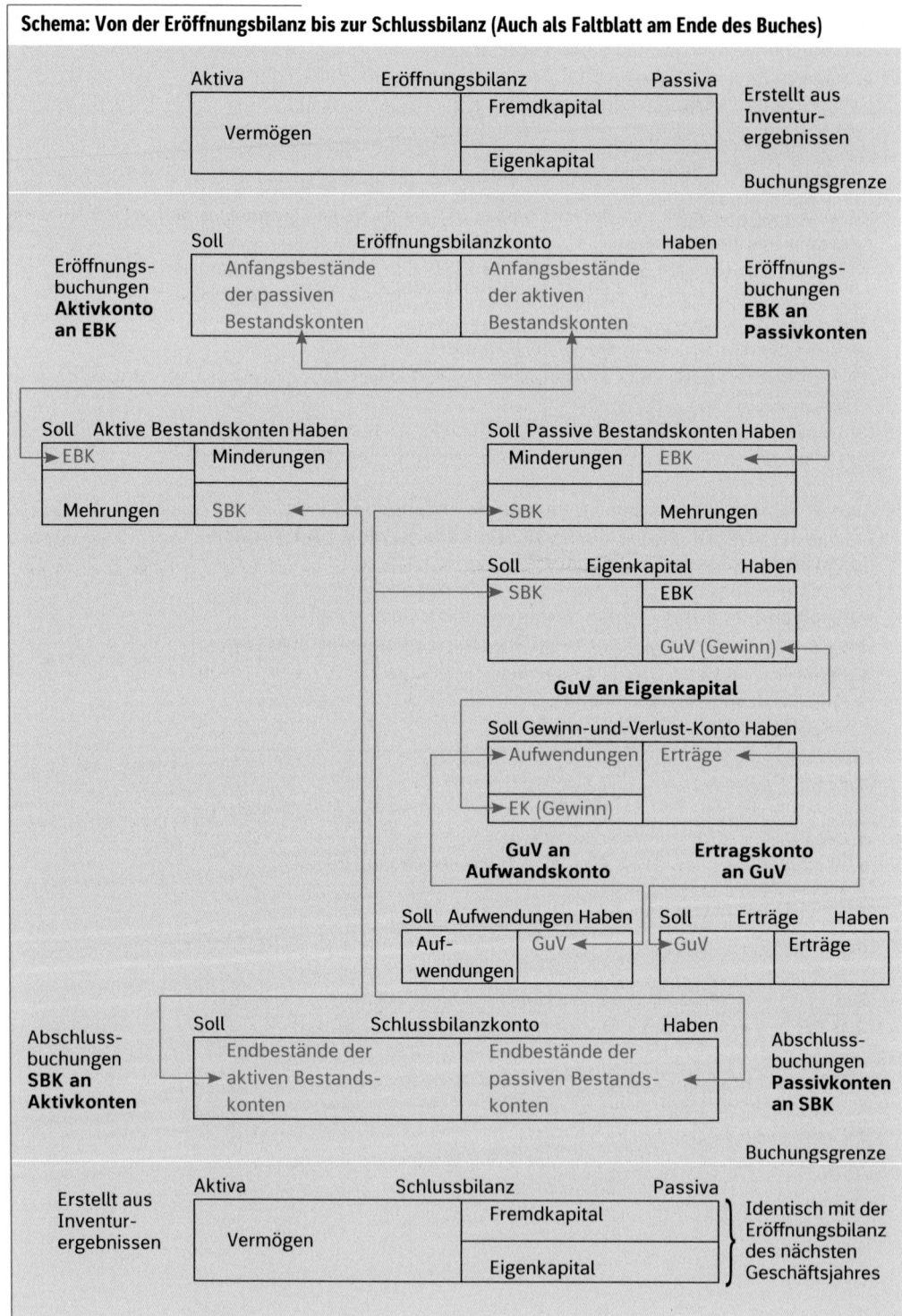

1. Ordnen Sie den Kontoarten
   1 aktive Bestandskonten,   3 Aufwandskonten und
   2 passive Bestandskonten,   4 Ertragskonten
nachstehende Aussagen zu.

a) Die Anfangsbestände und Zugänge stehen auf der Sollseite, Minderungen und Schlussbestände stehen im Haben.

b) Sie haben keine Anfangsbestände; beim Kontoabschluss wird ein Sollsaldo ermittelt.

c) Sie haben keine Anfangsbestände; beim Kontoabschluss wird ein Habensaldo ermittelt.

d) Auf diesen Konten wird die Mittelverwendung erfasst.

e) Auf diesen Konten wird die Mittelherkunft erfasst.

f) Die Anfangsbestände und Zugänge stehen auf der Habenseite, Minderungen und Schlussbestände stehen im Soll.

g) Sie haben Anfangsbestände; beim Kontoabschluss wird ein Sollsaldo ermittelt.

h) Sie haben Anfangsbestände, beim Kontoabschluss wird ein Habensaldo ermittelt.

2. Buchen Sie die folgenden Geschäftsfälle im Grundbuch und führen Sie die **Erfolgskonten** im Hauptbuch. Schließen Sie die Erfolgskonten ab und ermitteln Sie die Höhe des neuen Eigenkapitals unter der Annahme, dass das Eigenkapital vor den folgenden Geschäftsfällen 75.000,00 EUR beträgt.

Geschäftsfälle

1. Eingang einer Mietzahlung auf das Konto der DBB	600,00 EUR
2. Überweisung einer Rechnung für Büromaterial über DBB	1.500,00 EUR
3. Zinsen werden fällig für	
– Spareinlagen	320,00 EUR
– Debitoren.	14.400,00 EUR
4. Es werden Provisionen an befreundete Unternehmen	
über DBB gezahlt.	11.500,00 EUR
5. Debitoren werden Provisionen belastet.	5.800,00 EUR
6. Abschluss sämtlicher Erfolgskonten (in Grund- und Hauptbuch)	
7. Abschluss des Kontos GuV	

3. Das Gewinn-und-Verlust-Konto der Rhein-Ruhr-Bank AG weist folgende Umsätze auf:

Soll	Gewinn-und-Verlust-Konto		Haben
Umsätze	6.156.236,87	Umsätze	6.056.342,57

a) Prüfen Sie, ob die Rhein-Ruhr-Bank AG Gewinn oder Verlust machte. Begründen Sie Ihre Aussage.

b) Wie hoch ist der Gewinn bzw. der Verlust?

c) Buchen Sie den Abschluss des Kontos.

d) Kennzeichnen Sie den Saldo des Kontos GuV mit einer
   1, wenn es sich um einen Sollsaldo handelt,
   2, wenn es sich um einen Habensaldo handelt.

Situation zur **4**. und **5**. Aufgabe:

Ihnen liegt das abgebildete Hauptbuchkonto „Gewinn und Verlust" eines Kreditinstitutes mit ausgewählten Umsätzen bis zum Abschluss vor.

Soll		Gewinn- und Verlustkonto		Haben
	TEUR			TEUR
Mieten und Pachten	220	Zinserträge		2.400
Zinsaufwand	970	Provisionserträge		1.950
Sachanlagen	1.500			
Löhne und Gehälter	460			
Saldo	1.200			
	4.350			4.350

4. Bei der Kontrolle des Gewinn- und Verlustkontos stellen Sie einen Fehler fest.

   Bestimmen Sie den inhaltlich falschen Posten.
   a) Mieten und Pachten   220 TEUR
   b) Zinsaufwand   970 TEUR
   c) Sachanlagen   1.500 TEUR
   d) Löhne und Gehälter   460 TEUR
   e) Zinserträge   2.400 TEUR
   f) Provisionserträge   1.950 TEUR

5. Warum fehlt im abgebildeten Gewinn- und Verlustkonto der Anfangsbestand?
   a) Weil das Konto keine Bestände führt.
   b) Weil der Endbestand der Vorperiode mit einem anderen Bestandskonto verrechnet wurde.
   c) Weil sich in der Vorperiode kein Schlussbestand in diesem Konto ergab.
   d) Weil ein weiterer Fehler vorliegt: es wurde vergessen, den Anfangsbetrag über das Eröffnungs-
      bilanzkonto zu erfassen.
   e) Weil das Gewinn- und Verlustkonto durch die Buchungen von Aufwendungen und Erträgen ein
      gemischtes Konto ist.

6. Wie wird das Gewinn- und Verlustkonto abgeschlossen, wenn das Kreditinstitut einen Gewinn ausweist?
   a) Schlussbilanzkonto an GuV-Konto
   b) GuV-Konto an Eigenkapital
   c) Das GuV-Konto wird nicht abgeschlossen.
   d) Eigenkapital an GuV-Konto
   e) GuV-Konto an Schlussbilanzkonto

7. Das Hauptbuchkonto Provisionsaufwendungen der Kreditbank AG weist vor dem Abschluss folgende Werte aus:

Soll	185.000,00 EUR
Haben	1.500,00 EUR

   Bilden Sie den Buchungssatz für den Abschluss des Kontos.

8. Einen Geschäftsfall von der Eröffnungs- bis zur Schlussbilanz unter Einbezug der Erfolgskonten finden Sie samt Lösungen auf der Website des Verlages unter **BuchPlusWeb**.

1.3   Kontokorrentkonten

1.3.1   Kundenkontokorrentkonto

Der Kunde Peter Lange unterhält auf seinem Gehaltskonto ein Guthaben von 1.500,00 EUR, von dem er 2.000,00 EUR abheben möchte.

Situation

Die bisherige Einteilung der Kunden des Kreditinstitutes in Debitoren und Kreditoren verkennt den Tatbestand, dass Kreditoren zu Debitoren werden können und umgekehrt.

Der Kunde Peter Lange ist Kreditor, da er 1.500,00 EUR Guthaben auf seinem laufenden Konto unterhält. Durch seine Verfügung über 2.000,00 EUR nimmt Herr Lange einen Dispositionskredit in Höhe von 500,00 EUR in Anspruch. Er wird zum Debitor. Probleme ergeben sich hieraus beim Eintrag in die Hauptbuchkonten Kreditoren und Debitoren.

So müsste dieser eine Geschäftsfall mithilfe von zwei Buchungen dokumentiert werden. Zuerst müsste im Soll des Kontos Kreditoren eine Minderung von 1.500,00 EUR erfolgen, um zu dokumentieren, dass Herr Lange kein Kreditor mehr ist. Danach müsste das Konto Debitoren mit 500,00 EUR belastet werden, um die Mehrung der Debitoren in dieser Höhe zu dokumentieren. Der Buchungssatz würde lauten: Kreditoren 1.500,00 EUR und Debitoren 500,00 EUR an Kasse 2.000,00 EUR. Dieser Buchungssatz kann nur in Kenntnis des aktuellen Kontostandes des jeweiligen Kunden gebildet werden.

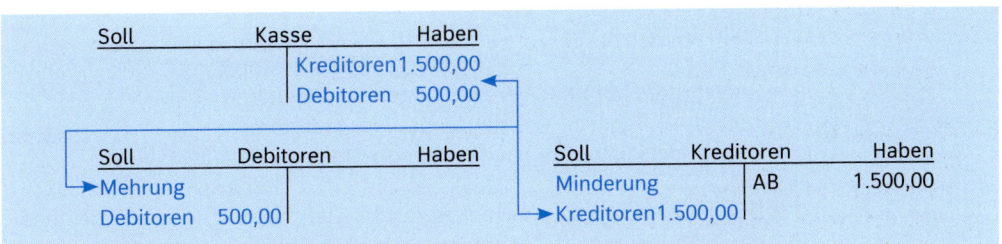

Dieses Vorgehen ist für die Buchführung zu umständlich. Aus diesem Grunde fasst man alle Debitoren und alle Kreditoren in einem Hauptbuchkonto, dem „Kundenkontokorrentkonto" (KKK) zusammen.

Alle Eintragungen des Kontokorrentkontos erfolgen auf der Seite, auf der sie auch in den Konten Debitoren oder Kreditoren stehen würden. Der Anfangsbestand der Debitoren wird auf der Sollseite des Kundenkontokorrents eingetragen. Ebenso alle Mehrungen der Debitoren, alle Minderungen der Kreditoren und der Endbestand der Kreditoren. Auf der Habenseite werden der Anfangsbestand der Kreditoren, die Mehrungen der Kreditoren, die Minderungen der Debitoren und der Endbestand der Debitoren eingetragen.

Das KKK fasst Debitoren und Kreditoren zusammen.

Soll	Debitoren		Haben		Soll	Kreditoren		Haben
EBK	32.000,00	Minderung	2.000,00		Minderung 3.000,00	EBK		54.000,00
Mehrung	4.000,00	SBK	34.000,00		SBK 59.000,00	Mehrungen		8.000,00
	36.000,00		36.000,00		62.000,00			62.000,00

Soll	Kontokorrentkonto		Haben	
EBK (AB Debitoren)	32.000,00	EBK (AB Kreditoren)	54.000,00	
Mehrungen Debitoren	4.000,00	Mehrungen Kreditoren	8.000,00	
Minderungen Kreditoren	3.000,00	Minderungen Debitoren	2.000,00	
Saldo: SBK (EB Kreditoren)	59.000,00	SBK (EB Debitoren)	34.000,00	lt. Inventur
	98.000,00		98.000,00	

Abschluss des KKK

Problematisch ist jedoch der Abschluss des Kundenkontokorrentkontos, da zwei Endbestände ermittelt werden müssen. Die bisherige Vorgehensweise des Saldierens ist hier nicht möglich. Würde man das Kundenkontokorrentkonto einfach saldieren, so zeigt dieser Saldo nur den Überschuss der Kreditoren über die Debitoren oder umgekehrt an. Erforderlich für den Kontoabschluss ist daher die Kenntnis mindestens eines Endbestandes lt. Inventur. Dieser muss in das Kundenkontokorrentkonto eingetragen werden. Der jeweils andere Endbestand kann dann durch Saldieren ermittelt werden.

Merke:

- Das Kundenkontokorrent fasst das aktive Bestandskonto Debitoren und das passive Bestandskonto Kreditoren zusammen.
- Es hat daher zwei Anfangsbestände: – Debitoren: KKK an EBK
  – Kreditoren: EBK an KKK
- Belastungen auf KKK: – Mehrungen der Debitoren
  – Minderungen der Kreditoren
- Gutschriften auf KKK: – Minderungen der Debitoren
  – Mehrungen der Kreditoren
- Das Kundenkontokorrent hat zwei Endbestände: – Debitoren: SBK an KKK
  – Kreditoren: KKK an SBK
- Um das Kundenkontokorrent abzuschließen, benötigt man mindestens einen Endbestand lt. Inventur. Den jeweils anderen Endbestand können wir dann durch Saldieren ermitteln.

Mithilfe des Hauptbuchkontos Kundenkontokorrent kann das Kreditinstitut feststellen, wie hoch die Forderungen an alle Kunden in einer Summe sind bzw. wie hoch die Summe der Verbindlichkeiten gegenüber allen Kunden des Kreditinstitutes ist. Um den Kunden gegenüber Auskunft über ihren individuellen Kontostand geben zu können, führen die Kreditinstitute neben dem Hauptbuchkonto „Kontokorrentkonto" ein sog. **Kundenkontokorrent-Nebenbuch**. In diesem Nebenbuch wird für jeden Kunden ein einzelnes **Skontro** geführt.

KK-Nebenbuch

Die Buchung der Geschäftsfälle erfolgt weiterhin im Hauptbuchkonto Kundenkontokorrent. In dem betreffenden Kunden-Skontro wird nicht gebucht, sondern der auf den einzelnen Kunden entfallende Teilbetrag der Buchung wird im Skontro sachgerecht vermerkt.

Jeder Eintrag in das Kundenkontokorrent-Hauptbuch zieht in der Summe gleich hohe Einträge in den Skontren nach sich.

Geschäftsfälle	EUR	Grundbuch
Anfangsbestände Debitoren: Kunde Müller 13.000,00 EUR Soll Kunde Maier 8.000,00 EUR Soll	21.000,00	KKK an EBK
Anfangsbestände Kreditoren: Kunde Schmitz 7.000,00 EUR Haben Kunde Weber 4.000,00 EUR Haben	11.000,00	EBK an KKK
❶ Überweisungsauftrag von Kunde Schmitz 19.000,00 EUR zugunsten von Kunde Müller16.000,00 EUR und Kunde Weber 3.000,00 EUR	19.000,00	KKK an KKK
Endbestände Debitoren lt. KK-Nebenbuch: Kunde Maier 8.000,00 EUR Kunde Schmitz 12.000,00 EUR	20.000,00	SBK an KKK
Endbestände Kreditoren lt. KK-Nebenbuch: Kunde Müller 3.000,00 EUR Kunde Weber 7.000,00 EUR	10.000,00	KKK an SBK

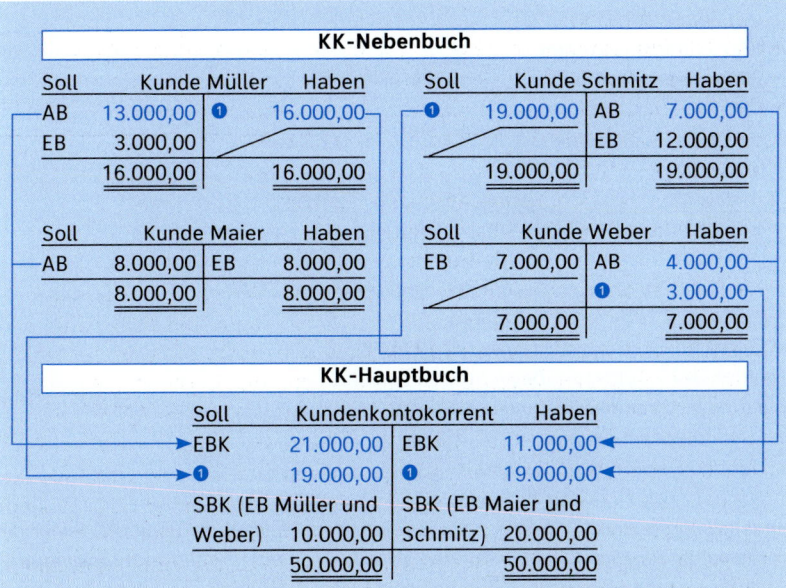

Durch die Überweisung ist der Kunde Schmitz von einem Kreditor zu einem Debitor geworden. Aus diesem Grunde stehen der Anfangs- und der Endbestand im Skontro auf der gleichen Seite. Der Kunde Müller wurde durch den Überweisungseingang von einem Debitor zu einem Kreditor. Kunde Maier ist unverändert Debitor, Kunde Weber ist unverändert Kreditor.

Aufgaben

1. *Schließen Sie das Kundenkontokorrentkonto ab.*

Soll	KKK		Haben	Endbestände lt. Inventur
EBK	145.000,00	EBK	238.000,00	Debitoren: 345.000,00
Umsätze	2.345.900,00	Umsätze	2.176.000,00	Kreditoren: ?

Soll	KKK		Haben	Endbestände lt. Inventur
EBK	165.000,00	EBK	67.000,00	Debitoren: ?
Umsätze	1.984.345,00	Umsätze	2.341.000,00	Kreditoren: 423.500,00

Soll	KKK		Haben	Endbestände lt. Inventur
EBK	222.000,00	EBK	96.000,00	Debitoren: 187.000,00
Umsätze	145.000,00	Umsätze	98.000,00	Kreditoren: ?

Soll	KKK		Haben	Endbestände lt. Inventur
EBK	650.000,00	EBK	892.000,00	Debitoren: ?
Umsätze	2.546.000,00	Umsätze	2.316.000,00	Kreditoren: 748.000,00

2. *Ein Kontokorrentkunde (Kontostand 25.000,00 EUR Soll) erhält über die Bundesbank eine Gutschrift von 45.000,00 EUR. Wie wirkt sich dieser Geschäftsvorfall auf die Bilanzsumme aus?*

   a) Um welchen Betrag ändert sich die Bilanzsumme ?
   b) Kennzeichnen Sie den Betrag mit einer
    ☐1, *wenn sich die Bilanzsumme verringert,*
    ☐2, *wenn sich die Bilanzsumme erhöht.*

3. *Das Kunden-KK weist zum 31.12. die eingetragenen Umsätze in TEUR auf.*

Soll	Kunden-KK		Haben
Vortrag	2.882.430	Vortrag	2.866.300

   Buchen Sie die folgenden Geschäftsfälle und schließen Sie das Kunden-KK ab.
   a) Den KK-Kunden werden 32,4 TEUR Zinsen vergütet.
   b) Kontoführungsgebühren für KK-Konten betragen 80,40 TEUR.
   c) Den KK-Kunden werden 212,7 TEUR für Überziehungen belastet.
   d) Abschlussbuchung für den Kreditorenbestand in Höhe von 14.600,3 TEUR.
   e) Berechnen Sie den Debitorenendbestand.
   f) Abschlussbuchung für den Debitorenendbestand.

4. *In den nachstehenden Skontren zum Kundenkontokorrent der Rhein-Ruhr-Bank AG sind die Anfangsbestände (AB) und die Umsätze (U) aller Kunden bis zum Ende des Geschäftsjahres eingetragen. Ermitteln Sie mithilfe dieser Angaben nachfolgend aufgeführte Positionen des Hauptbuchkontos „Kundenkontokorrent" in TEUR.*
   a) Den Anfangsbestand „Forderungen an Kunden"
   b) Den Anfangsbestand „Verbindlichkeiten gegenüber Kunden"
   c) Die Summe der Belastungen ohne Anfangsbestände
   d) Die Summe der Gutschriften ohne Anfangsbestände

e) Den Endbestand „Forderungen an Kunden"
f) Den Endbestand „Verbindlichkeiten gegenüber Kunden"

Soll	Kurt Bauer	Haben
AB	400,00	U 980,00
U	250,00	

Soll	Maik Winter	Haben
AB	120,00	U 90,00

Soll	Björn Happe	Haben
U	170,00	AB 140,00
		U 20,00

Soll	Sabine Fuchs	Haben
U	270,00	AB 120,00
		U 80,00

Soll	Heinz Barz	Haben
U	670,00	U 360,00

Soll	Ellen Schmidt	Haben
AB	230,00	U 140,00

5. Am Morgen des 20.10. enthält das Kontokorrentkonto der Rhein-Ruhr-Bank AG folgende Eintragungen.

Soll	Kunden-KK	Haben
Anfangsbestand und Umsätze	4.350.000,00	Anfangsbestand und Umsätze 3.160.000,00

a) Tragen Sie alle Buchungen, sofern sie das Hauptbuchkonto KKK betreffen, in das T-Konto ein.
aa) Die Rhein-Ruhr-Bank AG zahlt Löhne und Gehälter an ihre Mitarbeiter auf deren Gehaltskonten.

Brutto	132.600,00 EUR
Summe der Abzüge	62.600,00 EUR

ab) Ein Zahlungspflichtiger widerspricht einer Lastschriftbelastung über 120,00 EUR. Wir geben die Lastschrift über BKK an die erste Inkassostelle zurück.

ac) Abhebung vom DBB-Konto der Rhein-Ruhr-Bank AG   120.000,00 EUR
ad) Einzahlungen von Sparkunden   22.400,00 EUR
ae) Die Rhein-Ruhr-Bank AG kauft Sorten von KK-Kunden an.   3.500,00 EUR

af) Der durch Inventur ermittelte Kreditorenendbestand wird mit 4.230.450,00 EUR angegeben.

b) Ermitteln Sie den Debitorenendbestand zum Ende des Geschäftstages am 20.10. in TEUR.

6. Das Hauptbuchkonto Kundenkontokorrent weist folgende Bestände auf:

Anfangsbestand der Kreditoren	534.780,00 EUR
Anfangsbestand der Debitoren	726.985,00 EUR
Bisherige Belastungen	4.780.540,00 EUR
Bisherige Gutschriften	4.438.500,00 EUR

Noch zu erfassen im Hauptbuchkonto sind Überweisungsgutschriften zugunsten der Kreditoren in Höhe von 156.900,00 EUR und zugunsten der Debitoren in Höhe von 145.970,00 EUR.

Außerdem sind noch Scheckgutschriften zugunsten der Kreditoren in Höhe von 35.220,00 EUR zu buchen. Die Bestandsaufnahme ergibt einen Kreditorenendbestand von 480.300,00 EUR.
Ermitteln Sie den Debitorenendbestand in Euro.

7. In den nachstehenden Skontren zum Kundenkontokorrent der Rhein-Ruhr-Bank AG sind die Anfangsbestände (AB) und die Umsätze (U) aller Kunden bis zum Ende des Geschäftsjahres in TEUR eingetragen. Ermitteln Sie mithilfe dieser Angaben nachfolgend aufgeführte Positionen des Hauptbuchkontos „Kundenkontokorrent" in TEUR.

a) Den Anfangsbestand „Forderungen an Kunden"
b) Den Anfangsbestand „Verbindlichkeiten gegenüber Kunden"
c) Die Summe der Belastungen ohne Anfangsbestände
d) Die Summe der Gutschriften ohne Anfangsbestände
e) Den Endbestand „Forderungen an Kunden"
f) Buchen Sie den Endbestand „Forderungen an Kunden".
g) Den Endbestand „Verbindlichkeiten gegenüber Kunden"
h) Buchen Sie den Endbestand „Verbindlichkeiten gegenüber Kunden".

Soll	Ellen Müller	Haben	Soll	Jakob Lange	Haben	Soll	Nicklas Wittmer	Haben
AB	600,00	U 350,00	AB	240,00	U 320,00	U 890,00	AB	340,00
U	240,00		U	140,00				

Soll	Fabius Noje	Haben	Soll	Ralf Schlenker	Haben	Soll	Peter Braun	Haben
AB	310,00	U 980,00	U 600,00	AB	280,00	U 540,00	AB	270,00
U	230,00			U	50,00		U	20,00

Soll	Lothar Braun	Haben	Soll	Jörg Schlösser	Haben
U 720,00	U	800,00	AB	450,00	U 980,00
			U	30,00	

8. In dem unten stehenden KK-Konto des Kunden Wirges sind zwei Fehler enthalten.

Soll	Kontokorrent Wirges		Haben
Vortrag	4.340,00	(E) Bareinzahlung	2.457,90
(A) Scheckeinlösung	230,00	(F) Überweisungseingänge	2.890,00
(B) Überweisungsaufträge	1.200,00	(G) Barscheck Nr. 9999	789,00
(C) Schließfachmiete	23,00	(H) Habenzinsen	78,00
(D) Scheck E.v.	1.263,00		

a) Welche Fehler wurden gemacht?
b) Über welchen Betrag lautet der Endsaldo nach der Berichtigung der falschen Eintragungen?
c) Handelt es sich bei dem Kunden Wirges um einen Debitor oder um einen Kreditor?
   Begründen Sie Ihre Aussage.

9. Das Hauptbuchkonto KKK der Rhein-Ruhr-Bank AG weist am Geschäftsende des 28.08. folgende Umsätze einschließlich der Anfangsbestände auf:

Soll	Kundenkontokorrent	Haben
AB + U	1.234.000,00 | AB + U	1.138.000,00

Die Rhein-Ruhr-Bank AG führt folgende Kundenkonten:

Kunde	Tagessaldo am 28.08.	Buchungen am 29.08.	Tagessaldo am 29.08.
Jörg Ploch	40.000,00 H		
Andrea Wittmer	63.000,00 S		
Jakob Lange	14.000,00 S		
Olaf Noje	27.000,00 H		
Dirk Stelter	?		

a) Wie viel Euro betragen die gesamten Forderungen der Rhein-Ruhr Bank AG an ihre Kunden?

b) Berechnen Sie den Tagesendsaldo für den Kunden Dirk Stelter am 28.08.

c) Handelt es bei dem Saldo aus b) um einen Soll- oder Habensaldo? Begründen Sie Ihre Antwort.

d) Ermitteln Sie unter Berücksichtigung der folgenden Geschäftsfälle die Tagesendsalden des 29.08. für die o. g. Kunden.

Geschäftsfälle:

da) Der Kunde Jörg Ploch hebt 52.000,00 EUR von seinem Konto ab.

db) Für die Kundin Andrea Wittmer geht eine Überweisung über 5.000,00 EUR über DBB ein.

dc) Ein fälliges Festgeld in Höhe von 17.000,00 EUR wird auf dem Kontokorrentkonto von Jakob Lange zzgl. 120,00 EUR Zinsen gutgeschrieben.

dd) Olaf Noje überweist 250,00 EUR. Wir führen die Überweisung über DBB aus.

e) Ermitteln Sie den Endbestand „Forderungen an Kunden" am Geschäftsende des 29.08.

f) Ermitteln Sie den Endbestand „Verbindlichkeiten gegenüber Kunden" am Geschäftsende des 29.08.

10. Das Hauptbuchkonto „KKK" der Rhein-Ruhr-Bank AG zeigt am Morgen des 31.12. folgende Eintragungen in TEUR:

Soll	Kundenkontokorrent	Haben
AB und Umsätze	437.123 | AB und Umsätze	678.498

Im Laufe des Tages sind folgende Geschäftsfälle zu buchen:

• KK-Kunden reichen Überweisungsaufträge in Höhe von 6.700 TEUR ein, die wir über DBB ausführen, 4.900 TEUR, bzw. Kunden der Rhein-Ruhr-Bank AG auf deren Kontokorrentkonten gutschreiben, 1.800 TEUR.

• Kontokorrentkunden reichen Schecks und Lastschriften zum Einzug herein, 7.300 TEUR. Die E.v.-Gutschrift erfolgt mit Wertstellung 03.01. n. J.

• Zinsen werden berechnet für Debitoren: 1.200 TEUR und für Kreditoren: 100 TEUR.

Wie hoch ist der Schlussbestand Kreditoren, wenn die Inventur einen Schlussbestand Debitoren in Höhe von 236.378 TEUR ergab?

11. Ein Kontokorrentkunde (Kontostand 15.000,00 EUR Soll) erhält über DBB eine Gutschrift von 40.000,00 EUR. Wie wirkt sich der Geschäftsfall auf die Bilanz aus?

  a) Berechnen Sie den Betrag der Bilanzveränderung.
  b) Kennzeichnen Sie den Betrag mit einer
    $\boxed{1}$, wenn sich die Bilanzsumme verringert,
    $\boxed{2}$, wenn sich die Bilanzsumme erhöht.

12. Bilden Sie die Buchungssätze zu nachfolgenden Geschäftsfällen und führen Sie das Kontokorrentkonto im Hauptbuch.

  a) Eröffnung des KK-Kontos:
    Die Forderungen an Kunden betragen 245.000,00 EUR.
    Die Verbindlichkeiten gegenüber Kunden betragen 374.000,00 EUR.
  b) Kunden heben 2.000,00 EUR bar ab.
  c) Debitoren werden mit Zinsen belastet 5.000,00 EUR.
  d) Über DBB gehen Lastschriften für KK-Kunden ein, 12.000,00 EUR.
  e) Überweisungsaufträge unserer KK-Kunden werden über DBB ausgeführt, 93.000,00 EUR.
  f) Über DBB gehen Überweisungen für KK-Kunden ein, 35.000,00 EUR.
  g) Abschluss des KK-Kontos (in Grund- und Hauptbuch). Der Endbestand der Kreditoren beträgt lt. Inventur 329.000,00 EUR. Wie hoch ist der Buchbestand der Debitoren?

13. Entscheiden Sie bei den folgenden Geschäftsvorfällen, welche Seite des Kunden-KK berührt wird.
  $\boxed{1}$ Sollseite $\boxed{2}$ Habenseite $\boxed{9}$ keine Buchung auf Kunden-KK

  a) Die DBB schreibt dem Kreditinstitut Überweisungseingänge gut, die KK-Kunden betreffen.
  b) Übertrag vom Sparkonto auf das Kontokorrentkonto
  c) Ein KK-Kunde lässt einen auf die Bank gezogenen Scheck sperren (ohne Gebühren).
  d) Ein KK-Kunde reicht Schecks zur Gutschrift E.v. ein.
  e) Diese Schecks werden unter gleichzeitiger Belastung über DBB weitergegeben.
  f) Die Bank stellt Ausstellern nicht eingelöster Schecks Gebühren in Rechnung.
  g) Eine Gutschrift für einen Sparkunden wurde irrtümlich auf dem Kunden-KK gebucht.
  h) Ein Kunde kauft Sorten gegen Barzahlung.
  i) KK-Kunden reichen Überweisungsaufträge ein, die die Bank über DBB ausführt.

14. Das Kreditinstitut schließt das Kontokorrentkonto ab. Ordnen Sie folgenden Buchungen
  eine $\boxed{1}$ zu, wenn sie auf der Sollseite des KKK gebucht werden,
  eine $\boxed{2}$ zu, wenn sie auf der Habenseite des KKK gebucht werden.

a) Anfangsbestand Debitoren	250.000,00 EUR
b) Anfangsbestand Kreditoren	350.000,00 EUR
c) Überweisungseingang für Debitoren über DBB	14.000,00 EUR
d) Barabhebung eines Kreditors	5.000,00 EUR
e) Ein Kreditor reicht einen Scheck zum Inkasso, Gutschrift E.v. herein.	300,00 EUR
f) Schlussbestand der Kreditoren	390.000,00 EUR

  g) Berechnen Sie den Schlussbestand der Debitoren.
  h) Bilden Sie die Buchungssätze zu a) bis g).

1.3.2   Bankenkontokorrent

Die Rhein-Ruhr-Bank AG steht mit drei weiteren Kreditinstituten in direkter Kontoverbindung. Am Jahresende versendet die Rhein-Ruhr-Bank AG einen Kontoauszug an das Kreditinstitut A mit einem Abschlusssaldo in Höhe von 300.000,00 EUR Soll. Gleichzeitig erhält es einen Kontoauszug vom Kreditinstitut B mit einem Abschlusssaldo von 150.000,00 EUR Haben und einen Kontoauszug vom Kreditinstitut C mit einem Abschlusssaldo von 100.000,00 EUR Soll.

Zur Abwicklung des halbbaren und des bargeldlosen Zahlungsverkehrs unterhalten die Kreditinstitute bei Korrespondenzbanken Kontoverbindungen. Hieraus resultieren analog zu den Darstellungen zum Kundenkontokorrent Forderungen an bzw. Verbindlichkeiten gegenüber Kreditinstituten. Diese werden im Hauptbuchkonto Bankenkontokorrent (BKK) erfasst.

Buchungen im BKK

Der Anfangsbestand der Forderungen an Kreditinstitute steht im Soll. Der Anfangsbestand der Verbindlichkeiten (Vblk) steht im Haben. Mehrungen und Minderungen werden gemäß den Regeln über aktive und passive Bestandskonten – wie im folgenden Hauptbuchkonto dargestellt – gebucht. Der Endbestand der Forderungen an Kreditinstitute steht im Haben; der Endbestand der Verbindlichkeiten gegenüber Kreditinstituten steht im Soll.

Kontoabschluss

Ebenso wie beim Kundenkontokorrent benötigt man zum Abschluss des Hauptbuchkontos Bankenkontokorrent einen Endbestand lt. Inventur. Den jeweils anderen Endbestand kann man durch Saldieren ermitteln.

Soll	Bankenkorrentkonto	Haben
Anfangsbestand der Forderungen an KI	Anfangsbestand der Vblk gegenüber KI	
Mehrungen der Forderungen an KI	Mehrungen der Vblk gegenüber KI	
Minderungen der Vblk gegenüber KI	Minderungen der Forderungen an KI	
Endbestand der Vblk gegenüber KI	Endbestand der Forderungen an KI	

In der Praxis wird die Kontoeröffnung bei einem Kreditinstitut vorgenommen, welches das eigentliche Konto führt und die Kontoauszüge erstellt. Das andere Kreditinstitut bucht nur noch zu Kontrollzwecken.

Loro- und Nostrokonten

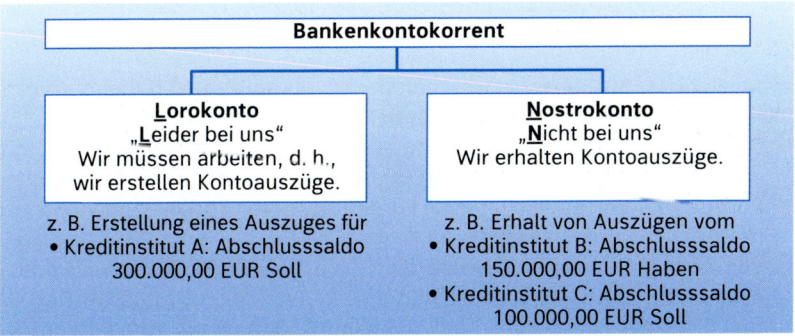

Wie stellt sich diese Situation im Haupt- und Nebenbuch der Rhein-Ruhr-Bank AG dar?

Wichtig ist die Rechtsstellung des buchenden KI.

Gegenüber dem Kreditinstitut A hat die Rhein-Ruhr-Bank AG eine Forderung, da deren Konto bei der Rhein-Ruhr-Bank AG debitorisch geführt wird. Gegenüber dem Kreditinstitut B hat die Rhein-Ruhr-Bank AG ebenfalls eine Forderung, da das Konto der Rhein-Ruhr-Bank AG bei dem Kreditinstitut B auf Guthabenbasis geführt wird. Gegenüber dem Kreditinstitut C hat die Rhein-Ruhr-Bank AG eine Verbindlichkeit in Höhe von 100.000,00 EUR, da das dortige Konto überzogen wurde. Die Forderungen der Rhein-Ruhr-Bank AG belaufen sich also insgesamt auf 450.000,00 EUR. 300.000,00 EUR resultieren aus gewährten Überziehungen an das Kreditinstitut A, 150.000,00 EUR aus Einlagen bei dem Kreditinstitut B. Die Verbindlichkeiten der Rhein-Ruhr-Bank AG belaufen sich auf 100.000,00 EUR, da sie bei dem Kreditinstitut C ihr Konto überzogen hat.

Darstellung der Skontren und des Hauptbuchkontos BKK bei der Rhein-Ruhr-Bank AG:
(Die Anfangsbestände und Umsätze sind willkürlich gewählt.)

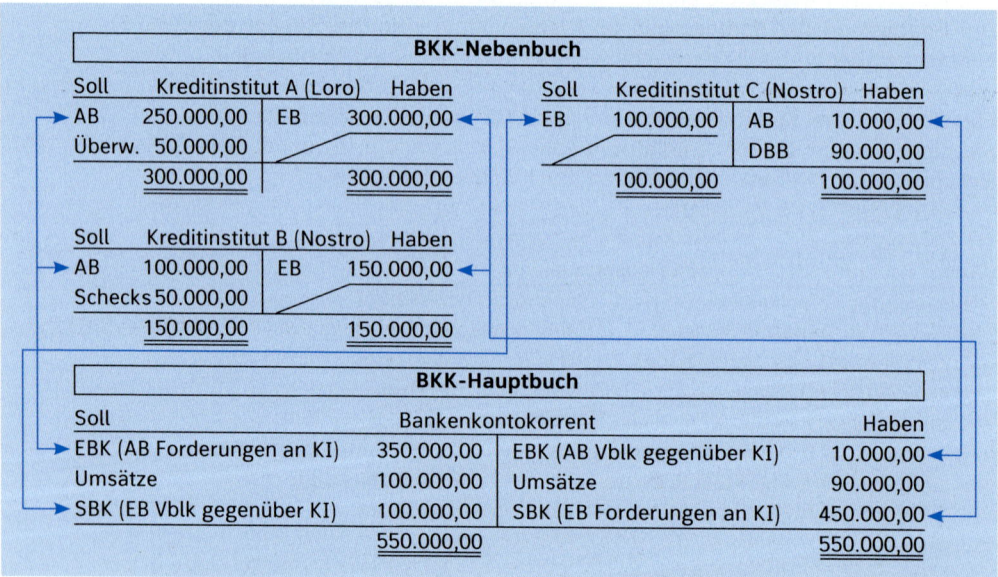

Wichtig bei der Buchung von Geschäftsfällen im Haupt- und Nebenbuch des BKK ist, dass **alles aus der Position der buchenden Bank** zu sehen ist.
- Die Rhein-Ruhr-Bank AG versendet einen Kontoauszug an die A-Bank mit einem Abschlusssaldo von 300.000,00 Soll. Aus Sicht der Rhein-Ruhr-Bank AG handelt es sich um eine Forderung, deren Endbestand im Haben des BKK eingetragen wird.
- Von dem Kreditinstitut B erhält die Rhein-Ruhr-Bank AG einen Kontoauszug mit einem Abschlusssaldo in Höhe von 150.000,00 EUR Haben. Aus Sicht der Rhein-Ruhr-Bank AG handelt es sich um eine Forderung, deren Endbestand im Haben des BKK einzutragen ist.

- Von dem Kreditinstitut C erhält die Rhein-Ruhr-Bank AG einen Konto-auszug mit einem Abschlusssaldo in Höhe von 100.000,00 EUR Soll. Aus Sicht der Rhein-Ruhr-Bank AG handelt es sich um eine Verbindlichkeit, deren Endbestand im Soll des BKK einzutragen ist.

Aufgaben

1. *Schließen Sie das Bankenkontokorrentkonto ab.*

Soll	BKK		Haben
EBK	285.000,00	EBK	276.000,00
Umsätze	1.785.000,00	Umsätze	1.765.000,00

Endbestände lt. Inventur
Forderungen an KI: 345.000,00
Verbindlichkeiten gegenüber KI:?

Soll	BKK		Haben
EBK	332.000,00	EBK	267.000,00
Umsätze	1.950.000,00	Umsätze	1.841.000,00

Endbestände lt. Inventur
Forderungen an KI: ?
Verbindlichkeiten gegenüber KI: 426.500,00

Soll	BKK		Haben
EBK	187.000,00	EBK	194.000,00
Umsätze	244.000,00	Umsätze	97.000,00

Endbestände lt. Inventur
Forderungen an KI: 199.000,00
Verbindlichkeiten gegenüber KI: ?

Soll	BKK		Haben
EBK	445.000,00	EBK	820.000,00
Umsätze	2.546.000,00	Umsätze	2.816.000,00

Endbestände lt. Inventur
Forderungen an KI: ?
Verbindlichkeiten gegenüber KI: 745.000,00

2. *Man unterscheidet vier Arten von Bilanzbewegungen:*
  1 *Aktivtausch*   3 *Aktiv-Passiv-Mehrung*
  2 *Passivtausch*   4 *Aktiv-Passiv-Minderung*

Prüfen Sie, um welche Art von Bilanzveränderung es sich bei den folgenden Geschäftsfällen handelt.
a) Bareinzahlungen von Kreditoren
b) Tilgung von KK-Krediten durch Bareinzahlung
c) Überweisungsaufträge eines Debitors werden über DBB ausgeführt.
d) Sparkunde hebt von seinem Konto ab.
e) Ein Kreditor überträgt auf sein Sparkonto.
f) Bareinzahlung von Debitoren
g) Festgelder werden nach Ablauf der Festlegungsfrist zu Sichteinlagen.
h) Einem befreundeten Kreditinstitut wird über die DBB täglich fälliges Geld zurückgezahlt.

3. *Bilden Sie die Buchungssätze zu den folgenden Geschäftsvorgängen.*
a) Überweisungsaufträge unserer Kontokorrentkunden werden ausgeführt
    aa) über Korrespondenzbanken,
    ab) über DBB,
    ac) durch Postbanküberweisung.
b) Überweisungen für Kontokorrentkunden gehen ein
    ba) von der DBB,
    bb) von der Postbank,
    bc) von Korrespondenzbanken.

4. Die Rhein-Ruhr-Bank AG steht mit sechs Kreditinstituten in direkter Kontoverbindung. In den nachstehenden Skontren zum Bankenkontokorrent sind die Anfangsbestände (AB) und die Umsätze (U) der Loro- und Nostrokonten bis zum Ende des Geschäftsjahres eingetragen. Ermitteln Sie mithilfe dieser Angaben nachfolgend aufgeführte Positionen des Hauptbuchkontos „Bankenkontokorrent" in TEUR.

a) Den Anfangsbestand „Forderungen an Kreditinstitute".
b) Den Anfangsbestand „Verbindlichkeiten gegenüber Kreditinstituten".
c) Die Summe der Belastungen ohne Anfangsbestände.
d) Die Summe der Gutschriften ohne Anfangsbestände.
e) Den Endbestand „Forderungen an Kreditinstitute".
f) Den Endbestand „Verbindlichkeiten gegenüber Kreditinstituten".

Soll	Merkur Bank / Nostrokonto	Haben	Soll	Bankhaus Möller / Nostrokonto	Haben
U	1.290,00	AB 1.610,00	AB	1.270,00	U 1.650,00
		U 300,00	U	515,00	

Soll	Ahrtal Bank / Nostrokonto	Haben	Soll	Sparda-Bank München / Nostrokonto	Haben
U	645,00	AB 200,00	U	325,00	AB 2.900,00
		U 200,00			

Soll	Kreissparkasse Orr / Lorokonto	Haben	Soll	Raiffeisenbank Mainz / Lorokonto	Haben
U	520,00	AB 860,00	AB	3.140,00	U 1.900,00
		U 190,00	U	520,00	

5. Das Hauptbuchkonto Banken-KK der Rhein-Ruhr-Bank AG weist am Ende des Geschäftsjahres nachfolgende Anfangsbestände und Umsätze auf.

Soll	Banken-KK in Mio. Euro	Haben
Anfangsbestand und Umsätze	420,8	Anfangsbestand und Umsätze 318,8

Die Rhein-Ruhr-Bank AG versendet am Ende des Geschäftsjahres folgende Kontoauszüge an:
die Kreissparkasse Erft mit einem Saldo Soll: 24,3 Mio. EUR
die Volksbank Brakel mit einem Saldo Haben: 5,8 Mio. EUR
die Nordrheinbank mit einem Saldo: ?

Die Rhein-Ruhr-Bank AG erhält am Ende des Geschäftsjahres folgende Kontoauszüge von
der Ahrtal Bank mit einem Saldo Haben: 19,3 Mio. EUR
der Verbraucher Bank mit einem Saldo Soll: 15,8 Mio. EUR
der Westdeutschen Landesbank mit einem Saldo Soll: 32,1 Mio. EUR

Ermitteln Sie
a) den Saldo der Nordrheinbank,
b) ob es sich beim Saldo der Nordrheinbank um ein Soll- oder Haben-Saldo handelt,
c) den Endbestand „Verbindlichkeiten gegenüber Kreditinstituten",
d) den Endbestand „Forderungen an Kreditinstitute",
e) die Summe des Kontos „Banken-KK".
f) Buchen Sie den Endbestand „Verbindlichkeiten gegenüber Kreditinstituten".
g) Buchen Sie den Endbestand „Forderungen an Kreditinstitute".

6. *Die Rhein-Ruhr-Bank AG steht mit 5 Kreditinstituten in direkter Kontoverbindung. Am 31.12. weist das Hauptbuchkonto Banken-KK der Rhein-Ruhr-Bank AG folgende Umsätze (inkl. der Anfangsbestände) in TEUR aus:*

Soll	Banken-KK	Haben
AB + Umsätze	50.440	AB + Umsätze	49.900

Die Endbestände der Forderungen und Verbindlichkeiten der Rhein-Ruhr-Bank AG sind aus den folgenden Kontoauszügen ersichtlich.

Der Kontoauszug der Merkurbank liegt noch nicht vor.

Lorokonten

Kölnbank	Sollsaldo	460 TEUR
Citibank	Habensaldo	300 TEUR

Nostrokonten

Norrisbank	Sollsaldo	560 TEUR
Hamburger SK	Habensaldo	620 TEUR
Merkurbank	?	?

aa) Wie viel TEUR beträgt der Kontostand der Merkurbank?

ab) Stellen Sie fest, ob es sich aus Sicht der Rhein-Ruhr-Bank AG um einen

 $\boxed{1}$ *Sollsaldo* $\boxed{9}$ *Habensaldo handelt.*

ba) Wie viel TEUR betragen die gesamten Forderungen an die Kreditinstitute?

bb) Kennzeichnen Sie mit

 $\boxed{1}$*, wenn der Betrag auf der Sollseite,*

 $\boxed{9}$*, wenn der Betrag auf der Habenseite beim Abschluss des BKKs einzusetzen ist.*

ca) Wie viel TEUR betragen die gesamten Verbindlichkeiten gegenüber den Kreditinstituten?

cb) Kennzeichnen Sie mit

 $\boxed{1}$*, wenn der Betrag auf der Sollseite,*

 $\boxed{9}$*, wenn der Betrag auf der Habenseite des Schlussbilanzkontos (SBK) einzusetzen ist.*

7. *Das Banken-KK der Unionbank AG enthält zum 31.12. bereits folgende Eintragungen:*

Soll	Banken-KK	Haben
EBK Ford. an KI	360.900,00	EBK Vblk. gegen KI	410.800,00
Umsätze		Umsätze	
SBK		SBK	

a) Folgende Umsätze sind noch in das Konto einzutragen:

 1. Belastungen 5 830.400,00

 2. Gutschriften 5.720.300,00

b) Der Schlussbestand „Forderungen an KI" beträgt 520.500,00 EUR. Ermitteln Sie den Schlussbestand „Verbindlichkeiten gegen KI".

8. Die Sandbank steht mit vier Kreditinstituten in direkter Kontoverbindung. Vor dem Abschluss am 31.12. weist das Hauptbuchkonto Banken-KK der Sandbank folgende Eintragungen in TEUR auf:

Soll		Banken-KK		Haben
EBK	120,9	EBK		135,2
Umsätze	4.322,4	Umsätze		4.299,7

Für den Abschluss des Hauptbuchkontos Banken-KK der Sandbank sind die folgenden Kontoauszüge heranzuziehen:

Kontoauszüge erhalten: von der Bank A   Soll   136,5 TEUR
                von der Bank B   Haben 36,7 TEUR

Kontoauszüge versandt: an die Bank C   Soll   57,8 TEUR
                an die Bank D   ?

Geben Sie die Eintragung in dem unleserlich gewordenen Kontoauszug der Bank D an und kennzeichnen Sie, ob es sich um einen Soll- oder Haben-Kontoauszug handelt.

9. Die Rhein-Ruhr-Bank AG unterhält mit 6 anderen Kreditinstituten direkte Kontobeziehungen. In den folgenden Skontren der Rhein-Ruhr-Bank AG sind die Anfangsbestände und Umsätze mit den jeweiligen Kreditinstituten in einer Summe zusammengefasst.

Lorokonten

Soll	Ruhrbank	Haben
260.000,00		409.000,00

Soll	Weserbank	Haben
567.000,00		395.000,00

Soll	Moselbank	Haben
643.000,00		518.000,00

Nostrokonten

Soll	Nahebank	Haben
312.000,00		208.000,00

Soll	Lahnbank	Haben
764.000,00		523.000,00

Soll	Leinebank	Haben
234.000,00		632.000,00

a) Ermitteln Sie den Endbestand der Forderungen der Rhein-Ruhr-Bank AG an die Kreditinstitute.
b) Die Rhein-Ruhr-Bank AG möchte die Kontoüberziehung auf dem Nostrokonto durch Überweisung des größtmöglichen Liquiditätsüberschusses eines anderen Nostrokontos ausgleichen. Ordnen Sie den folgenden Kreditinstituten die Funktionen zu, die sie bei der Überweisung des Geldbetrages innehaben.

Kennzeichnen Sie die entsprechenden Kreditinstitute mit folgenden Ziffern:
1 Rhein-Ruhr-Bank AG   3 Weserbank   5 Nahebank   7 Leinebank
2 Ruhrbank   4 Moselbank   6 Lahnbank

ba) Beauftragtes Kreditinstitut   bc) Empfangendes Kreditinstitut   be) Überweisungsbetrag
bb) Empfänger   bd) Kontoinhaber (Auftraggeber)

1.3.3 Weg einer Überweisung

Situation

Ein Kunde beauftragt die Rhein-Ruhr-Bank AG mit der Überweisung von 2.000,00 EUR zulasten seines Kontokorrentkontos. Empfänger ist ein Kunde der Merkurbank AG, zu der die Rhein-Ruhr-Bank AG keine direkte Kontoverbindung unterhält. Aus diesem Grunde führt die Rhein-Ruhr-Bank AG diesen Auftrag über die Deutsche Bundesbank (DBB) aus, mit der sie eine direkte Kontoverbindung unterhält.

Bei der Ausführung von Überweisungsaufträgen werden immer dann Korrespondenzbanken eingeschaltet, wenn das beauftragte Kreditinstitut keine direkte Kontoverbindung zum empfangenden Kreditinstitut unterhält. Im betrachteten Fall wird die Überweisung über die DBB ausgeführt, die wiederum eine direkte Kontoverbindung zur Merkurbank AG unterhält.

Aus Sicht der Rhein-Ruhr-Bank AG bestehen Verbindlichkeiten gegenüber dem Kunden in Höhe von 5.000,00 EUR. Diese Verbindlichkeiten mindern sich durch die Ausführung des Überweisungsauftrages um 2.000,00 EUR. Minderungen von passiven Bestandskonten stehen im Soll. Aus Sicht der Rhein-Ruhr-Bank AG bestehen Forderungen gegenüber der DBB in Höhe von 50.000,00 EUR. Diese mindern sich, da die Überweisung aus dem Guthaben der Rhein-Ruhr-Bank AG bei der DBB getätigt wird. Minderungen von aktiven Bestandskonten stehen im Haben. Der Überweisungsauftrag wird in einen beleglosen Datensatz umgewandelt und der DBB zugesandt.

Aus Sicht der DBB bestehen Verbindlichkeiten gegenüber der Rhein-Ruhr-Bank AG in Höhe von 50.000,00 EUR. Durch die Ausführung der Überweisung zulasten des Guthabens der Rhein-Ruhr-Bank AG mindern sich die Verbindlichkeiten der DBB. Aus Sicht der DBB unterhält diese eine Verbindlichkeit in Höhe von 10.000,00 EUR gegenüber der Merkurbank AG. Diese Verbindlichkeit erhöht sich durch die Gutschrift in Höhe von 2.000,00 EUR auf deren Konto. Nach erfolgter Buchung versendet die DBB einen Kontoauszug an die Merkurbank AG mit einem Habenumsatz von 2.000,00 EUR.

Aus Sicht der Merkurbank AG bestehen Forderungen gegenüber der DBB in Höhe von 10.000,00 EUR. Die Merkurbank AG wird durch den Kontoauszug über die Gutschrift in Höhe von 2.000,00 EUR auf ihrem Konto bei der DBB benachrichtigt. Hierdurch erhöhen sich ihre Forderungen um 2.000,00 EUR. Mehrungen von aktiven Beständen werden im Soll gebucht. Dieser Geldeingang ist für einen Kunden der Merkurbank AG bestimmt. Es erfolgt daher eine Gutschrift auf dem KK-Konto des Kunden. Mehrungen von passiven Bestandskonten stehen im Haben. Der Kunde hatte vor dem Geldeingang ein Guthaben von 4.000,00 EUR. Nach der Gutschrift erhält er einen Kontoauszug mit einem Saldo in Höhe von 6.000,00 EUR.

Weg einer Überweisung

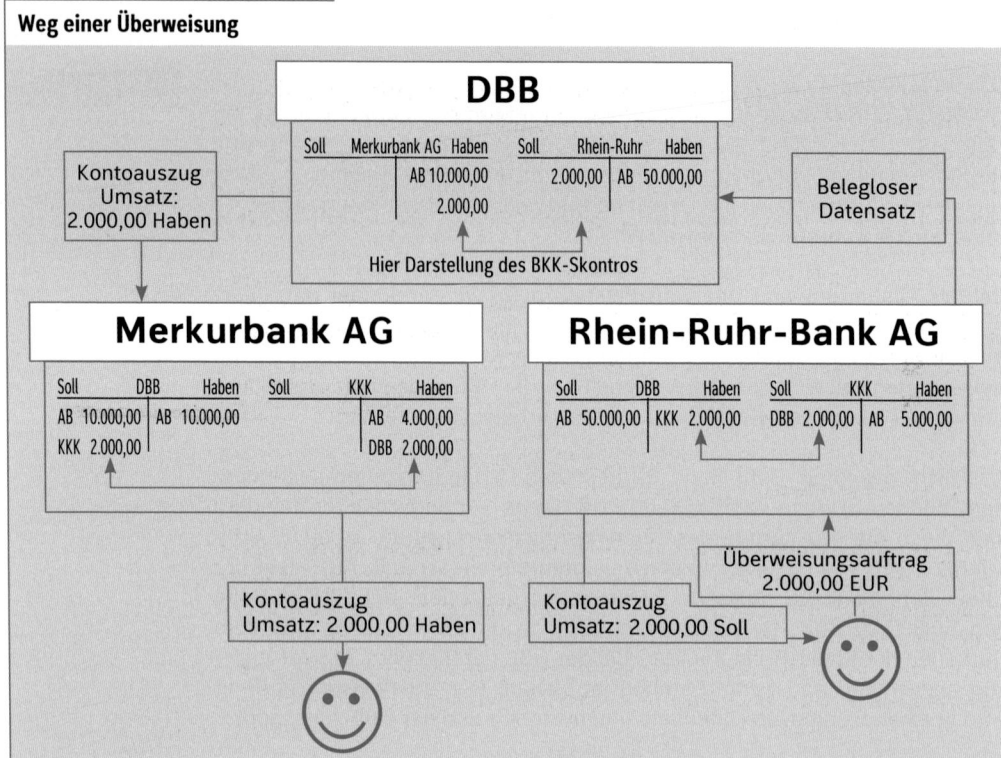

Geschäftsfall	EUR	Grundbuch
1. Eine Korrespondenzbank beauftragt uns mit der Überweisung von ihrem Lorokonto bei uns auf ihr Nostrokonto bei einem anderen Kreditinstitut zu überweisen. Wir führen diesen Auftrag über die DBB aus.	200.000,00	BKK an DBB
2. Wir beauftragen eine Korrespondenzbank mit der Überweisung von unserem Nostrokonto auf ein weiteres Nostrokonto bei einer anderen Korrespondenzbank.	600.000,00	BKK an BKK
3. Über DBB gehen Überweisungen für das Lorokonto eines anderen Kreditinstitutes ein.	450.000,00	DBB an BKK
4. Übertrag von unserem Konto bei der DBB auf ein Nostrokonto bei einem anderen Kreditinstitut.	760.000,00	BKK an DBB

1.4 Gemischte Konten

Situation

Die Rhein-Ruhr-Bank AG kauft am 06.07. d. J. 100 Stück E.ON-Aktien zu einem Kurs von 50,00 EUR je Stück[1] für ihre Liquiditätsreserve. Am 11.11. d. J. verkauft die Rhein-Ruhr-Bank AG 20 Stück E.ON-Aktien zu einem Kurs von 55,00 EUR an der Börse. Am Ende des Geschäftsjahres beträgt der Kurs 60,00 EUR je Stück. Es soll der Abschluss des Wertpapierkontos vorgenommen werden.

Kreditinstitute kaufen und verkaufen laufend Wertpapiere, Sorten, Devisen und Edelmetalle zu aktuellen Kursen. Hieraus resultieren folglich nicht nur Bestandsveränderungen, die die Buchhaltung erfassen muss, sondern auch Erfolge.

- Kauft ein Kreditinstitut zu einem niedrigen Kurs Wertpapiere und verkauft sie zu einem höheren Kurs weiter, so wurde ein positiver Erfolg, ein Kursgewinn erzielt.
- Kauft ein Kreditinstitut zu einem hohen Kurs und verkauft zu einem niedrigeren, so wurde ein negativer Erfolg, ein Kursverlust realisiert.

Die Konten Wertpapiere, Sorten, Devisen und Edelmetalle enthalten folglich nicht nur Bestände, sondern auch Erfolge in Form von realisierten Gewinnen oder Verlusten. Solche Konten werden als **„gemischte Konten"** bezeichnet. Beim Abschluss solcher Konten müssen die Bestände über das Schlussbilanzkonto und die Gewinne oder Verluste über die Erfolgskonten **„Kursgewinne"** oder **„Kursverluste"** abgeschlossen werden.

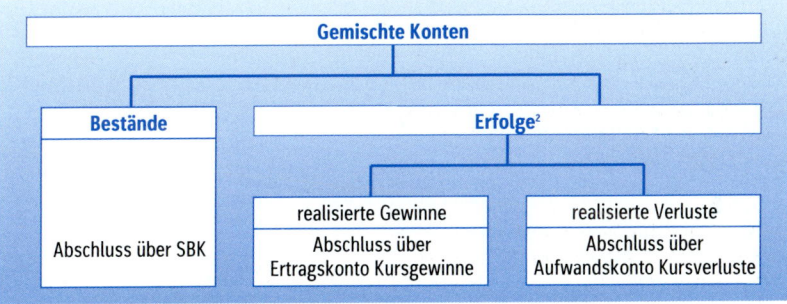

Vorgehen zum Abschluss eines gemischten Kontos	

① **Ermittlung des Endbestandes**
    100 Stück Käufe
    -20 Stück Verkäufe
      80 Stück Endbestand
② **Bewertung des Endbestandes nach Niederstwertprinzip**
    Um den Endbestand zu bewerten, könnten unterschiedliche Wertansätze herangezogen werden. Möglich erscheint eine Bewertung zum historischen Kaufpreis oder zum Kurs am Bilanzstichtag. Der Gesetzgeber hat aus Vorsichtsgründen bei Wertpapieren der Liquiditätsreserve entschieden, die **Bewertung zum niedrigeren von beiden Kursen** durchzuführen	

---

[1] *Aus didaktischen Gründen erfolgt die Darstellung des Themas am Beispiel der Wertpapiere der Liquiditätsreserve, für die weiterhin das strenge Niederstwertprinzip gilt. Zur Bewertung anderer Wertpapierkategorien vgl. Kap. 5.3.1.*

[2] *Zur Behandlung von nicht realisierten Erfolgen vgl. Kapitel 5.3.3.*

Vorgehen zum Abschluss eines gemischten Kontos	
Wurde ein Wertpapier zu unterschiedlichen Kursen gekauft, so ist der Durchschnittserwerbskurs zu berechnen und mit dem Kurs am Bilanzstichtag zu vergleichen. Die Käufe erfolgten zu einem Kurs von 50,00 EUR/Stück. Der Kurs am Bilanzstichtag beträgt 60,00 EUR/Stück. In Anwendung des Niederstwertprinzips müssen die 80 Stück Endbestand mit 50,00 EUR bewertet werden: Endbestand: 80 Stück · 50,00 EUR = 4.000,00 EUR.	SBK an Eigene Wertpapiere 4.000,00 EUR
③ **Ermittlung des realisierten Erfolges** Verkauf zu 55,00 EUR/Stück – Kauf zu 50,00 EUR/Stück Gewinn 5,00 EUR/Stück Gesamter realisierter Gewinn: 20 Stück Verkäufe · 5,00 EUR Gewinn = 100,00 EUR realisierter Gewinn	Eigene Wertpapiere an Kursgewinne 100,00 EUR

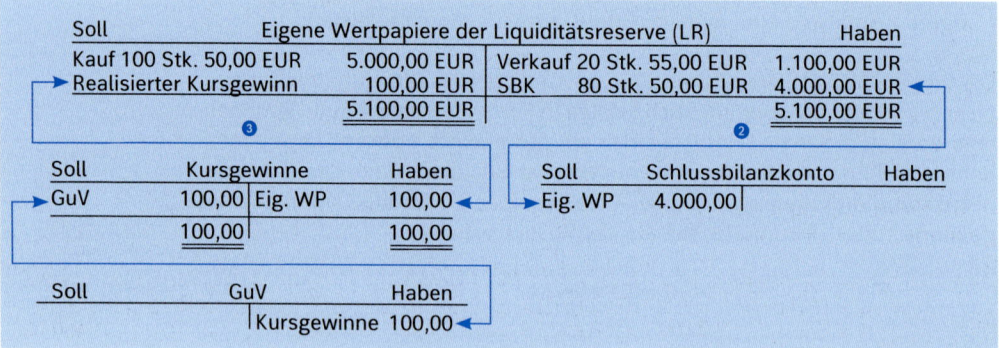

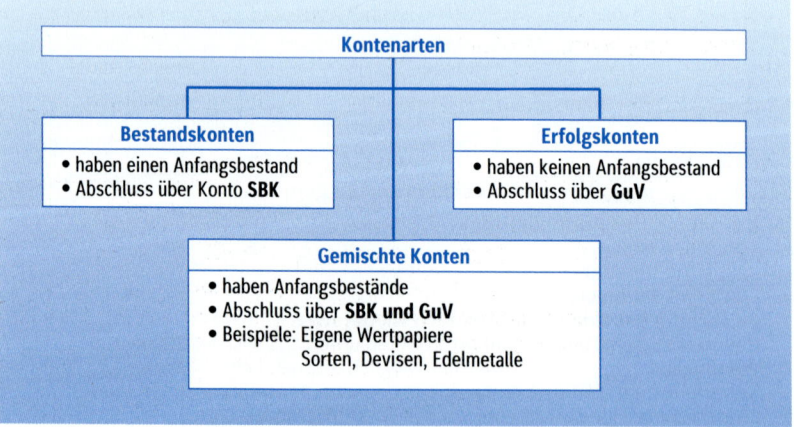

Merke:

1. *Schließen Sie folgende gemischte Konten ab.*

Soll	Eigene Wertpapiere der LR		Haben
EBK	145.000,00	Verkäufe	372.000,00
Käufe	345.000,00		

Wertpapierendbestand lt. Inventur:
123.000,00 EUR

Soll	Sorten		Haben
EBK	5.000,00	Verkäufe	800,00
Käufe	345,00		

Sortenendbestand lt. Inventur:
4.500,00 EUR

Soll	Devisen		Haben
EBK	218.000,00	Verkaufe	92.000,00
Käufe	145.000,00		

Devisenendbestand lt. Inventur:
275.000,00 EUR

Soll	Edelmetalle		Haben
EBK	6.500,00	Verkäufe	2.000,00
Käufe	6.000,00		

Edelmetallendbestand lt. Inventur:
10.000,00 EUR

2. *Die Rhein-Ruhr-Bank AG hat folgende Käufe und Verkäufe für Wertpapiere der LR getätigt:*

Soll			Wertpapierskontro MLP				Haben
	Stück	Kurs	EUR		Stück	Kurs	EUR
AB	100	180,00	18.000,00	Verkäufe	170	185,00	31.450,00
Käufe	200	180,00	36.000,00				

Schließen Sie das Konto nach den Bestimmungen des strengen Niederstwertprinzips ab. Der Kurs am Bilanzstichtag beträgt 185,00 EUR.

3. *Die Rhein-Ruhr-Bank AG hat folgende Käufe und Verkäufe für die Wertpapiere der LR getätigt:*

Soll			Wertpapierskontro Ford				Haben
	Stück	Kurs	EUR		Stück	Kurs	EUR
AB	300	140,00	42.000,00	Verkäufe	400	135,00	54.000,00
Käufe	200	150,00	30.000,00				

Schließen Sie das Konto nach den Bestimmungen des strengen Niederstwertprinzips ab. Der Kurs am Bilanzstichtag beträgt 150,00 EUR.

4. Die Rhein-Ruhr-Bank AG hat folgende Käufe und Verkäufe für die Wertpapiere der LR getätigt:

Soll				Wertpapierskontro RWE			Haben
	Stück	Kurs	EUR		Stück	Kurs	EUR
AB	400	80,00	32.000,00	Verkäufe	600	70,00	42.000,00
Käufe	400	75,00	30.000,00				

Schließen Sie das Konto nach den Bestimmungen des strengen Niederstwertprinzips ab. Der Kurs am Bilanzstichtag beträgt 80,00 EUR.

5. Die Rhein-Ruhr-Bank AG hat folgende Käufe und Verkäufe für die Wertpapiere der LR getätigt:

Soll				Wertpapierskontro E.ON			Haben
	Stück	Kurs	EUR		Stück	Kurs	EUR
AB	1.400	50,00	70.000,00	Verkäufe	1.600	60,00	96.000,00
Käufe	600	55,00	33.000,00				

Schließen Sie das Konto nach den Bestimmungen des strengen Niederstwertprinzips ab. Der Kurs am Bilanzstichtag beträgt 60,00 EUR.

6. Buchen Sie die folgenden Geschäftsfälle im Grundbuch und führen Sie das Konto „Eigene Wertpapiere der LR" im Hauptbuch.

   a) Eröffnung des Kontos Eigene Wertpapiere der LR. Im Bestand befinden sich lt. Inventur 360 X-Aktien zum Stückkurs von 120,00 EUR.
   b) Kauf weiterer 280 X-Aktien zum Stückkurs von 120,00 EUR. Der Gegenwert wird über DBB überwiesen.
   c) Verkauf von 415 X-Aktien zum Stückkurs von 105,00 EUR an KK-Kunden.
   d) Schließen Sie das Konto „Eigene Wertpapiere der LR" ab. Laut Inventur befinden sich noch 225 X-Aktien in unserem Bestand. Dieser wird zu einem Stückkurs von 120,00 EUR bewertet.

7. Ordnen Sie den nachfolgenden Fällen zu, ob sie
   1 aktive Bestandskonten   4 Ertragskonten oder
   2 passive Bestandskonten   5 gemischte Konten
   3 Aufwandskonten
betreffen. Mehrfachzuordnungen sind möglich.
Fälle
   a) Das Konto hat einen Sollsaldo und wird über das GuV-Konto abgeschlossen.
   b) Das Konto hat einen Sollsaldo und wird über das Schlussbilanzkonto abgeschlossen.
   c) Das Konto hat einen Habensaldo und wird über das GuV-Konto abgeschlossen.
   d) Das Konto hat einen Habensaldo und wird über das Schlussbilanzkonto abgeschlossen.
   e) Das Konto wird über GuV und über SBK abgeschlossen.
   f) Das Konto hat keinen Anfangsbestand.
   g) Der Buchungssatz zur Eröffnung lautet: EBK an ...
   h) Der Buchungssatz zur Eröffnung lautet: ... an EBK
   i) Der Buchungssatz zum Abschluss des Kontos lautet: SBK an ...
   j) Der Buchungssatz zum Abschluss des Kontos lautet: ... an SBK.
   k) Der Sollsaldo wird über SBK abgeschlossen.
   l) Der Habensaldo wird über SBK abgeschlossen.

1.5 Kontenrahmen und Kontenplan

Um die Jahresabschlüsse verschiedener Kreditinstitute vergleichbar zu machen, bedarf es eines Kontenrahmens. Dieser **Kontenrahmen** gibt den Kreditinstituten eine abschließende Übersicht über sämtliche Konten vor, die in der Finanzbuchhaltung erforderlich sein könnten. Jedes Kreditinstitut stellt sich unter Beachtung der Besonderheiten seiner Rechtsform, seiner Informationsbedürfnisse sowie seiner Größe und Struktur seinen individuellen Kontenplan auf. Der **Kontenplan** enthält folglich nur die Konten, die in der Finanzbuchhaltung dieses einen bestimmten Kreditinstitutes tatsächlich erforderlich sind.

Kontenrahmen

Kontenplan

Die Verbände der Kreditwirtschaft haben unterschiedliche Kontenrahmen für Sparkassen, private Banken sowie für Kreditgenossenschaften erstellt und empfehlen den angeschlossenen Kreditinstituten auf dieser Grundlage ihren individuellen Kontenplan zu erstellen. Im Folgenden soll der Kontenrahmen für das private Bankgewerbe in seinen Grundzügen dargestellt werden.

Auszug aus dem Kontenrahmen für das private Bankgewerbe				
Kontenklasse 0	**Kontenklasse 1**	**Kontenklasse 2**	**Kontenklasse 3**	**Kontenklasse 4**
Liquide Mittel, Wertpapierbestände	Gegenstände des Anlagevermögens, Sonstige Vermögensgegenstände	Forderungen an/ Verbindlichkeiten gegenüber Kreditinstituten	Forderungen an/ Verbindlichkeiten gegenüber Kunden	Interne Verrechnungsund Zwischenkonten
00 Kassenbestand 01 Guthaben bei Zentralnotenbanken 02 Guthaben bei Postbanken ⋮ 06 Anleihen und Schuldverschreibungen ⋮ 08 Aktien und andere nicht festverzinsliche Wertpapiere 09 Ausgleichsforderungen gegen öffentliche Hand	10 Beteiligungen 11 Anteile an verbundenen Unternehmen 12 Immaterielle Anlagewerte 13 Grundstücke und Gebäude 14 Betriebs- und Geschäftsausstattung 15 Eigene Schuldverschreibungen 16 Eigene Aktien 17 Sonstige Vermögensgegenstände 18 Aktive Rechnungsabgrenzungsposten ⋮	20 Forderungen an Kreditinstitute ⋮ 25 Verbindlichkeiten gegenüber Kreditinstituten ⋮	30 Forderungen an Kunden ⋮ 32 Spareinlagen 33 Andere Verbindlichkeiten gegenüber Kunden 34 Begebene Schuldverschreibungen 35 Begebene Geldmarktpapiere ⋮ 37 Andere, verbriefte Verbindlichkeiten 38 Sonstige Verbindlichkeiten 39 Passive Rechnungsabgrenzung	40 Interne Verrechnungskonten ⋮ 42 Interne Zwischenkonten ⋮

Auszug aus dem Kontenrahmen für das private Bankgewerbe				
Kontenklasse 5	**Kontenklasse 6**	**Kontenklasse 7**	**Kontenklasse 8**	**Kontenklasse 9**
Zins- und Provisionserträge, Erträge aus Finanzgeschäften, sonstige betriebliche Erträge	Zins- und Provisionsaufwendungen, Aufwendungen aus Finanzgeschäften, sonstige betriebliche Aufwendungen	Allgemeine Verwaltungsaufwendungen	Bewertungsaufwendungen/ -erträge, außerordentliche Aufwendungen und Erträge, Steuern	Eigenkapital, Risikofonds, Genussrechtskapital, Nachrangige Verbindlichkeiten, Sonderposten mit Rücklagenanteil, Rückstellungen Wertberichtigungen
50 Zinserträge 54 Provisionserträge 56 Erträge aus Finanzgeschäften 57 Sonstige betriebliche Erträge	60 Zinsaufwendungen 64 Provisionsaufwendungen 66 Aufwendungen aus Finanzgeschäften 67 Sonstige betriebliche Aufwendungen	70 Löhne und Gehälter 71 Soziale Abgaben 73 Andere Verwaltungsaufwendungen	80 Abschreibungen und Wertberichtigungen auf immaterielle Anlagewerte und Sachanlagen 81 Abschreibungen und Wertberichtigungen auf Forderungen 82 Erträge aus der Zuschreibung zu Forderungen 83 Abschreibungen und Wertberichtigungen auf Beteiligungen 84 Erträge aus Zuschreibungen zu Beteiligungen 87 Außerordentliche Aufwendungen/Erträge 88 Steuern	90 Gezeichnetes Kapital 91 Offene Rücklagen 92 Fonds für allgemeine Bankrisiken 93 Genussrechtskapital 94 Nachrangige Verbindlichkeiten 96 Rückstellungen 98 Nicht durch Eigenkapital gedeckter Fehlbetrag 99 Bilanzgewinn/ Bilanzverlust

Der Kontenrahmen weist 10 Kontoklassen auf. In jeder Kontenklasse werden nach ihrem Wesen oder Inhalt möglichst ähnliche Konten zusammengefasst. Die weitere Untergliederung folgt einem bestimmten Schema:

Kontonummer			Stellenwert	Bedeutung	Konteninhalt (Beispiel)
1			Einstellig	**Kontenklasse**	Gegenstände des Anlagevermögens
1	3		Zweistellig	**Kontengruppe**	Grundstücke und Gebäude
1	3	0	Dreistellig	**Konten**	Unbebaute Grundstücke

Auf dieser Basis erstellt jedes Kreditinstitut seinen eigenen Kontenplan.

Auszug aus dem Kontenplan der Rhein-Ruhr-Bank AG	
13	Grundstücke und Gebäude
130	Unbebaute Grundstücke
1301	Marzellenstr. 17, 50425 Köln
1302	Adlerweg 62, 50997 Köln
131	Bebaute Grundstücke
1311	Moritzstr. 12, 50367 Köln
1312	Eichenallee 178, Dortmund

Merke:

> **Kontenrahmen**
> Übersicht über sämtliche Konten, die in der Finanzbuchhaltung erforderlich sein könnten.

... ist die Grundlage für die Ausgestaltung des ...

> **Kontenplans**
> Die tatsächlich im jeweiligen Kreditinstitut benutzten Konten, individuell ausgestaltet nach den Informationsbedürfnissen, der Größe und der Struktur des Kreditinstitutes.

Der Kontenplan der IHK-Abschlussprüfung findet sich am Ende des Buches in Anhang VI.

Aufgaben

1. *Welche der folgenden Aussagen sind richtig?*
   Der Kontenrahmen ...
   a) wird von der Bundesanstalt für Finanzdienstleistungsaufsicht für alle Kreditinstitute einheitlich festgelegt.
   b) wird von jedem Kreditinstitut aus dem Kontenplan abgeleitet.
   c) ist eine Übersicht über alle in der Finanzbuchhaltung notwendig erscheinenden Konten.
   d) ist gegliedert in Kontenklassen, -gruppen und -nummern.
   e) ist eine Empfehlung für den Aufbau des betrieblichen Kontenplans.

2. *Ordnen Sie den folgenden Aussagen eine*
   1 *zu, wenn sie den Kontenrahmen,*
   2 *zu, wenn sie den Kontenplan,*
   3 *zu, wenn sie weder den Kontenrahmen noch den Kontenplan betreffen.*
   4 *zu, wenn sie sowohl den Kontenrahmen als auch den Kontenplan betreffen.*
   a) Er wird den Kreditinstitutsgruppen von der Bundesanstalt für Finanzdienstleistungsaufsicht zur Verwendung empfohlen.
   b) Er ist in jedem Kreditinstitut nach deren Erfordernissen individuell ausgestaltet.
   c) Er wird den Kreditinstitutsgruppen von den jeweiligen Bankenverbänden zur Benutzung vorgeschlagen.
   d) Er ist gegliedert in Kontenklassen, Kontengruppen und Konten.
   e) Er erweitert den Kontenrahmen um weitere Kontenklassen.
   f) Er wird aus dem Kontenrahmen individuell nach den jeweiligen Informationsbedürfnissen des Kreditinstitutes abgeleitet.

2.1 Buchungen im Kassenverkehr

Über das aktive Bestandskonto Kasse werden alle Bartransaktionen eines Kreditinstitutes abgewickelt, seien es
- Barein- oder -auszahlungen von Sicht-, Termin- oder Spareinlagen unserer Kunden,
- Verfügungen fremder Kunden an unseren Geldausgabeautomaten (GAA) oder unserer Kasse sowie
- Nachttresoreinzahlungen unserer Kunden.

Situation | Kunden der Rhein-Ruhr-Bank AG zahlen 22.000,00 EUR zugunsten ihrer Kontokorrentkonten (4.000,00 EUR), Sparkonten (8.000,00 EUR) und Termingeldkonten (10.000,00 EUR) ein. Gleichzeitig heben KK-Kunden 3.000,00 EUR und Sparkunden 7.000,00 EUR ab.

Belege

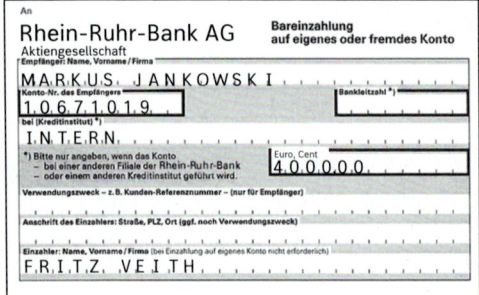

Mit der Bareinzahlung auf kreditorisch geführte Konten stellen die Kunden dem Kreditinstitut Fremdkapital zur Verfügung. Die Verbindlichkeiten des Kreditinstitutes gegenüber seinen Kunden erhöhen sich (Habenbuchung auf passivem Bestandskonto). Gleichzeitig erhöht sich durch die Geldübergabe der Kassenbestand (Sollbuchung auf aktivem Bestandskonto).
Im Falle einer Barabhebung sinken die Verbindlichkeiten des Kreditinstituts gegenüber ihren Kunden (Sollbuchung) und der Kassenbestand sinkt ebenfalls (Habenbuchung auf aktivem Bestandskonto).

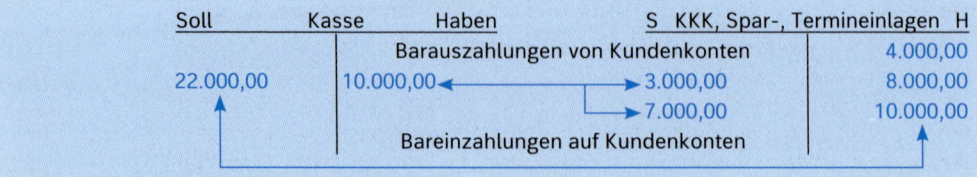

Überblick über Buchungen von Bartransaktionen

Geschäftsfall	Buchung	Soll	Haben
1) Bareinzahlung an der Kasse 22.000,00 EUR z. g. von KK-Kunden 4.000,00 EUR, Sparkunden 8.000,00 EUR und Festgeldkunden 10.000,00 EUR	Kasse an KKK an Spareinlagen an Termineinlagen	22.000,00	4.000,00 8.000,00 10.000,00
2) Barabhebung an der Kasse von KK-Kunden 3.000,00 EUR und Sparkunden 7.000,00 EUR	KKK Spareinlagen an Kasse	3.000,00 7.000,00	10.000,00
3) Verfügungen unserer KK-Kunden an hauseigenen GAA 12.000,00 EUR	KKK an Kasse	12.000,00	12.000,00
4) Verfügungen fremder Kunden an unserem GAA 1.500,00 EUR, unsere Gebühr 15,00 EUR	BKK an Kasse an Provisionserträge	1.515,00	1.500,00 15,00
5) Barabhebungen unserer Kunden an fremden GAA 1.700,00 EUR Gebühren der fremden Bank 17,00 EUR	KKK an BKK	1.717,00	1.717,00
6) Barabhebungen unserer Kunden an GAA von Kreditinstituten, die unserer Cash-Group angehören 30.000,00 EUR Gebühren dieser Kreditinstitute 300,00 EUR	KKK Provisionsaufwand an BKK	30.000,00 300,00	30.300,00

2.2 Buchungen im Spargeschäft

Die Auszubildenden der Rhein-Ruhr-Bank AG werden kurz vor Jahresende immer häufiger von Sparkunden um Beratung gebeten. Sie können die erfolgten Buchungen auf ihren Sparkonten nicht verstehen und bitten daher um Erläuterung.

Situation

Information:

Jeder Sparkunde erhält i. d. R. am Jahresende von seinem Kreditinstitut eine Zinsgutschrift für die Überlassung von Spareinlagen. Aus Sicht des Kreditinstitutes handelt es sich um einen Zinsaufwand, der das Eigenkapital mindert. Das Kreditinstitut bucht daher den gesamten Zinsbetrag im Soll des Kontos Zinsaufwand. Haben die Kunden einen Freistellungsauftrag in ausreichender Höhe erteilt, so erhalten sie auf ihrem Sparkonto eine Gutschrift in Höhe der gesamten Zinssumme. Einige Kunden haben jedoch keinen Freistellungsauftrag erteilt. Sie erhalten daher keine Gutschrift in voller Höhe, vielmehr sind die Kreditinstitute verpflichtet, vom Zinsbetrag 25 % Abgeltungsteuer und 5,5 % Solidaritätszuschlag bzw. 24,45 % Abgeltungssteuer, 5,5 % Solidaritätszuschlag und 9 % Kirchensteuer einzubehalten. Diese Steuern müssen an das Finanzamt abgeführt werden, sie stellen also eine Verbindlichkeit der Rhein-Ruhr-Bank AG gegenüber dem Finanzamt dar. Da es sich aber nicht um eine Schuld der Rhein-Ruhr-Bank AG selbst, sondern von deren Kunden handelt, werden diese Steuerbeträge auf dem passiven Bestandskonto „Sonstige Verbindlichkeiten" erfasst und zu festen Terminen ans Finanzamt überwiesen.

Sollten einem Kunden wegen vorzeitiger Verfügung Vorschusszinsen in Rechnung gestellt werden, so ändert sich an der Buchung grundsätzlich nichts, da der Vorschusszinsbetrag von den zu vergütenden Habenzinsen abgezogen wird.

Beispiel

Lara Obwandner, ledig und konfessionslos, legte über ein volles Jahr 500,00 EUR zu einem Zinssatz von 3,00 % p. a. bei der Rhein-Ruhr-Bank AG an. Hierfür stehen ihr am Jahresende Zinsen in Höhe von 15,00 EUR zu. Allerdings hat sie vergessen, einen Freistellungsauftrag zu erteilen. Sie muss daher einen Abschlag in Höhe von 3,75 EUR Abgeltungsteuer und 0,21 EUR Solidaritätszuschlag in Kauf nehmen. Die Zinsgutschrift auf ihrem Konto beträgt daher netto 11,04 EUR. Über die einbehaltenen Steuern erhält sie eine Steuerbescheinigung von der Rhein-Ruhr-Bank AG. Diese Steuern können im Rahmen einer Einkommensteuererklärung zurückgefordert werden, sofern die Summe der Kapitalerträge nicht mehr als 801,00 EUR bei Ledigen bzw. 1.602,00 EUR bei Verheirateten betragen haben. Andernfalls gilt die Steuerschuld des Kunden mit dem Steuerabzug als abgegolten.

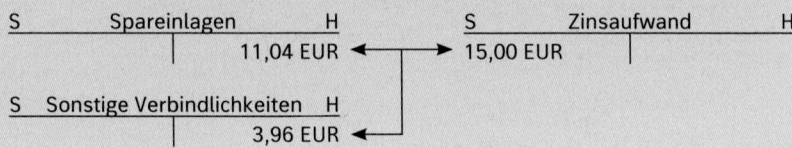

S	Spareinlagen	H		S	Zinsaufwand	H
	11,04 EUR				15,00 EUR	

S	Sonstige Verbindlichkeiten	H
	3,96 EUR	

Überblick über Buchungen im Spargeschäft

Geschäftsfall		Buchung Soll	Buchung Haben
1) Kunden zahlen auf ihre Konten ein, 500,00 EUR		Kasse	Spareinlagen
2) Zinszahlungen für Sparkunden mit ausreichendem Freistellungsauftrag, 70,00 EUR		Zinsaufwand	Spareinlagen
3) Zinszahlungen für konfessionslose Sparkunden ohne Freistellungsauftrag			
Zinsen	600,00 EUR	Zinsaufwand	
Abgeltungsteuer	150,00 EUR		Sonstige Verbindlichkeiten
Solidaritätszuschlag	8,25 EUR		Sonstige Verbindlichkeiten
Gutschrift	441,75 EUR		Spareinlagen
4) Konfessionslose Kunden ohne Freistellungsauftrag mit 12.000,00 EUR Guthaben lösen ohne vorherige Kündigung ihre Sparkonten mit 1-jähriger Kündigungsfrist auf.			
Zinsanspruch brutto	300,00 EUR		
Vorschusszinsen	75,00 EUR		
Nettozinsbetrag	225,00 EUR	Zinsaufwand	
Abgeltungsteuer	56,25 EUR		Sonstige Verbindlichkeiten
Solidaritätszuschlag	3,09 EUR		Sonstige Verbindlichkeiten
Gutschrift	165,66 EUR		Spareinlagen
Auszahlung an den Kunden	12.165,66 EUR	Spareinlagen	Kasse

1. *Frau Lea Ploch, konfessionslos, legt am 15.03. bei der Rhein-Ruhr-Bank AG ein Festgeld in Höhe von 35.000,00 EUR für 3 Monate an. Der Zinssatz beträgt 1,25 % p. a.*
   - *a) Ermitteln und buchen Sie die Höhe der Zinsgutschrift in Euro per 15.06., wenn Frau Ploch*
     - *aa) einen FSA in ausreichender Höhe,*
     - *ab) keinen FSA,*
     - *ac) einen FSA in Höhe von 75,00 EUR erteilt hat.*
   - *Frau Ploch prolongiert am 15.06. das Festgeld einschließlich der Zinsen (Fall aa) für einen weiteren Monat zu einem Zinssatz von 1,15 % p. a. und anschließend für weitere zwei Monate zu einem Zinssatz von 1,30 % p. a.*
   - *b) Berechnen Sie die Höhe des Zinsaufwandes in Euro per 15.09.*
   - *c) Buchen Sie die Zinsgutschrift am 15.09., wenn die Kundin*
     - *ca) einen FSA in ausreichender Höhe hat,*
     - *cb) seit 01.09. über keinen FSA mehr verfügt.*

2. *Monika Kertz erwarb am 3. Juni bei der Rhein-Ruhr-Bank AG einen abgezinsten Sparbrief über nominal 5.000,00 EUR mit einer Laufzeit von 5 Jahren und einem Zinssatz von 4,75 % p. a.*
   - *a) Ermitteln Sie die Höhe des Zinsaufwandes der Rhein-Ruhr-Bank AG bei Fälligkeit in Euro.*
   - *b) Ermitteln und buchen Sie die Höhe der Zinsgutschrift bei Fälligkeit, wenn die kirchensteuerpflichtige Kundin einen FSA in maximal möglicher Höhe erteilt hat.*

3. *Kerstin Umberg möchte am 28. Februar ihre nicht gekündigte Spareinlage mit dreimonatiger Kündigungsfrist auflösen. Im Saldovortrag per 1. Januar in Höhe 13.736,25 EUR sind 236,25 EUR kapitalisierte Zinsen enthalten. Seit Jahresbeginn erfolgten keine Umsätze mehr. Der Zinssatz für die Spareinlage beträgt 0,75 % p. a. Vorschusszinsen berechnet die Rhein-Ruhr-Bank AG nach der 90-Tage-Methode. Ein FSA liegt nicht vor. Kirchensteuer ist nicht zu berücksichtigen.*
   - *a) Buchen Sie die Zinsgutschrift per 31.12. des Vorjahres.*
   - *b) Ermitteln Sie in Euro*
     - *ba) die am 01.01. des laufenden Jahres vorzutragenden Habenzinsen.*
     - *bb) die Höhe der Zinsrückrechnung (Valuta 27. Februar).*
     - *bc) die Vorschusszinsen.*
     - *bd) den Betrag der einzubehaltenden Kapitalertragsteuer.*
     - *be) den Betrag des einzubehaltenden Solidaritätszuschlages.*
     - *bf) den Auszahlungsbetrag.*
   - *c) Buchen Sie die Auflösung des Sparkontos.*

2.3 Kassenabstimmung – Kassendifferenzen

Unterrichtsinhalte samt Aufgaben finden Sie auf der Website des Verlages unter BuchPlusWeb.

2.4 Scheck- und Lastschriftbuchungen

Im Rahmen des Scheck- und Lastschriftverkehrs übernehmen Kreditinstitute zwei grundlegende Aufgaben.
- Sie lösen von ihren Kunden ausgestellte Schecks und auf ihre Kunden gezogene Lastschriften ein.
- Sie ziehen den Gegenwert von Schecks und Lastschriften ein, die ihre Kunden zum Einzug einreichen.

2.4.1 Einlösung von auf uns gezogene Schecks

Situation Über die Filiale der Deutschen Bundesbank erhalten wir von unseren Kunden ausgestellte Schecks in Höhe von 3.000,00 EUR.

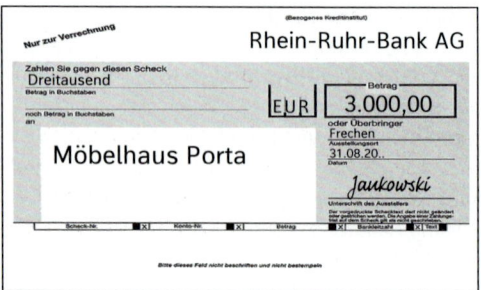

Einlösung von Schecks

Stellt ein Kunde einen Scheck aus, so weist er sein Kreditinstitut an, den Scheckbetrag zulasten seines KK-Kontos einzulösen. Der Scheckgegenwert wird auf seinem KK-Konto sofort belastet (Sollbuchung). Gleichzeitig mindern sich unsere Forderungen an die DBB (Habenbuchung auf aktivem Bestandskonto), da der Scheck aus unserem Guthaben bei der Deutschen Bundesbank bezahlt wurde, da wir bezogenes Kreditinstitut sind.

KKK on DBB

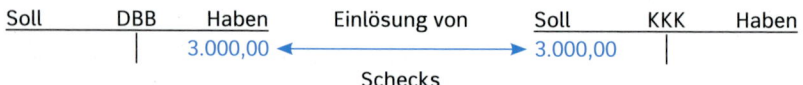

Soll	DBB	Haben	Einlösung von	Soll	KKK	Haben
		3.000,00 ←	→	3.000,00		
			Schecks			

2.4.2 Rückgabe unbezahlter Schecks

Situation

Der Disponent entscheidet im Rahmen der Nachdisposition, dass ein Scheck über 3.000,00 EUR, der dem Kundenkonto bereits belastet wurde (s. o.), nicht eingelöst werden soll. Er ist daher an die 1. Inkassostelle unter Berücksichtigung der uns zustehenden Gebühr über die DBB zurückzusenden.

Nachdisposition

Einzugspapiere wie Schecks und Lastschriften gelten nach Nr. 9 (2) AGB endgültig erst dann als eingelöst, wenn die Belastungsbuchung nicht bis zum Ablauf des übernächsten Bankarbeitstages rückgängig gemacht wird. Diese Regelung ermöglicht es dem Kreditinstitut ohne vorherige Guthaben- oder Kreditliniendisposition Einzugspapiere sofort dem Kundenkonto zu belasten. Erst nach erfolgter Kontobelastung findet die Disposition statt. Entscheidet ein Disponent, die Einzugspapiere nicht einzulösen, da dem Kunden keine weitere Kontoüberziehung gewährt werden soll, so muss die Belastungsbuchung innerhalb von zwei Bankarbeitstagen ab Belastungstag rückgängig gemacht werden.

Gebühren lt. Scheckabkommen

Gemäß den Vereinbarungen des Scheckabkommens dürfen Kreditinstitute untereinander maximal Gebühren von 5,00 EUR für Scheckrückgaben erheben. Diese Gebühren werden neben dem Scheckbetrag auf dem Verrechnungswege eingezogen und dem Schecknehmer belastet.

Buchung: Der Scheckaussteller bekommt den Scheckbetrag wieder auf seinem KK-Konto gutgeschrieben (Habenbuchung). Hierdurch wird die vorangegangene Scheckbelastung im Rahmen der Nachdisposition wieder rückgängig gemacht. Das Kreditinstitut vereinnahmt 5,00 EUR auf dem Provisionsertragskonto (Erträge werden im Haben gebucht) und der Einzugsbetrag von 3.005,00 EUR mehrt unsere Forderungen an die DBB (Mehrung eines aktiven Bestandskontos im Soll).

Beispiel

Buchung: DBB 3.005,00 EUR an KKK   3.000,00 EUR
                       an Provisionserträge   5,00 EUR

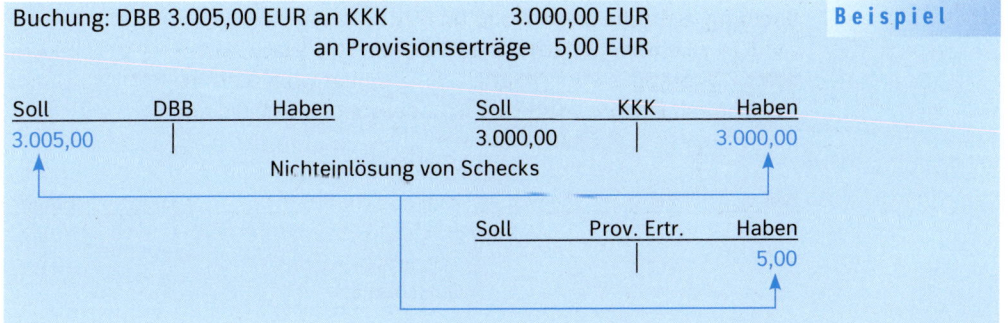

2.4.3 Einzug von Schecks

Situation

Ein Kunde der Rhein-Ruhr-Bank AG reicht einen Scheck in Höhe von 500,00 EUR, gezogen auf die Volksbank Kassel eG, zur Gutschrift auf sein Konto ein. Die Rhein-Ruhr-Bank AG zieht den Gegenwert im Rahmen des vereinfachten Scheck- und Lastschrifteinzugverfahren der DBB bei der bezogenen Bank ein.

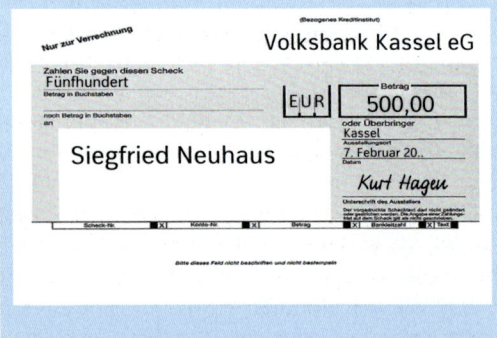

Aktivkonto: Schecks und sonstige Einzugswerte

Einzug des Gegenwertes

Kreditinstitute bieten im Rahmen des Zahlungsverkehrs die Dienstleistung an, Scheckgegenwerte bargeldlos einzuziehen. Reicht ein Kunde einen Scheck auf sein Konto ein, so erhält er i. d. R. auf seinem KK-Konto sofortige Gutschrift in Höhe des Scheckgegenwertes (Habenbuchung). Der Scheck geht in das Vermögen des Kreditinstitutes (1. Inkassostelle) ein und wird daher auf dem aktiven Bestandskonto „Schecks und sonstige Einzugswerte" (kurz: Schecks) im Soll erfasst. Die 1. Inkassostelle zieht nun den Scheckgegenwert beim bezogenen Kreditinstitut ein. Hierzu wird der Scheck dem bezogenen Kreditinstitut i. d. R. beleglos präsentiert. Der Scheck verlässt die 1. Inkassostelle (Minderungen von aktiven Bestandskonten werden im Haben gebucht). Gleichzeitig mehren sich die Forderungen gegen die Deutsche Bundesbank (Mehrungen von aktiven Bestandskonten werden im Soll gebucht), über die das Inkasso mangels einer direkten Kontoverbindung ausgeführt wird.

Beispiel

Buchung: Schecks an KKK 500,00 EUR
DBB an Schecks 500,00 EUR

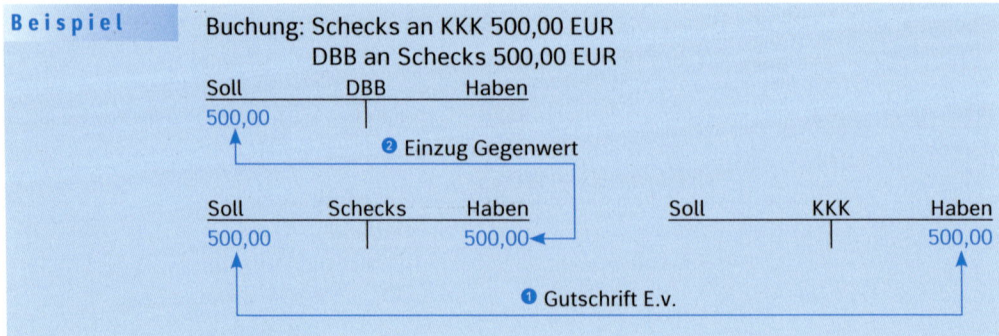

2.4.4 Schecks kommen unbezahlt zurück

Situation

Wir erhalten einen Scheck über 500,00 EUR zzgl. einer fremden Gebühr über 5,00 EUR unbezahlt über DBB zurück. Wir ermitteln den Scheck- einreicher und geben den Scheck zzgl. fremder Gebühren von 5,00 EUR und zzgl. eigener Gebühren in Höhe von 10,00 EUR an ihn zurück.

Erhalten Kreditinstitute Schecks unbezahlt zurück, so muss der Einreicher ausfindig gemacht werden. Solange dies noch nicht geschehen ist, haben wir eine Forderung an einen noch unbekannten Kunden. Diese Forderung wird auf dem Konto Rückschecks bzw. Retouren, im Soll erfasst. Gleichzeitig mindert sich unser Guthaben bei der DBB, da wir den Scheckgegenwert einschließlich fremder Gebühr verauslagt haben (Minderungen von aktiven Bestandskonten werden im Haben gebucht).

Aktivkonto Retouren

Der Scheckeinreicher wird neben der Schecksumme mit fremden und eige- nen Gebühren im Soll auf seinem KK-Konto belastet. Die Höhe der fremden Gebühren ist gemäß Scheckabkommen auf max. 5,00 EUR bei Schecks beschränkt. Die Höhe der eigenen Gebühren richtet sich nach dem Gebühren- aushang, ist also mit dem Kunden frei vereinbart. Sie wird im Haben des Provisionsertragskontos vereinnahmt. Jetzt ist nur noch das Retourenkonto durch eine Habenbuchung in Höhe des Scheckbetrages zzgl. fremder Gebühren auszugleichen.

Rückgabe an den Einreicher

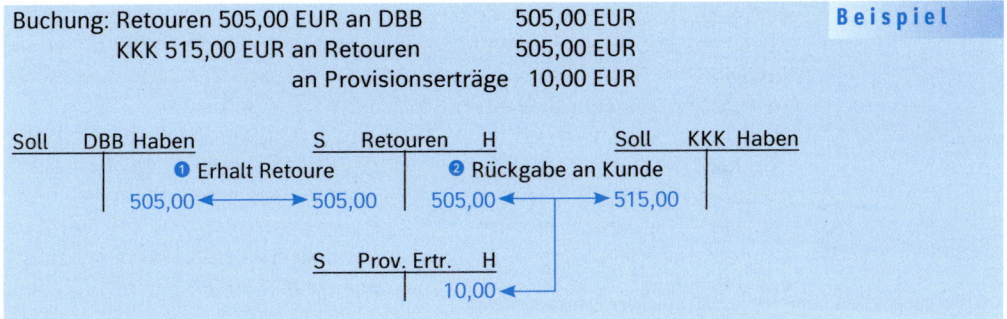

Beispiel

Buchung: Retouren 505,00 EUR an DBB   505,00 EUR
         KKK 515,00 EUR an Retouren   505,00 EUR
                an Provisionserträge   10,00 EUR

Scheckbuchungen

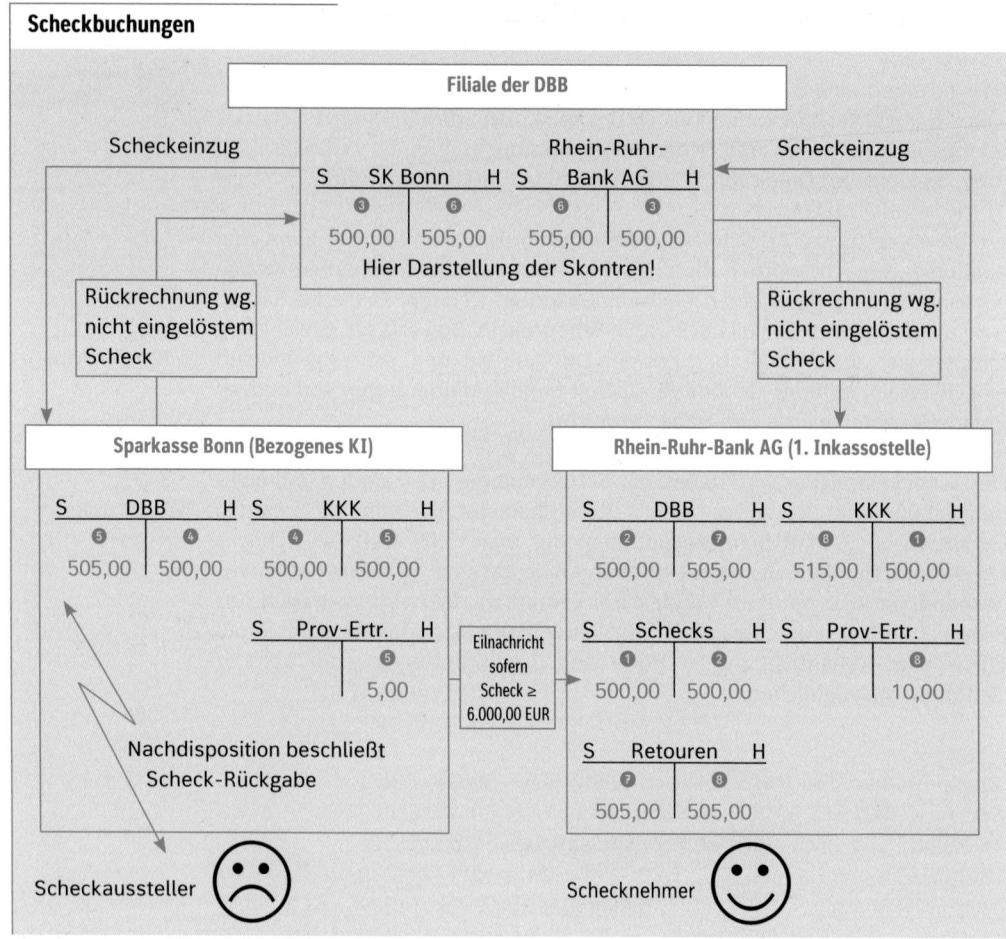

Zusammenfassung Scheckbuchungen

A) Buchungen bei Einzug von Schecks (bei der 1. Inkassostelle)

Geschäftsfall	EUR	Buchungssatz
❶ Kunden reichen Schecks zur sofortigen Gutschrift auf ihr Konto ein.	500,00 EUR	Schecks an KKK
❷ Der Scheckgegenwert wird im vereinfachten Scheck- und Lastschrifteinzugsverfahren der Deutschen Bundesbank eingezogen.	500,00 EUR	DBB an Schecks

B) Buchungen bei Einlösung bzw. Nichteinlösung von Schecks (beim bezogenen KI)

Geschäftsfall	EUR	Buchungssatz
➍ Wir erhalten von der DBB auf uns gezogene Schecks.	500,00 EUR	KKK an DBB
➎ Im Rahmen der Nachdisposition wird entschieden, dass der Scheck (siehe ➍) nicht eingelöst werden soll. Wir geben den Scheck einschließlich Rückscheckgebühr von 5,00 EUR über DBB zurück.	505,00 EUR 500,00 EUR 5,00 EUR	DBB an KKK an Provisionserträge

C) Buchungen bei Erhalt nicht eingelöster Schecks (bei 1. Inkassostelle)

Geschäftsfall	EUR	Buchungssatz
➐ Wir erhalten von der DBB einen vom bezogenen Kreditinstitut nicht eingelösten Scheck über 500,00 EUR zzgl. einer Rückscheckprovision von 5,00 EUR.	505,00 EUR	Retouren an DBB
➑ Wir geben den nicht eingelösten Scheck an den Scheckeinreicher unter gleichzeitiger Belastung fremder Gebühren (5,00 EUR) und eigener Gebühren (10,00 EUR) zurück.	515,00 EUR 505,00 EUR 10,00 EUR	KKK an Retouren an Provisionserträge

1. Bilden Sie die Buchungssätze zu den folgenden Geschäftsfällen.
   a) Die Rhein-Ruhr-Bank AG schreibt von Kunden eingereichte Schecks E.v. gut.
   b) Die Rhein-Ruhr-Bank AG löst von Kunden ausgestellte Schecks bar ein.
   c) Die Rhein-Ruhr-Bank AG gibt Schecks zum Inkasso in das vereinfachte Scheckeinzugsverfahren der Bundesbank.
   d) Im Rahmen der Nachdisposition entscheidet der Disponent einen Scheck nicht einzulösen. Wir geben den Scheck inklusive der uns zustehenden Rückscheckgebühr über DBB an die erste Inkassostelle zurück.
   e) Die Rhein-Ruhr-Bank AG erhält über BKK Schecks unbezahlt zurück.
   f) Die Rhein-Ruhr-Bank AG gibt diese Schecks zzgl. eigener und fremder Gebühren an die Einreicher zurück.
   g) Die Rhein-Ruhr-Bank AG belastet Kunden mit von der DBB übermittelten Daten von BSE-Schecks.

2. Die Geschäftsverbindung zu einem KK-Kunden wird aufgelöst. Der Rohsaldo beträgt: Soll 602,64 EUR.
   Die **noch zu buchende** Abschlussrechnung setzt sich aus nachstehenden Einzelposten zusammen:

Habenzinsen	12,03 EUR	Sollzinsen	149,88 EUR
Überziehungsprovision	8,31 EUR	Postenentgelte	38,56 EUR
Kontoauflösungsgebühr	20,00 EUR	Porto	31,20 EUR

   a) Wie viel Euro sind auf dem Konto „Zins- und zinsähnliche Erträge" zu buchen?
   b) Wie viel Euro beträgt der Saldo der Abschlussrechnung?
   c) Buchen Sie die Posten der Abschlussrechnung.

d) Zum Ausgleich des aufzulösenden KK-Kontos nehmen wir einen Verrechnungsscheck, gezogen auf die neue Bankverbindung des Kunden, entgegen.

Über wie viel Euro muss der Scheck zur Abdeckung des Schuldsaldos auf dem aufzulösenden Konto lauten?

3. Nehmen Sie die Buchungen der nachstehenden Geschäftsfälle im Grundbuch vor.

   a) Die Rhein-Ruhr-Bank AG stellt im Rahmen der Nachdisposition fest, dass ein zur Zahlung vorgelegter Scheck mangels Deckung nicht eingelöst werden kann. Der Scheck wird über DBB zzgl. der ihr zustehenden Provision an die 1. Inkassostelle zurückgegeben.

   b) Die Rhein-Ruhr-Bank AG erhält von der Westdeutschen Landesbank Retourenabrechnungen über nicht eingelöste Schecks zuzüglich Gebühren der bezogenen Kreditinstitute.

   c) Die Rhein-Ruhr-Bank AG gibt auf fremde Kreditinstitute gezogene Schecks im Wege des beleglosen Scheckeinzugs an die DBB zum Inkasso.

   d) Die Rhein-Ruhr-Bank AG gibt einen nicht eingelösten Scheck inkl. fremder und eigener Kosten an den Einreicher, einen KK-Kunden, zurück.

   e) Die Rhein-Ruhr-Bank AG gibt die Retouren an die Einreicher zurück und belastet die Kunden gleichzeitig mit Rückscheckgebühren.

2.4.5   Einzug von Sepa-Lastschriften

Situation

Ein Kunde der Rhein-Ruhr-Bank AG reicht eine Sepa-Basislastschrift über 270,00 EUR mithilfe eines Einzugsauftrages zur Gutschrift auf seinem Konto ein. Wir leiten diese Lastschrift über die DBB an die Zahlstelle.

Reicht ein Zahlungsempfänger eine Sepa-Lastschrift ein, so erhält er am Fälligkeitstag eine Gutschrift auf seinem KK-Konto. Die eingereichte Lastschrift wird auf internen Verrechnungskonten erfasst und an die Zahlstelle weitergeleitet. Dort muss die Lastschrift i.d.R. einen Geschäftstag vor Fälligkeit angekommen sein. Am Fälligkeitstag erfolgt dann sowohl die Gutschrift auf dem Konto des Zahlungsempfängers bei der ersten Inkassostelle als auch die Belastung des Zahlungspflichtigen bei der Zahlstelle.

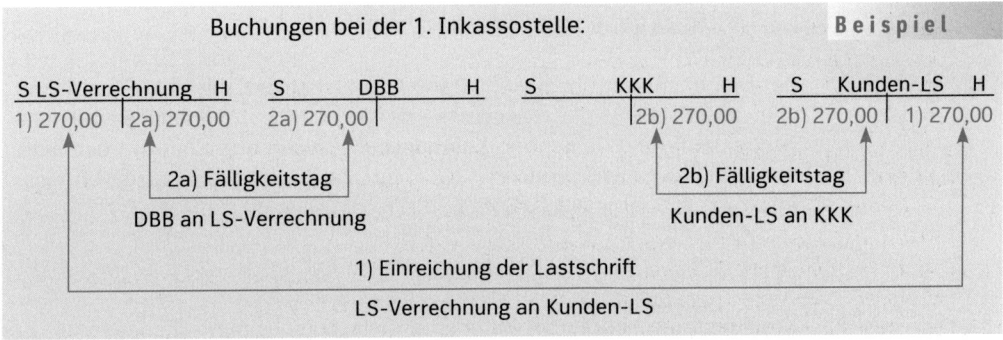

Buchungen bei der 1. Inkassostelle: B e i s p i e l

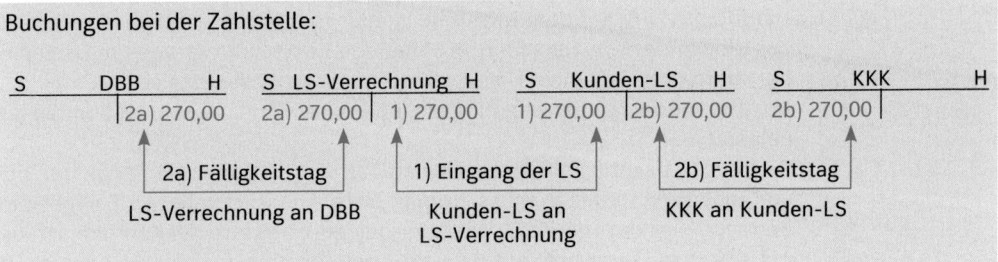

Buchungen bei der Zahlstelle:

Buchungen bei der 1. Inkassostelle

Geschäftsfall	EUR	Buchungssatz
1) Kunden reichen Lastschriften über 270,00 EUR zum Einzug auf ihre Konten ein.	270,00	Lastschriftverrechnung an Kunden-LS
2a) Am Fälligkeitstag erhalten wir Gutschrift von 270,00 EUR auf unserem Konto bei der DBB, über die wir den Lastschriftdatensatz an die Zahlstelle weitergeleitet haben.	270,00	DBB an Lastschriftverrechnung
2b) Am Fälligkeitstag schreiben wir dem Zahlungsempfänger den Lastschriftbetrag von 270,00 EUR gut.	270,00	Kunden-LS an KKK

Buchungen bei der Zahlstelle

Geschäftsfall	EUR	Buchungssatz
1) Wir erhalten über die DBB einen Lastschriftdatensatz über 270,00 EUR für einen unserer KK-Kunden.	270,00	Kunden-LS an Lastschriftverrechnung
2a) Am Fälligkeitstag belastet uns die DBB mit 270,00 EUR wegen der Lastschrift unseres KK-Kunden.	270,00	Lastschriftverrechnung an DBB
2b) Am Fälligkeitstag belasten wir unseren KK-Kunden mit dem Lastschriftbetrag über 270,00 EUR.	270,00	KKK an Kunden-LS

2.4.6 Rückgabe von Sepa-Lastschriften

Situation Der Disponent der Rhein-Ruhr-Bank AG entscheidet, dass eine Lastschrift über 120,00 EUR, die einem unserer KK-Kunden bei Fälligkeit belastet wurde, aufgrund fehlender Kontodeckung nicht eingelöst werden soll. Wir geben die Lastschrift über die Deutsche Bundesbank zuzüglich einer Rückgabegebühr von 3,10 EUR an die 1. Inkassostelle zurück.

Kreditinstitute können im Rahmen der Nachdisposition – genauso wie bei Schecks – innerhalb von zwei Bankarbeitstagen bei Firmenlastschriften bzw. innerhalb von drei Bankarbeitstagen bei Basislastschriften die erfolgte Lastschriftbelastung auf dem KK-Konto wieder rückgängig machen. Hier erhält der KK-Kunde eine Gutschrift in Höhe des Lastschriftbetrages auf seinem KK-Konto, der Gegenwert wird zuzüglich eines kostenbasierten Entgeltes auf dem Verrechnungsweg eingezogen und dort dem Zahlungsempfänger belastet.

Da eine Lastschrift mindestens einen Tag vor Fälligkeit als Datensatz bei der Zahlstelle vorliegen muss, kommt auch eine Rückgabe vor Fälligkeit in Betracht. Hier kann die Zahlstelle entscheiden, ob es zu einer Kontobelastung mit sofortiger Gutschrift auf dem KK-Konto kommt oder ob die Lastschrift ohne Buchung auf dem Kundenkonto zurückgegeben wird. Dieser Fall ohne Buchung auf dem Kundenkonto soll im Folgenden nicht betrachtet werden.

Buchungen bei der Zahlstelle

Geschäftsfall	EUR	Buchungssatz
1) Wir geben eine Lastschrift in Höhe von 120,00 EUR zzgl. 3,10 EUR Rückgabegebühr im Rahmen der Nachdisposition über die DBB an die 1. Inkassostelle zurück.	123,10 120,00 3,10	DBB an KKK an Provisionserträge
2) Wir informieren den Kunden über die Nichteinlösung der Lastschrift und belasten dafür ein Benachrichtigungsentgelt in Höhe von 5,50 EUR.	5,50	KKK an Provisionserträge

Buchungen bei der 1. Inkassostelle

Geschäftsfall	EUR	Buchungssatz
1) Wir erhalten über die DBB eine nicht eingelöste Lastschrift über 120,00 EUR zzgl. eines fremden Entgeltes in Höhe von 3,10 EUR zurück.	123,10	Retouren an DBB
2) Wir belasten den Zahlungsempfänger mit dem Lastschriftbetrag von 120,00 EUR zzgl. fremder Gebühren in Höhe von 3,10 EUR und eigener Gebühren in Höhe von 10,00 EUR.	133,10 123,10 10,00	KKK an Retouren an Provisionserträge

1. *Bilden Sie für folgende Geschäftsfälle die Buchungssätze im Grundbuch.*

   a) Kunden reichen Sepa-Basislastschriften im Gegenwert von 117.300,00 EUR zur Gutschrift auf ihr Konto ein.

   b) Wir ziehen den Gegenwert der Sepa-Basislastschriften (siehe a) über unser Konto bei der Deutschen Bundesbank ein und erhalten am Fälligkeitstag der Lastschriften Gutschrift in Höhe von 117.300,00 EUR.

   c) Am Fälligkeitstag der Sepa-Basislastschriften schreiben wir den Einreichern der Sepa-Basislastschriften (siehe a) 117.300,00 EUR auf ihren KK-Konten gut.

   d) Wir erhalten eine Sepa-Basislastschrift über 1.200,00 EUR wegen Widerspruchs über BKK zurück. Die Zahlstelle belastet zusätzlich 3,10 EUR fremde Kosten.

   e) Wir belasten den Einreicher der Lastschrift (siehe d) mit dem Lastschriftgegenwert über 1.200,00 EUR zzgl. fremder Gebühren in Höhe von 3,10 EUR und eigener Gebühren in Höhe von 9,00 EUR.

2. *Bilden Sie für folgende Geschäftsfälle die Buchungssätze im Grundbuch.*

   a) Wir erhalten über eine Korrespondenzbank eine Sepa-Basislastschrift über 41.000,00 EUR für einen unserer KK-Kunden.

   b) Am Fälligkeitstag belastet uns die Korrespondenzbank mit 41.000,00 EUR wegen der Sepa-Basislastschrift unseres Kunden (siehe a).

   c) Am Fälligkeitstag belasten wir unseren KK-Kunden mit 41.000,00 EUR wegen der Sepa-Basislastschrift aus a).

   d) Unser Disponent entscheidet, dass die Sepa-Basislastschrift aus c) aufgrund fehlender Kontodeckung nicht eingelöst werden soll. Wir geben die Lastschrift daher unter Berücksichtigung von 3,50 EUR Rückgabegebühr über die Deutsche Bundesbank an die 1. Inkassostelle zurück.

   e) Wir informieren unseren KK-Kunden schriftlich über die Nichteinlösung der Lastschrift aus d) und belasten dafür ein Entgelt in Höhe von 5,50 EUR.

2.5   Gehaltsabrechnungen und Personalbuchungen

Unterrichtsinhalte samt Aufgaben finden Sie auf der Website des Verlages unter BuchPlusWeb.

2.6 Geschäftsgang von Bilanz zu Bilanz

Unter Berücksichtigung der in Kapitel 1 und 2 dargestellten Grundlagen der Buchführung und der Erfassung erfolgsneutraler und erfolgswirksamer Geschäftsfälle kann ein kompletter Buchungsgang von der Eröffnungsbilanz bis hin zur Schlussbilanz abgebildet werden. Studieren Sie noch einmal den schematischen Buchungsablauf von der Eröffnungsbilanz bis zur Schlussbilanz auf Seite 36 und lösen Sie anschließend die folgenden Aufgaben.

Aufgaben

1. *Führen Sie Bilanzbuch, Grundbuch mit doppelter Betragsspalte und Hauptbuch der Rhein-Ruhr-Bank AG.*

Anfangsbestände in Euro:

Kasse 85.000,00, Guthaben bei der DBB 125.000,00, Postbankguthaben 67.000,00, Forderungen an Kunden 184.000,00, Sorten 12.000,00, Wertpapiere 167.000,00, Forderungen an Kreditinstitute 398.000,00, Betriebs- und Geschäftsausstattung 76.000,00, Termineinlagen 201.000,00, Verbindlichkeiten gegenüber Kreditinstituten 245.000,00, Sichteinlagen 190.000,00, Spareinlagen 243.000,00, Sonstige Verbindlichkeiten 12.000,00, Eigenkapital ?

Geschäftsfälle:	EUR	
1. Überweisungseingänge über DBB	67.000,00	
für andere Banken	17.000,00	
für KK-Kunden	28.000,00	
für Sparkunden	22.000,00	
2. Einbehaltene Steuern		
des Vormonates werden über DBB überwiesen.	12.000,00	
3. Kauf von Büromaterial und Überweisung des		
Rechnungsbetrags über DBB	13.500,00	
4. Kunden reichen Schecks zum Einzug herein. Wir		
schreiben den Gegenwert E.v. sofort gut.	5.000,00	
5. Verkauf von Wertpapieren an KK-Kunden	23.000,00	
6. Verkauf von Sorten gegen Barzahlung	3.000,00	
7. Schecks werden an die DBB zum Inkasso gegeben.	5.000,00	
8. Übertrag von Postbank auf DBB	25.000,00	
9. Miete für Geschäftsräume wird über DBB überwiesen.	2.300,00	
10. KK-Konten werden mit Kontoführungsgebühren belastet.		13.700,00
11. Zinsen werden berechnet		
für Debitoren,		25.800,00
für Kreditoren,		200,00
für Sparkunden.		3.900,00
12. Eine Rechnung für Büromaterial wird über DBB beglichen.		3.600,00

Endbestände lt. Inventur:

Sorten 8.000,00, Wertpapiere 149.000,00, Forderungen an Kunden 182.000,00, Forderungen an Kreditinstitute 382.700,00; die übrigen Endbestände stimmen mit den Buchbeständen überein.

2. *Führen Sie Bilanzbuch, Grundbuch mit doppelter Betragsspalte und Hauptbuch.*

Anfangsbestände in Euro:
Kasse 55.000,00, Sorten 12.000,00, Guthaben bei der DBB 189.000,00, Forderungen an Kreditinstitute 239.000,00, Devisen 22.000,00, Eigene Wertpapiere 157.000,00, Debitoren 956.000,00, BGA 48.000,00, Grundstücke und Gebäude 367.000,00, Kreditoren 961.000,00, Spareinlagen 764.000,00, Verbindlichkeiten gegenüber Kreditinstituten 216.000,00, Eigenkapital?

Geschäftsfälle in Euro:
1. *Bareinzahlung von KK-Kunden 14.200,00 und Sparkunden 23.500,00*
2. *Barschecks unserer Kunden werden eingelöst 32.900,00*
3. *Sparkunden heben ab 12.600,00*
4. *Kauf von Büromaterial, bar 3.500,00*
5. *KK-Kunden erteilen Überweisungsaufträge, die*
   über BKK 17.900,00
   über DBB 34.200,00
   durch Kontoübertrag 10.700,00 ausgeführt werden.
6. *Überweisungseingang von Korrespondenzbanken für*
   Sparkunden,   20.300,00
   deren Nostrokonten 132.000,00
7. *Verkauf von Wertpapieren an Sparkunden 22.900,00*
8. *Verkauf von Sorten, bar 2.700,00*
9. *Kauf von Sorten von KK-Kunden 1.100,00*
10. *Verkauf von Devisen an Korrespondenzbanken im Gegenwert von 16.000,00 EUR unter gleichzeitiger Belastung der Lorokonten.*
11. *Zinsen werden berechnet für:*
    Kreditoren,   600,00
    Debitoren,   34.700,00
    Sparkunden.   25.600,00
12. *KK-Kunden werden mit Kontoführungsgebühren belastet, 53.000,00.*

Abschlussangaben:	**EUR**
Wertpapierbestand lt. Inventur	*144.100,00*
Devisenbestand lt. Inventur	*5,200,00*
Sortenbestand lt. Inventur	*10.800,00*
Verbindlichkeiten gegenüber Kreditinstituten	*183.000,00*
Kreditoren	*941.500,00*

3. Bei der Rhein-Ruhr-Bank AG ergibt sich zum Jahresbeginn 20.. folgende Vermögens- und Kapitalstruktur:

	EUR		EUR
Kassenbestand	46.500,00	Forderungen an	
		Kunden	472.898,00
Betriebs- und		DBB	187.000,00
Geschäftsausstattung	150.000,00		
Spareinlagen	816.755,00	Sichteinlagen	834.443,00
Wertpapiere	154.800,00	Eigenkapital	?
Grundstücke und			
Gebäude	825.000,00		

Im Jahresablauf 20.. ereignen sich folgende Geschäftsfälle.

	EUR
1) Erwerb von drei Computern, Stückpreis 1999,00 EUR von einem Kreditor	
2) Überweisung der Feuerversicherungsprämie für das eigene Bankgebäude über DBB	7.500,50
3) Ein Kreditor hebt am Geldautomat der Bank ab.	1.200,00
4) Überweisungseingang für Kreditor über DBB	35.500,27
5) Gutschriften für Sparer über DBB	27.500,77
6) Aktien aus dem Eigenbestand werden an Sparer verkauft.	102.800,00
7) Debitoren werden am Quartalsende belastet	
Zinsen,	67.264,49
Kontoführungsgebühren.	8.558,25
8) Gutschrift der Jahreszinsen für Sparer	14.550,00
9) Erwerb von Computerpapier von einem Kreditor	4.555,67
10) Kreditoren überweisen	
auf eigene Sparkonten,	16.900,00
an Debitoren.	14.999,38
11) Bargeldbeschaffung bei der DBB	90.000,00
12) Kreditoren reichen Schecks ein.	15.789,34

a) Stellen Sie die Eröffnungsbilanz formgerecht auf.

b) Erfassen Sie die Geschäftsfälle im Grundbuch.

c) Führen Sie exemplarisch die Konten Debitoren und Spareinlagen und ermitteln Sie die Schlussbestände.

d) Buchen Sie die Schlussbestände der Konten Debitoren und Spareinlagen im Grundbuch.

e) Stellen Sie auf Basis der Buchungen aus b) das Gewinn-und-Verlust-Konto auf, ermitteln Sie den
Erfolg und buchen Sie anschließend den Erfolg im Grundbuch.

Kreditinstitute sind verpflichtet, innerhalb von drei Monaten nach Ende des Geschäftsjahres einen Jahresabschluss und einen Lagebericht zu erstellen. Dieser muss innerhalb eines Zeitraumes von fünf Monaten nach Ablauf des Geschäftsjahres von einem Prüfungsverband, Wirtschaftsprüfer oder einer Wirtschaftsprüfungsgesellschaft geprüft werden.

Vgl. §§ 242 und 264 HGB

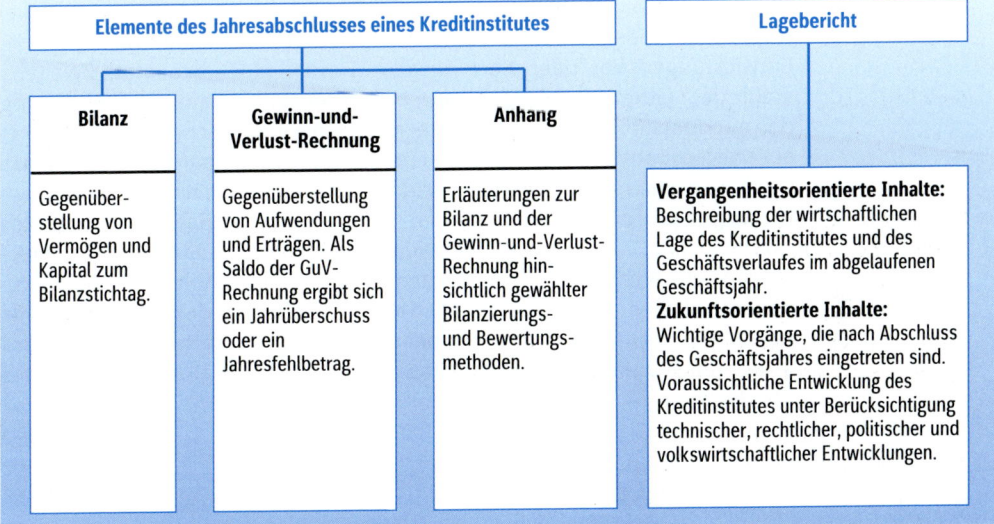

Elemente des Jahresabschlusses eines Kreditinstitutes			Lagebericht
Bilanz	**Gewinn-und-Verlust-Rechnung**	**Anhang**	
Gegenüberstellung von Vermögen und Kapital zum Bilanzstichtag.	Gegenüberstellung von Aufwendungen und Erträgen. Als Saldo der GuV-Rechnung ergibt sich ein Jahrüberschuss oder ein Jahresfehlbetrag.	Erläuterungen zur Bilanz und der Gewinn-und-Verlust-Rechnung hinsichtlich gewählter Bilanzierungs- und Bewertungsmethoden.	**Vergangenheitsorientierte Inhalte:** Beschreibung der wirtschaftlichen Lage des Kreditinstitutes und des Geschäftsverlaufes im abgelaufenen Geschäfsjahr. **Zukunftsorientierte Inhalte:** Wichtige Vorgänge, die nach Abschluss des Geschäftsjahres eingetreten sind. Voraussichtliche Entwicklung des Kreditinstitutes unter Berücksichtigung technischer, rechtlicher, politischer und volkswirtschaftlicher Entwicklungen.

Der **Jahresabschluss** eines Kreditinstitutes und der **Lagebericht** soll der Öffentlichkeit ein Bild der Vermögens-, Finanz- und Ertragslage vermitteln. Zu diesem Zweck wird sowohl der Jahresabschluss als auch der Lagebericht beim Handelsregister bzw. dem Genossenschaftsregister eingereicht und kann dort von interessierten Dritten eingesehen werden. Ferner müssen Kreditinstitute, deren Bilanzsumme 200 Mio. EUR übersteigen, die genannten Unterlagen auch im Bundesanzeiger veröffentlichen.

Vgl. § 264 ff. HGB und § 340 ff. HGB

Die Gliederung der **Bilanz** und der **Gewinn-und-Verlust-Rechnung** wird durch die Formblätter der Verordnung über die Rechnungslegung der Kreditinstitute (RechKredV) vorgegeben. Diese Verordnung regelt auch die Zuordnung der Konten des Kontenplanes zu Posten in der Bilanz und der Gewinn-und-Verlust-Rechnung.

Vgl. RechKredV, § 266 HGB, Anhang I–IV

Der **Anhang** erläutert die in der Bilanz und der Gewinn-und-Verlust-Rechnung angewandten Bilanzierungs- und Bewertungsmethoden. Dort wo der Gesetzgeber Bilanzierungswahlrechte zur freien Ausgestaltung durch die Kreditinstitute erlaubt, sind entsprechende Erläuterungen im Anhang zu machen. Ebenso sind Angaben über sonstige betriebliche Erfolge sowie

Vgl. §§ 284, 285 HGB

über außerordentliche Erfolge zu machen, sofern sie für die Beurteilung des Jahresabschlusses erforderlich sind. Vorgeschrieben sind ferner Angaben über

- die durchschnittliche Zahl der im Geschäftsjahr beschäftigten Arbeitnehmer,
- an Organe des Kreditinstitutes gewährte Vorschüsse oder Kredite unter Angabe der Zinssätze und weiterer wesentlicher Bedingungen sowie
- Beteiligungen an anderen Unternehmen von mindestens 20 % des Kapitals.

Vgl. § 289 HGB

Die Aussagefähigkeit eines Jahresabschlusses wird häufig durch zwei Argumente kritisiert. Erstens erfolgt eine reine Stichtagsbetrachtung, die Entwicklungen vor oder nach diesem Termin nicht beachtet. Zweitens stellt der Jahresabschluss eine rein betriebswirtschaftliche Beurteilung des Kreditinstitutes dar. Rechtliche, politische, technische oder volkswirtschaftliche Entwicklungen, die unmittelbaren Einfluss auf den Erfolg eines Kreditinstitutes haben, werden nicht betrachtet. Aus diesen Gründen soll ein **Lagebericht** angefertigt werden, der genau diese Schwachpunkte des Jahresabschlusses durch Informationen über zukunftsorientierte Entwicklungen und Analysen von rechtlichen, politischen, technischen und volkswirtschaftlichen Änderungen auf das Geschäftsfeld des Kreditinstitutes beleuchtet. Diese Zusatzinformationen sollen einen umfassenderen Einblick in die (auch zukünftige) Vermögens- und Ertragslage des Kreditinstitutes ermöglichen.

Aufgabe

Entscheiden Sie, ob folgende Sachverhalte aus
1 *der Bilanz,*
2 *der Gewinn-und-Verlust-Rechnung,*
3 *dem Anhang zur Bilanz und GuV-Rechnung,*
4 *dem Lagebericht,*
5 *einer anderen Informationsquelle*
der Rhein-Ruhr-Bank AG zu entnehmen sind.

a) *Die durchschnittliche Zahl der im Geschäftsjahr beschäftigten Arbeitnehmer.*
b) *Der Bestand an Unternehmensbeteiligungen.*
c) *Der durchschnittliche Papierverbrauch eines Angestellten pro Bankarbeitstag.*
d) *Die voraussichtliche Entwicklung der Rhein-Ruhr-Bank AG unter Berücksichtigung der veränderten Bedürfnisse der Bankkundschaft.*
e) *Die gewählten Abschreibungsmethoden bei Sachanlagen.*
f) *Die Summe der Bezüge für Vorstand und Aufsichtsrat.*

Umsatzsteuer

4.1 Warum wird die Umsatzsteuer auch als Mehrwertsteuer bezeichnet?

In der Bundesrepublik Deutschland gilt seit 01.01.2007 ein Umsatzsteuersatz von 19 %. Dies bedeutet, dass i. d. R. beim Verkauf von Gütern bzw. der Erstellung von Dienstleistungen 19 % auf den Nettopreis aufgeschlagen und an das Finanzamt abgeführt werden müssen. **Zu zahlen hat diese Umsatzsteuer, die auch Mehrwertsteuer genannt wird, der Endverbraucher**. Für die an der Erstellung der Waren und Dienstleistungen beteiligten Unternehmen ist die Umsatzsteuer ein durchlaufender Posten.

Umsatzsteuer trägt der Endverbraucher

Um diese Aussage zu verdeutlichen, soll im Folgenden die Produktion eines Büroschrankes genauer analysiert werden[1]. Der Produktionsprozess durchläuft 3 Stufen mit folgenden Netto- und Brutto-Verkaufspreisen.

Unternehmen	Nettopreis	Umsatzsteuer 19 %	Bruttopreis	Wertschöpfung = Mehrwert	Mehrwertsteuer auf den Mehrwert
Forstwirt/ Sägewerk	1.000,00	190,00	1.190,00	1.000,00	190,00
Schreinerei	4.000,00	760,00	4.760,00	3.000,00	570,00
Büro GmbH	6.000,00	1.140,00	7.140,00	2.000,00	380,00
Summe					1.140,00

Aus der Produktion des Schrankes stehen dem Finanzamt 1.140,00 EUR Umsatzsteuer zu, die der Endverbraucher zu zahlen hat. Wenn jede beteiligte Produktionsstufe den auf den Ausgangsrechnungen ausgewiesenen Umsatzsteuerbetrag an das Finanzamt überweisen würde, so erhielte das Finanzamt insgesamt 2.090,00 EUR, obwohl ihm nur 1.140,00 EUR zustehen. Es muss daher ein Verrechnungssystem geben, welches zu dem Ergebnis führt, dass das Finanzamt nur 1.140,00 EUR an Umsatzsteuer erhält und somit keine Mehrfachbesteuerung eines Gutes erfolgt.

Die Lösung des Problems wurde darin gefunden, dass jede Produktionsstufe 19 % Umsatzsteuer auf die von ihr zusätzlich geschaffenen Werte, der sog. Wertschöpfung (= Mehrwert) an das Finanzamt überweist. Auf diese Art und Weise erhält das Finanzamt die ihm zustehenden 1.140,00 EUR in drei Tranchen. Der Forstwirt überweist 190,00 EUR, die Schreinerei 570,00 EUR und die Büro GmbH 380,00 EUR. Die Buchhaltung der beteiligten Unter-

Jede Produktionsstufe schafft einen Mehrwert.

---

[1] *Das warenproduzierende Gewerbe ist besonders geeignet, die Umsatzsteuersystematik zu erläutern. Aus diesem Grunde erfolgt ein kurzer Exkurs in die Industriebuchführung, dessen Ergebnisse auf den Bankbetrieb übertragen werden können.*

Umsatzsteuerzahllast

nehmen muss genau die Umsatzsteuerbeträge ermitteln, die an das Finanzamt zu zahlen sind. Dieser Betrag wird Umsatzsteuerzahllast genannt. Wie geschieht dies in der Praxis? Exemplarisch soll die Buchhaltung der Büro GmbH betrachtet werden.

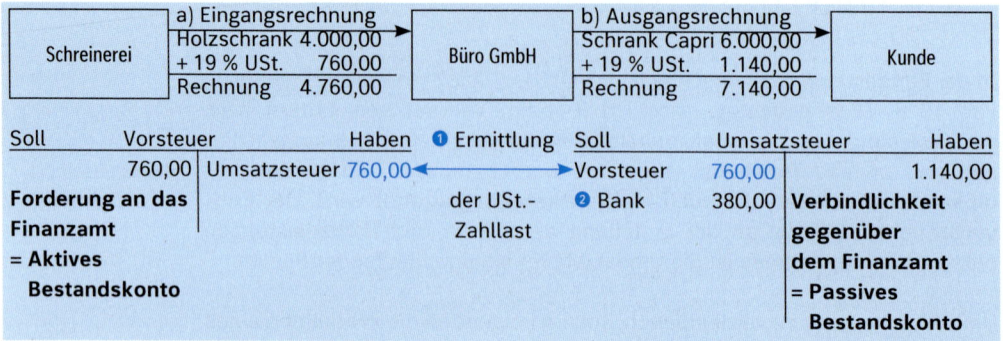

Die Büro GmbH erhält von der Schreinerei eine Eingangsrechnung über 4.000,00 EUR zzgl. 760,00 EUR Umsatzsteuer. Zahlen muss diese Umsatzsteuer letztlich der Endverbraucher. Die Büro GmbH verkauft den Schrank weiter, sie ist somit nicht Endverbraucher. Dennoch hat sie 760,00 EUR Umsatzsteuer gezahlt. Folglich besteht aus Sicht der Büro GmbH eine Forderung an das Finanzamt in Höhe der mit der Eingangsrechnung verauslagten Umsatzsteuer. Diese wird auf dem aktiven Bestandskonto **Vorsteuer** gebucht.

Eingangsrechnung =
Vorsteuer =
Forderung ans
Finanzamt

Beim Verkauf des Schrankes erhält die Büro GmbH lt. Ausgangsrechnung neben den 6.000,00 EUR Verkaufserlösen noch 1.140,00 EUR Umsatzsteuer, die dem Finanzamt zustehen. Aus Sicht der Büro GmbH handelt es sich folglich um eine Verbindlichkeit gegenüber dem Finanzamt, die auf dem passiven Bestandskonto Umsatzsteuer gebucht wird. Verrechnet man die Forderung mit der Verbindlichkeit gegenüber dem Finanzamt, erhält man die Umsatzsteuerzahllast über 380,00 EUR der Büro GmbH, die per Banküberweisung an das Finanzamt zu den Umsatzsteuerterminen angewiesen wird.

Ausgangsrechnung =
Umsatzsteuer =
Verbindlichkeit gegen-
über Finanzamt

Geschäftsfälle	EUR	Buchungssatz
1) Die Büro GmbH erhält eine Eingangsrechnung über 4.000,00 EUR zzgl. 760,00 EUR Umsatzsteuer, die sie durch Banküberweisung begleicht.	4.000,00 760,00 4.760,00	Warenaufwand und Vorsteuer an Bank
2) Die Büro GmbH stellt eine Ausgangsrechnung über 6.000,00 EUR netto, zzgl. 1.140,00 EUR Umsatzsteuer.	7.140,00 6.000,00 1.140,00	Forderungen aus Lieferungen und Leistungen an Umsatzerlöse und Umsatzsteuer
3) Ermittlung der Umsatzsteuer-Zahllast	760,00	Umsatzsteuer an Vorsteuer
4) Die Büro GmbH überweist die Umsatzsteuer-Zahllast zum Steuertermin durch Banküberweisung.	380,00	Umsatzsteuer an Bank

1. Auf den Konten Vorsteuer und Umsatzsteuer fielen folgende Umsätze an:

Soll	Vorsteuer	Haben	Soll	Umsatzsteuer	Haben
U	1.732,00			U	18.231,16

a) Schließen Sie das Konto Vorsteuer im Grund- und Hauptbuch ab.
b) Buchen Sie die Überweisung der Umsatzsteuer-Zahllast über DBB.

2. Auf den Konten Vorsteuer und Umsatzsteuer fielen folgende Umsätze an:

Soll	Vorsteuer	Haben	Soll	Umsatzsteuer	Haben
U	3.681,00			U	14.282,13

a) Schließen Sie das Konto Vorsteuer im Grund- und Hauptbuch ab.
b) Buchen Sie die Überweisung der Umsatzsteuer-Zahllast über DBB.

4.2 Umsatzsteuer in Kreditinstituten

Auch in Kreditinstituten wird die Umsatzsteuerzahllast durch die Verrechnung der Umsatzsteuer mit der Vorsteuer ermittelt. Problematisch ist die Tatsache, dass die Erstellung bzw. der Verkauf der meisten Bankdienstleistungen nicht umsatzsteuerpflichtig ist. Dies hat Auswirkungen auf die Buchung der Umsatzsteuer.

Situation

In der Rhein-Ruhr-Bank AG ist die Umsatzsteuerzahllast zu ermitteln. Es gab drei umsatzsteuerrelevante Geschäftsfälle.
❶ Die Rhein-Ruhr-Bank AG kauft für die Kredit- und die Depotabteilung je einen Computer im Wert von 3.000,00 EUR netto je Stück.
❷ Die Rhein-Ruhr-Bank AG kauft für die Kredit- und die Depotabteilung Büromaterial für je 1.500,00 EUR inkl. USt.
❸ Depotkunden der Rhein-Ruhr-Bank AG werden mit 8.000,00 EUR Depotgebühren zzgl. 19 % Umsatzsteuer belastet.

Grundsätzlich sind Kreditinstitute von der Umsatzsteuerpflicht befreit. Dies bedeutet, dass sie keine Umsatzsteuer bei der Erstellung von Bankdienstleistungen berechnen und den Kunden in Rechnung stellen muss. Ausnahmen hiervon gelten für

- die Verwahrung und Verwaltung von Wertpapieren (das Depotgeschäft),
- Immobilienvermittlungen,
- die Vermietung von Schließfächern,
- den An- und Verkauf von Edelmetallen (Münzen und Barren),
- Verkäufe von gebrauchten Anlagegegenständen, sofern mit ihnen nicht ausschließlich steuerfreie Bankdienstleistungen erstellt wurden.

Werden im Rahmen dieser Ausnahmen Anlagegegenstände gekauft oder umsatzsteuerpflichtige Aufwendungen getätigt, so kann die in Rechnung gestellte Umsatzsteuer als Vorsteuer von der eigenen Umsatzsteuer-Verbindlichkeit abgezogen werden.

Umsatzsteuerpflichtige Bankdienstleistungen

Umsatzsteuer in Kreditinstituten beim Kauf von Anlagegegenständen

mit denen überwiegend umsatzsteuerfreie Bankdienstleistungen erstellt werden.	mit denen überwiegend umsatzsteuerpflichtige Bankdienstleistungen erstellt werden.
Folge: Die beim Kauf anfallende **Umsatzsteuer wird aktiviert,** d. h. mit in das entsprechende aktive Bestandskonto gebucht.	**Folge:** Die beim Kauf anfallende Umsatzsteuer wird als **abzugsfähige Vorsteuer** erfasst.
B e i s p i e l Wir begleichen die Rechnung für den Kauf eines Computers, 3.000,00 EUR zzgl. 19 % Umsatzsteuer, der für die Kreditabteilung bestimmt ist, durch DBB-Überweisung.	**B e i s p i e l** Wir begleichen die Rechnung für den Kauf eines Computers, 3.000,00 EUR zzgl. 19 % Umsatzsteuer, der für die Depotabteilung bestimmt ist, durch DBB-Überweisung.
Buchung: BGA 3.570,00 an DBB 3.570,00	**Buchung:** BGA 3.000,00 und Vorsteuer 570,00 an DBB 3.570,00

Merke:

- Wird ein Anlagegegenstand gekauft, mit dem ausschließlich umsatzsteuerfreie Bankdienstleistungen erstellt werden, so sind die gesamten Anschaffungskosten und die USt. zu aktivieren.
- Wird ein Anlagegegenstand gekauft, mit dem überwiegend umsatzsteuerpflichtige Bankdienstleistungen erstellt werden, so wird er mit seinen Anschaffungskosten aktiviert, die gezahlte USt. wird als Forderung an das Finanzamt auf dem Konto Vorsteuer erfasst.

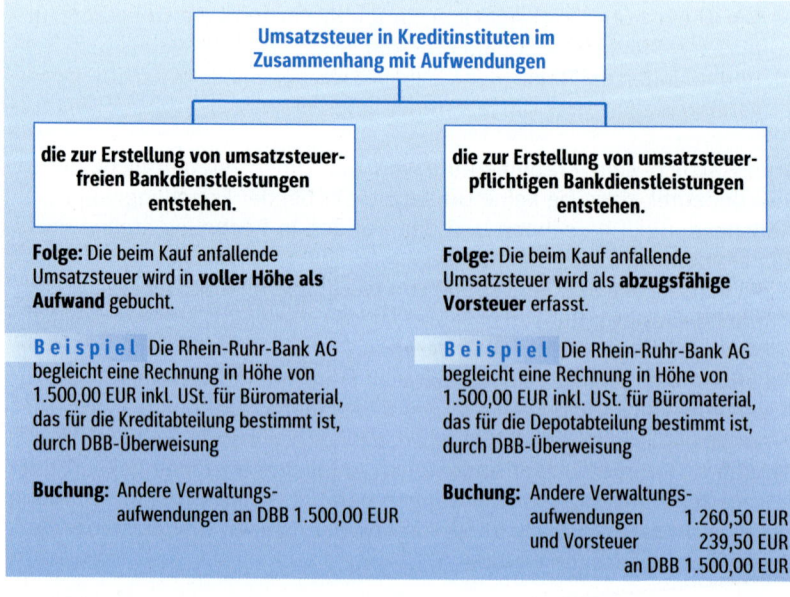

Umsatzsteuer in Kreditinstituten im Zusammenhang mit Aufwendungen

die zur Erstellung von umsatzsteuerfreien Bankdienstleistungen entstehen.	die zur Erstellung von umsatzsteuerpflichtigen Bankdienstleistungen entstehen.
Folge: Die beim Kauf anfallende Umsatzsteuer wird in **voller Höhe als Aufwand** gebucht.	**Folge:** Die beim Kauf anfallende Umsatzsteuer wird als **abzugsfähige Vorsteuer** erfasst.
B e i s p i e l Die Rhein-Ruhr-Bank AG begleicht eine Rechnung in Höhe von 1.500,00 EUR inkl. USt. für Büromaterial, das für die Kreditabteilung bestimmt ist, durch DBB-Überweisung	**B e i s p i e l** Die Rhein-Ruhr-Bank AG begleicht eine Rechnung in Höhe von 1.500,00 EUR inkl. USt. für Büromaterial, das für die Depotabteilung bestimmt ist, durch DBB-Überweisung
Buchung: Andere Verwaltungsaufwendungen an DBB 1.500,00 EUR	**Buchung:** Andere Verwaltungsaufwendungen 1.260,50 EUR und Vorsteuer 239,50 EUR an DBB 1.500,00 EUR

- Werden Aufwendungen im Zusammenhang mit der Erstellung von umsatzsteuerfreien Bankdienstleistungen gemacht, so ist die gezahlte Umsatzsteuer Teil des Anderen Verwaltungsaufwandes.
- Werden Aufwendungen im Zusammenhang mit der Erstellung von umsatzsteuerpflichtigen Bankdienstleistungen gemacht, so wird die gezahlte Umsatzsteuer auf dem aktiven Bestandskonto Vorsteuer gebucht.

Merke:

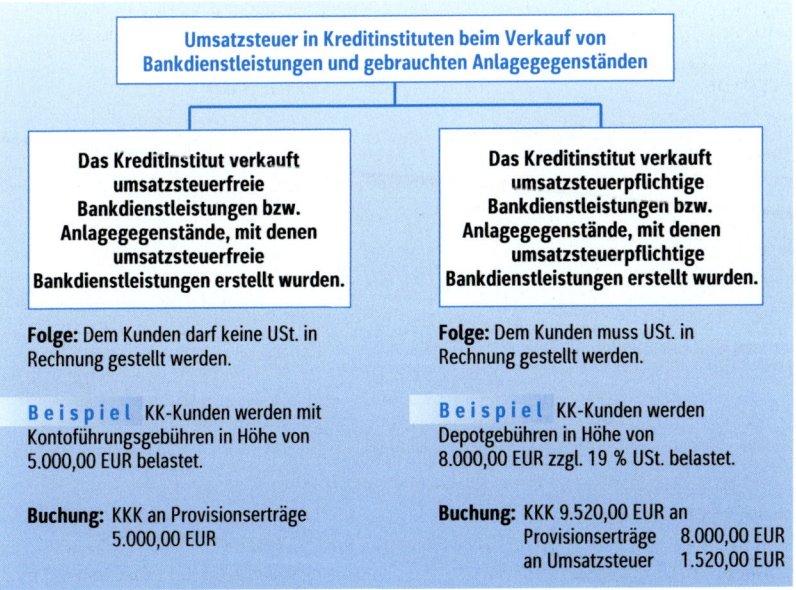

Umsatzsteuer in Kreditinstituten beim Verkauf von Bankdienstleistungen und gebrauchten Anlagegegenständen

Das Kreditinstitut verkauft umsatzsteuerfreie Bankdienstleistungen bzw. Anlagegegenstände, mit denen umsatzsteuerfreie Bankdienstleistungen erstellt wurden.	**Das Kreditinstitut verkauft umsatzsteuerpflichtige Bankdienstleistungen bzw. Anlagegegenstände, mit denen umsatzsteuerpflichtige Bankdienstleistungen erstellt wurden.**
Folge: Dem Kunden darf keine USt. in Rechnung gestellt werden.	**Folge:** Dem Kunden muss USt. in Rechnung gestellt werden.
B e i s p i e l KK-Kunden werden mit Kontoführungsgebühren in Höhe von 5.000,00 EUR belastet.	**B e i s p i e l** KK-Kunden werden Depotgebühren in Höhe von 8.000,00 EUR zzgl. 19 % USt. belastet.
Buchung: KKK an Provisionserträge 5.000,00 EUR	**Buchung:** KKK 9.520,00 EUR an Provisionserträge 8.000,00 EUR an Umsatzsteuer 1.520,00 EUR

- Die im Zusammenhang mit dem Verkauf von umsatzsteuerpflichtigen Bankdienstleistungen erhaltene Umsatzsteuer wird auf dem passiven Bestandskonto Umsatzsteuer gebucht. Es handelt sich um eine Verbindlichkeit gegenüber dem Finanzamt.

Merke:

Ermittlung der Umsatzsteuerzahllast der Rhein-Ruhr-Bank AG

Aus dem Kauf des Computers und des Büromaterials für die Depotabteilung resultiert eine Forderung an das Finanzamt in Höhe von 809,50 EUR, die auf dem Konto Vorsteuer gebucht wurde. Aus der Belastung der KK-Kunden mit Depotgebühren resultiert eine Verbindlichkeit gegenüber dem Finanzamt in Höhe von 1.520,00 EUR. Verrechnet man beide Größen miteinander, so verbleibt eine Umsatzsteuerzahllast in Höhe von 710,50 EUR, die zum Steuertermin (10. eines jeden Monats) an das Finanzamt überwiesen werden muss.

S Vorsteuer (Aktives Bestandskonto) H			S Umsatzsteuer (Passives Bestandskonto) H	
DBB	570,00	Umsatzsteuer 809,50 ⟶	⟶ Vorsteuer 809,50	KKK 1.520,00
DBB	239,50	Ermittlung	DBB 710,50	**Verbindlichkeit**
Forderung an das		der USt.-		**gegenüber**
Finanzamt aus		Zahllast		**dem Finanzamt**
Käufen für die				**aus Belastung der**
Depotabteilung				**Depotgebühren**

Geschäftsfälle	EUR	Buchungssatz
1) Die Rhein-Ruhr-Bank AG begleicht die Rechnung für den Kauf eines Computers, 3.000,00 EUR zzgl. 19 % Umsatzsteuer, der für die Depotabteilung bestimmt ist, durch DBB-Überweisung.	3.000,00 570,00 3.570,00	BGA und Vorsteuer an DBB
2) Die Rhein-Ruhr-Bank AG kauft für die Depotabteilung Büromaterial für je 1.500,00 EUR inkl. USt.	1.260,50 239,50 1.500,00	Allgemeiner Verwaltungsaufwand und Vorsteuer an DBB
3) KK-Kunden werden mit Depotgebühren in Höhe von 8.000,00 EUR zzgl. 19 % USt. belastet.	9.520,00 8.000,00 1.520,00	KKK an Provisionserträge und Umsatzsteuer
4) Ermittlung der Umsatzsteuer-Zahllast	809,50	Umsatzsteuer an Vorsteuer
5) Die Rhein-Ruhr-Bank AG überweist die Umsatzsteuer-Zahllast zum Steuertermin durch DBB-Überweisung.	710,50	Umsatzsteuer an DBB

Merke:

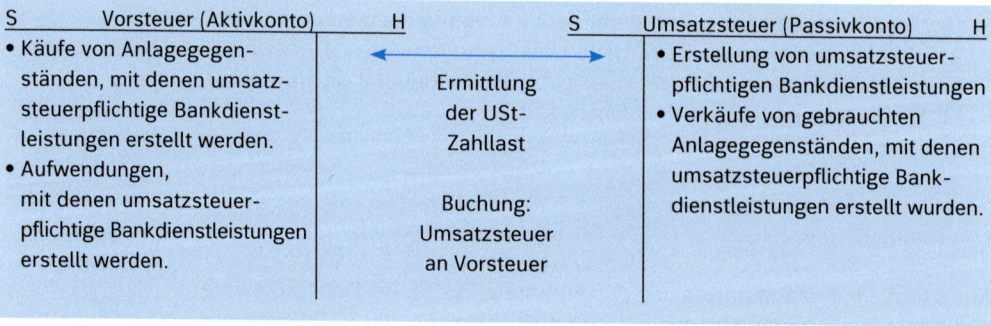

S Vorsteuer (Aktivkonto) H		S Umsatzsteuer (Passivkonto) H
• Käufe von Anlagegegenständen, mit denen umsatzsteuerpflichtige Bankdienstleistungen erstellt werden. • Aufwendungen, mit denen umsatzsteuerpflichtige Bankdienstleistungen erstellt werden.	⟵ Ermittlung der USt-Zahllast ⟶ Buchung: Umsatzsteuer an Vorsteuer	• Erstellung von umsatzsteuerpflichtigen Bankdienstleistungen • Verkäufe von gebrauchten Anlagegegenständen, mit denen umsatzsteuerpflichtige Bankdienstleistungen erstellt wurden.

1. In der Rhein-Ruhr-Bank AG fielen folgende Geschäftsfälle an.

a) Kauf von Büromaterial für den Zahlungsverkehr. 16.000,00 EUR inkl. 19 % USt. von einem KK-Kunden.

b) Kauf eines PC für die Depotabteilung für 4.000,00 EUR inkl. 19 % USt. Wir überweisen den Rechnungsbetrag über DBB.

c) Belastung der KK-Kunden mit Schließfachgebühren in Höhe von 32.000,00 EUR zzgl. 19 % USt.

Nehmen Sie die Buchungen der Geschäftsfälle im Grundbuch vor. Führen Sie die Konten Vorsteuer und Umsatzsteuer im Hauptbuch. Schließen Sie das Konto Vorsteuer ab und buchen Sie die Überweisung der Umsatzsteuer-Zahllast über DBB.

2. In der Rhein-Ruhr-Bank AG fielen folgende Geschäftsfälle an.

a) Kauf eines PC für die Kreditabteilung für 3.500,00 EUR zzgl. 19 % USt. Wir weisen Korrespondenzbanken an, zulasten unseres Guthabens dort, den Rechnungsbetrag zu überweisen.

b) Kauf eines PC für die Depotabteilung für 4.000,00 EUR inkl. 19 % USt. von einem KK-Kunden.

c) Belastung der KK-Kunden mit Depotgebühren in Höhe von 123.500,00 EUR inkl. 19 % USt.

Nehmen Sie die Buchungen der Geschäftsfälle im Grundbuch vor. Führen Sie die Konten Vorsteuer und Umsatzsteuer im Hauptbuch. Schließen Sie das Konto Vorsteuer ab und buchen Sie die Überweisung der Umsatzsteuer-Zahllast über DBB.

3. Die Rhein-Ruhr-Bank AG kauft von einem KK-Kunden

a) Vordrucke „Mietverträge für Schließfächer", Kaufpreis 2.600,00 EUR zzgl. 19 % USt.,

b) 5 Bürostühle für die Anlageberatung mit einem Listenpreis von jeweils 500,00 EUR zzgl. 19 % USt. Der Verkäufer gewährt 10 % Rabatt auf den Nettolistenpreis, da es sich um Aktionsware handelt.

Nehmen Sie die erforderlichen Buchungen im Grundbuch vor.

4. Entscheiden Sie, ob die folgenden Geschäftsfälle der Rhein-Ruhr-Bank AG über das Konto
1 Vorsteuer,
2 Umsatzsteuer,
3 keines der genannten Konten
zu buchen ist. Sollten Sie sich für Lösung 1 oder 2 entscheiden, so geben Sie bitte den Steuerbetrag an.

a) Kauf von Büromöbeln für die Depotabteilung, brutto 12.500,00 EUR

b) Verkauf der alten Büromöbel der Depotabteilung, netto 1.200,00 EUR

c) Kauf eines neuen PC-Terminals für die Kasse, netto 13.000,00 EUR

d) Belastung der KK-Kunden mit Schließfachgebühr in Höhe von 34.600,00 EUR inkl. 19 % USt.

e) KK-Kunden werden auf ihren Konten mit Kontoführungsgebühren in Höhe von 17.000,00 EUR belastet.

f) Kauf eines PC für die Depotabteilung, 3.000,00 EUR zzgl. 19 % USt.

g) Bestimmen Sie die Umsatzsteuerzahllast der Rhein-Ruhr-Bank AG aus den vorangegangenen Geschäftsfällen.

5.1   Bewertung von Sachanlagen

5.1.1   Ursachen und Methoden der Abschreibung auf Sachanlagen

Situation

Am Ende des Geschäftsjahres soll der Geschäftswagen eines Außendienstmitarbeiters der Rhein-Ruhr-Bank AG in die Bilanz aufgenommen werden. Gekauft wurde dieser Pkw am Anfang des Geschäftsjahres zu einem Preis in Höhe von 30.000,00 EUR inkl. 19 % Umsatzsteuer. Jetzt fragen sich die Auszubildenden, ob der Pkw mit seinem Anschaffungswert in die Bilanz aufgenommen werden soll.

Abschreibungen erfassen Wertverluste.

Das Anlagevermögen der Kreditinstitute unterliegt einem permanenten Wertverlust in Folge von Abnutzung, technischem Fortschritt oder Alterung. Diesem Wertverlust wird in der Buchführung durch Abschreibungen Rechnung getragen. Nicht abnutzbares Anlagevermögen (z. B. Grundstücke) erleidet keinen Wertverlust und darf daher grundsätzlich nicht abgeschrieben werden.

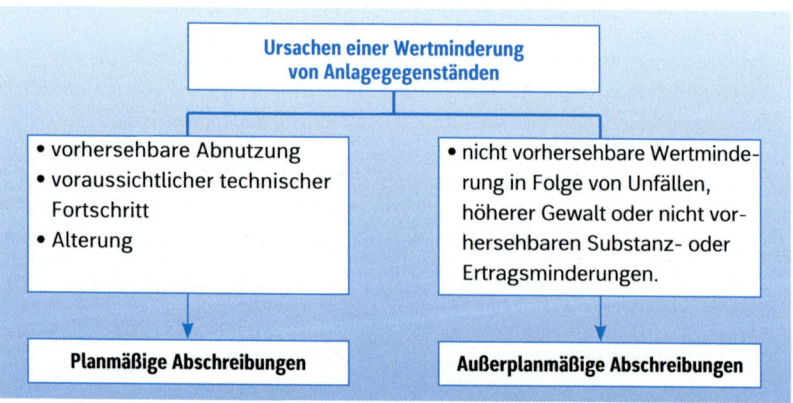

Planmäßige Abschreibungen

Planmäßige Abschreibungen werden aufgrund einer geplanten, d. h. im Voraus bekannten Wertminderung bei abnutzbaren Vermögensgegenständen durchgeführt, deren Nutzungsdauer zeitlich begrenzt ist. Außerplanmäßige Abschreibungen können sowohl bei abnutzbaren Vermögensgegenständen als auch bei nicht abnutzbaren Vermögensgegenständen, wie z. B. Grundstücken oder Vermögensbeteiligungen, durchgeführt werden, sofern die eingetretene Wertminderung nicht vorhersehbar war.

Planmäßige Abschreibung: Ein Pkw mit Anschaffungskosten in Höhe von 30.000,00 EUR unterliegt einer Wertminderung nach folgendem Plan: **Beispiel**

Jahr der Nutzung	Wertminderung in Prozent des Anschaffungswertes	Wertminderung in EUR
1	16,67 (gerundet)	5.000,00
2	16,67 "	5.000,00
3	16,67 "	5.000,00
4	16,67 "	5.000,00
5	16,67 "	5.000,00
6	16,67 "	5.000,00

Der Abschreibungsplan geht davon aus, dass der Pkw nach Ablauf des 6. Jahres der Nutzung keinen Wert mehr hat, da kein Nutzen mehr aus ihm gezogen werden kann. Dies muss nicht mit der Realität übereinstimmen.

Bilanzielle Auswirkung der Abschreibung:

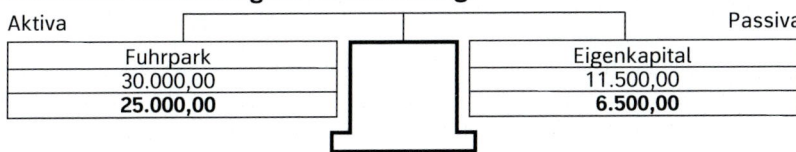

Aktiva		Passiva
Fuhrpark		Eigenkapital
30.000,00		11.500,00
25.000,00		**6.500,00**

Die Wertminderung des aktiven Bestandskontos Fuhrpark hat gleichzeitig eine Eigenkapitalminderung zur Folge, d. h., eine Wertminderung ist ein Aufwand aus Sicht des Kreditinstitutes. Durch obiges Beispiel zur planmäßigen Abschreibung wird deutlich, dass die Abschreibungshöhe von 3 Faktoren abhängt.   *Abschreibungen mindern das Eigenkapital.*

Einflussfaktoren auf die Höhe der planmäßigen Jahresabschreibung		
Die Berechnungsgrundlage	**Die geschätzte Nutzungsdauer**	**Das gewählte Abschreibungs-verfahren (Methode zur Berech-nung der Abschreibungshöhe)**
Berechnungsgrundlage der Abschreibung sind die **Anschaffungskosten,** die sich wie folgt berechnen: Anschaffungspreis – Preisnachlässe + Transportkosten + Montagekosten	In der Praxis werden sog. **AfA[1]-Tabellen der Finanzverwaltung** genutzt, in denen die gewöhnliche Nutzungsdauer von Anla-gegegenständen aufgrund von Erfahrungen und Schätzungen festgelegt wird. Die Höhe der Abschreibungen wird monats-genau berechnet. Bei Anschaffung im Fe-bruar können am Jahresende $^{11}/_{12}$ einer Jah-resabschreibung abgeschrieben werden.	• Lineare Abschreibung • Geometrisch degressive Abschreibung • Kombination aus erst geometrisch-degressiver, dann linearer Abschreibung

Anlagegut dient der Herstellung umsatzsteuerfreier Bankdienstleistungen	**Anlagegut dient der Herstellung umsatzsteuerpflichtiger Bankdienstleistungen**
Die Anschaffungskosten erhöhen sich um die Umsatz-steuer, die aktiviert und abgeschrieben wird.	Die Anschaffungskosten entsprechen dem Nettoein-kaufspreis. Die Umsatzsteuer wird als Vorsteuer von der Umsatzsteuerschuld abgezogen.

---
[1] *AfA bedeutet „Absetzung für Abnutzung".*

B e i s p i e l   Berechnung der Anschaffungskosten

> Die Rhein-Ruhr-Bank AG kauft zwei PC für je 4.000,00 EUR zzgl. 19 % Umsatzsteuer. Es fallen insgesamt 100,00 EUR Transportkosten an. Bestimmt sind diese PC jeweils für die Kreditabteilung und die Depotabteilung des Kreditinstitutes.

Anschaffungskosten des PC in der Kreditabteilung, in der nicht USt.-pflichtige Bankdienstleistungen erstellt werden.	
Nettopreis	4.000,00 EUR
+ Umsatzsteuer	760,00 EUR
+ anteilige Transportkosten	50,00 EUR
+ Umsatzsteuer auf Transportkosten	9,50 EUR
Anschaffungskosten	4.819,50 EUR

Anschaffungskosten des PC in der Depotabteilung, in der USt.-pflichtige Bankdienstleistungen erstellt werden.	
Nettopreis	4.000,00 EUR
+ anteilige Transportkosten	50,00 EUR
Anschaffungskosten	4.050,00 EUR

Die Wertminderung des PC in der Kreditabteilung wird folglich von 4.819,50 EUR berechnet, während die Wertminderung des PC in der Depotabteilung von 4.050,00 EUR berechnet wird.

Das gewählte Abschreibungsverfahren
Zum Zeitpunkt der Anschaffung des Wirtschaftgutes muss die Unternehmung entscheiden, welches Abschreibungsverfahren sie benutzen möchte. Erlaubt ist nach HGB jedes Verfahren, das die Abschreibungsbeträge nach einem festen Plan auf die Nutzungsdauer verteilt.

Lineare Abschreibung	**Degressive Abschreibung**
• Abschreibung in Höhe eines konstanten Prozentsatzes der Anschaffungskosten • Abschreibungssatz: $$\frac{100\,\%}{\text{geplante Nutzungsdauer in Jahren}}$$ • Jährliche konstante Abschreibungsbeiträge	• Abschreibungen in Höhe eines konstanten Prozentsatzes (z. B. 25 %) vom jeweiligen Restbuchwert • Jährlich fallende Abschreibungsbeträge

Lineare und geometrisch-degressive Abschreibung im Vergleich					
Abgeschrieben wird ein Pkw, Anschaffung im Januar, Anschaffungskosten 30.000,00 EUR, angenommene Nutzungsdauer 6 Jahre.					
Lineare Abschreibung			**Geometrisch-degressive Abschreibung**		
Abschreibungsquote: $\frac{100\ \%}{6}$ = 16,67 %.			Abschreibungsquote: 25 % vom jeweiligen Restbuchwert		
Jahr	Abschreibungsbetrag	Restwert	Jahr	Abschreibungsbetrag	Restwert
1	5.000,00	25.000,00	1	7.500,00	22.500,00
2	5.000,00	20.000,00	2	5.625,00	16.875,00
3	5.000,00	15.000,00	3	4.218,75	12.656,25
4	5.000,00	10.000,00	4	3.164,06	9.482,19
5	5.000,00	5.000,00	5	2.373,08	7.109,11
6	5.000,00	0,00	6	1.777,28	5.331,83

Dieser Vergleich zeigt, dass die lineare Abschreibung immer gleich hohe Abschreibungsbeträge zur Folge hat, die Abschreibungsbeträge bei der geometrisch-degressiven Abschreibung hingegen sinken. Dieses Abschreibungsverfahren ist also immer dann sinnvoll, wenn die tatsächliche Wertminderung in den ersten Jahren deutlich höher ausfällt als in späteren Jahren.

Da der geometrisch-degressive Abschreibungsbetrag immer mit dem festen Abschreibungssatz vom jeweiligen Restbuchwert berechnet wird, sinken die Abschreibungsbeträge kontinuierlich, der Restbuchwert erreicht jedoch nie den Wert von Null, auch nicht am Ende der Nutzungsdauer. Daher planen Kreditinstitute einen Wechsel von der degressiven zur linearen Abschreibungsmethode sinnvollerweise dann, wenn die linearen Abschreibungsbeträge größer werden als die degressiven.

Abschreibungsplan bei Wechsel von der geometrisch-degressiven zur linearen Abschreibung. Abgeschrieben wird ein Pkw, Anschaffung im Januar, Anschaffungskosten 30.000,00 EUR, betriebsgewöhnliche Nutzungsdauer 6 Jahre. Der Wechsel erfolgt dann, wenn die linearen Abschreibungsbeträge – berechnet vom jeweiligen Restbuchwert und der jeweiligen Restnutzungsdauer – größer sind, als die degressiven Abschreibungsbeträge.

Jahr	Buchwert	Höhe der Abschreibung bei		Gewähltes Verfahren
		geometr.-degr. Abschreibung	linearer Abschreibung	
1	30.000,00	7.500,00	30.000,00 : 6 Jahre = 5.000,00	geometrisch-degressiv
2	22.500,00	5.625,00	22.500,00 : 5 Jahre = 4.500,00	geometrisch-degressiv
3	16.875,00	4.218,75	16.875,00 : 4 Jahre = 4.218,75	egal, da gleiche Abschreibungsbeträge
4	12.656,25	3.164,06	12.656,25 : 3 Jahre = 4.218,75	Wechsel zur linearen Abschreibung ab hier sinnvoll
5	8.437,50		4.218,75	lineare Abschreibung
6	4.218,75		4.218,75	lineare Abschreibung
7	0,00			

Aufgaben

1. Die Rhein-Ruhr-Bank AG kauft im Januar einen Geldausgabeautomaten für 92.000,00 EUR zzgl. USt., dessen betriebsgewöhnliche Nutzungsdauer 8 Jahre beträgt.
   a) Ermitteln Sie die Anschaffungskosten.
   b) Erstellen Sie den Abschreibungsplan für die ersten 3 Jahre der Nutzung.

2. Die Rhein-Ruhr-Bank AG kauft am 15.11. d. J. einen PC für 1.200,00 EUR zzgl. 19 % USt. für die Depotabteilung. Die Nutzungsdauer beträgt 3 Jahre, es fallen zusätzlich noch Kosten in Höhe von 228,57 EUR zzgl. 19 % USt. für Software, Einrichtung und Transport an.
   a) Ermitteln Sie die Anschaffungskosten für den PC.
   b) Berechnen Sie die Höhe der Abschreibung am Ende des ersten Jahres der Nutzung.
   c) Erstellen Sie den Abschreibungsplan für die 3 Jahre der Nutzung.

3. Die Rhein-Ruhr-Bank AG kauft am 31.08. d. J. einen PC für 1.500,00 EUR zzgl. 19 % USt. für die Kreditabteilung. Die Nutzungsdauer beträgt 3 Jahre, es fallen zusätzlich noch Kosten in Höhe von 200,00 EUR inkl. 19 % USt. für Software, Einrichtung und Transport an.
   a) Ermitteln Sie die Anschaffungskosten für den PC.
   b) Berechnen Sie die Höhe der Abschreibung am Ende des ersten Jahres der Nutzung.
   c) Erstellen Sie den Abschreibungsplan für die 3 Jahre der Nutzung.

4. Die Rhein-Ruhr-Bank AG kauft im Januar einen Geldausgabeautomaten, dessen betriebsgewöhnliche Nutzungsdauer 8 Jahre beträgt. Nach einmaliger degressiver Abschreibung mit 25 % Abschreibungssatz beträgt der Restbuchwert zum Bilanzstichtag 31.500,00 EUR.
   a) Ermitteln Sie die Anschaffungskosten.
   b) Ermitteln Sie den Abschreibungsbetrag für die erste Abschreibung.
   c) In welchem Jahr ist es für das Kreditinstitut sinnvoll, von der degressiven Abschreibungsmethode zur linearen Abschreibung zu wechseln?

5.1.2 Buchung der Abschreibung auf Sachanlagen

Durch die Abschreibung soll die Wertminderung abnutzbarer Anlagegegenstände erfasst und auf die geplanten Jahre der Nutzung verteilt werden. Diese Wertminderung bewirkt einerseits eine Minderung der Aktiva und andererseits eine Minderung des Eigenkapitals. Es handelt sich also um einen betrieblichen Aufwand, der im Soll des Kontos Abschreibungen auf Sachanlagen zu buchen ist. Die Minderung des aktiven Bestandskontos erfolgt im Haben.

Geschäftsfälle	EUR	Buchungssatz
1) Ein Pkw der Rhein-Ruhr-Bank AG, angeschafft im Januar, Anschaffungskosten 30.000,00 EUR inkl. USt. ist am Ende des ersten Jahres der Anschaffung linear abzuschreiben. Die geschätzte Nutzungsdauer beträgt 6 Jahre.	5.000,00	Abschreibungen auf Sachanlagen an Fuhrpark
2) Das Konto Fuhrpark ist abzuschließen.	25.000,00	SBK an Fuhrpark
3) Das Konto Abschreibungen auf Sachanlagen ist abzuschließen.	5.000,00	GuV an Abschreibungen auf Sachanlagen

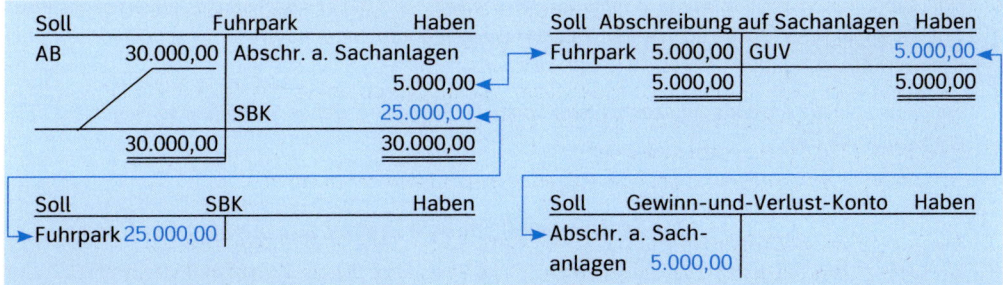

1. Die unten stehenden Sachverhalte beschreiben die Berechnungsmethoden für Abschreibungsquoten von Anlagegegenständen. Kennzeichnen Sie die entsprechenden Sachverhalte mit einer
   1, wenn sie die lineare Abschreibung,
   2, wenn sie die geometrisch-degressive Abschreibung betreffen.

   a) Es wird jährlich ein fester Prozentsatz vom Anschaffungswert abgeschrieben.
   b) Die unveränderlichen jährlichen Abschreibungsbeträge bemessen sich nur nach dem Anschaffungswert und nach der Nutzungsdauer.
   c) Jährlich wird ein unveränderlicher Prozentsatz vom Restbuchwert abgeschrieben.

2. Überprüfen Sie folgende Aussagen in Bezug auf Abschreibungen auf ihre Richtigkeit.
   Tragen Sie bei richtigen Aussagen eine 1 ein, bei falschen Aussagen eine 9.
   a) Bei der linearen Abschreibung ist die Abschreibungsquote in jedem Nutzungsjahr gleich.
   b) Bei der degressiven Abschreibung können die Abschreibungsquoten durch einen festen Prozentsatz vom jeweiligen Restbuchwert ermittelt werden. Die jährlichen Abschreibungsquoten bilden somit geometrisch fallende Folgen.
   c) Die Anschaffungskosten entsprechen im umsatzsteuerpflichtigen Bereich dem Nettopreis, im umsatzsteuerfreien Bereich dem Bruttopreis des Anlagegutes.
   d) Die Anschaffungskosten entsprechen im umsatzsteuerpflichtigen Bereich dem Bruttopreis, im umsatzsteuerfreien Bereich dem Nettopreis des Anlagegutes.
   e) Grundstücke und Bankgebäude werden i. d. R. über 50 Jahre abgeschrieben.

3. Ein Geldausgabeautomat – angeschafft im Januar – verursachte Anschaffungskosten in Höhe von 150.000,00 EUR. Seine Nutzungsdauer beträgt 6 Jahre. Buchen Sie die Abschreibung im Grund- und Hauptbuch nach Ablauf des 2. Jahres der Nutzung
   a) bei linearer Abschreibung.
   b) bei geometrisch-degressiver Abschreibung mit 25 %.

4. Die Rhein-Ruhr-Bank AG hat im Januar Büromöbel für die Kreditabteilung und die Depotabteilung erworben. Die Eingangsrechnungen betragen jeweils 50.000,00 EUR inkl. 19 % USt., die betriebsgewöhnliche Nutzungsdauer 13 Jahre. Erstellen Sie die Abschreibungspläne für die Möbel der Kreditabteilung und der Depotabteilung für die ersten 3 Jahre der Nutzung.

5. Mit welcher betriebsgewöhnlichen Nutzungsdauer rechnet die Rhein-Ruhr-Bank AG bei einem jährlichen Abschreibungssatz von 8 1/3 % auf die Anschaffungskosten?

6. *Eine Kupontrennmaschine wurde 2 Jahre lang mit jeweils 12,5 % der Anschaffungskosten abgeschrieben. Zu Beginn des dritten Jahres der Nutzung wird die Kupontrennmaschine mit 2.000,00 EUR über Buchwert für 10.115,00 EUR inkl. 19 % USt. verkauft.*

Berechnen Sie die Anschaffungskosten der Kupontrennmaschine. Gehen Sie hierbei von einer Anschaffung im Januar aus.

5.1.3   Der Einfluss des Steuerrechtes auf die Abschreibung

Für die Erstellung der Handelsbilanz erlaubt das HGB jede planvolle Abschreibungsmethode. Im Rahmen der Erstellung der Steuerbilanz schränkt der Steuergesetzgeber diese Freiheit jedoch stark ein.

5.1.3.1   Degressive Abschreibung

Der degressive Abschreibungssatz, den Kreditinstitute zur Erstellung der Steuerbilanz nutzen müssen, wird im Steuerrecht geregelt. Er ist abhängig von der Gesetzgebung im Anschaffungsjahr des Gegenstandes und gilt für dessen gesamte Nutzungsdauer.

Degressive Abschreibung
Die Höhe des degressiven Abschreibungssatzes für das einzelne Wirtschaftsgut ist abhängig von der Gesetzgebung im Anschaffungsjahr und gilt für die gesamte Nutzungsdauer des Gegenstandes.

Anschaffungsjahr	Höhe der degressiven Abschreibung
bis einschließlich 2005	2-facher linearer Satz, maximal 20 %
2006 und 2007	3-facher linearer Satz, maximal 30 %
2008	Die degressive Abschreibung ist nicht mehr möglich, d. h., alle Wirtschaftgüter müssen linear abgeschrieben werden.
2009 und 2010	2,5-facher linearer Satz, maximal 25 %
ab 2011	Degressive Abschreibung ist im Steuerrecht verboten, in der Handelsbilanz jedoch weiterhin erlaubt.

Aufgabe

Die Rhein-Ruhr-Bank AG hat im Januar 2010 Büromöbel für die Kreditabteilung und die Depotabteilung erworben. Die Möbel kosten jeweils 50.000,00 EUR inkl. 19 % USt., die betriebsgewöhnliche Nutzungsdauer liegt bei 13 Jahren.

Erstellen Sie die Abschreibungspläne für die Möbel der Kreditabteilung (degressive Abschreibung) und der Depotabteilung (lineare Abschreibung) für die ersten 5 Jahre der Nutzung.

5.1.3.2   Geringwertige Wirtschaftsgüter

Für die Kreditabteilung wurden zehn programmierbare Taschenrechner zu einem Einzelpreis von 75,00 EUR zzgl. USt. sowie drei tragbare Navigationsgeräte zu einem Einzelpreis von 300,00 EUR zzgl. USt. angeschafft. Der Gegenwert wird dem Großhändler, der Kunde unseres Hauses ist, auf KKK gutgeschrieben.

Da es für Unternehmen mit unverhältnismäßig hohem Verwaltungsaufwand verbunden ist, z. B. Taschenrechner mit Anschaffungskosten von 75,00 EUR über 10 Jahre mit jährlich 7,50 EUR abzuschreiben, bietet der Gesetzgeber aus Vereinfachungs- und Entlastungsgründen die Möglichkeit zur Sofortabschreibung bzw. zur Poolabschreibung der geringwertigen Wirtschaftsgüter an.

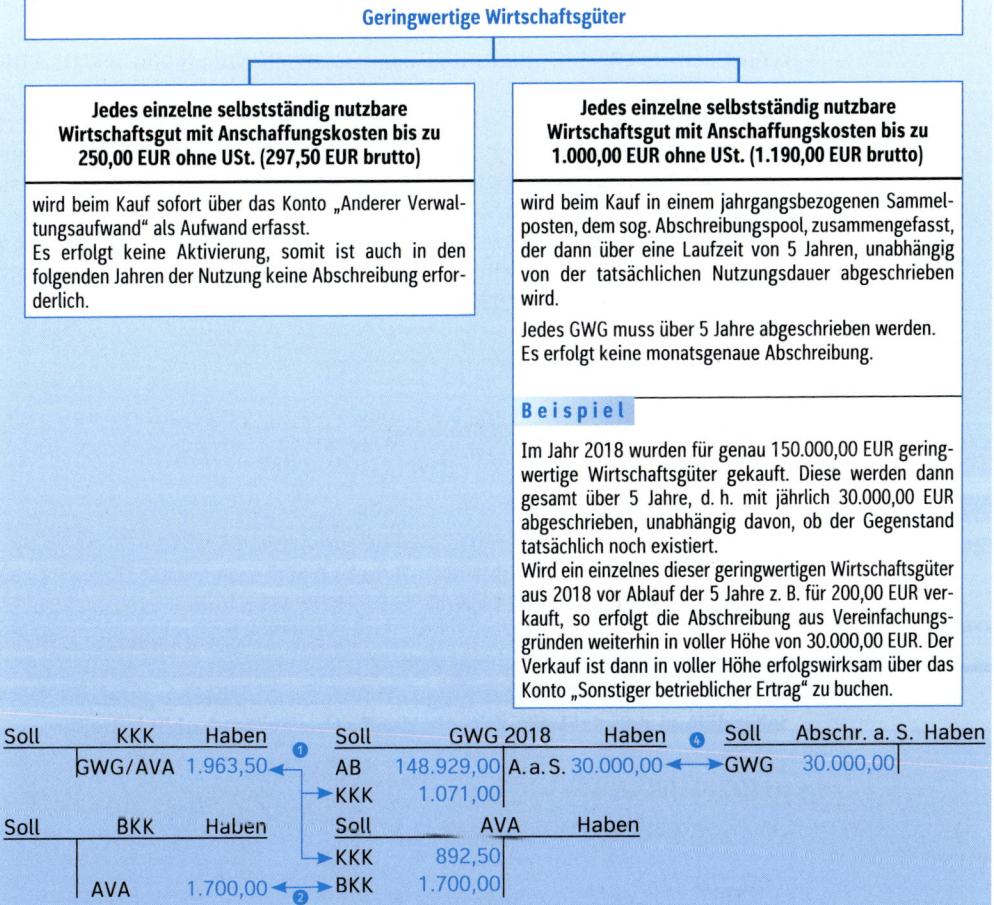

Geringwertige Wirtschaftsgüter	
Jedes einzelne selbstständig nutzbare Wirtschaftsgut mit Anschaffungskosten bis zu 250,00 EUR ohne USt. (297,50 EUR brutto)	**Jedes einzelne selbstständig nutzbare Wirtschaftsgut mit Anschaffungskosten bis zu 1.000,00 EUR ohne USt. (1.190,00 EUR brutto)**
wird beim Kauf sofort über das Konto „Anderer Verwaltungsaufwand" als Aufwand erfasst. Es erfolgt keine Aktivierung, somit ist auch in den folgenden Jahren der Nutzung keine Abschreibung erforderlich.	wird beim Kauf in einem jahrgangsbezogenen Sammelposten, dem sog. Abschreibungspool, zusammengefasst, der dann über eine Laufzeit von 5 Jahren, unabhängig von der tatsächlichen Nutzungsdauer abgeschrieben wird. Jedes GWG muss über 5 Jahre abgeschrieben werden. Es erfolgt keine monatsgenaue Abschreibung.

Beispiel

Im Jahr 2018 wurden für genau 150.000,00 EUR geringwertige Wirtschaftsgüter gekauft. Diese werden dann gesamt über 5 Jahre, d. h. mit jährlich 30.000,00 EUR abgeschrieben, unabhängig davon, ob der Gegenstand tatsächlich noch existiert.

Wird ein einzelnes dieser geringwertigen Wirtschaftsgüter aus 2018 vor Ablauf der 5 Jahre z. B. für 200,00 EUR verkauft, so erfolgt die Abschreibung aus Vereinfachungsgründen weiterhin in voller Höhe von 30.000,00 EUR. Der Verkauf ist dann in voller Höhe erfolgswirksam über das Konto „Sonstiger betrieblicher Ertrag" zu buchen.

Geschäftsfälle	EUR	Buchungssatz
1) Wir kaufen von einem KK-Kunden 10 Taschenrechner zum Einzelpreis von 75,00 EUR zzgl. USt. sowie 3 tragbare Navigationsgeräte zum Einzelpreis von 300,00 EUR zzgl. USt. von einem KK-Kunden.	892,50 1.071,00 1.963,50	Anderer Verwaltungsaufwand und GWG (2018) an KKK
2) Kauf von Büromaterial für das Sekretariat zum Gesamtpreis in Höhe von 1.700,00 EUR inkl. USt. Der Rechnungsbetrag wird über BKK überwiesen.	1.700,00	Anderer Verwaltungsaufwand an BKK
3) Wegen der Verkleinerung unseres Bankaußendienstes verkaufen wir ein Navigationsgerät für 200,00 EUR in bar.	200,00	Kasse an Sonstige betriebliche Erträge
4) Die Poolabschreibung der geringwertigen Wirtschaftsgüter des Jahres 2018 ist am Ende des Geschäftsjahres vorzunehmen.	30.000,00	Abschreibungen auf Sachanlagen an GWG (2018)

Alternativ zur dargestellten Regelung des Sofortaufwandes bis einschließlich 250,00 EUR netto und der Poolabschreibung von 250,01 EUR bis einschließlich 1.000,00 EUR netto können Kreditinstitute geringwertige Wirtschaftsgüter mit Anschaffungskosten bis zu 800,00 EUR netto sofort als Aufwand erfassen. Anlagegegenstände über 800,00 EUR netto müssen demnach über die Nutzungsdauer abgeschrieben werden. Wichtig ist, dass alle geringwertigen Wirtschaftsgüter eines Jahres einheitlich behandelt werden müssen, d. h. entweder nach der Methode der Poolabschreibung oder nach der 800-Euro-Methode. Eine Anwendung beider Methoden innerhalb eines Jahres ist nicht zulässig.

Merke:

ENTWEDER:

Poolabschreibung

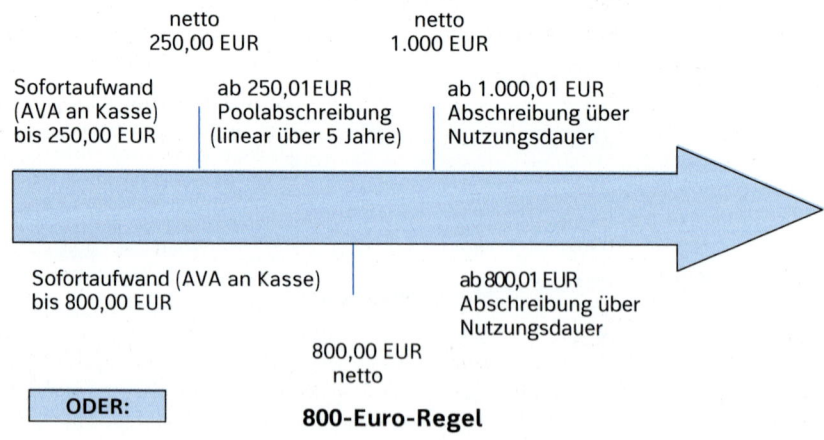

ODER: **800-Euro-Regel**

1. *Bilden Sie die Buchungssätze zu den folgenden Geschäftsfällen:*

    a) Die Rhein-Ruhr-Bank AG kauft 37 Prepaid-Handys zum Stückpreis von 50,62 EUR inkl. USt., bar

    b) Für Außendienstmitarbeiter werden 12 Digitalkameras zum Stückpreis von 419,00 EUR zzgl. 19 % USt. angeschafft, die dem Abschreibungspool zugeordnet werden. Verrechnung über DBB.

    c) Wir begleichen eine Rechnung über Büromaterial über 2.700,00 EUR inkl. USt. durch DBB-Überweisung.

    d) Die Digitalkameras werden am Ende des Geschäftsjahres abgeschrieben.

2. *Die Rhein-Ruhr-Bank AG kaufte im März d.J. eine ISDN-Anlage (Nutzungsdauer 10 Jahre) mit einem Listenpreis von 285,00 EUR zzgl. 19 % USt für die Immobilienabteilung. Der Großhändler gewährte 10 % Rabatt auf den Netto-Listenpreis.*

    Wie ist die Anlage am Jahresende zu bewerten, wenn die Rhein-Ruhr-Bank AG

    a) die Anlage über die Nutzungsdauer linear abschreibt?

    b) die Anlage über die Nutzungsdauer mit 22 % degressiv abschreibt?

    c) geringwertige Wirtschaftsgüter nach der Poolmethode bewertet?

    d) geringwertige Wirtschaftsgüter nach der 800-Euro-Regel bewertet?

3. *Die Rhein-Ruhr-Bank AG hat im Laufe dieses Geschäftsjahres verschiedene Vermögensgegenstände erworben, die am Jahresende erstmals abzuschreiben sind.*

Kaufdatum	Gegenstand	Nutzungsdauer in Jahren	Für Abteilung	Bruttopreis
19.02.	PC	3	Anlageberatung	1.680,00 EUR
29.04.	Digicam	6	Kreditaußendienst	493,85 EUR
01.06.	Pkw	6	Immobilienvertrieb	22.300,00 EUR
31.07.	Schreibtisch	13	Revision	273,70 EUR

    Die Rhein-Ruhr-Bank AG ist aus steuerlichen Gründen an möglichst hohen Abschreibungsbeträgen interessiert.

    a) Entscheiden Sie unter Beachtung des Zieles der steuerlich maximal zulässigen Abschreibungsbeträge, welches Abschreibungsverfahren die Rhein-Ruhr-Bank AG

    aa) beim PC der Anlageberatung,   *ab) bei der Digicam des Kreditaußendienstes,*

    ac) beim Pkw des Immobilienvertriebes,   *ad) bei den Schreibtischen der Revision wählen wird.*

    Abschreibungsmethoden zu a):

    1) Lineare Abschreibungsmethode   *3) Erfassung als GWG*

    2) Erfassung als GWG (Poolabschreibung)

    b) Berechnen Sie die Höhe der Abschreibung, die die Rhein-Ruhr-Bank AG am 31.12. unter Beachtung der steuerrechtlichen Abschreibungsregelungen für

    ba) den PC der Anlageberatung,   *bc) den Pkw des Immobilienvertriebes,*

    bb) die Digicam des Kreditaußendienstes,   *bd) den Schreibtisch der Revision vornehmen wird.*

4. *Die Rhein-Ruhr-Bank AG möchte überprüfen, ab welcher Nutzungsdauer die Anwendung des Sammel- postenverfahrens für geringwertige Wirtschaftsgüter zu einer höheren Abschreibung führt als die Nutzung der 800-Euro-Regel.*

    Prüfen Sie diesen Sachverhalt am Beispiel eines im Januar d. J. erworbenen Wirtschaftsgutes für die Kreditabteilung mit einem Kaufpreis in Höhe von 900,00 EUR inkl. Umsatzsteuer.

5.1.4   Verkauf von gebrauchten Sachanlagen

Situation

Die Rhein-Ruhr-Bank AG verkauft einen Pkw mit einem Restbuchwert von 24.000,00 EUR an einen KK-Kunden. Aufgrund eines momentanen Überangebotes am Gebrauchtwagenmarkt vereinbarten die Vertrags- partner einen Preis in Höhe von 20.000,00 EUR.

Wird ein Anlagegegenstand verkauft, kann der Verkaufserlös vom Restbuchwert abweichen.

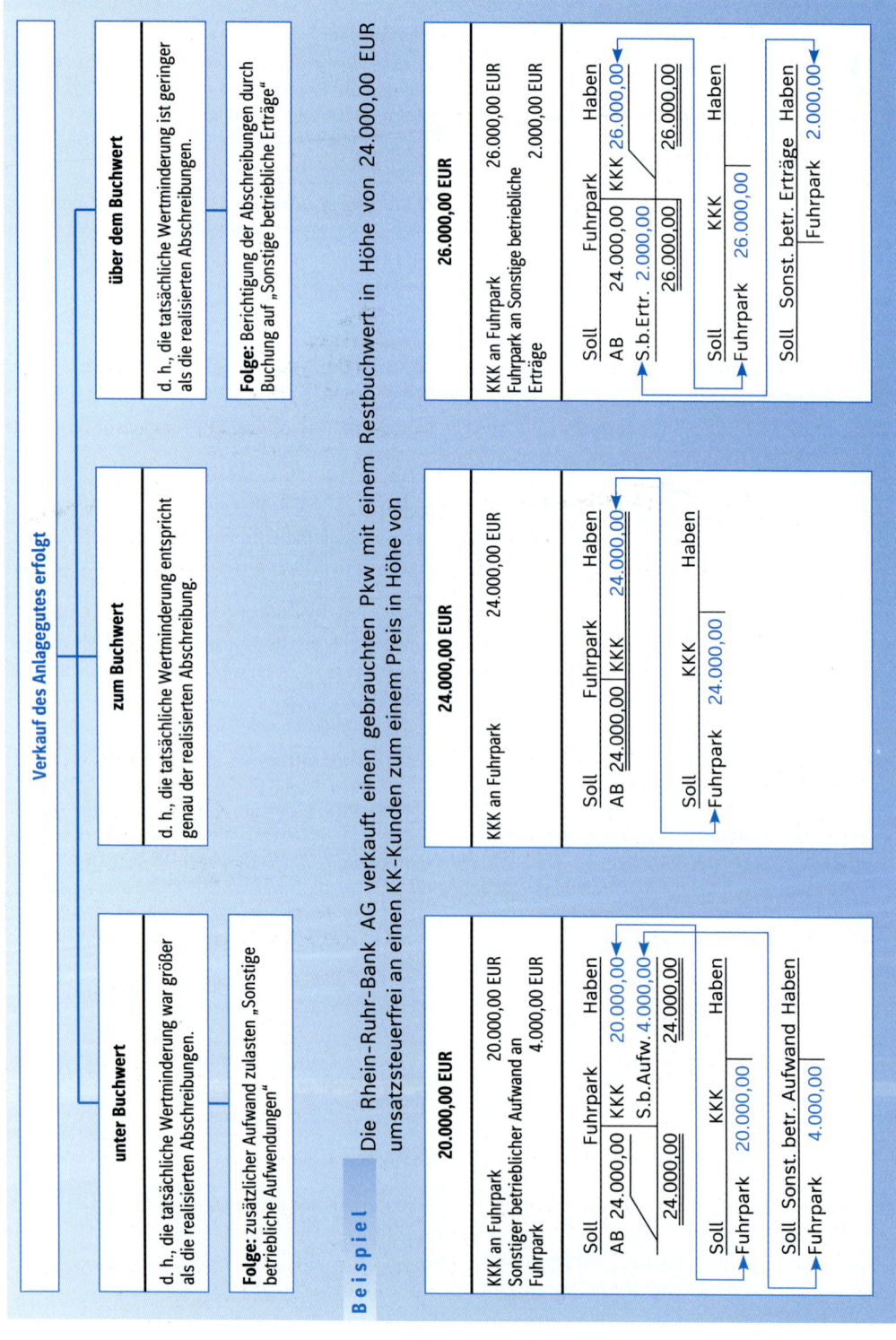

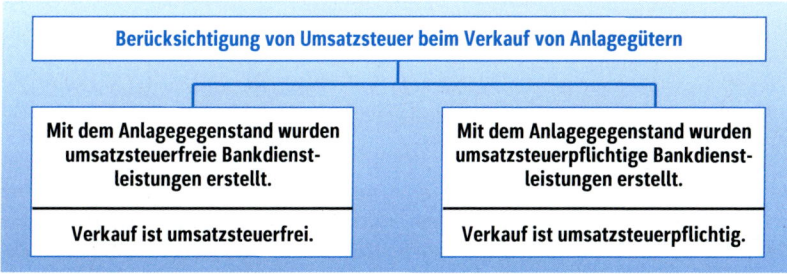

Zusammenfassung:
Abschreibungen auf Sachanlagen unter Berücksichtigung von Umsatzsteuer

Grundsatz: Kreditinstitute sind von der Umsatzsteuerpflicht befreit.	Ausnahme: Bankdienstleistungen unterliegen der USt.-Pflicht.
	• Immobilienvermittlungen • Verwahrung und Verwaltung von Wertpapieren • Vermietung von Schließfächern • An- und Verkauf von Edelmetallen • Verkäufe von Sicherungsgütern • Verkäufe von Anlagegütern, mit denen USt.-pflichtige Bankdienstleistungen erstellt werden
Beispiel Kauf eines PC, 5.000,00 EUR zzgl. 19 % USt. für die Kreditabteilung **(USt.-freie Bankdienstleistungen)**, Nutzungsdauer 3 Jahre, lineare Abschreibung, Anschaffung im Januar	**Beispiel** Kauf eines PC, 5.000,00 EUR zzgl. 19 % USt. für die Depotabteilung **(USt.-pflichtige Bankdienstleistungen)**, Nutzungsdauer 3 Jahre, lineare Abschreibung, Anschaffung im Januar
① **Anschaffung des PC, Verrechnung über DBB** BGA an DBB 5.950,00 EUR	① **Anschaffung des PC, Verrechnung über DBB** BGA 5.000,00 EUR und Vorsteuer 950,00 EUR an DBB 5.950,00 EUR
② **Abschreibung am Ende des 1. Jahres der Nutzung** Abschreibung auf Sachanlagen an BGA 1.983,33 EUR Umsatzsteuer, die auf Anlagegegenstände entfällt, mit denen USt.-freie Bankdienstleistungen erstellt werden, wird aktiviert und anteilig abgeschrieben.	② **Abschreibung am Ende des 1. Jahres der Nutzung** Abschreibung auf Sachanlagen an BGA 1.666,67 EUR Umsatzsteuer, die auf Anlagegegenstände entfällt, mit denen USt.-pflichtige Bankdienstleistungen erstellt werden, wird als Vorsteuer gebucht und von der eigenen USt.-Verbindlichkeit abgezogen.
③ **Verkauf des PC an KK-Kunden zu einem Preis in Höhe von 3.500,00 EUR im zweiten Jahr der Nutzung.**	③ **Verkauf des PC an KK-Kunden zu einem Preis in Höhe von 4.100,00 EUR inkl. 19 % USt. im zweiten Jahr der Nutzung.**

Linke Spalte – Konto BGA:

Soll		BGA	Haben
AB 5.950,00	1. Abschr. 1.983,33		
	KKK	3.500,00	
	Sonst. betr. Aufw.		
		466,67	
KKK an BGA			3.500,00 EUR
Sonst. betr. Aufwand an BGA			466,67 EUR

Rechte Spalte – Konto BGA:

Soll		BGA	Haben
AB 5.000,00	1. Abschr.		
Sonst. betr.			1.666,67
Erträge 112,05	KKK 3.445,38		

KKK 4.100,00 an BGA 3.445,38 EUR
       an USt. 654,62 EUR
BGA an Sonst. betr. Erträge 112,05 EUR

| Verkäufe von Anlagegenständen, mit denen überwiegend USt.-freie Bankdienstleistungen erstellt werden, sind USt.-frei.
Ein Verkauf unter Buchwert wird zulasten des Kontos „Sonstiger betriebl. Aufwand" ausgeglichen. | Verkäufe von Anlagegenständen, mit denen überwiegend USt.-pflichtige Bankdienstleistungen erstellt werden, sind USt.-pflichtig.
Ein Verkauf über Buchwert wird über das Konto „Sonstige betriebl. Erträge" ausgeglichen. |

Aufgaben

1. Eine elektrische Schreibmaschine aus der Kreditabteilung mit einem Restbuchwert in Höhe von 600,00 EUR wird für 800,00 EUR verkauft. Der Verkaufserlös geht über DBB ein.
   Nehmen Sie die erforderliche Buchung im Grundbuch vor.

2. Ein Pkw verursachte im Januar Anschaffungskosten in Höhe von 75.000,00 EUR und wird linear über die gesamte Nutzungsdauer von 6 Jahren abgeschrieben. Nach dreimaliger Abschreibung wird das Anlagegut für 28.000,00 EUR verkauft. Der Gegenwert geht auf DBB ein (Umsatzsteuer bleibt unberücksichtigt).
   Nehmen Sie die erforderlichen Buchungen im Grundbuch vor.

3. Ein Pkw der Immobilienabteilung – angeschafft im Januar – mit Anschaffungskosten in Höhe von 40.000,00 EUR wird degressiv mit einem Abschreibungssatz von 25 % abgeschrieben.

   a) Ermitteln Sie den Betrag der ersten Abschreibung.
   b) Ermitteln Sie den Abschreibungsbetrag der zweiten Abschreibung.
   c) Ermitteln Sie den Buchwert des Pkw nach der zweiten Abschreibung.
   d) Nach zweimaliger Abschreibung wird der Pkw für 28.560,00 EUR inkl. 19 % USt. an einen KK-Kunden verkauft. Bilden Sie den Buchungssatz zum Verkauf des Anlagegegenstandes.

4. Ein PC aus der Depotabteilung mit einem Restbuchwert von 2.000,00 EUR wird zum Nettopreis von 1.800,00 EUR zzgl. 19 % USt. bar verkauft. Nehmen Sie die erforderlichen Buchungen im Grundbuch vor.

5. Eine Kupontrennmaschine verursachte im Januar Anschaffungskosten in Höhe von 20.000,00 EUR. Die Nutzungsdauer wurde auf 5 Jahre geschätzt. Nach 3 erfolgten linearen Abschreibungen wird die Maschine im 4. Jahr der Nutzung zu einem Preis in Höhe von

   a) 10.000,00 EUR zzgl. 19 % USt.   b) 8.000,00 EUR zzgl. 19 % USt.   c) 6.000,00 EUR zzgl. 19 % USt.

   verkauft. Der Gegenwert geht über DBB ein. Nehmen Sie die erforderlichen Buchungen im Zusammenhang mit dem Verkauf im Grundbuch vor.

6. Eine Kupontrennmaschine, die für die Depotabteilung des Kreditinstitutes im Januar angeschafft wurde, wird zu Beginn des 3. Jahres der Nutzung veräußert. Der Kaufpreis betrug 17.850,00 EUR zzgl. 19 % USt. Die Maschine, deren Nutzungsdauer 6 Jahre beträgt, wurde degressiv mit 20 % abgeschrieben.

   a) Buchen Sie den Erwerb der Maschine im Grundbuch. Der Gegenwert wird über DBB überwiesen.
   b) Erstellen Sie einen Abschreibungsplan bis zum Verkaufszeitpunkt.
   c) Buchen Sie jeweils die Abschreibung nach den ersten beiden Jahren im Grundbuch.
   d) Buchen Sie den Verkauf der Maschine unter Berücksichtigung folgender Nettoverkaufspreise:
      da) 11.000,00 EUR   db) 11.424,00 EUR   dc) 11.800,00 EUR
   Der jeweilige Gegenwert geht über DBB ein.

7. Die Rhein-Ruhr-Bank AG erwarb im Januar einen Pkw mit Nutzungsdauer von 6 Jahren für die Kreditabteilung zum Preis von 70.000,00 EUR zzgl. 19 % USt. von einem KK-Kunden. Der Pkw wurde viermal abgeschrieben und dann für 30.000,00 EUR verkauft. Der Zahlungseingang erfolgte über BKK. Ermitteln Sie die geforderten Zahlen und buchen Sie die entsprechenden Sachverhalte.

   a) Ermitteln Sie die Anschaffungskosten des Pkw.
   b) Buchen Sie die Anschaffung des Pkw.
   c) Erstellen Sie den Abschreibungsplan für die ersten 4 Jahre der Nutzung.
   d) Buchen Sie den Verkauf des Pkw im Grundbuch.

8. *Die Rhein-Ruhr-Bank AG erwarb eine neue PC-Anlage für die Abwicklung der Depotbuchhaltung:*
   Auszug aus der Eingangsrechnung:

	Köln, 15. September
1 PC Aldion de Luxe	*4.000,00 EUR*
Betriebssystem A&P	*599,00 EUR*
Installation + Inbetriebnahme	*150,00 EUR*
Gesamtsumme	*= 4.749,00 EUR*
Zzgl. Umsatzsteuer 19%	*902,31 EUR*
Rechnungsbetrag	*5.651,31 EUR*

   Bitte überweisen Sie den Gesamtbetrag auf unser Konto 10674018 in Ihrem Hause.

   a) Ermitteln Sie die zu aktivierenden Anschaffungskosten der PC-Anlage in Euro.
   b) Buchen Sie den Erwerb der PC-Anlage.
   c) Ermitteln Sie den Abschreibungsbetrag für das Jahr der Anschaffung. Die PC-Anlage hat eine betriebsgewöhnliche Nutzungsdauer lt. AfA-Tabelle von 3 Jahren.

   Am 15. April des nächsten Jahres wird die PC-Anlage aufgrund einer Umstrukturierungsmaßnahme überflüssig und zu einem Preis von 4.522,00 EUR inklusive 19% Umsatzsteuer an einen Mitarbeiter (Kunden-KK) veräußert.

   Ermitteln Sie
   d) den anteiligen Abschreibungsbetrag für das Verkaufsjahr in Euro.
   e) den Buchwert in Euro zum Zeitpunkt des Verkaufes.
   f) Buchen Sie den Verkauf der PC-Anlage.

9. *Die Rhein-Ruhr-Bank AG erwirbt am 16.04. diesen Jahres einen PC für die Schließfachabteilung für 1.875,00 EUR inkl. USt. Die Nutzungsdauer des PC beträgt 3 Jahre, er soll linear abgeschrieben werden.*
   a) Wie viel Euro betragen die Anschaffungskosten des PC?
   b) Wie viel Euro beträgt die Abschreibung am Ende des ersten Jahres der Nutzung?
   c) Buchen Sie die Abschreibung am Ende des ersten Jahres der Nutzung im Grundbuch.

   Der Vorstand beschließt das Schließfachgeschäft nicht mehr zu betreiben. Daher wird der PC im Januar des zweiten Jahres der Nutzung an einen Mitarbeiter zum Preis von 1.368,50 EUR inklusive 19% Umsatzsteuer verkauft. Die Verrechnung des Kaufpreises wird über KKK vorgenommen.

   da) Handelt es sich um einen Verkauf
   ☐1 *unter Restbuchwert?*
   ☐2 *über Restbuchwert?*

   db) Geben Sie den erfolgswirksamen Betrag in Euro an, der aus dem Verkauf des PC resultiert.
   dc) Nehmen sie die erforderliche Buchung bei Verkauf des PC im Grundbuch vor.

10. *Die Rhein-Ruhr-Bank AG wendet das Sammelpostenverfahren an und ist an möglichst hohen Abschreibungen interessiert. Berechnen Sie die jeweiligen Veränderungen des Eigenkapitals, die sich aus der Anschaffung folgender Gegenstände des Umlaufvermögens ergeben:*
   a) Erwerb eines Automatischen Kassentresors (AKT) für den umsatzsteuerfreien Bereich am 11.07. für insgesamt 25.585,00 EUR inklusive Umsatzsteuer. Betriebsgewöhnliche Nutzung: 5 Jahre.
   b) Erwerb eines Mobiltelefons für den Vorstand am 31.08. zum Preis von 1.050,00 EUR inkl. Umsatzsteuer (umsatzsteuerfreier Bereich). Betriebsgewöhnliche Nutzung: 5 Jahre.

5.2 Bewertung von Forderungen an Kunden

5.2.1 Ursachen und Buchungen von direkten Abschreibungen, Einzel- und Pauschalwertberichtigungen

Situation[1] Die Rhein-Ruhr-Bank AG hat an 10 Kunden je 10,00 EUR Kreditforderungen. Folgende Informationen liegen über deren finanzielle Verhältnisse vor:

❶ Der Privatkunde Jörg Ploch legte gerade eine eidesstattliche Versicherung ab.

❷ Die Hackenbroich GmbH hat infolge von Liquiditätsschwierigkeiten Insolvenzantrag gestellt. Die Rhein-Ruhr-Bank AG schätzt eine Insolvenzquote von 40%.

❸ Die Stadt Köln schätzt den Ausfall ihres Gewerbesteueraufkommens auf 3 Mio. EUR.

❹ Die restlichen sieben Kreditkunden erscheinen in ihrer Bonität einwandfrei.

Es stellt sich die Frage, in welcher Höhe die Rhein-Ruhr-Bank AG Forderungen an Kunden in ihrer Bilanz ausweisen darf.

Information Es gilt der Grundsatz, dass nur die Forderungen an Kunden bilanziert werden dürfen, von denen auszugehen ist, dass sie auch an das Kreditinstitut zurückgezahlt werden, die also werthaltig sind. Im Hinblick auf die Werthaltigkeit von Forderungen lassen sich vier Kategorien bilden.

Grundsatz: Nur werthaltige Forderungen, die aller Wahrscheinlichkeit nach zurückgezahlt werden, dürfen bilanziert werden.			
Uneinbringliche Forderungen (nicht mehr werthaltig)	**Zweifelhafte Forderungen (nur noch zum Teil werthaltig)**	**Sichere Forderungen (in voller Höhe werthaltig)**	**Anscheinend intakte Forderungen (anscheinend in voller Höhe werthaltig)**
Totalverluste müssen sofort bei Kenntnisnahme in voller Höhe abgeschrieben werden.	Der wahrscheinliche Ausfall muss geschätzt und abgeschrieben werden.	Es besteht kein Ausfallrisiko, da die Rückzahlung z. B. aufgrund einer Gewährträgerhaftung oder Kreditversicherung sichergestellt ist.	Scheinen ohne aktuelles Rückzahlungsrisiko zu sein, die Erfahrungen der Vergangenheit zeigen aber, dass auch bei anscheinend intakten Forderungen Zahlungen ausbleiben. In Höhe dieses Erfahrungswertes muss eine Abschreibung vorgenommen werden.
Abschreibungen auf Forderungen an KKK	Abschreibungen auf Forderungen an Einzelwertberichtigungen	Keine Abschreibung	Abschreibungen auf Forderungen an Pauschalwertberichtigungen

---

[1] *Aufgrund der Schwierigkeit des Themas wird eine vereinfachende Situation geschildert, die eine übersichtliche Darstellung der Zusammenhänge ermöglicht.*

Vom gesamten Forderungsbestand an Kunden sind solche abzuziehen, die nachweislich nicht mehr einzutreiben sind. Solche **Totalverluste** müssen sofort bei Kenntnis in voller Höhe abgeschrieben werden, z. B. wenn ein Insolvenzverfahren mangels Masse eingestellt wurde oder bei Abgabe einer Vermögensauskunft (früher: eidesstattliche Versicherung).

Uneinbringliche Forderungen werden direkt abgeschrieben. Abschr. a. Ford. an KKK

Der Totalausfall bedeutet für das Kreditinstitut einen Aufwand, der auf dem Konto „Abschreibungen auf Forderungen" im Soll gebucht wird. Da die Forderung nicht mehr werthaltig ist, darf sie nicht mehr bilanziert werden. Es erfolgt eine Gutschrift auf dem Kundenkontokorrent (Minderung eines aktiven Bestandes im Haben).

Wurde ein Insolvenzverfahren eröffnet, eine Klage erhoben oder ein Mahnbescheid gegen einen Kreditkunden eröffnet, so ist mit einem **teilweisen Ausfall der Forderung** zu rechnen. Die voraussichtliche Höhe des Ausfalles ist zu schätzen und abzuschreiben. Die Rhein-Ruhr-Bank AG schätzt eine Insolvenzquote von 40 %, d. h., sie rechnet mit einer tatsächlichen Rückzahlung ihrer Forderung in Höhe von 4,00 EUR. Damit aus verhandlungstechnischen Gründen den Kreditkunden in einem laufenden Insolvenz- oder Klageverfahren nicht offenbart werden soll, mit welchem Ausfall das Kreditinstitut rechnet, darf keine direkte Abschreibung erfolgen, die eine Gutschrift auf dem Kundenkonto zur Folge hat. Aus diesem Grunde erfolgt die Gutschrift einer **indirekten Abschreibung** auf einem Wertberichtigungskonto. Hierbei handelt es sich um ein passives Bestandskonto, das als Korrekturposten eines aktiven Bestandskontos zu sehen ist.

Zweifelhafte Forderungen werden einzelwertberichtigt.

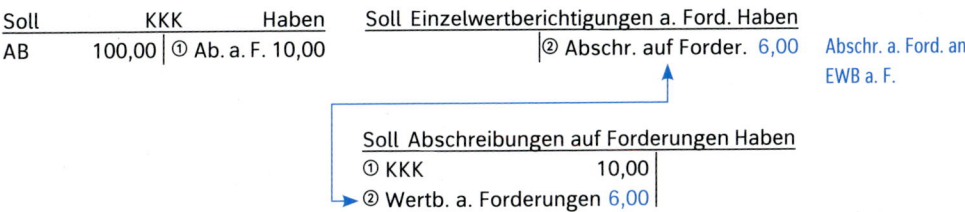

Abschr. a. Ford. an EWB a. F.

Der **aktuelle Buchwert der Forderungen bei indirekter Abschreibung** wird ermittelt, indem man vom Forderungsbestand an Kunden die Höhe der gebildeten Einzelwertberichtigungen abzieht.

Für die Hackenbroich GmbH ergibt sich folgender Buchwert der Forderung:

Forderungsbestand auf KKK:	10,00 EUR
– gebildete Einzelwertberichtigung	6,00 EUR
Buchwert der Forderung:	4,00 EUR

Durch die indirekte Abschreibung besteht für den säumigen Kreditkunden weiterhin ein Anreiz zur Begleichung seiner Schulden, da nicht nach außen offengelegt wird, mit welcher Rückzahlung das Kreditinstitut tatsächlich rechnet.

Sichere Forderungen haben kein Ausfallrisiko.

Die Forderung an die Stadt Köln gilt trotz des geschätzten Gewerbesteuerausfalls in Höhe von 3 Mio. EUR als absolut sicher, d. h., es wird auch in Zukunft kein Ausfall zu beklagen sein. Grund hierfür ist die enorme Steuerkraft der öffentlich-rechtlichen Körperschaften in der Bundesrepublik. **Weitere sichere Forderungen definiert das Schreiben des Bundesfinanzministeriums zur Berechnung des PwB-Satzes vom 10. Januar 1994.**

- Forderungen gegen öffentlich-rechtliche Körperschaften oder sonstige Körperschaften, für die eine Gebietskörperschaft als Gewährträger haftet;

- Forderungen gegen ausländische Staaten, ausländische Gebietskörperschaften oder sonstige ausländische Körperschaften und Anstalten des öffentlichen Rechts im OECD-Bereich;

- Forderungen, die durch eine der vorstehend genannten Stellen verbürgt oder in anderer Weise gewährleistet sind;

- Forderungen, für die eine Delkredere-Versicherung durch das Kreditinstitut abgeschlossen ist, die sämtliche Ausfallrisiken abdeckt;

- Vor- und Zwischenfinanzierungskredite für noch nicht zugeteilte Bauspardarlehen in Höhe der bestehenden Bausparguthaben.

Sichere Forderungen werden nicht abgeschrieben.

Da die sicheren Forderungen frei von Ausfallrisiken sind, d. h. in voller Höhe werthaltig sind, dürfen diese Forderungen in voller Höhe in der Bilanz ausgewiesen werden. Es erfolgt keine Abschreibung.

Anscheinend intakte Forderungen werden pauschalwertberichtigt.

Die **anscheinend intakten Forderungen** sind aktuell nicht mit einem Ausfallrisiko verbunden. Erfahrungen der Vergangenheit zeigen aber, dass auch diese Forderungen nicht in voller Höhe an das Kreditinstitut zurückgezahlt werden. In Höhe dieses Erfahrungswertes muss eine Abschreibung vorgenommen werden. Die Bildung einer Einzelwertberichtigung kommt nicht infrage, da nur für eine ganz spezielle Forderung eine Einzelwertberichtigung vorgenommen werden darf. Es wird daher als passiver Korrekturposten zu der Forderung auf der Aktivseite der Bilanz eine sog. Pauschalwertberichtigung gebildet.

Zur **Ermittlung der Höhe der Pauschalwertberichtigung** ist die Höhe der anscheinend intakten Forderungen zu ermitteln.

Gesamtforderungen an Kunden vor Abschreibungen	100,00 EUR
– Uneinbringliche Forderungen (Jörg Ploch)	10,00 EUR
– Zweifelhafte Forderungen **in voller Höhe**	
(Hackenbroich GmbH)	10,00 EUR
– Sichere Forderung ohne Ausfallrisiko (Stadt Köln)	10,00 EUR
Anscheinend intakte Forderungen	70,00 EUR

Ermittlung der anscheinend intakten Forderungen

Erfahrungsgemäß fallen ca. 1,5 % der anscheinend intakten Forderungen der Rhein-Ruhr-Bank AG aus. Dieser Erfahrungswert wird nach statistischen Methoden auf der Basis der Ausfälle der vergangenen 5 Jahre ermittelt. Der durchschnittliche Ausfall der anscheinend intakten Forderungen berechnet sich wie folgt:

> Höhe der anscheinend intakten Forderungen · Erfahrungswert
> = durchschnittlicher Ausfall der anscheinend intakten Forderungen
>   (erforderliche PWB)

In der Rhein-Ruhr-Bank AG ist eine Pauschalwertberichtigung in Höhe von 70,00 EUR · 1,5 % = 1,05 EUR erforderlich.

Berechnung der erforderlichen PWB

Zu den 70,00 EUR anscheinend intakte Kundenforderungen muss also ein passiver Korrekturposten auf dem Konto Pauschalwertberichtigung in Höhe von 1,05 EUR gebildet werden. Auf dem Konto ist aus den Vorjahren noch ein Bestand von 0,90 EUR vorhanden. Aus diesem Grunde muss nur noch eine **Auffüllung des Pauschalwertberichtigungsbestandes** in Höhe von 1,05 – 0,90 = 0,15 EUR erfolgen. Die Buchung lautet: „Abschreibung auf Forderungen an Pauschalwertberichtigungen 0,15 EUR".

Auffüllung der PWB

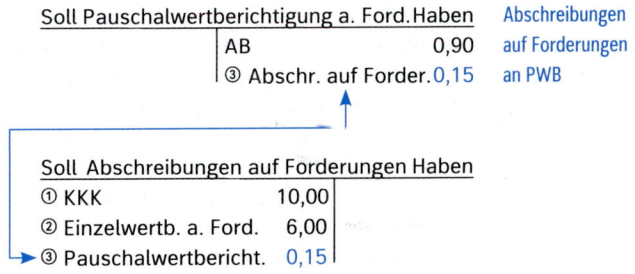

Abschreibungen auf Forderungen an PWB

Bei der Ermittlung der anscheinend intakten Forderungen müssen neben den uneinbringlichen Forderungen und den sicheren Forderungen die zweifelhaften Forderungen **in voller Höhe** abgezogen werden. Ein sehr häufig gemachter Fehler ist, dass an dieser Stelle nur die gebildete Einzelwertberichtigung vom Gesamtbestand der Forderungen abgezogen wird. Dies hat zur Folge, dass die Forderung an die Hackenbroich GmbH zuerst einzelwertberichtigt wird. Die erwartete Rückzahlung wird dann den anscheinend intakten Forderungen zugerechnet und anschließend pauschalwertberichtigt. Dieses Vorgehen verstößt gegen den **Grundsatz, wonach jede Forderung nur ein einziges Mal wertberichtigt werden darf.**

Jede Forderung
darf nur ein einziges
Mal wertberichtigt
werden.

Welchen Forderungsbestand weist die Rhein-Ruhr-Bank AG in der Bilanz aus? Von dem gesamten Forderungsbestand in Höhe von 100,00 EUR wurde die uneinbringliche Forderung gegen Jörg Ploch in voller Höhe abgeschrieben. Von der Forderung an die Hackenbroich GmbH in Höhe von 10,00 EUR erscheint nur noch ein Teil werthaltig, 6,00 EUR werden voraussichtlich ausfallen. Die Forderung an die Stadt Köln ist in voller Höhe werthaltig. Von den verbleibenden restlichen 70,00 EUR Forderungen an Kunden erwartet die Rhein-Ruhr-Bank AG eine tatsächliche Rückzahlung in Höhe von 68,95 EUR. Insgesamt belaufen sich die werthaltigen Forderungen auf 82,95 EUR (68,95 EUR + 4,00 EUR + 10,00 EUR).

Merke:
Bilanzwert der
Debitoren

Berechnung des Bilanzwertes der Debitoren	
Debitorenendbestand lt. Inventur (nach direkter Abschreibung)	90,00 EUR
– Höhe der gebildeten Einzelwertberichtigung	6,00 EUR
– Höhe der gebildeten Pauschalwertberichtigung	1,05 EUR
Bilanzwert der Debitoren	82,95 EUR

Kompensation in der
Schlussbilanz

Im Rahmen des Jahresabschlusses werden die passiven Bestandskonten Einzelwertberichtigungen und Pauschalwertberichtigungen über das Schlussbilanzkonto abgeschlossen. Der Bilanzbuchhalter **kompensiert** diese beiden passiven Positionen mit der aktiven Position Debitoren, d. h., er verrechnet die Höhe der Einzel- und Pauschalwertberichtigungen mit der Forderungshöhe an Kunden und weist nur den Nettoforderungsbestand (Bilanzwert der Debitoren) aus.

Beispiel

Unterschied
zwischen SBK und
Schlussbilanz

Soll	Schlussbilanzkonto		Haben
Debitorenendbestand lt. Inventur	90,00	Einzelwertberichtig. auf Forder.	6,00
		Pauschalwertberichtig. auf Forder.	1,05

Aktiva	Schlussbilanz		Passiva
Forderungen an Kunden	82,95		

Merke:

Forderungen an Kunden vor Abschreibungen
10 · 10,00 EUR = 100,00 EUR

Debitorenendbestand lt. Inventur per 31.12. SBK an KKK 90,00 EUR			Uneinbringliche Forderungen im Jahresablauf = Totalausfälle 10,00 EUR
Anscheinend intakte Forderungen mit latentem Ausfallrisiko 70,00 EUR	Forderungen ohne Ausfallrisiko 10,00 EUR	Zweifelhafte Forderungen mit konkretem Ausfallrisiko 10,00 EUR	
Pauschalwertberichtigungen* 70 EUR · 1,5% = 1,05 EUR	Bilanzwert der Debitoren 82,95 EUR	Einzelwertberichtigungen 6,00 EUR A.a.F. an EWB	

$*$ PWB lfd. Jahr 1,05 EUR
− PWB Vorjahr 0,90 EUR
Auffüllbetrag 0,15 EUR
A. a. F. an PWB 0,15 EUR

- Jede Forderung darf nur ein einziges Mal wertberichtigt werden, entweder einzelwertberichtigt oder pauschalwertberichtigt.

- Ausgenommen hiervon sind sichere Forderungen. Diese sind in voller Höhe werthaltig, werden also weder abgeschrieben noch wertberichtigt.

- Eine Insolvenzquote gibt immer den Teil der Forderung an, den die Gläubiger noch erhalten.

Aufgaben

1. Die Rhein-Ruhr-Bank AG hat einen Forderungsbestand vor Abschreibungen in Höhe von 45 Mio. EUR. Im Laufe des Geschäftsjahres wurden 2,3 Mio. EUR Kundenforderungen uneinbringlich. Für zweifelhafte Forderungen wurden durchschnittliche Einzelwertberichtigungen von 20 % in Höhe von 1,2 Mio. EUR gebildet. Sichere Forderungen ohne Ausfallrisiko wurden in Höhe von 1,3 Mio. EUR vergeben.
   a) Buchen Sie den Ausfall im Zusammenhang mit den uneinbringlichen Forderungen im Grundbuch.

   Berechnen Sie
   b) den Debitorenendbestand lt. Inventur mithilfe der Übersicht auf Seite 107,
   c) die Summe der mit Ausfallrisiken behafteten anscheinend intakten Forderungen,
   d) den Betrag, um den die Pauschalwertberichtigungen aufgefüllt werden müssen. Der PWB-Satz beträgt 0,65 %, der PWB-Bestand beträgt 0,1 Mio. EUR.
   e) Buchen Sie die Auffüllung der Pauschalwertberichtigungen im Grundbuch.
   f) Ermitteln Sie den Bilanzwert der Debitoren.

2. Die Rhein-Ruhr-Bank AG hat einen Forderungsbestand vor Abschreibungen in Höhe von 30 Mio. EUR ermittelt. Hierin sind Forderungen in Höhe von 1,5 Mio. EUR als sicher zu betrachten. Im Rahmen der Erstellung des Jahresabschlusses ist ferner zu berücksichtigen, dass
   • noch eine Forderung an einen Kunden in Höhe von 0,25 Mio. EUR uneinbringlich geworden ist und somit abgeschrieben werden muss,
   • ein Insolvenzverfahren über einen unserer Kunden eröffnet wurde, an den wir eine Forderung in Höhe von 0,8 Mio. EUR haben. Wir erwarten eine Insolvenzquote von 30 %.

   Berechnen Sie
   a) die Summe der mit Ausfallrisiken behafteten anscheinend intakten Forderungen mithilfe der Übersicht auf Seite 107.
   b) den Betrag, um den die Pauschalwertberichtigung aufgefüllt werden muss.
      Der PWB-Satz beträgt 0,4 %. Gehen Sie von einem PWB-Bestand in Höhe von 99.000,00 EUR aus.
   c) Buchen Sie die Auffüllung der Pauschalwertberichtigung.
   d) Ermitteln Sie den Bilanzwert der Debitoren.

3. Die Rhein-Ruhr-Bank AG bildet zum Bilanzstichtag Einzelwertberichtigungen auf Forderungen. Welche der nachstehenden Begründungen für die Bildung von Einzelwertberichtigungen sind falsch?

   Die Bildung von Einzelwertberichtigungen auf Forderungen ist notwendig, weil ...

   a) das Kreditinstitut Risikovorsorge für Kredite mit erkennbarem Ausfallrisiko betreiben muss.
   b) das Kreditinstitut lt. HGB Risikovorsorge für Forderungen mit erkennbarem Ausfallrisiko zu leisten hat.
   c) für Kredite, deren Ausfall feststeht, eine Einzelwertberichtigung vorgenommen werden muss.
   d) alle Kreditvergaben der Kreditinstitute an Kunden mit einem latenten Ausfallrisiko verbunden sind.
   e) eine Abschreibung auf Forderungen notwendig ist, wenn Zweifel an der vollständigen Rückzahlung bestehen.
   f) ein passiver Korrekturposten zum aktiven Forderungsbestand an Kunden in der Bilanz ausgewiesen werden muss.

4. Überprüfen Sie folgende Aussagen hinsichtlich des Bilanzausweises von Einzel- und Pauschalwertberichtigungen auf ihre Richtigkeit. Tragen Sie bei richtigen Aussagen eine [1], bei falschen Aussagen eine [9] ein.

a) *Einzelwertberichtigungen werden gebildet, um dem latenten Ausfallrisiko von Forderungen zu begegnen.*

b) *Pauschalwertberichtigungen auf Forderungen werden im Rahmen der Bilanzierung von den betreffenden Aktivposten abgesetzt.*

c) *Die Bildung von Pauschalwertberichtigungen auf Forderungen werden ihrer Höhe nach von der Rechnungslegungsverordnung der Kreditinstitute bestimmt.*

d) *Wird der Debitorenendbestand lt. Inventur mit dem durchschnittlichen Forderungsausfall der vergangenen Jahre multipliziert, so erhält man die Höhe der erforderlichen Pauschalwertberichtigung.*

5. *Forderungen werden hinsichtlich ihrer Werthaltigkeit wie folgt unterschieden:*

   1 *uneinbringliche Forderungen*
   2 *zweifelhafte Forderungen*
   3 *anscheinend intakte Forderungen*

   a) *Ordnen Sie diese Forderungen nachstehenden Sachverhalten zu.*

   aa) *Die wirtschaftliche Situation des Kunden Jörg Ploch hat sich infolge von Arbeitslosigkeit stark verschlechtert. Es bestehen nachhaltige Verlustrisiken.*

   ab) *Es bestehen hinsichtlich der Forderungen keine erkennbaren Risiken für das Kreditinstitut.*

   ac) *Bei unserem Kunden Meyer OHG wird ein Insolvenzantrag mangels Masse abgelehnt.*

   b) *Ordnen Sie die unter Ziffer 1–3 genannten Forderungen den folgenden buchhalterischen Maßnahmen zu.*

   ba) *Die Forderung ist sofort auszubuchen.*

   bb) *Es ist eine Pauschalwertberichtigung zu bilden.*

   bc) *Der geschätzte Ausfall ist im Rahmen einer Einzelwertberichtigung zu berücksichtigen.*

   c) *Wie sind die oben genannten Forderungen hinsichtlich ihres Bilanzausweises zu behandeln?*

   ca) *Die Forderung darf nicht mehr bilanziert werden.*

   cb) *Die gebildete Einzel- bzw. Pauschalwertberichtigung ist von der entsprechenden Forderung abzusetzen.*

6. *Der Debitorenendbestand beträgt am Bilanzstichtag 91.600.000,00 EUR. Auf die zweifelhaften Forderungen in Höhe von 2.345.600,00 EUR wurden bereits Einzelwertberichtigungen von durchschnittlich 65 % gebildet.*
   Das Konto Pauschalwertberichtigung weist einen Bestand von 776.000,00 EUR auf und ist auf 1,15 % der anscheinend intakten Forderungen aufzufüllen.

   a) *Über wie viel Euro lautet die Summe der Einzelwertberichtigungen?*

   b) *Berechnen Sie den Bestand der anscheinend intakten Forderungen.*

   c) *Um wie viel Euro ist die Pauschalwertberichtigung aufzufüllen?*

   d) *Buchen Sie die Auffüllung der Pauschalwertberichtigung.*

   e) *Wie hoch ist der Bilanzwert der Debitoren?*

7. *Der Debitorenendbestand beträgt am Bilanzstichtag 54.600.000,00 EUR. Auf die zweifelhaften Forderungen in Höhe von 1.458.000,00 EUR wurden bereits Einzelwertberichtigungen von durchschnittlich 55 % gebildet.*
   Das Konto Pauschalwertberichtigung weist einen Bestand von 542.000,00 EUR auf und ist auf 1,05 % der nicht einzelwertberichtigten Forderungen aufzufüllen.

a) Über wie viel Euro lautet die Summe der Einzelwertberichtigungen?

b) Berechnen Sie den Bestand der anscheinend intakten Forderungen.

c) Um wie viel Euro ist die Pauschalwertberichtigung aufzufüllen?

d) Buchen Sie die Auffüllung der Pauschalwertberichtigung.

e) Wie hoch ist der Bilanzwert der Debitoren?

8. Der Debitorenbestand beträgt am Bilanzstichtag 42.780 TEUR. Darin sind Forderungen von 630 TEUR enthalten, bei denen bis zum Bilanzstichtag belegbare Risiken erkennbar wurden. Der drohende Verlust wurde auf durchschnittlich 75 % geschätzt und vorschriftsmäßig abgeschrieben.

   Auf den anscheinend intakten Forderungen lasten erfahrungsgemäß latente Risiken. Diesem Umstand wurde durch die Bildung einer Pauschalwertberichtigung Rechnung getragen. Diese Position soll insgesamt 1,6 % der restlichen Forderungen betragen. Zu berücksichtigen ist, dass bereits ein PWB-Bestand von 579 TEUR vorhanden ist.

   a) Wie viel TEUR wurden bereits auf die zweifelhaften Forderungen abgeschrieben?

   b) Bilden Sie den Buchungssatz zur Berücksichtigung der drohenden Verluste.

   c) Wie viel TEUR betragen die anscheinend intakten Forderungen?

   d) Wie viel TEUR muss die erforderliche Pauschalwertberichtigung betragen?

   e) Wie hoch ist die Auffüllung der Pauschalwertberichtigung?

   f) Bilden Sie den Buchungssatz, mit dem die Pauschalwertberichtigung aufzufüllen ist.

9. Am Geschäftsjahresende weisen folgende Konten die aufgeführten Umsätze auf.

S Kunden-Kontokorrent H	S Einzelwertberichtigung H	S Pauschalwertberichtigung H
3.245.000,00 | 4.167.000,00	| 2.000,00	| 2.340,00

S   Abschr. a. Forderungen   H
|

Alle Buchungen, die durch die Inventurergebnisse veranlasst werden, müssen noch berücksichtigt werden. Beantworten Sie folgende Fragen unter Berücksichtigung der folgenden Inventurergebnisse.

Debitorenendbestand vor Abschreibung 1.316.000,00 EUR, es ist noch zu berücksichtigen:

1. Die Forderung gegen Debitor A ist uneinbringlich. Sie beläuft sich auf insgesamt 5.000,00 EUR und wurde bereits im Vorjahr mit 2.000,00 EUR einzelwertberichtigt.

2. Die Forderung gegen Debitor B beträgt 94.000,00 EUR. Die Insolvenzquote wird auf 15 % geschätzt.

3. Forderung gegen Debitor C in Höhe von 151.000,00 EUR ist uneinbringlich.

a) Bilden Sie den Buchungssatz für die Abschreibung der Forderung gegen Debitor A.

b) In welcher Höhe wird die Forderung gegen Debitor B abgeschrieben?

c) Bilden Sie den Buchungssatz für die Abschreibung auf die Forderung gegen Debitor B.

d) Auf welchen Betrag belaufen sich die anscheinend intakten Forderungen?

e) Die Pauschalwertberichtigung soll 1,8 % der anscheinend intakten Forderungen betragen. Um welchen Betrag ist sie aufzufüllen?

f) Wie hoch ist der Kreditorenendbestand in TEUR?

g) Berechnen Sie den Bilanzwert der Debitoren.

5.2.2 Zahlungseingänge zugunsten zweifelhafter Forderungen

Gehen Abschlusszahlungen zugunsten einer einzelwertberichtigten Forderung ein, so werden diese direkt dem KK-Konto gutgeschrieben. Die gebildete Einzelwertberichtigung wird aufgelöst und ebenfalls dem KK-Konto gutgeschrieben.

Die Forderung an den Debitor Hackenbroich GmbH beträgt 10,00 EUR. Der Ausfall wird geschätzt auf 6,00 EUR, d. h., der erwartete Zahlungseingang beträgt 4,00 EUR. Tatsächlich geht jedoch die Abschlusszahlung des Insolvenzverwalters über eine Korrespondenzbank in Höhe von

6,00 EUR ein.	3,00 EUR ein.
Der erwartete Ausfall beträgt 6,00 EUR. Tatsächlich sind aber nur 4,00 EUR ausgefallen.	Der erwartete Ausfall beträgt 6,00 EUR. Tatsächlich sind aber 7,00 EUR ausgefallen.
S KKK H ① S BKK H AB 10,00 | BKK 6,00 ↔ KKK 6,00 EWB 4,00 S Erträge a.d.Z.z. Ford. H ② S EWB H EWB 2,00 ↔ KKK/Ertr. Zusch 6,00	S KKK H ① S BKK H AB 10,00 | BKK 3,00 ↔ KKK 3,00 ② S EWB H EWB 6,00 ↔ KKK 6,00 | AB 6,00 ③ S Abschreibungen a.F. H KKK 1,00 ↔ KKK 1,00
Der bei Auflösung der Einzelwertberichtigung nicht benötigte Teil zum Ausgleich des KK-Kontos ist zugunsten des Ertragskontos „Erträge aus der Zuschreibung zu Forderungen" auszubuchen.	Der sich nach Gutschrift des Zahlungseingangs und Auflösung der Einzelwertberichtigung ergebende Fehlbetrag auf dem KK-Konto des Debitors ist zulasten des Aufwandskontos „Abschreibungen auf Forderungen" auszubuchen.

Buchungen	EUR	Buchungen	EUR
① Über BKK gehen 6,00 EUR zugunsten des Debitors Hackenbroich GmbH ein. BKK an KKK	 6,00	① Über BKK gehen 3,00 EUR zugunsten des Debitors Hackenbroich GmbH ein. BKK an KKK	 3,00
② Auflösung der Einzelwertberichtigung Einzelwertberichtigung auf Forderungen an KKK	 6,00 4,00	② Auflösung der Einzelwertberichtigung Einzelwertberichtigung auf Forderungen an KKK	 6,00
an Erträge aus der Zuschreibung zu Forderungen	2,00	③ Ausgleich des Kundenkontos Abschreibungen auf Forderungen an KKK	 1,00

Aufgaben

1. *Bilden Sie die Buchungssätze zu den nachstehenden Geschäftsfällen.*

a) *Die Forderung gegen einen Kunden wird unvorhergesehen uneinbringlich und ist auszubuchen.*

b) *Im Rahmen eines Insolvenzverfahrens einigen sich die Gläubiger über einen Forderungsverzicht zur Sanierung des Unternehmens des Schuldners. Aufgrund fehlender Kreditsicherheiten gehören wir zu den Vergleichsgläubigern.*

c) *Der Antrag auf Eröffnung des Insolvenzverfahrens über das Vermögen eines Kunden ist mangels einer den Kosten des Verfahrens entsprechenden Masse abgewiesen worden. Bei der früher erfolgten Einzelwertberichtigung der Forderung gegen den insolventen Kunden wurde noch mit einem geringen Zahlungseingang gerechnet.*

d) *Der Vergleich aus Aufgabe b erbrachte eine höhere als die von uns erwartete Vergleichsquote. Die Forderung und die stille Reserve sind auszubuchen.*

2. *In dem unten stehenden Hauptbuchkonto Kundenkontokorrent und den dazugehörigen sechs Kunden-Skontren (Nebenbuchhaltung) sind die Anfangsbestände (AB) und die bisherigen Umsätze (U) eingetragen.*

Hauptbuchhaltung

S Kundenkontokorrent H		S DBB H	
AB 650.000,00	AB 500.000,00	U 500.000,00	
U 2.800.000,00	U 2.400.000,00		

S Einzelwertberichtigung H		S Abschreibung a. Ford. H	
	AB 140.000,00		

Nebenbuchhaltung (Personen-Skontren)

S Kunde A H		S Kunde B H		S Kunde C H	
U 500.000,00	AB 50.000,00	AB 250.000,00	U 700.000,00	AB 100.000,00	
		U 650.000,00			

S Kunde D H		S Kunde E H		S Kunde F H	
AB 300.000,00		U 1.400.000,00	AB 250.000,00	U 250.000,00	AB 200.000,00
			U 600.000,00		U 1.100.000,00

Inventar zur Ermittlung der Endbestände an Debitoren und Kreditoren:

Kunde	debitorisch in Euro	kreditorisch in Euro
A		
B		
C		
D		
E		
F		
Gesamt		

Nachstehende Geschäftsfälle sind buchhalterisch zu erfassen:

a) *Über das Vermögen des Kunden A wird ein Insolvenzverfahren eröffnet. Wir rechnen mit einer Quote in Höhe von 30 %.*

aa) *Wie viel TEUR beträgt der erwartete Forderungsausfall?*

ab) *Nehmen Sie die erforderliche Buchung bei Eröffnung des Insolvenzverfahrens im Grundbuch vor.*

ac) *Buchen Sie den erwarteten Ausfall in den oben stehenden Hauptbuchkonten, sofern erforderlich auch in den Skontren.*

b) *Der Antrag auf Eröffnung des Insolvenzverfahrens über das Vermögen des Kunden B wird mangels Masse abgewiesen. Unsere ungesicherte Forderung ist nicht wertberichtigt.*

ba) *Nehmen Sie die erforderliche Buchung im Grundbuch vor.*

bb) *Buchen Sie den Vorgang in den oben stehenden Hauptbuchkonten, sofern erforderlich auch in den Skontren.*

c) *Das Insolvenzverfahren über das Vermögen des Kunden C ist abgeschlossen. Wir verzichten auf 60.000,00 EUR. Die bei der Vergleichseröffnung gebildete Wertberichtigung von 50.000,00 EUR ist aufzulösen.*

ca) *Buchen Sie den Vorgang im Grundbuch.*

cb) *Buchen Sie den Vorgang in den oben stehenden Hauptbuchkonten, sofern erforderlich auch in den Skontren.*

d) *Das Insolvenzverfahren über das Vermögen des Kunden D ist abgeschlossen. Von unserer Forderung waren 200.000,00 EUR grundpfandrechtlich gesichert. Über DBB erhalten wir diesen Betrag und zusätzlich 20.000,00 EUR für unseren nicht gesicherten Teil der Forderung. Gleichzeitig wird die bei Konkurseröffnung gebildete Wertberichtigung in Höhe von 90.000,00 EUR aufgelöst.*

da) *Buchen Sie den Vorgang im Grundbuch.*

db) *Buchen Sie den Vorgang in den oben stehenden Hauptbuchkonten, sofern erforderlich in den Skontren.*

e) *Ermitteln Sie durch Inventur der Kunden-Skontren den Bestand der Debitoren und der Kreditoren.*

ea) *Wie viel Euro beträgt der Endbestand der Debitoren?*

eb) *Wie viel Euro beträgt der Endbestand der Kreditoren?*

3. Die Rhein-Ruhr-Bank AG erhält über DBB die Abschlusszahlung des Insolvenzverwalters in Höhe von 65.000,00 EUR für eine Kundenforderung, zu der in Erwartung einer Insolvenzquote von 70 % eine Einzelwertberichtigung von 25.000,00 EUR gebildet wurde.

   a) Ermitteln Sie die ursprüngliche Höhe der Kundenforderung.
   b) Buchen Sie den Eingang der Abschlusszahlung über DBB und lösen Sie die korrespondierende Einzelwertberichtigung auf.

   Am Ende des Geschäftsjahres belaufen sich die Gesamtforderungen der Rhein-Ruhr-Bank AG auf 445 Mio. EUR, von denen 92 % als anscheinend intakt bewertet werden.

   c) Berechnen Sie den Gesamtbetrag der anscheinend intakten Forderungen.
   d) Bestimmen Sie die Höhe der erforderlichen Pauschalwertberichtigung, wenn die Rhein-Ruhr-Bank AG einen durchschnittlichen Forderungsausfall der anscheinend intakten Forderungen von durchschnittlich 1,6 % in den letzten Jahren erleiden musste.
   e) Buchen Sie die Auffüllung der Pauschalwertberichtigung unter Berücksichtigung eines Anfangsbestands von 5 Mio. EUR.

4. Über das Vermögen der Meier OHG wird das Insolvenzverfahren eröffnet. Die Gesamtforderung der Rhein-Ruhr-Bank AG gegenüber der Meier OHG beträgt 220.000,00 EUR. Ein Grundstück der Meier OHG ist mit einer Grundschuld in Höhe von 95.000,00 EUR zugunsten der Rhein-Ruhr-Bank AG belastet. Die Rhein-Ruhr-Bank AG schätzt eine Insolvenzquote von 18,5 %.

   a) Wie viel Euro beträgt der von der Rhein-Ruhr-Bank AG erwartete Forderungsausfall?
   b) Buchen Sie den erwarteten Forderungsausfall im Grundbuch.

   Die Zwangsversteigerung des Grundstücks der Meier OHG erlöst 92.000,00 EUR.
   c) Buchen Sie den Eingang des Verwertungserlöses über BKK.

   Das Insolvenzverfahren gegen die Meier OHG endet mit einer Insolvenzquote von 12,8 %
   d) Wie viel Euro beträgt der Zahlungseingang nach Abschluss des Insolvenzverfahrens?
   e) Buchen Sie den Eingang der Abschlusszahlung des Insolvenzverwalters über BKK.
   f) Nehmen Sie alle Buchungen vor, die zum Abschluss des Kundenkontos erforderlich sind (Gebühren und Zinsen bleiben unberücksichtigt).

5. Die Rhein-Ruhr-Bank AG weist zum 2. Januar 20.. folgende mit der Bewertung von Kundenforderungen zusammenhängende Bestände aus:

Sichere Forderungen ohne Ausfallrisiken:	217.000,00 EUR
Zweifelhafte Forderungen:	736.000,00 EUR
Einzelwertberichtigungen auf Forderungen:	303.600,00 EUR
Pauschalwertberichtigungen auf Forderungen:	2.680.000,00 EUR

   Im Laufe des Geschäftsjahres fallen folgende Geschäftsfälle an, die Sie bitte im Grundbuch mit doppelter Betragsspalte buchen:
   a) Das Insolvenzverfahren über das Vermögen der Schneider GmbH wird mit einer Quote von 45 % abgeschlossen. Der Insolvenzverwalter überweist auf DBB-Konto der Bank 144.000,00 EUR. Die entsprechende Wertberichtigung in Höhe von 130.000 00 EUR ist aufzulösen.
   b) Die Tiefbauunternehmung Tec OHG hat beim Amtsgericht Antrag auf Eröffnung des Insolvenzverfahrens gestellt. Die Rhein-Ruhr-Bank AG rechnet mit einem Ausfall von 80 % der derzeitigen Forderung in Höhe von 68.000,00 EUR.

c) *Das Insolvenzverfahren über den Kunden J. Ploch OHG endete mit einer Insolvenzquote von 24 %. Die Gesamtforderung der Rhein-Ruhr-Bank AG beläuft sich auf 292.000,00 EUR. Die Verwertung der auf dem Firmengrundstück lastenden, zugunsten der Rhein-Ruhr-Bank AG eingetragenen Grundschuld erbringt 160.000,00 EUR. Auf dem Konto der DBB der Rhein-Ruhr-Bank AG gehen sowohl der Erlös aus der Versteigerung des Firmengrundstücks als auch der Anteil an der Insolvenzquote ein. Die bei Beginn des Insolvenzverfahrens gebildete Wertberichtigung über 112.200,00 EUR ist nunmehr aufzulösen.*

d) *Die von der Rhein-Ruhr-Bank AG eingeleitete Zwangsvollstreckung in das Vermögen des Kunden Andreas Seele verlief fruchtlos. Die derzeit noch bestehende Forderung über 25.600,00 EUR ist auszubuchen.*

e) *Das Insolvenzverfahren über das Vermögen der Tiefbauunternehmung Tec OHG wurde mangels Masse eingestellt. Die noch bestehende Forderung ist auszubuchen.*

f) *Die Phillip AG stellt einen Antrag auf Eröffnung des Insolvenzverfahrens. Die Forderung der Rhein-Ruhr-Bank AG beträgt 900.000,00 EUR. Die Rhein-Ruhr-Bank AG schätzt den Ausfall der Forderung auf ca. 40 %. Eine entsprechende Wertberichtigung ist vorzunehmen.*

Jahresabschlussangaben:

Debitorenendbestand lt. Inventur: 254.350.000,00 EUR, davon 217.000,00 EUR sicher.
Die unten stehenden Konten enthalten bereits alle oben aufgeführten Buchungen:
a) *Die Pauschalwertberichtigungen sind auf 1,2 % der anscheinend intakten Forderungen aufzufüllen. Ermitteln Sie den Auffüllbetrag der PWB unter Berücksichtigung obiger Angaben und buchen Sie die Auffüllung im Grundbuch.*

Soll	Kundenkontokorrent	Haben		Soll	Einzelwertberichtigungen	Haben
AB + Umsätze		AB + Umsätze		Umsätze		AB + Umsätze
2.760.000 TEUR		2.806.000 TEUR		296,6 TEUR		718 TEUR

b) *Ermitteln Sie den Bilanzwert der Forderungen an Kunden unter Beachtung obiger Angaben und der Bilanzierungsrichtlinien.*

c) *Schließen Sie die Konten KKK, EWB und PWB im Grundbuch mit doppelter Betragsspalte ab.*

5.2.3   Ermittlung des Pauschalwertberichtigungssatzes

Zur Ermittlung der erforderlichen Pauschalwertberichtigungen müssen die Kreditinstitute die anscheinend intakten Forderungen mit einem PWB-Satz multiplizieren. Dieser PWB-Satz ist für jedes Kreditinstitut unterschiedlich hoch, da er auf der Basis der tatsächlichen Kreditausfälle der letzten 5 Geschäftsjahre für jedes Kreditinstitut individuell berechnet wird.
Die Berechnungsweise ist den Kreditinstituten vorgegeben. Sie müssen demnach den durchschnittlichen tatsächlichen Forderungsausfall der vergangenen 5 Geschäftsjahre vergleichen mit dem durchschnittlichen risikobehafteten Kreditvolumen der vorangehenden 5 Bilanzstichtage.

	Geschäftsjahr	Jahr Nr.	Bilanzstichtage	
Berechnung des	2017	1	31.12.2017	Berechnung des
durchschnittlichen	2016	2	31.12.2016	durchschnittlichen
tatsächlichen	2015	3	31.12.2015	risikobehafteten
Forderungsausfalls	2014	4	31.12.2014	Kreditvolumens
der Geschäftsjahre	2013	5	31.12.2013	
2013–2017	2012	6	31.12.2012	

abgeleitet hieraus

PWB-Satz für das Jahr 2017 =

$$\frac{\text{maßgeblicher Forderungsausfall der Jahre 2013–2017} \cdot 100}{\text{durchschnittl. risikobehaftetes Kreditvolumen der Bilanzstichtage 2012–2016}}$$

a) Bestimmung des maßgeblichen Forderungsausfalls
Der tatsächliche Forderungsausfall eines Kreditinstitutes innerhalb eines Geschäftsjahres setzt sich folgendermaßen zusammen:
Direkte Abschreibung uneinbringlicher Forderungen
+ Verbrauch an EWB (im Sinne der Ausbuchung bereits einzelwertberichtigter Forderungen)
– Eingänge für bereits in der Vergangenheit abgeschriebene Forderungen
= tatsächlicher Forderungsausfall

Durchschnittlicher tatsächlicher Forderungsausfall:
$$\frac{85+69+75+92+64}{5} = 77\,\text{TEUR}$$

Geschäftsjahr	Tatsächlicher Forderungsausfall	Jahr Nr.
2017	85 TEUR	1
2016	69 TEUR	2
2015	75 TEUR	3
2014	92 TEUR	4
2013	64 TEUR	5
2012		

Vom durchschnittlichen tatsächlichen Forderungsausfall der vergangenen fünf Geschäftsjahre werden pauschal 40 %, jedoch max. die Summe der Einzelwertberichtigungen des Bilanzstichtages abgezogen. Mit dem Abzug dieses pauschalen Satzes sollen die tatsächlichen Forderungsausfälle um die akuten, d. h. bereits erkennbaren Ausfallrisiken gemindert werden. Hierdurch sollen die PWB auf die latenten Ausfallrisiken beschränkt werden.

Durchschnittlicher tatsächlicher Forderungsausfall	77,0 TEUR
– 40 % des durchschnittlichen tatsächlichen Forderungsausfalls (max. EWB am Bilanzstichtag)	30,8 TEUR
= maßgeblicher Forderungsausfall	46,2 TEUR

b) Bestimmung des „durchschnittlichen risikobehafteten Kreditvolumens"

Das risikobehaftete Kreditvolumen berechnet sich aus dem Debitorenendbestand lt. Inventur abzüglich der Forderungen, die

- aus Gründen, die nicht in der Person des Schuldners liegen, wertberichtigt werden (z. B. aufgrund bestehender Transfer- oder Länderrisiken),
- als sicher anzusehen sind (vgl. hierzu Seite 104).

Jahr Nr.	Bilanzstichtage	Risikobehaftetes Kreditvolumen in TEUR
1	31.12.2017	14.390
2	31.12.2016	14.120
3	31.12.2015	13.670
4	31.12.2014	12.780
5	31.12.2013	13.100
6	31.12.2012	12.880

Durchschnittliches risikobehaftetes Kreditvolumen:

$$\frac{14.120 + 13.670 + 12.780 + 13.100 + 12.880}{5}$$

$$= 13.310 \text{ TEUR}$$

c) Ermittlung des Prozentsatzes der Pauschalwertberichtigung

PWB-Satz: $\dfrac{\text{maßgeblicher Forderungsausfall} \cdot 100}{\text{durchschnittliche risikobehaftete Kreditvolumen}}$

$$= \frac{46,2 \cdot 100}{13.310} = 0,35 \% \text{ (gerundet)}$$

Angewandt auf die anscheinend intakten Forderungen von 12.030 TEUR (Betrag frei gewählt) am 31.12.2017, ergibt sich eine erforderliche Pauschalwertberichtigung in Höhe von 42,105 TEUR.

Aufgaben

1. Die Rhein-Ruhr-Bank AG ermittelte im Rahmen der Inventur folgende Ergebnisse in Mio. Euro.

Durchschnittliches risikobehaftetes Kreditvolumen der letzten 5 Bilanzstichtage	270,0
Durchschnittlicher maßgeblicher Forderungsausfall der letzten 5 Geschäftsjahre	3,2
Höhe der Einzelwertberichtigungen zum Bilanzstichtag	17,0
Bestand an Pauschalwertberichtigungen	2,5
Debitorenendbestand lt. Inventur	256,0
davon: Forderungen an die örtliche Sparkasse, durch NRW verbürgt	3,6
Einzelwertberichtigte Forderungen	23,0

a) Wie hoch ist der Pauschalwertberichtigungssatz, den die Rhein-Ruhr-Bank AG im Rahmen der Erstellung des Jahresabschlusses anwenden muss? (auf 2 Stellen nach dem Komma runden)

b) Ermitteln Sie den erforderlichen Bestand an Pauschalwertberichtigungen.

c) Buchen Sie die Auffüllung der PWB im Grundbuch.

d) Berechnen Sie den Bilanzwert der Debitoren.

2. Die Rhein-Ruhr-Bank AG ermittelte im Rahmen der Inventur folgende Ergebnisse in Mio. Euro.

Durchschnittliches risikobehaftetes Kreditvolumen der letzten 5 Bilanzstichtage	853,0
Durchschnittlicher maßgeblicher Forderungsausfall der letzten 5 Geschäftsjahre	6,2
Höhe der Einzelwertberichtigungen zum Bilanzstichtag	16,0
Bestand an Pauschalwertberichtigungen	3,5
Debitorenendbestand lt. Inventur	763,9
davon: Forderungen an das Land Sachsen-Anhalt	43,6
durch Delkredere-Versicherung gesichert	12,0
durch Grundpfandrechte gesichert	107,0
Einzelwertberichtigte Forderungen	34,0

a) Wie hoch ist der Pauschalwertberichtigungssatz, den die Rhein-Ruhr-Bank AG im Rahmen der Erstellung des Jahresabschlusses anwenden muss? (Auf 2 Stellen nach dem Komma runden)

b) Ermitteln Sie den erforderlichen Bestand an Pauschalwertberichtigungen.

c) Buchen Sie die Auffüllung der PWB im Grundbuch.

d) Berechnen Sie den Bilanzwert der Debitoren.

3. Die Forderungen der Rhein-Ruhr-Bank AG entwickelten sich in den letzten 5 Jahren wie folgt:

Forderungen an	31.12.2013	31.12.2014	31.12.2015	31.12.2016	31.12.2017
Öffentlich rechtliche Körperschaften	421.000,00	513.000,00	546.000,00	498.000,00	462.000,00
Privat- und Geschäftskunden	899.000,00	1.023.000,00	1.106.000,00	1.234.000,00	1.212.000,00
Summe	1.320.000,00	1.536.000,00	1.652.000,00	1.732.000,00	1.674.000,00

In den Jahren 2014 bis 2018 beliefen sich

• die direkten Abschreibungen auf durchschnittlich	26.800,00 EUR
• der Verbrauch von EWB auf durchschnittlich	35.000,00 EUR
• die Zahlungseingänge auf abgeschriebene Forderungen auf durchschnittlich	3.200,00 EUR.

Der maßgebliche Forderungsausfall beträgt durchschnittlich 35.160,00 EUR.

Berechnen Sie

a) das durchschnittliche risikobehaftete Kreditvolumen,

b) den Durchschnitt des tatsächlichen Forderungsausfalles der letzten fünf Jahre in Euro,

c) den Pauschalwertberichtigungssatz, der auf die Bilanz des 31.12.2018 anzuwenden ist.

5.3   Bewertung von Wertpapieren

5.3.1   Wertpapierkategorien

Im Hinblick auf die Bewertung von Wertpapieren unterscheidet man zwischen Wertpapieren des Anlagevermögens und des Umlaufvermögens.

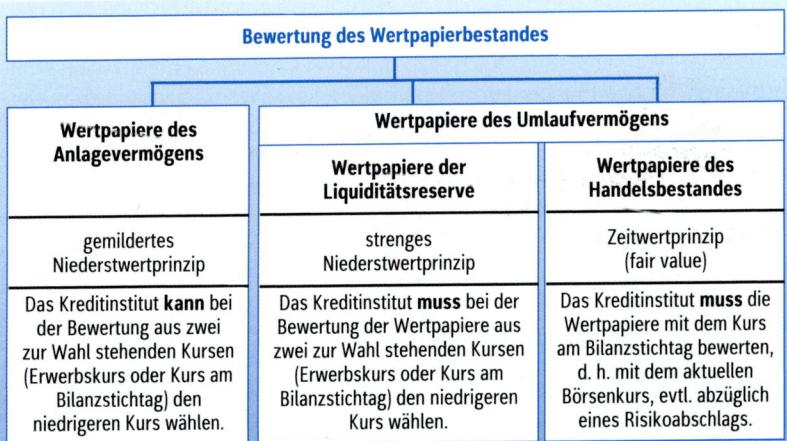

Bewertung des Wertpapierbestandes		
Wertpapiere des Anlagevermögens	**Wertpapiere des Umlaufvermögens**	
	Wertpapiere der Liquiditätsreserve	**Wertpapiere des Handelsbestandes**
gemildertes Niederstwertprinzip	strenges Niederstwertprinzip	Zeitwertprinzip (fair value)
Das Kreditinstitut **kann** bei der Bewertung aus zwei zur Wahl stehenden Kursen (Erwerbskurs oder Kurs am Bilanzstichtag) den niedrigeren Kurs wählen.	Das Kreditinstitut **muss** bei der Bewertung der Wertpapiere aus zwei zur Wahl stehenden Kursen (Erwerbskurs oder Kurs am Bilanzstichtag) den niedrigeren Kurs wählen.	Das Kreditinstitut **muss** die Wertpapiere mit dem Kurs am Bilanzstichtag bewerten, d. h. mit dem aktuellen Börsenkurs, evtl. abzüglich eines Risikoabschlags.

Wertpapiere werden dem Anlagevermögen des Kreditinstitutes zugeschrieben, wenn der Vorstand beschließt, dass die Wertpapiere langfristig dem Geschäftsbetrieb dienen sollen. Dieser Beschluss ist aktenkundig zu machen. Bewertet werden Wertpapiere des Anlagevermögens grundsätzlich zu historischen Anschaffungskosten. Diese stellen die Bewertungsobergrenze dar. Abgeschrieben werden müssen diese Wertpapiere nur dann, wenn eine dauerhafte Wertminderung eingetreten ist.

In die Kategorie Wertpapiere des Umlaufvermögens fallen sowohl die Wertpapiere des Handelsbestandes als auch die Wertpapiere der Liquiditätsreserve. Wertpapiere des Handelsbestandes dienen zur Abwicklung des Handels mit Kunden und anderen Kreditinstituten. Maßgebliches Kriterium hierfür ist die Absicht der kurzfristigen Weiterveräußerung. Der Gesetzgeber schreibt seit dem Geschäftsjahr 2010 zwingend vor, diese Wertpapiere mit dem aktuellen Börsenkurs, dem sog. fair value zu bewerten.

Wertpapiere der Liquiditätsreserve hingegen liegen immer dann vor, wenn sie weder langfristig dem Geschäftsbetrieb dienen noch kurzfristig weiterveräußert werden sollen. Es handelt sich somit um eine Restgröße, deren Ziel es ist, liquide Mittel kurz- bis mittelfristig ertragsbringend in Aktien oder Gläubigerpapieren anzulegen. Für sie gilt bei der Bewertung das strenge Niederstwertprinzip, wonach am Bilanzstichtag der Erwerbskurs und der Kurs am Bilanzstichtag zu vergleichen ist und der niedrigere von beiden zur Bewertung herangezogen werden muss.

5.3.2 Bewertung der Wertpapiere des Anlagevermögens nach gemildertem Niederstwertprinzip

Dokumentiert ein Kreditinstitut aktenkundig, dass gekaufte Wertpapiere dauerhaft dem Geschäftsbetrieb dienen sollen (also keine Veräußerungsabsicht gegeben ist), dann müssen diese Wertpapiere nach dem gemilderten Niederstwertprinzip bewertet werden. Dies bedeutet, dass die Wertpapiere grundsätzlich mit dem Wert in die Bilanz einfließen, zu dem sie gekauft wurden. Ausnahmen hiervon gibt es nur bei einer Wertminderung. Nach HGB müssen Finanzanlagen bei voraussichtlich dauerhafter Wertminderung auf den niedrigeren Wert abgeschrieben werden. Bei voraussichtlich vorübergehender Wertminderung hingegen können die Wertpapiere entweder zum Anschaffungskurs oder zum Kurs am Bilanzstichtag bilanziert werden. Mit anderen Worten kann ein Kreditinstitut wählen, ob es eine Abschreibung auf den niedrigeren Wert vornehmen möchte oder nicht. Eine Verpflichtung, die Wertpapiere des Anlagevermögens zum niedrigeren Kurs zu bilanzieren, gibt es folglich nur bei voraussichtlich dauerhafter Wertminderung.

Beispiel Ein Kreditinstitut kauft Anfang dieses Jahres eine Bundesanleihe mit einer Laufzeit von 10 Jahren zu 100 %. Am Ende des Geschäftsjahres notiert diese Bundesanleihe mit 96 % an der Börse. Ist dieses Wertpapier dem Anlagevermögen zugeordnet, so hat das Kreditinstitut ein Wahlrecht. Entweder es bilanziert dieses Wertpapier zu historischen Anschaffungskosten, d. h. zu 100 %, oder aber zum aktuellen Kurs, d. h. zu 96 %. Eine Abschreibung auf den niedrigeren Wert ist hier nicht zwingend vorgeschrieben. Dies erscheint auch sachrichtig, da die Bundesanleihe am Ende der Laufzeit zu 100 % zurückgezahlt wird. Daher kann man in diesem Falle auf eine zwischenzeitliche Abschreibung auf die niedrigeren 96 % verzichten.

Merke:

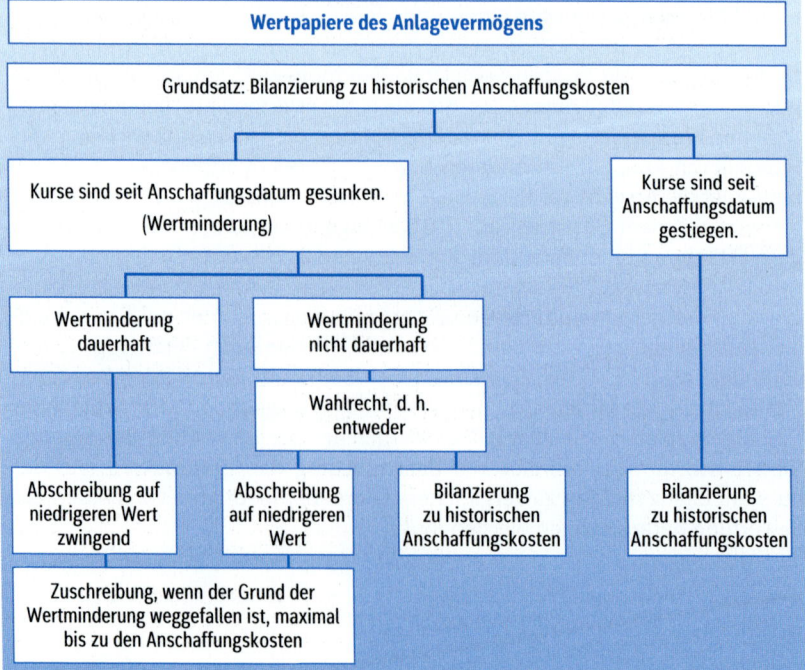

Aufgabe

Die Rhein-Ruhr-Bank AG kaufte am 11.07. Aktien zu einem Kurs von 50,00 EUR, die dem Anlagebestand zugeordnet wurden.

a) Am Ende des Geschäftsjahres notieren die Aktien

    aa) zu 60,00 EUR,

    ab) zu 40,00 EUR (vorübergehende Wertminderung),

    ac) zu 30,00 EUR (dauerhafte Wertminderung).

    Wie müssen die Aktien am Jahresende nach den Vorschriften des gemilderten Niederstwertprinzips bewertet werden?

b) Wiederum ein Jahr später notieren die Aktien zu 80,00 EUR.

    Wie müssen die Aktien in den Fällen aa) – ac) nun bewertet werden?

5.3.3 Bewertung der Wertpapiere der Liquiditätsreserve nach strengem Niederstwertprinzip

Die Rhein-Ruhr-Bank AG unterhält in ihrem Depot E.ON- und VW-Aktien als **Situation** Liquiditätsreserve. Die nachstehenden Skontren geben die Situation über Käufe und Verkäufe dieser beiden Wertpapiere an. Die Skontren und das Hauptbuchkonto Eigene Wertpapiere sind zum Bilanzstichtag abzuschließen.

Vorgehen zum Abschluss der Wertpapiere der Liquiditätsreserve											
① Ermittlung des Endbestandes											
Soll		Skontro E.ON-Aktien			Haben	Soll		Skontro VW-Aktien			Haben
Stück	Kurs	Kurswert	Stück	Kurs	Kurswert	Stück	Kurs	Kurswert	Stück	Kurs	Kurswert
150	50,00	7.500,00	70	60,00	4.200,00	100	40,00	4.000,00	180	41,00	7.380,00
50	54,00	2.700,00	EB 130			200	46,00	9.200,00	EB 120		

② Bewertung des Endbestandes nach strengem Niederstwertprinzip	
Kurs am 31.12.: 45,00 EUR Durchschnittserwerbskurs:	Kurs am 31.12.: 50,00 EUR Durchschnittserwerbskurs:
$$\frac{7.500,00 + 2.700,00}{150 + 50} = 51,00\ \text{EUR}$$	$$\frac{4.000,00 + 9.200,00}{100 + 200} = 44,00\ \text{EUR}$$
Die Bewertung erfolgt zum niedrigeren von beiden Kursen, also zu 45,00 EUR.	Die Bewertung erfolgt zum niedrigeren von beiden Kursen, also zu 44,00 EUR.

③ Ermittlung des realisierten Erfolges	
Verkaufskurs: 60,00 EUR/St. – Durchschnittserwerbskurs: 51,00 EUR/St.	Verkaufskurs: 41,00 EUR/St. – Durchschnittserwerbskurs: 44,00 EUR/St.
Kursgewinn 9,00 EUR/St. · 70 Stück Verkäufe = 630,00 EUR realisierter Kursgewinn	Kursverlust 3,00 EUR/St. · 180 Stück Verkäufe = 540,00 EUR realisierter Kursverlust

④ Ermittlung des nicht realisierten Erfolges	
Kauft ein Kreditinstitut Wertpapiere, und deren Kurs • steigt bis zum Bilanzstichtag, so wurde ein nicht realisierter Gewinn erzielt. • sinkt bis zum Bilanzstichtag, so wurde eine nicht realisierter Verlust erzielt. Aus Vorsichtsgründen **darf ein nicht realisierter Gewinn nicht** gebucht werden, da er einen Tag nach Erstellung der Bilanz evtl. schon nicht mehr vorhanden ist. Ein **nicht realisierter Verlust muss** aus Vorsichtsgründen ausgewiesen werden.	
Durchschnittserwerbskurs: 51,00 EUR – Kurs am 31.12. 45,00 EUR	Kurs am 31.12. 50,00 EUR – Durchschnittserwerbskurs: 44,00 EUR
nicht realisierter Verlust 6,00 EUR	nicht realisierter Gewinn 6,00 EUR
· 130 Stück Endbestand = 780,00 EUR nicht realisierter Kursverlust	· 120 Stück Endbestand = 720,00 EUR nicht realisierter Kursgewinn

Abschluss der Skontren:

Soll		Skontro E.ON-Aktien			Haben
Stück	Kurs	Kurswert	Stück	Kurs	Kurswert
150	50,00	7.500,00	70	60,00	4.200,00
50	54,00	2.700,00	EB 130	45,00	5.850,00
real. Kursgewinn		630,00	Abschr. a. WP		780,00
		10.830,00			10.830,00

Soll		Skontro VW-Aktien			Haben
Stück	Kurs	Kurswert	Stück	Kurs	Kurswert
100	40,00	4.000,00	180	41,00	7.380,00
200	46,00	9.200,00	EB 120	44,00	5.280,00
			real. Kursverlust		540,00
		13.200,00			13.200,00

Hauptbuch:

Soll	Eigene Wertpapiere	Haben
Summe Käufe 23.400,00	Summe Verkäufe	11.580,00
③ real. Kursgewinn 630,00	② SBK	11.130,00
	③ real. Kursverlust	540,00
	④ Abschr. a. WP	780,00
24.030,00		24.030,00

Geschäftsfall	EUR	Buchungssatz
1) Buchung des Endbestandes der eigenen Wertpapiere	11.130,00 EUR	SBK an Eigene Wertpapiere
2) Buchung der realisierten Erfolge a) Realisierter Kursgewinn der E.ON-Aktie b) Realisierter Kursverlust der VW-Aktie	630,00 EUR 540,00 EUR	Eigene Wertpapiere an Kursgewinne Kursverluste an Eigene Wertpapiere
3) Buchung der nicht realisierten Erfolge a) Nicht realisierter Kursverlust der E.ON-Aktie b) Nicht realisierter Kursgewinn der VW-Aktie	780,00 EUR 720,00 EUR	Abschreibung auf Wertpapiere an Eigene Wertpapiere darf nicht gebucht werden.

Imparitätsprinzip verhindert den Ausweis nicht realisierter Gewinne

Das **Imparitätsprinzip** fordert die unterschiedliche Behandlung von realisierten und nicht realisierten Erfolgen. Gewinne müssen ausgewiesen werden, wenn sie realisiert, d. h. sicher sind. Sie dürfen nicht ausgewiesen werden, wenn sie noch nicht realisiert, d. h. unsicher sind. Hierdurch wird verhindert, dass Gewinne ausgewiesen und an die Anteilseigner ausgeschüttet werden, bevor sie realisiert werden. Verluste hingegen müssen aus Gläubigerschutzgründen immer ausgewiesen werden, egal ob sie schon realisiert wurden oder nicht. Hierdurch werden Gläubiger und Anteilseigner nicht nur auf die bereits eingetretenen Verluste hingewiesen, sondern auch auf potenzielle Risiken, die zu weiteren realisierten Verlusten führen können.

Der Abschluss des Kontos „Eigene Wertpapiere" im Falle von Schuldverschreibungen verläuft grundsätzlich nach dem gleichen Schema, mit nur einer Ausnahme. Im Zusammenhang mit der Bewertung des Endbestandes müssen die bis zum Bilanzstichtag angelaufenen, noch nicht vereinnahmten Stückzinsen mit ausgewiesen werden, da sie den Wert der Schuldverschreibung erhöhen. Im Falle eines Verkaufs der Schuldverschreibung würde das Kreditinstitut neben dem Kurswert auch die angelaufenen Stückzinsen vom Käufer erhalten. Folglich setzt sich der Inventarwert der Schuldverschreibung am Bilanzstichtag aus zwei Komponenten zusammen.

> Endbestand der Schuldverschreibung, nach strengem Niederstwertprinzip bewertet
> + bis zum Bilanzstichtag angelaufene, noch nicht vereinnahmte Stückzinsen
> = Bilanzwert einer Schuldverschreibung

Abschluss des Kontos „Eigene Wertpapiere" bei Schuldverschreibungen der Liquiditätsreserve

① Ermittlung des Endbestandes

Soll			6,5 % KfW-Anleihe 16.08. gzj.		Haben
Nominal	Kurs	Kurswert	Nominal	Kurs	Kurswert
100.000,00	101,0 %	101.000,00	180.000,00	100,7 %	181.260,00
200.000,00	100,4 %	200.800,00	**120.000,00**		
			Endbestand		

② Bewertung des Endbestandes nach Niederstwertprinzip zzgl. aufgelaufener, noch nicht vereinnahmter Stückzinsen

Kurs am 31.12.: 100,20 %

Durchschnittserwerbskurs: $\dfrac{\text{Summe der Kurswerte}}{\text{Summe der Nennwerte}} = \dfrac{101.000,00 + 200.800,00}{100.000,00 + 200.000,00} = 100,60\,\%$

Die Bewertung erfolgt zum niedrigeren von beiden Kursen, also zu 100,20 %.

120.000,00 EUR nom. Endbestand · 100,20 % =   120.240,00 EUR

+ aufgelaufene Stückzinsen vom 16.08. inkl. - 31.12. = $\dfrac{120.000,00 \cdot 6,5 \cdot 138}{365 \cdot 100}$ = 2.949,04 EUR

Bilanzwert der Anleihe: 123.189,04 EUR

③ Ermittlung des realisierten Erfolges

Verkaufskurs: 100,70 %

– Durchschnittserwerbskurs: 100,60 %

realisierter Kursgewinn   0,10 % · 180.000,00 EUR nom. Verkäufe

              = 180,00 EUR realisierter Kursgewinn

④ Ermittlung des nicht realisierten Erfolges

Durchschnittserwerbskurs: 100,60 %

– Kurs am 31.12.: 100,20 %

nicht realisierter Kursverlust: 0,40 % · 120.000,00 EUR nom. Endbestand

              = 480,00 EUR nicht realisierter Kursverlust

Geschäftsfall	EUR	Buchungssatz
1) Buchung der aufgelaufenen, noch nicht vereinnahmten Stückzinsen	2.949,04	Eigene Wertpapiere an Wertpapier-Zinserträge
2) Buchung des Bilanzwertes der Anleihe	123.189,04	SBK an Eigene Wertpapiere
3) Buchung des realisierten Erfolgs	180,00	Eigene Wertpapiere an Kursgewinne
4) Buchung der nicht realisierten Erfolge	480,00	Abschreibung auf Wertpapiere an Eigene Wertpapiere

Soll		6,5 % KfW-Anleihe 16.08.gzj.			Haben
Nominal	Kurs	Kurswert	Nominal	Kurs	Kurswert
100.000,00	101,0 %	101.000,00	180.000,00	100,7 %	181.260,00
200.000,00	100,4 %	200.800,00	② Bilanzwert der Anleihe		123.189,04
① Zinserträge		2.949,04	④ Abschreibung auf WP		480,00
③ real. Kursgewinne		180,00			
		304.929,04			304.929,04

Merke:

Realisierte Erfolge werden über Kursgewinne oder Kursverluste gebucht. Nicht realisierte Verluste werden abgeschrieben.

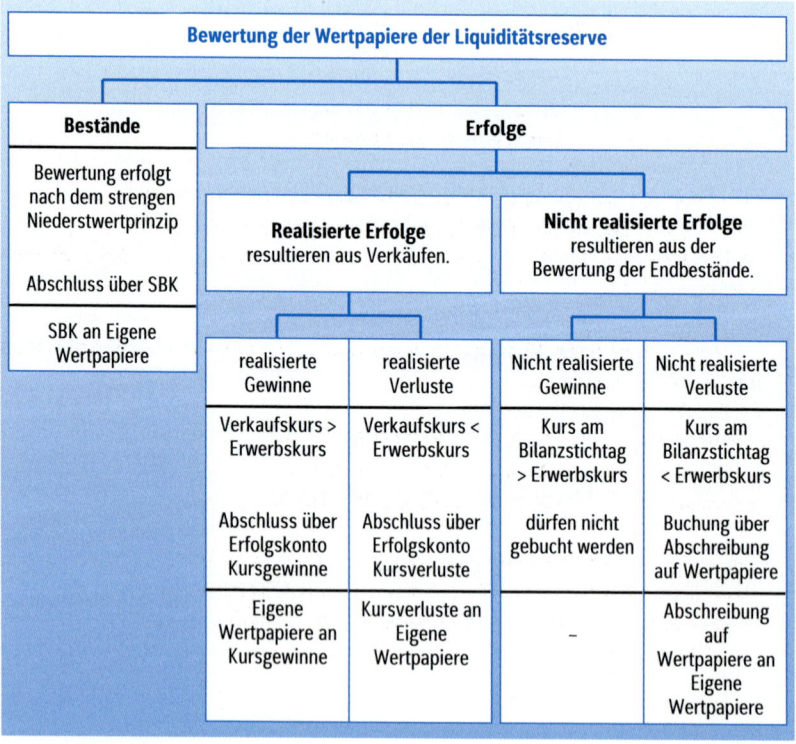

Aufgaben

1. Die Rhein-Ruhr-Bank AG bewertet die Wertpapiere der Liquiditätsreserve nach den Vorschriften des HGB. Welche der folgenden Aussagen sind in diesem Zusammenhang richtig?

a) Realisierte Kursgewinne werden mit nicht realisierten Kursgewinnen in der Gewinn-und-Verlust-Rechnung kompensiert.

b) Realisierte Kursverluste erhöhen die Aufwendungen in der Gewinn-und-Verlust-Rechnung.

c) Nicht realisierte Kursverluste werden in der Gewinn-und-Verlust-Rechnung nicht erfasst.

d) Realisierte Kursgewinne können in der Gewinn-und-Verlust-Rechnung ausgewiesen werden.

e) Realisierte Kursverluste haben keine Auswirkung auf die Gewinn-und-Verlust-Rechnung.

f) Nicht realisierte Kursverluste müssen in der Gewinn-und-Verlust-Rechnung ausgewiesen werden.

2. Prüfen Sie folgende Aussagen über die Anwendung des Niederstwertprinzipes und des Imparitätsprinzipes in der Rhein-Ruhr-Bank AG. Ordnen Sie richtigen Aussagen eine 1, falschen Aussagen eine 9 zu.

a) Das Niederstwertprinzip ist im HGB kodifiziert.

b) Das Niederstwertprinzip ist im Aktiengesetz kodifiziert.

c) Das Niederstwertprinzip ist ein Bewertungsgrundsatz für Gegenstände des Umlaufvermögens.

d) Das Niederstwertprinzip bewirkt, dass eine Bewertung über die Anschaffungskosten hinaus ermöglicht wird.

e) Das Imparitätsprinzip bewirkt, dass nicht realisierte Gewinne ausgewiesen werden.

f) Das Imparitätsprinzip bewirkt, dass nicht realisierte Verluste ausgewiesen werden.

3. Die Rhein-Ruhr-Bank AG tätigte folgende Käufe und Verkäufe in Aktien der Liquiditätsreserve im abgelaufenen Geschäftsjahr.

Käufe:	300 Stk.	600,00 EUR/Stk.
	200 Stk.	550,00 EUR/Stk.
Verkäufe:	250 Stk.	620,00 EUR/Stk.

Bewerten Sie den Endbestand der Aktien am Ende des Geschäftsjahres nach den Bestimmungen des HGB. Berechnen Sie den realisierten und den nicht realisierten Erfolg. Nehmen Sie alle erforderlichen Buchungen zum Abschluss des Kontos Eigene Wertpapiere vor. Der Kurs am Bilanzstichtag beträgt 500,00 EUR/Stk.

4. Die Rhein-Ruhr-Bank AG tätigte folgende Käufe und Verkäufe in Aktien der Liquiditätsreserve im abgelaufenen Geschäftsjahr.

Käufe:	300 Stk.	600,00 EUR/Stk.
	200 Stk.	550,00 EUR/Stk.
Verkäufe:	150 Stk.	500,00 EUR/Stk.

Bewerten Sie den Endbestand der Aktien am Ende des Geschäftsjahres nach den Bestimmungen des IIGB. Berechnen Sie den realisierten und den nicht realisierten Erfolg. Nehmen Sie alle erforderlichen Buchungen zum Abschluss des Kontos Eigene Wertpapiere vor. Der Kurs am Bilanzstichtag beträgt 800,00 EUR/Stk.

5. Im abgelaufenen Geschäftsjahr hatte die Rhein-Ruhr-Bank AG die nachstehend aufgeführten Pfandbriefe als Liquiditätsreserve im Eigenbestand.

Käufe			6,5% p. a. DG Hyp Pfandbriefe, Serie 29; 15.10. gzj.				Verkäufe
Datum	Nennwert in EUR	Kurs in%	Kurswert in EUR	Datum	Nennwert in EUR	Kurs in%	Kurswert in EUR
06.01.	20.000,00	99,5	19.900,00	21.07.	340.000,00	99,0	336.600,00
27.02.	200.000,00	98,0	196.000,00				
03.04.	260.000,00	98,5	256.100,00				

Ermitteln Sie

a) den Durchschnittserwerbskurs der Pfandbriefe in Prozent.

b) den realisierten Erfolg in Euro unter Berücksichtigung des Durchschnittserwerbskurses.

c) die bis zum Bilanzstichtag aufgelaufenen, noch nicht vereinnahmten Stückzinsen (act/act).

d) den Bilanzwert der Pfandbriefe (Kurs am Bilanzstichtag 99,5%).

e) den nicht realisierten Erfolg aus dem Konto.

f) Buchen Sie die anteiligen, noch nicht vereinnahmten Stückzinsen.

g) Nehmen Sie, sofern erforderlich, die Buchung des nicht realisierten Erfolges vor.

h) Buchen Sie den realisierten Erfolg aus dem Konto.

i) Buchen Sie den Bilanzwert des Pfandbriefes.

6. Folgende Angaben wurden aus dem Hauptbuchkonto „Eigene Wertpapiere" der Rhein-Ruhr-Bank AG entnommen.

Anfangsbestand und Sollumsätze	6.920.000,00 EUR
Habenumsätze	6.780.000,00 EUR
Nicht realisierter Kursverlust	34.000,00 EUR
Bis zum Bilanzstichtag aufgelaufene, noch nicht vereinnahmte Stückzinsen	7 000,00 EUR
Inventarwert der Wertpapiere (nach Niederstwertprinzip, ohne Stückzinsen)	250.000,00 EUR

a) Buchen Sie den nicht realisierten Kursverlust.

b) Buchen Sie die anteiligen, noch nicht vereinnahmten Stückzinsen.

c) Wie hoch ist der Bilanzwert der Wertpapiere?

d) Buchen Sie den Bilanzwert der Wertpapiere.

e) Berechnen Sie den realisierten Kursgewinn.

f) Buchen Sie den realisierten Kursgewinn.

7. Die Rhein-Ruhr-Bank AG hat per 01.06.2014 eine Inhaberschuldverschreibung mit den nachstehenden Bedingungen emittiert und vollständig bei ihren Kunden platziert.

2.000.000,00 EUR Inhaberschuldverschreibung 14/19
Zinssatz 3,75% p.a.
Zinstermin 01.06.
Emissionskurs 100,50%

a) Ermitteln Sie die Anzahl der Tage, für die am 31.12.2014 anteilige Stückzinsen berechnet werden müssen.

b) Berechnen Sie die Höhe der anteiligen, noch nicht vereinnahmten Stückzinsen in Euro per 31.12.2014.

8. Im abgelaufenen Geschäftsjahr hatte die Rhein-Ruhr-Bank AG die nachstehend aufgeführten Kommunalobligationen als Liquiditätsreserve im Eigenbestand.

Käufe 6,3 % p. a. Rheinische Hypothekenbank Kommunal-Obl. 30.09. gzj. Verkäufe

Datum	Nennwert in EUR	Kurs in %	Kurswert in EUR	Datum	Nennwert in EUR	Kurs in %	Kurswert in EUR
07.01.	40.000,00	98	39.200,00	30.10.	70.000,00	97,5	68.250,00
20.03.	50.000,00	97	48.500,00				
15.10.	140.000,00	99	138.600,00				

Ermitteln Sie

a) den Durchschnittserwerbskurs der Kommunalobligation in Prozent.

b) den realisierten Erfolg in Euro unter Berücksichtigung des Durchschnittserwerbskurses.

c) die bis zum Bilanzstichtag aufgelaufenen, aber noch nicht vereinnahmten Stückzinsen.

d) den Bilanzwert der Kommunalobligation (Kurs am Bilanzstichtag 98,2 %).

e) den nicht realisierten Erfolg aus dem Konto.

f) Buchen Sie die anteiligen, noch nicht vereinnahmten Stückzinsen.

g) Nehmen Sie, sofern erforderlich, die Buchung des nicht realisierten Erfolges vor.

h) Buchen Sie den realisierten Erfolg aus dem Konto.

9. Prüfen Sie die nachfolgenden Aussagen jeweils auf ihre Richtigkeit. ☐1☐ = richtig ☐9☐ = falsch

a) Bei Wertpapieren des Handelsbestandes, die an der Börse notiert werden, können Kreditinstitute auf die Anwendung des Niederstwertprinzips verzichten.

b) Das strenge Niederstwertprinzip schreibt vor, dass nicht realisierte Kursgewinne nicht ausgewiesen werden dürfen.

c) Am Bilanzstichtag muss ein Kreditinstitut eine Verrechnung der nicht realisierten Kursgewinne und Kursverluste vornehmen.

d) Durch den Ausweis von nicht realisierten Gewinnen in der Bilanz erhöht das Kreditinstitut seine stillen Reserven.

e) Nach dem Niederstwertprinzip werden der Anschaffungskurs und der Kurs am Bilanzstichtag der jeweiligen Wertpapiere verglichen und der Bestand zum niedrigeren der beiden Kurse bewertet.

10. Das Konto Schuldverschreibungen im Eigenbestand weist folgende Umsätze in Euro auf:

Soll		Haben	
Umsätze	2.500.000,00	Umsätze	2.000.000,00

a) Buchen Sie die zum Bilanzstichtag aufgelaufenen, noch nicht vereinnahmten Stückzinsen in Höhe von 19.000,00 EUR.

b) Buchen Sie den nicht realisierten Kursverlust in Höhe von 17.000,00 EUR.

c) Berechnen und buchen Sie den Endbestand der Schuldverschreibungen im Eigenbestand. Laut Inventur befinden sich nominal 400.000,00 EUR Schuldverschreibungen im Bestand, die zu 98 % zu bewerten sind.

d) Berechnen Sie den realisierten Erfolg in Euro.

e) Buchen Sie den realisierten Erfolg.

11. Kennzeichnen Sie richtige Aussagen mit einer $\boxed{1}$ und falsche Aussagen mit einer $\boxed{9}$.

a) Wichtige Vorschriften für die Bewertung der Wertpapiere finden sich im Handelsgesetzbuch.

b) Für die Bewertung von Wertpapieren des Umlaufvermögens gilt das gemilderte Niederstwertprinzip.

c) Wertpapiere des Anlagevermögens können unter bestimmten Voraussetzungen zu einem höheren Kurs angesetzt werden, als nach dem strengen Niederstwertprinzip erforderlich ist.

d) Kreditinstitute können unter bestimmten Voraussetzungen auch eine Bewertung der Wertpapiere unter dem Niederstwert vornehmen.

5.3.4 Bewertung der Wertpapiere des Handelsbestandes nach dem Zeitwertprinzip (fair value)

Situation Die Auszubildenden erhalten den Auftrag, zu überprüfen, wie sich die Bewertung der Wertpapiere ändern würde, wenn die seit Geschäftsjahr 2010 verpflichtenden Regelungen des Bilanzrechtsmodernisierungsgesetzes (BilMoG) anzuwenden sind.

Bewertung zum Zeitwert

Hierzu nehmen wir an, die Rhein-Ruhr-Bank AG hätte die im Kapitel 5.3.3 bewerteten Wertpapiere nicht der Liquiditätsreserve zugeordnet, sondern dem Handelsbestand. Demnach gilt nicht das strenge Niederstwertprinzip, sondern das Zeitwertprinzip, d.h., die Wertpapiere des Handelsbestandes sind **immer mit ihrem Börsenkurs am Bilanzstichtag zu bewerten.** Hierdurch entsteht ein Risiko. Ist der Kurs der Wertpapiere seit der Anschaffung gestiegen, so wird zum höheren Zeitwert bilanziert, d.h., nicht realisierte Gewinne werden ausgewiesen. Ist der Kurs gesunken, so wird auf den niedrigeren Zeitwert abgeschrieben. Durch die Einführung des Zeitwertprinzips für die Wertpapiere des Handelsbestandes wird das **Imparitätsprinzip durchbrochen.** Sowohl nicht realisierte Gewinne als auch nicht realisierte Verluste werden gebucht.

Risikoabschlag

Wenn umfangreiche nicht realisierte Kursgewinne als Erträge in der Gewinn-und-Verlustrechnung ausgewiesen werden, dann könnten die Eigner eine Ausschüttung dieser Erträge beschließen. Fällt danach der Kurs des Wertpapieres stark, dann hätte das Kreditinstitut nicht realisierte Erträge der Vorjahre ausgeschüttet, die in diesem Jahr gar nicht mehr existieren. Aus diesem Grunde verlangt der Gesetzgeber in § 340 e HGB, dass der Bilanzausweis der Wertpapiere des Handelsbestandes **um einen angemessenen Risikoabschlag zu kürzen ist.** Dieser Risikoabschlag ist nach finanzmathematischen Methoden zu ermitteln und bemisst sich nach dem Verlust, der unter Annahme einer 99%-igen Wahrscheinlichkeit bei einer Haltedauer von 10 Tagen nicht überschritten wird. Er ist erfolgswirksam, d.h. als Aufwand zu buchen und im Anhang zu erläutern. **Seine Funktion ist es, das Risiko der nicht realisierten Gewinne zu begrenzen.** Konsequenterweise ist der Risikoabschlag bei Vorliegen nicht realisierter Verluste gleich null, da in diesem Falle dem gesunkenen Börsenkurs durch Abschreibung auf den niedrigeren Zeitwert schon Rechnung getragen wurde. Eine detaillierte, mit Literaturhinweisen versehene Begründung, warum der Risikoabschlag nur bei Vorliegen nicht realisierter Gewinne anzuwenden ist, können Sie unter BuchPlusWeb herunterladen.

Vorgehen zum Abschluss der Wertpapiere des Handelsbestandes

① Ermittlung des Endbestandes

Soll	Skontro E.ON-Aktien				Haben	Soll	Skontro VW-Aktien				Haben
Stück	Kurs	Kurswert	Stück	Kurs	Kurswert	Stück	Kurs	Kurswert	Stück	Kurs	Kurswert
150	50,00	7.500,00	70	60,00	4.200,00	100	40,00	4.000,00	180	41,00	7.380,00
50	54,00	2.700,00	EB 130	Stück		200	46,00	9.200,00	EB 120	Stück	

② Bewertung des Endbestandes nach dem Zeitwertprinzip unter Berücksichtigung eines angemessenen Risikoabschlages im Falle nicht realisierter Gewinne

Kurs am 31.12.:   45,00 EUR
Durchschnittserwerbskurs:

$$\frac{7.500,00 + 2.700,00}{150 + 50} = 51,00 \text{ EUR}$$

Es liegt folglich ein nicht realisierter Verlust vor, d.h., der Risikoabschlag ist gleich null. Die Bewertung erfolgt immer zum Kurs am 31.12., also zu 45,00 EUR.
· 130 Stück Endbestand =   5.850,00 EUR
− 0% Risikoabschlag: 0 EUR

Bilanzwert der Wertpapiere   5.850,00 EUR

Kurs am 31.12.:   50,00 EUR
Durchschnittserwerbskurs:

$$\frac{4.000,00 + 9.200,00}{100 + 200} = 44,00 \text{ EUR}$$

Es liegt folglich ein nicht realisierter Gewinn vor, d.h., ein Risikoabschlag ist anzuwenden. Die Bewertung erfolgt immer zum Kurs am 31.12., also zu 50,00 EUR.
· 120 Stück Endbestand =   6.000,00 EUR
− 6,55% Risikoabschlag: 393,00 EUR

Bilanzwert der Wertpapiere   5.607,00 EUR

③ Ermittlung des realisierten Erfolges

Verkaufskurs: 60,00 EUR/St.
− Durchschnittserwerbskurs: 51,00 EUR/St.

Kursgewinn   9,00 EUR/St.
· 70 Stück Verkäufe
= 630,00 EUR realisierter Kursgewinn

Verkaufskurs: 41,00 EUR/St.
− Durchschnittserwerbskurs: 44,00 EUR/St.

Kursverlust   3,00 EUR/St.
· 180 Stück Verkäufe
= 540,00 EUR realisierter Kursverlust

④ Ermittlung des nicht realisierten Erfolges

Kauft ein Kreditinstitut Wertpapiere und deren Kurs
• steigt bis zum Bilanzstichtag, so wird ein nicht realisierter Gewinn erzielt.
• sinkt bis zum Bilanzstichtag, so wird ein nicht realisierter Verlust erzielt.
Nach dem Zeitwertprinzip sind sowohl nicht realisierte Verluste als auch nicht realisierte Gewinne zu buchen.

Durchschnittserwerbskurs: 51,00 EUR
− Kurs am 31.12.:   45,00 EUR

nicht realisierter Verlust: 6,00 EUR

· 130 Stück Endbestand
= 780,00 EUR nicht realisierter Kursverlust

Kurs am 31.12.:   50,00 EUR
− Durchschnittserwerbskurs: 44,00 EUR

nicht realisierter Gewinn: 6,00 EUR

· 120 Stück Endbestand
= 720,00 EUR nicht realisierter Kursgewinn

Abschluss der Skontren:

Soll	Skontro E.ON-Aktien				Haben	Soll	Skontro VW-Aktien				Haben
Stück	Kurs	Kurswert	Stück	Kurs	Kurswert	Stück	Kurs	Kurswert	Stück	Kurs	Kurswert
150	50,00	7.500,00	70	60,00	4.200,00	100	40,00	4.000,00	180	41,00	7.380,00
50	54,00	2.700,00	EB 130		5.850,00	200	46,00	9.200,00	Risikoabschreibung		393,00
realisierter			Abschreibung auf			nicht realisierter			EB 120		5.607,00
Kursgewinn		630,00	Wertpapiere		780,00	Kursgewinn		720,00	realisierter		
		10.830,00			10.830,00				Kursverlust		540,00
								13.920,00			13.920,00

Hauptbuch:

Soll	Eigene Wertpapiere		Haben
Summe Käufe	23.400,00	Summe Verkäufe	11.580,00
③ real. Kursgewinn	630,00	① Abschr. wg. Risikoabschlag	393,00
④ Ertr. aus Zuschreibung zu Wertpapieren	720,00	② SBK	11.457,00
		③ real. Kursverlust	540,00
		④ Abschr. a. WP	780,00
	24.750,00		24.750,00

Geschäftsfälle	EUR	Buchungen im Grundbuch
1. Buchung des Risikoabschlages der VW-Aktie in Höhe von 393,00 EUR	393,00	Abschreibungen auf WP des Handelsbestandes an Eigene Wertpapiere
2. Buchung des Endbestandes der eigenen Wertpapiere	11.457,00	SBK an Eigene Wertpapiere
3. Buchung der realisierten Erfolge a) Realisierter Kursgewinn der E.ON-Aktie	630,00	Eigene Wertpapiere an Kursgewinne
b) Realisierter Kursverlust der VW-Aktie	540,00	Kursverluste an Eigene Wertpapiere
4. Buchung der nicht realisierten Erfolge a) Nicht realisierter Kursverlust der E.ON-Aktie	780,00	Abschreibung auf Wertpapiere an Eigene Wertpapiere
b) Nicht realisierter Kursgewinn der VW-Aktie	720,00	Eigene Wertpapiere an Erträge aus der Zuschreibung zu Wertpapieren

Ferner müssen Kreditinstitute jedes Jahr 10% des Nettoertrages des gesamten Handelsbestandes in die Eigenkapitalposition **„Fonds für Allgemeine Bankrisiken"** einstellen. Dies bewirkt, dass der Jahresüberschuss in dieser Höhe nicht ausgeschüttet werden kann, da er zwangsweise thesauriert wird. Eine Auflösung des „Fonds für allgemeine Bankrisiken" ist nur zulässig, wenn die Aufwendungen aus dem Handelsbestand größer werden als die Erträge aus dem Handelsbestand (d.h. zum Verlustausgleich aus den Geschäften des Handelsbestandes) oder wenn der Fonds für allgemeine Bankrisiken größer ist als 50 % der durchschnittlichen Nettoerträge der letzten 5 Jahre.

Analog zu diesem Vorgehen erfolgt der Abschluss des Kontos Eigene Wertpapiere bei Schuldverschreibungen des Handelsbestandes.

Abschluss des Kontos „Eigene Wertpapiere"					
bei Schuldverschreibungen des Handelsbestandes					
① Ermittlung des Endbestandes					

Soll		4,2% Bundes-Anleihe 13.09. gzj.			Haben
Nominal	Kurs	Kurswert	Nominal	Kurs	Kurswert
150.000,00	101 2/3%	152.500,00	270.000,00	100,9%	272.430,00
200.000,00	100,5%	201.000,00	**80.000,00**	**Endbestand**	

**② Bewertung des Endbestandes nach Zeitwertprinzip
unter Berücksichtigung eines angemessenen Risikoabschlages
zzgl. aufgelaufener, noch nicht vereinnahmter Stückzinsen**

Kurs am 31.12.: 101,4%

Durchschnittserwerbskurs: $\frac{\text{Summe der Kurswerte}}{\text{Summe der Nennwerte}} = \frac{152.500,00 + 201.000,00}{150.000,00 + 200.000,00} = 101,00\%$

Die Bewertung erfolgt zum Kurs am 31.12., also zu 101,40%

80.000,00 EUR nom. Endbestand · 101,40% =	81.120,00 EUR
– Risikoabschlag in Höhe von 0,3%	243,36 EUR
+ aufgelaufene Stückzinsen vom 13.09. inkl. - 31.12. = $\frac{80.000,00 \cdot 4,2 \cdot 110}{365 \cdot 100}$ =	1.012,60 EUR
Bilanzwert der Anleihe:	81.889,24 EUR

③ Ermittlung des realisierten Erfolges

Durchschnittserwerbskurs: 101,00%
– Verkaufskurs: 100,90%

Realisierter Kursverlust 0,10% · 270.000,00 EUR nom. Verkäufe
= 270,00 EUR realisierter Kursverlust

④ Ermittlung des nicht realisierten Erfolges

Kurs am 31.12.: 101,40%
– Durchschnittserwerbskurs:101,00%

nicht realisierter Gewinn: 0,40% · 80.000,00 nom. Endbestand
= 320,00 EUR nicht realisierter Kursgewinn

Geschäftsfälle	EUR	Buchungssatz
1. Buchung des Risikoabschlages	243,36	Abschreibungen auf Wertpapiere an Eigene Wertpapiere des HB
2. Buchung der aufgelaufenen, noch nicht vereinnahmten Stückzinsen	1.012,60	Eigene Wertpapiere des HB an Wertpapier-Zinserträge
3. Buchung des Bilanzwertes der Anleihe	81.889,24	SBK an Eigene Wertpapiere des HB
4. Buchung des realisierten Erfolgs	270,00	Kursverluste an Eigene Wertpapiere des HB
5. Buchung der nicht realisierten Erfolge	320,00	Eigene Wertpapiere des HB an Erträge aus der Zuschreibung zu Wertpapieren des HB

Soll			4,2% Bundesanleihe 13.09. gzj.		Haben
Nominal	Kurs	Kurswert	Nominal	Kurs	Kurswert
150.000,00	101 2/3 %	152.500,00	270.000,00	100,9 %	272.430,00
200.000,00	100,5 %	201.000,00	① Risikoabschlag		243,36
② Zinserträge		1.012,60	③ Bilanzwert der Anleihe		81.889,24
⑤ nicht real. Kursgewinne		320,00	④ real. Kursverlust		270,00
		354.832,60			354.832,60

Die Buchungen zeigen, dass nicht realisierte Kursgewinne in Höhe von 320,00 EUR in der Gewinn-und-Verlustrechnung erfolgswirksam ausgewiesen werden und somit einen eventuellen Gewinn noch weiter erhöhen. Um das damit verbundene Risiko zu berücksichtigen, sieht der § 340 e HGB einen Risikoabschlag vor. Der bewertete Endbestand der Schuldverschreibung ist aus diesem Grunde um hier angenommene 0,3 % Risikoabschlag, d.h. um 243,36 EUR zu kürzen.

Aufgaben

1. *Schließen Sie das Wertpapierkonto der Rhein-Ruhr-Bank AG, das dem Handelsbestand zuzuordnen ist, zum Ende des Geschäftsjahres nach den Bestimmungen des HGB ab.*

Käufe			A-Aktien		Verkäufe
Stück	Kurs	Kurswert	Stück	Kurs	Kurswert
300	105,00	31.500,00	130	110,00	14.300,00
70	120,00	8.400,00	80	105,00	8.400,00
90	115,00	10.350,00	110	100,00	11.000,00

Börsenkurs am Bilanzstichtag: 105,00 EUR

a) Wie viel Stück A-Aktien beträgt der Buchbestand am 31.12.?

b) Berechnen Sie den Durchschnittserwerbskurs.

c) Zu welchem Kurs ist der Endbestand unter Beachtung der Regelungen des HGB zu bewerten?

d) Bestimmen Sie die Höhe des Bilanzwertes der Wertpapiere in Euro. Berücksichtigen Sie hierbei ggf. einen Risikoabschlag von 1,2 %.

e) Berechnen Sie den nicht realisierten Erfolg aus dem Wertpapierkonto.

f) Berechnen Sie den realisierten Erfolg aus dem Wertpapierkonto.

g) Nehmen Sie alle erforderlichen Buchungen zum Abschluss des Kontos Eigene Wertpapiere vor.

2. *Schließen Sie das Wertpapierkonto der Rhein-Ruhr-Bank AG, das dem Handelsbestand zuzuordnen ist, zum Ende des Geschäftsjahres nach den Bestimmungen des HGB ab.*

Ankauf			B-Aktien		Verkauf
Stück	Kurs	Kurswert	Stück	Kurs	Kurswert
400	240,00	96.000,00	500	257,00	128.500,00
700	255,00	178.500,00	300	260,00	78.000,00
900	270,00	243.000,00	150	281,00	42.150,00

Börsenkurs am Bilanzstichtag: 280,00 EUR

a) Wie viel Stück B-Aktien beträgt der Buchbestand am 31.12.?

b) Berechnen Sie den Durchschnittserwerbskurs.

c) Zu welchem Kurs ist der Endbestand unter Beachtung der Regelungen des HGB zu bewerten?

d) Bestimmen Sie die Höhe des Bilanzwertes der Wertpapiere in Euro. Berücksichtigen Sie ggf. einen Risikoabschlag in Höhe von 6,2 %.

e) Berechnen Sie den nicht realisierten Erfolg aus dem Wertpapierkonto.

f) Berechnen Sie den realisierten Erfolg aus dem Wertpapierkonto.

g) Nehmen Sie alle erforderlichen Buchungen zum Abschluss des Kontos Eigene Wertpapiere vor.

3. Die folgenden Wertpapierskontren der Wertpapiere des Handelsbestandes liegen Ihnen am Jahresende zur Bearbeitung vor.

a) Schließen Sie die Skontren ab und ermitteln Sie die Werte des Hauptbuchkontos „Eigene Wertpapiere".

Börsenkurs per 31.12. für Stollwerck-Aktien: 515,00 EUR   Risikoabschlag: ggf. 0,8 %
                        für Wanderer-Aktien: 290,00 EUR   Risikoabschlag: ggf. 0,5 %

Skontro Stollwerck-Aktien

	Stück	Kurs	Kurswert		Stück	Kurs	Kurswert
EBK	100	511,00		Verkauf	200	520,00	
Kauf	150	512,00		Verkauf	120	515,00	
Kauf	250	510,00		Verkauf	80	500,00	

Skontro Wanderer-Aktien

	Stück	Kurs	Kurswert		Stück	Kurs	Kurswert
EBK	400	295,00		Verkauf	250	302,50	
Kauf	300	290,00		Verkauf	100	285,00	
Kauf	100	300,00		Verkauf	150	287,50	

b) Schließen Sie das Konto Eigene Wertpapiere im Grundbuch ab.

4. Das Wertpapierskontro der Rhein-Ruhr-Bank AG für 6 % p. a. Hypothekenpfandbriefe, 15.06. gzj. ist dem Handelsbestand zuzuordnen. Es soll zum Ende des Geschäftsjahres abgeschlossen werden. Der Börsenkurs am Bilanzstichtag beträgt 96,5 %. Bewerten und buchen Sie den Pfandbriefbestand zum Ende des Geschäftsjahres nach den Bestimmungen des HGB.

Käufe			6 % Pfandbriefe 15.06. gzj.		Verkäufe
Datum	Nennwert in EUR	Kurs in %	Datum	Nennwert in EUR	Kurs in %
17.02.	1.000.000,00	98,4	27.06.	800.000,00	98
10.09.	350.000,00	99,0	20.10.	150.000,00	97

Ermitteln Sie
a) den durchschnittlichen Anschaffungskurs (bitte nicht runden).
b) den Kurs, mit dem der Endbestand am Ende des Geschäftsjahres zu bewerten ist.
c) den nominellen Endbestand am Ende des Geschäftsjahres.
d) die aufgelaufenen noch nicht vereinnahmten Stückzinsen (act/act).
e) den Bilanzwert der Pfandbriefe in Euro. Berücksichtigen Sie ggf. einen Risikoabschlag in Höhe von 0,8%.
f) das realisierte Ergebnis aus dem Skontro.
g) das nicht realisierte Ergebnis aus dem Skontro.

Buchen Sie
1. die aufgelaufenen noch nicht vereinnahmten Stückzinsen zum Ende des Geschäftsjahres.
2. den Risikoabschlag der Pfandbriefe sofern erforderlich.
3. den Bilanzwert der Hypothekenpfandbriefe.
4. das realisierte Ergebnis aus dem Skontro.
5. das nicht realisierte Ergebnis aus dem Skontro.

5. Die Rhein-Ruhr-Bank AG hatte im abgelaufenen Geschäftsjahr die folgende Landesanleihe NRW im Handelsbestand, die sie nach dem Zeitwertprinzip bewertet.

Soll			Land NRW, 4,3 % p. a., 11.07. gzj		Haben
Nennwert in EUR	Kurs in %	Kurswert in EUR	Nennwert in EUR	Kurs in %	Kurswert in EUR
130.000,00	100,3	130.390,00	160.000,00	100,1	160.160,00
240.000,00	99,9	239.760,00			

Kurs am 31.12.: 100,5 %

a) Berechnen Sie

    aa) den Durchschnittserwerbskurs der Anleihe in Prozent (nicht runden).

    ab) den realisierten Erfolg unter Berücksichtigung des Durchschnittserwerbskurses aus aa) in Euro.

    ac) den nicht realisierten Erfolg unter Berücksichtigung des Durchschnittserwerbskurses aus aa) in Euro.

    ad) die bis zum Bilanzstichtag aufgelaufenen, nicht vereinnahmten Stückzinsen in Euro.

    ae) den Bilanzwert der Anleihe in Euro. Berücksichtigen Sie ggf. einen Risikoabschlag von 0,3 %.

b) Buchen Sie im Hauptbuchkonto Eigene Wertpapiere mit Angabe des Betrages

    ba) den realisierten Erfolg aus der Anleihe.

    bb) den nicht realisierten Erfolg aus dem Skontro.

    bc) die anteiligen, nicht vereinnahmten Stückzinsen.

    bd) den Risikoabschlag der Anleihe, sofern erforderlich.

    be) den Inventarwert der Anleihe.

6. Die Rhein-Ruhr-Bank AG verwahrt in ihrem Eigendepot einen 3,5 % p. a. Pfandbrief im Nennwert von 750.000,00 EUR mit Zinstermin 12.06. gzj. Der Durchschnittserwerbskurs lag bei 102,00 %. Am Ende des Geschäftsjahres lag der Kurs dieses Pfandbriefes bei 103,7 %.

a) Ermitteln Sie den Bilanzwert des Pfandbriefes, wenn er der Liquiditätsreserve zuzuordnen ist.

b) Ermitteln Sie den Bilanzwert des Pfandbriefes, wenn er dem Handelsbestand zuzuordnen ist und ein Risikoabschlag von 1,2 % zu berücksichtigen ist.

c) Ermitteln Sie den Bilanzwert des Pfandbriefes, wenn er dem Anlagevermögen zuzuordnen ist.

5.3.5 Bewertung nach Niederstwert und Zeitwert im Überblick

Wertpapiere der Liquiditätsreserve	
Bewerteter Endbestand nach Niederstwertprinzip	Aufgelaufene, noch nicht vereinnahmte Stückzinsen Buchung: Eigene WP an WP-Zinserträge
Bilanzwert der Wertpapiere der Liquiditätsreserve Buchung: SBK an Eigene Wertpapiere	

Merke:

Wertpapiere des Handelsbestandes	
Bewerteter Endbestand nach Zeitwertprinzip, d. h. Kurs am Ende des Geschäftsjahres 81.120,00 EUR	Aufgelaufene, noch nicht vereinnahmte Stückzinsen Buchung: Eigene WP an WP-Zinserträge1.012,60 EUR
Risikoabschlag nach § 340 e HGB im Falle nicht realisierter Gewinne Buchung: Abschreibungen auf WP an Eigene Wertpapiere des Handeslbestandes 243,36 EUR	Bilanzwert der Wertpapiere des Handelsbestandes Buchung: SBK an Eigene Wertpapiere 81.889,24 EUR

5.3.6 Bewertung der Wertpapiere nach International Financial Reporting Standards (IFRS)

Die EU-Verordnung Nr. 1606/2002 verpflichtet alle börsennotierten Unternehmen in der EU seit dem Geschäftsjahr 2005 einen Konzernrechnungsabschluss auf der Basis der Vorschriften der IFRS (International Financial Reporting Standards)[1] zu erstellen. Hierdurch sollen Jahresabschlüsse international tätiger Unternehmen ermöglicht werden, die hinsichtlich ihrer Form, ihren Bestandteilen und ihren Bewertungsmethoden vergleichbar sind. Oberstes Ziel der IFRS ist die Bereitstellung entscheidungsrelevanter Informationen für Investoren (sog. decision usefulness). So soll der Jahresabschluss größtmögliche Informationen über die Vermögens-, Finanz- und Ertragslage des Unternehmens aus Investorensicht ermöglichen. Steuerliche Belange oder Gläubigerschutzaspekte, die die HGB-Rechnungslegung maßgeblich beeinflussen, verfälschen den Informationsgehalt des Jahresabschlusses und sind somit in den IFRS nicht vorgesehen. Aus diesem Grunde ist die Bildung stiller Reserven zu vermeiden, was dazu führt, dass z. B. auch nicht realisierte Gewinne gebucht werden.

---

[1] *Früher IAS (International Accounting Standards)*

Wertpapiere nach IFRS/IAS 39		
Zu Handelszwecken gehaltene Wertpapiere (Held for Trading)	**Bis zur Endfälligkeit gehaltene Wertpapiere (Held to Maturity)**	**Zur Veräußerung verfügbare Wertpapiere (Available for Sale)**
Alle Wertpapiere, die kurzfristig wieder verkauft werden sollen.	Alle Wertpapiere, die bis zur Endfälligkeit gehalten werden. Da Aktien keine Endfälligkeit aufweisen, ist diese Kategorie für sie nicht geeignet.	Alle anderen Wertpapiere, z. B. Aktien des Anlagevermögens.
Bewertung zum Zeitwert **(fair value)**	**Bewertung zu fortgeführten Anschaffungskosten** **(amortised cost)**	**Bewertung zum Zeitwert** **(fair value)**

Beispiel

Kauf am 31.12. von 100 Aktien der Mainbank AG, Kaufpreis 50,00 EUR pro Stück, am Ende des nächsten Jahres beträgt der Kurs 40,00 EUR, am Ende des übernächsten Jahres 70,00 EUR.

Bewertung:
Jahr 1: 5.000,00 EUR
Jahr 2: 4.000,00 EUR
Jahr 3: 7.000,00 EUR

Beim Kauf am Ende des 1. Jahres werden die Wertpapiere mit ihrem fair value, d. h. dem Börsenkurs, bewertet. Dieser entspricht dem Kaufpreis. Am Ende des 2. Jahres liegt der Börsenkurs bei 40,00 EUR, es muss daher eine Abschreibung auf 40,00 EUR pro Stück vorgenommen werden. Diese Abschreibung ist in der GuV ersichtlich, d. h.,

Beispiel

Kauf am 31.12. von 10.000,00 EUR nom. Schuldverschreibungen zum Kurs von 96 %. Kurs am Ende des nächsten Jahres ist der Kurs 90 %, am Ende des übernächsten Jahres 105 %.

Bewertung:
Jahr 1: 9.600,00 EUR
Jahr 2: 9.600,00 EUR zzgl. abgezinster Differenz des Nominalwertes und der Anschaffungskosten für ein Jahr.
Jahr 3: 9.600,00 EUR zzgl. abgezinster Differenz des Nominalwertes und der Anschaffungskosten für ein weiteres Jahr.

Beim Kauf werden die Wertpapiere zu Anschaffungskosten bilanziert, d. h. zu 9.600,00 EUR. Am Ende des 2. Jahres muss keine Abschreibung auf 90 % vorgenom-

Beispiel

Kauf am 31.12. von 1.000 Aktien der Moselbank AG zum Kurs von 20,00 EUR pro Stück, am Ende des nächsten Geschäftsjahres ist der Kurs 30,00 EUR, am Ende des übernächsten Geschäftsjahres 15,00 EUR.

Bewertung:
Jahr 1: 20.000,00 EUR
Jahr 2: 30.000,00 EUR
Jahr 3: 15.000,00 EUR

Beim Kauf am Ende des 1. Jahres werden die Wertpapiere mit ihrem fair value, d. h. dem Börsenkurs, bewertet. Dieser entspricht dem Kaufpreis. Am Ende des 2. Jahres liegt der Börsenkurs bei 30,00 EUR, d. h., es muss eine Zuschreibung erfolgen. Diese Zuschreibung wird erfolgsneutral in einer Neubewertungsrücklage direkt im Eigenkapital vorgenommen. Dies

der Gewinn sinkt. Am Ende des 3. Jahres liegt der Börsenkurs bei 70,00 EUR. Da immer zum fair value bewertet wird, muss eine Zuschreibung auf 70,00 EUR erfolgen. Hier erfolgt eine Bewertung über die Anschaffungskosten hinaus. Der Bilanzausweis enthält somit keine stillen Reserven. Die Zuschreibung erhöht die Erträge in der GuV, obwohl es sich um nicht realisierte Erträge handelt. Der Gewinn ist dadurch gestiegen.

men werden, sofern die Wertminderung als vorübergehend eingeschätzt wird. Vielmehr wird die Bewertung zu 9.600,00 EUR fortgeführt. Die Differenz zwischen Anschaffungskosten und Nennwert von 400,00 EUR wird abgezinst und auf die Jahre bis zur Fälligkeit erfolgswirksam Jahr für Jahr zugeschrieben, sodass bei Fälligkeit des Wertpapieres der Bilanzwert dem Nennwert entspricht.

Nur bei dauerhafter Wertminderung muss eine erfolgswirksame Abschreibung vorgenommen werden.

bedeutet, dass das Eigenkapital um 10.000,00 EUR steigt, aber kein Kursgewinn in der Gewinn-und-Verlustrechnung ausgewiesen wird.

Am Ende des 3. Jahres werden die Wertpapiere mit 15.000,00 EUR bewertet, gleichzeitig sinkt die Neubewertungsrücklage im Eigenkapital von plus 10.000,00 EUR auf minus 5.000,00 EUR. Dies erfolgt auch erfolgsneutral, da kein Ausweis in der Gewinn-und-Verlustrechnung erfolgt.

5.4 Zeitliche Abgrenzung des Jahreserfolges

5.4.1 Transitorische Rechnungsabgrenzungsposten

5.4.1.1 Ertragsabgrenzung

> Die Rhein-Ruhr-Bank AG belastet ihre KK-Kunden vereinbarungsgemäß am 30.10. d. J. mit Schließfachgebühren in Höhe von 1.200,00 EUR für ein Jahr im Voraus. **Situation**

Die Gewinn-und-Verlust-Rechnung der Kreditinstitute soll die Aufwendungen und Erträge des abgelaufenen Geschäftsjahres gegenüberstellen, um den Gewinn oder den Verlust des Geschäftsjahres zu ermitteln. Oft werden jedoch im laufenden Geschäftsjahr Einnahmen gebucht, die teilweise Erträge des nächsten Geschäftsjahres darstellen. Im Sinne einer exakten Zuordnung der Erträge zu bestimmten Geschäftsjahren muss eine Korrektur von periodenfremden Ertragsbestandteilen vorgenommen werden. Diese dem nächsten Geschäftsjahr zugehörigen Ertragsbestandteile werden über das passive Bestandskonto **Passive Rechnungsabgrenzung** (PRAG) abgegrenzt und der Gewinn-und-Verlust-Rechnung des nächsten Jahres zugeführt. **PRAG**

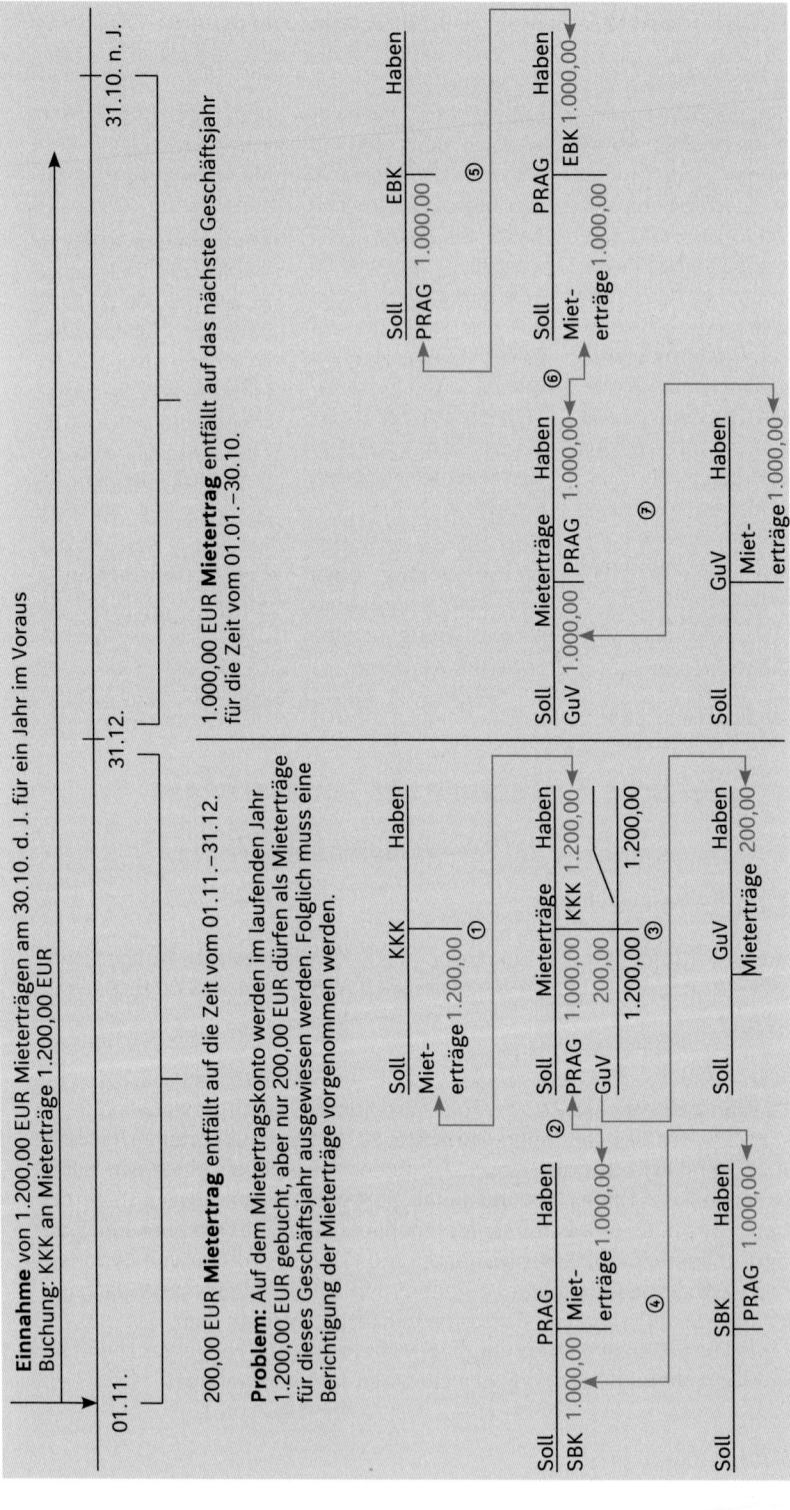

Buchungen im alten Geschäftsjahr		Buchungen im neuen Geschäftsjahr	
Geschäftsfall	**Buchung**	**Geschäftsfall**	**Buchung**
1) KK-Kunden werden am 30.10. d. J. mit Schließfachgebühren in Höhe von 1.200,00 EUR für ein Jahr im Voraus belastet. (Buchung der Einnahme)	KKK an Mieterträge 1.200,00 EUR	5) Eröffnung des Kontos PRAG am Jahresanfang	EBK an PRAG 1.000,00 EUR
2) Am 31.12. sind die auf das nächste Geschäftsjahr entfallende Ertragsbestandteile abzugrenzen (Korrektur im Soll des Ertragskontos).	Mieterträge an PRAG 1.000,00 EUR	6) Die Passive Rechnungsabgrenzung ist zugunsten des entsprechenden Ertragskontos aufzulösen	PRAG an Mieterträge 1.000,00 EUR
3) Abschluss des Kontos Mieterträge	Mieterträge an GuV 200,00 EUR	7) Abschluss des Kontos Mieterträge	Mieterträge an GuV 1.000,00 EUR
4) Abschluss des Kontos Passive Rechnungsabgrenzung	PRAG an SBK 1.000,00 EUR		
Ergebnis: • In der Gewinn-und-Verlust-Rechnung dieses Geschäftsjahres werden periodengerecht 200,00 EUR Mieterträge ausgewiesen. • Die bereits vereinnahmten, dem nächsten Geschäftsjahr zugehörigen 1.000,00 EUR Mieterträge werden auf dem passiven Bestandskonto **Passive Rechnungsabgrenzung** bilanziert.		**Ergebnis:** • In der Gewinn-und-Verlust-Rechnung werden 1.000,00 EUR Mieterträge ausgewiesen, die diesem Geschäftsjahr zugehörig sind, aber schon im letzten Geschäftsjahr eingenommen wurden.	

5.4.1.2   Aufwandsabgrenzung

> Die Rhein-Ruhr-Bank AG überweist am 30.08. d. J. Abonnement-   **Situation**
 gebühren in Höhe von 2.400,00 EUR für ein Jahr im Voraus über DBB.

Werden im laufenden Geschäftsjahr Ausgaben getätigt, die teilweise Aufwand des nächsten Geschäftsjahres darstellen, so muss im Sinne einer exakten Zuordnung der Aufwendungen zu bestimmten Geschäftsjahren eine Korrektur der periodenfremden Aufwandsbestandteile über das aktive Bestandskonto **Aktive Rechnungsabgrenzung (ARAG)** vorgenommen   ARAG werden. Hierdurch werden die Aufwandsbestandteile, die der nächsten Rechnungsperiode zuzurechnen sind, der Gewinn-und-Verlust-Rechnung des nächsten Jahres zugeführt.

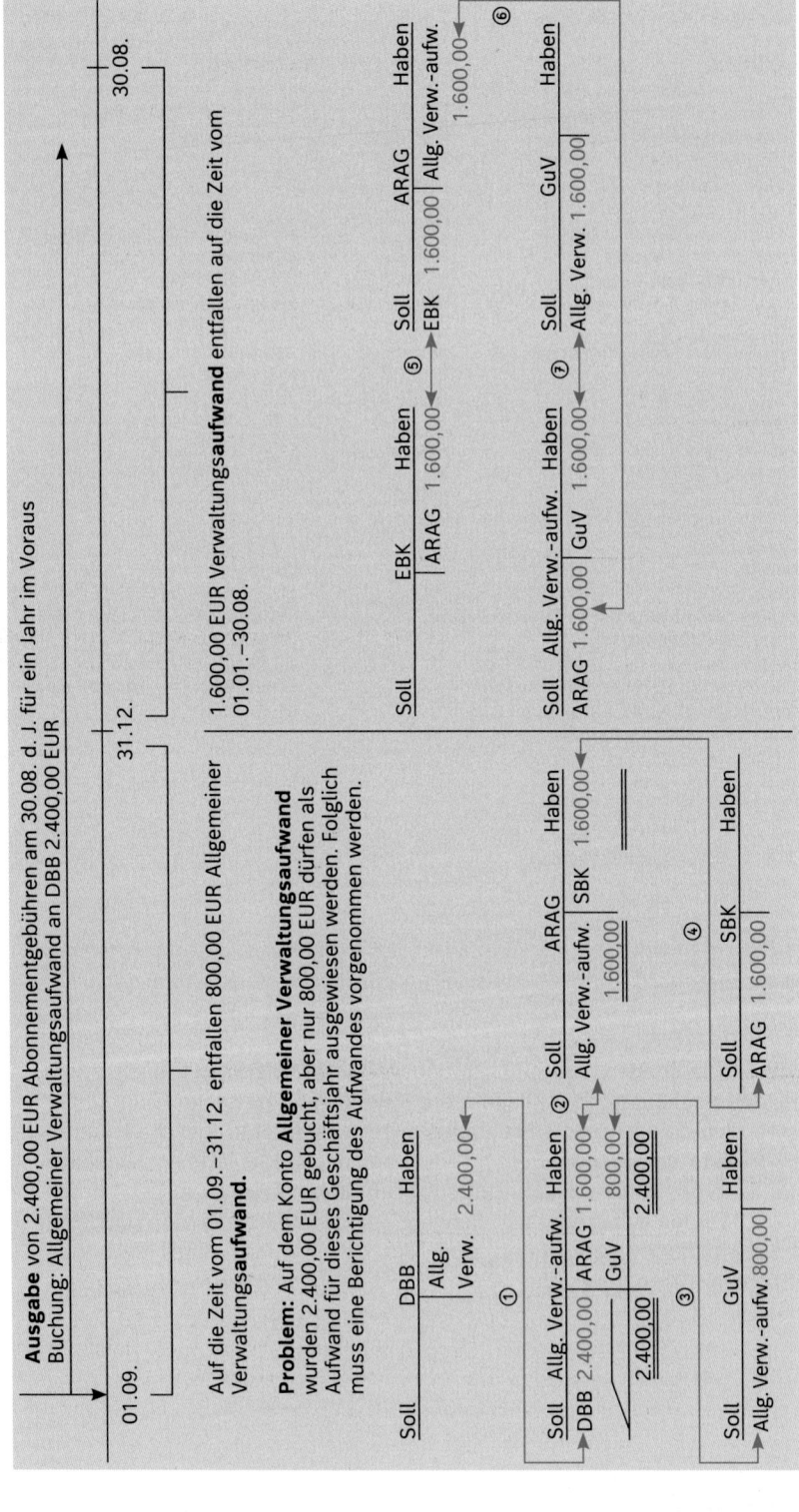

Buchungen im alten Geschäftsjahr		Buchungen im neuen Geschäftsjahr	
Geschäftsfall	**Buchung**	**Geschäftsfall**	**Buchung**
1) Die Rhein-Ruhr-Bank AG überweist am 30.08. über DBB 2.400,00 EUR Abonnementgebühren für ein Jahr im Voraus. (Buchung der Ausgabe)	Allg. Verwaltungsaufwand an DBB 2.400,00 EUR	5) Eröffnung des Kontos ARAG am Jahresanfang	ARAG an EBK 1.600,00 EUR
2) Am 31.12. sind die auf das nächste Geschäftsjahr entfallende Aufwandsbestandteile abzugrenzen (Korrektur im Haben des Aufwandskontos).	ARAG an Allg. Verwaltungsaufwand 1.600,00 EUR	6) Die Aktive Rechnungsabgrenzung ist zulasten des entsprechenden Aufwandskontos aufzulösen.	Allg. Verwaltungsaufwand an ARAG 1.600,00 EUR
3) Abschluss des Kontos Allgemeiner Verwaltungsaufwand	GUV an Allg. Verwaltungsaufwand 800,00 EUR	7) Abschluss des Kontos Allgemeiner Verwaltungsaufwand	GUV an Allg. Verwaltungsaufwand 1.600,00 EUR
4) Abschluss des Kontos ARAG	SBK an ARAG 1.600,00 EUR		

Ergebnis:
- In der Gewinn-und-Verlust-Rechnung dieses Geschäftsjahres werden periodengerecht 800,00 EUR Verwaltungsaufwand ausgewiesen.
- Die bereits verausgabten, dem nächsten Geschäftsjahr zugehörigen 1.600,00 EUR Abonnementgebühren werden dem aktiven Bestandskonto **Aktive Rechnungsabgrenzung** bilanziert (Forderung an Abonnementgesellschaft).

Ergebnis:
- In der Gewinn-und-Verlust-Rechnung werden 1.600,00 EUR **Allgemeiner Verwaltungsaufwand** ausgewiesen, der diesem Geschäftsjahr zugehörig ist, aber schon im letzten Geschäftsjahr bezahlt wurde.

5.4.2   Antizipative Rechnungsabgrenzungsposten

5.4.2.1   Aufwandsabgrenzung

Die Rhein-Ruhr-Bank AG erhält am 29.12. eine Rechnung über 35.000,00 EUR für erfolgte Reparaturarbeiten an der Computeranlage, die am 12.01. des nächsten Jahres fällig ist. Dieser Sachverhalt soll bei der Erstellung der Gewinn-und-Verlust-Rechnung am Ende des Geschäftsjahres (31.12.) berücksichtigt werden.   **Situation**

Am Ende eines Geschäftsjahres muss die Gewinn-und-Verlust-Rechnung alle Aufwendungen und Erträge des abgelaufenen Geschäftsjahres gegenüberstellen, um den Erfolg des Kreditinstitutes ermitteln zu können. Werden im nächsten Geschäftsjahr Ausgaben getätigt, die teilweise oder ganz Aufwand des vergangenen Geschäftsjahres darstellen, so muss der Aufwand des vergangenen Jahres in die Gewinn-und-Verlust-Rechnung des abgelaufenen Geschäftsjahres einfließen, auch wenn die Auszahlung erst im neuen Geschäftsjahr erfolgt.

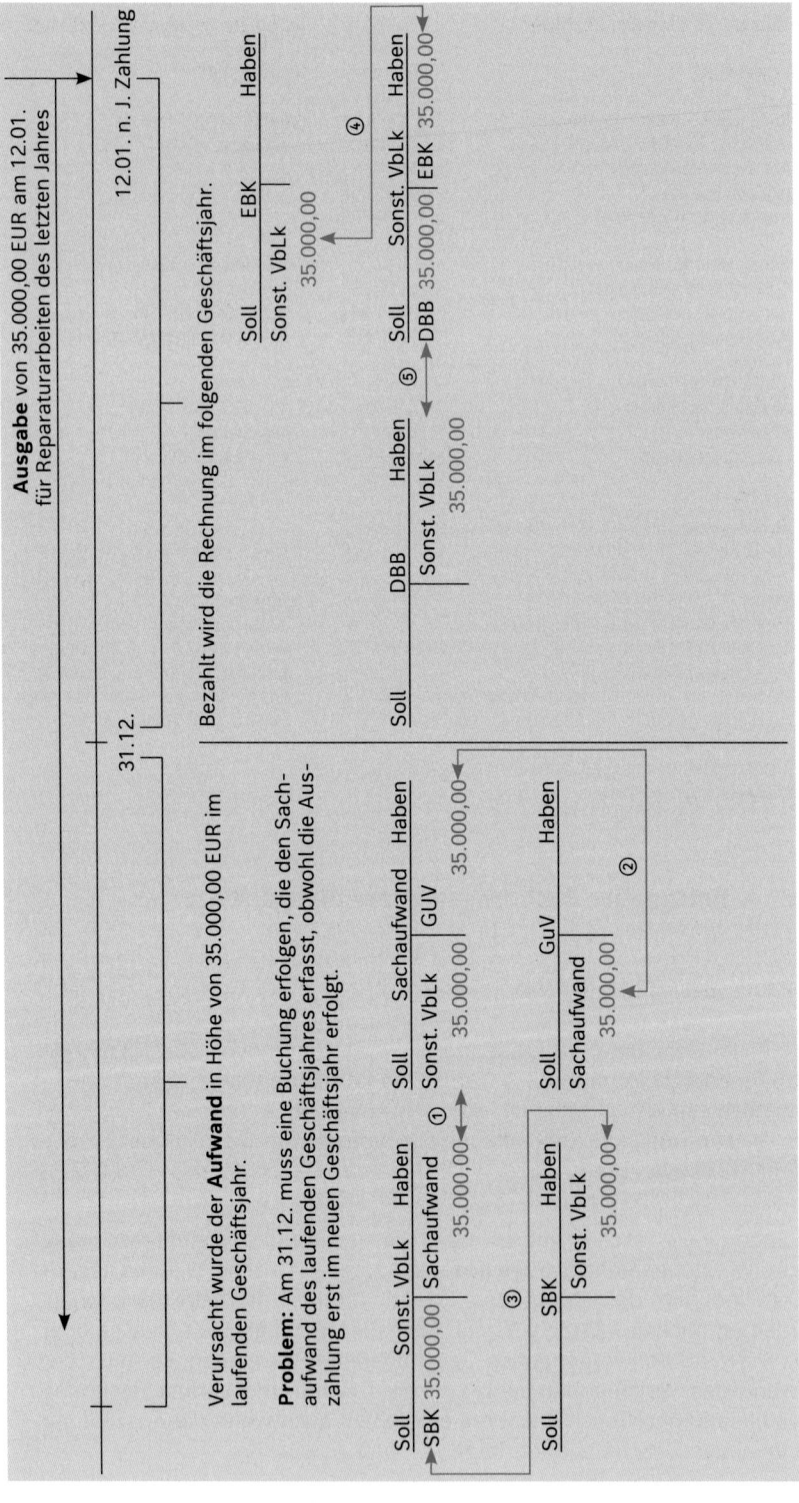

Buchungen im alten Geschäftsjahr		Buchungen im neuen Geschäftsjahr	
Geschäftsfall	**Buchung**	**Geschäftsfall**	**Buchung**
Vorbereitende Abschlussbuchung 1) Die Rhein-Ruhr-Bank AG erfasst am 31.12. die Reparaturrechnung in Höhe von 35.000,00 EUR. (Buchung des Aufwands)	Sachaufwand an Sonstige Ver- bindlichkeiten 35.000,00 EUR	4) Eröffnung des Kontos Sonstige Verbindlichkeiten am Jahresanfang	EBK an Sonstige Ver- bindlichkeiten 35.000,00 EUR
Abschlussbuchungen: 2) Abschluss des Kontos Sachaufwand	GuV an Sachaufwand 35.000,00 EUR	5) Überweisung des Rechnungsbetrages am 12.01. über DBB (Buchung der Ausgabe)	Sonstige Ver- bindlichkeiten an DBB 35.000,00 EUR
3) Abschluss des Kontos Sonstige Verbindlichkeiten	Sonstige Ver- bindlichkeiten an SBK 35.000,00 EUR		
Ergebnis: • In der Gewinn-und-Verlust-Rechnung dieses Geschäftsjahres werden periodengerecht 35.000,00 EUR Sachaufwand ausgewiesen. • Da noch keine Überweisung des Rechnungs- betrages erfolgte, werden die 35.000,00 EUR als Sonstige Verbindlichkeit auf der Passivseite der Bilanz ausgewiesen.		**Ergebnis:** • Am 12.01. wird die Rechnung über 35.000,00 EUR zulasten des Kontos **Sonstige Verbindlichkeiten** bezahlt, sodass für das neue Geschäftsjahr kein Aufwand entstanden ist.	

5.4.2.2   Ertragsabgrenzung

Die Rhein-Ruhr-Bank AG belastet die Schließfachkunden auf KKK verein-   **Situation**
barungsgemäß am 31.01. nachträglich für ein Jahr in Höhe von 12.000,00
EUR. Dieser Sachverhalt soll bei der Erstellung der Gewinn-und-Verlust-
Rechnung am Ende des Geschäftsjahres (31.12.) berücksichtigt werden.

Werden im nächsten Geschäftsjahr Einnahmen getätigt, die teilweise
Ertrag des laufenden Geschäftsjahres darstellen, so muss am Ende des
Geschäftsjahres der Ertrag, der dem abgelaufenen Geschäftsjahr zuzuordnen ist, in die Gewinn-und-Verlust-Rechnung einfließen, selbst wenn
die Einnahme erst im neuen Geschäftsjahr erfolgt.

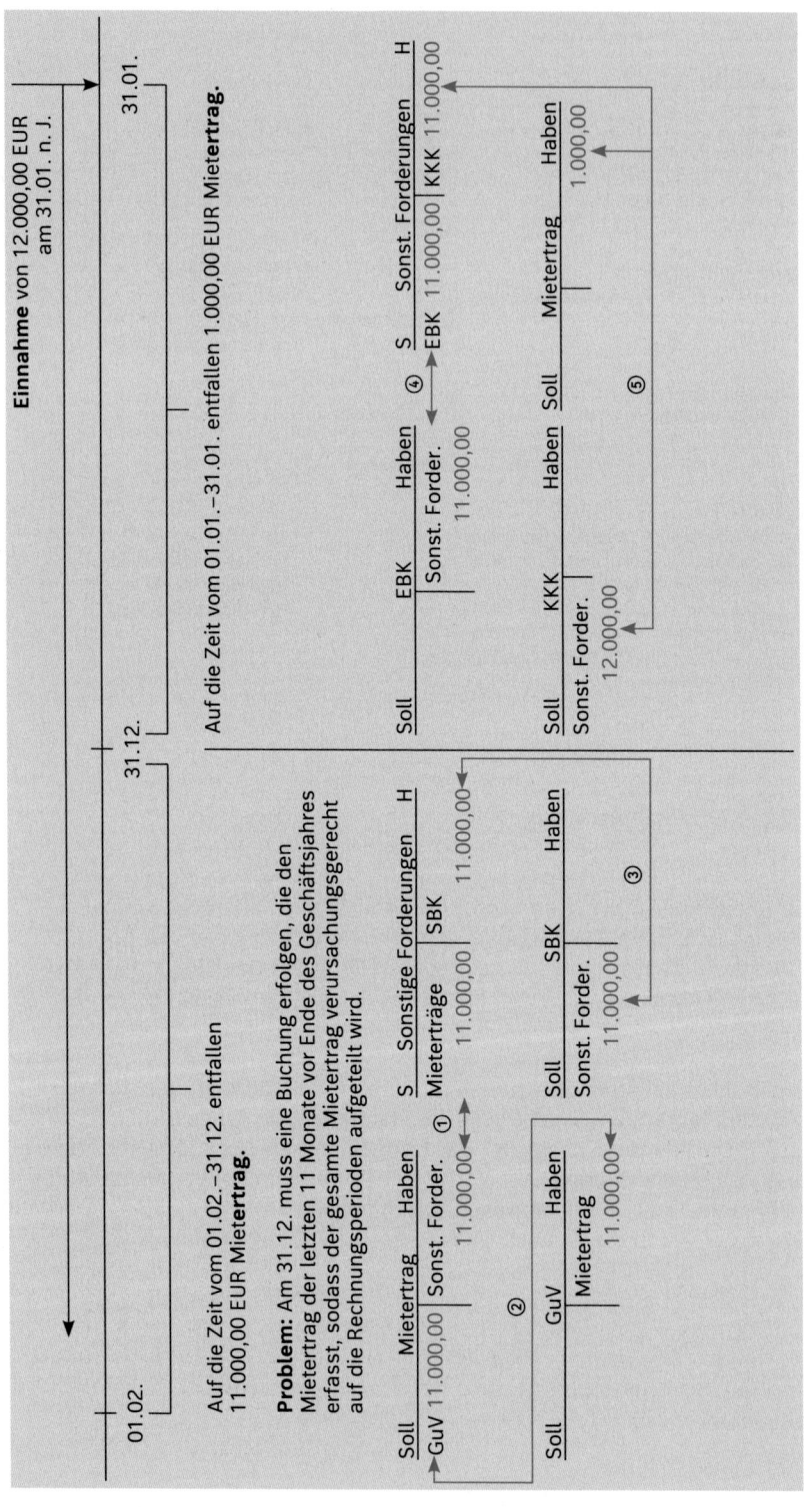

Geschäftsfall	Buchung	Geschäftsfall	Buchung
Vorbereitende Abschlussbuchung: 1) Die Rhein-Ruhr-Bank AG erfasst am 31.12. die Schließfachgebühren der letzten 11 Monate in Höhe von 11.000,00 EUR. (Buchung des Ertrages)	Sonstige Forderungen an Mieterträge 11.000,00 EUR	4) Eröffnung des Kontos Sonstige Forderungen am Jahresanfang	Sonstige Forderungen an EBK 11.000,00 EUR
Abschlussbuchungen: 2) Abschluss des Kontos Mieterträge	Mieterträge an GUV 11.000,00 EUR	5) KK-Kunden werden am 31.01. mit 12.000,00 EUR Schließfachgebühren belastet. (Buchung der Einnahme)	KKK 12.000,00 EUR an Mieterträge 1.000,00 EUR und Sonstige Forderungen 11.000,00 EUR
3) Abschluss des Kontos Sonstige Forderungen	SBK an Sonst. Forderungen 11.000,00 EUR		
Ergebnis: • In der Gewinn-und-Verlust-Rechnung dieses Geschäftsjahres werden periodengerecht 11.000,00 EUR Mieterträge ausgewiesen. • Das Entgelt für die Bereitstellung der Schließfächer im abgelaufenen Geschäftsjahr wird als sonstige Forderung bilanziert.		**Ergebnis:** • Von den am 31.01. vereinnahmten Mieterträgen in Höhe von 12.000,00 EUR werden in der Gewinn- und-Verlust-Rechnung des neuen Geschäftsjahres verursachungsgerecht nur 1.000,00 EUR für die Zeit vom 01.01.–31.01. ausgewiesen.	

5.4.2.3 Antizipative Zinsen

5.4.2.3.1 Aufwandsabgrenzung

Für eine Ein-Monats-Festgeldanlage eines KK-Kunden in Höhe von **Situation** 20.000,00 EUR muss die Rhein-Ruhr-Bank AG bei Fälligkeit am 10.01. nachträglich 3,5 % Zinsen p. a. für die gesamte Anlagedauer zahlen. Dieser Sachverhalt soll bei der Erstellung der Bilanz zum Geschäftsjahresende berücksichtigt werden.

Am Ende eines Geschäftsjahres muss die Gewinn-und-Verlust-Rechnung alle Aufwendungen und Erträge des abgelaufenen Geschäftsjahres gegen-überstellen, um den Erfolg des Kreditinstitutes ermitteln zu können. Werden im nächsten Geschäftsjahr Zinsen gezahlt, die teilweise oder ganz Aufwand des vergangenen Geschäftsjahres darstellen, so muss der Zinsaufwand des vergangenen Jahres in die Gewinn-und-Verlust-Rechnung des abge-laufenen Geschäftsjahres einfließen, auch wenn die Auszahlung der Zinsen erst im neuen Geschäftsjahr erfolgt. Das Besondere an der antizipativen Zinsabgrenzung ist, dass die **Abgrenzung** nicht über das Konto Sonstige Verbindlichkeiten erfolgt, sondern **über das passive Bestandskonto, welches den Zinsaufwand verursacht hat.**

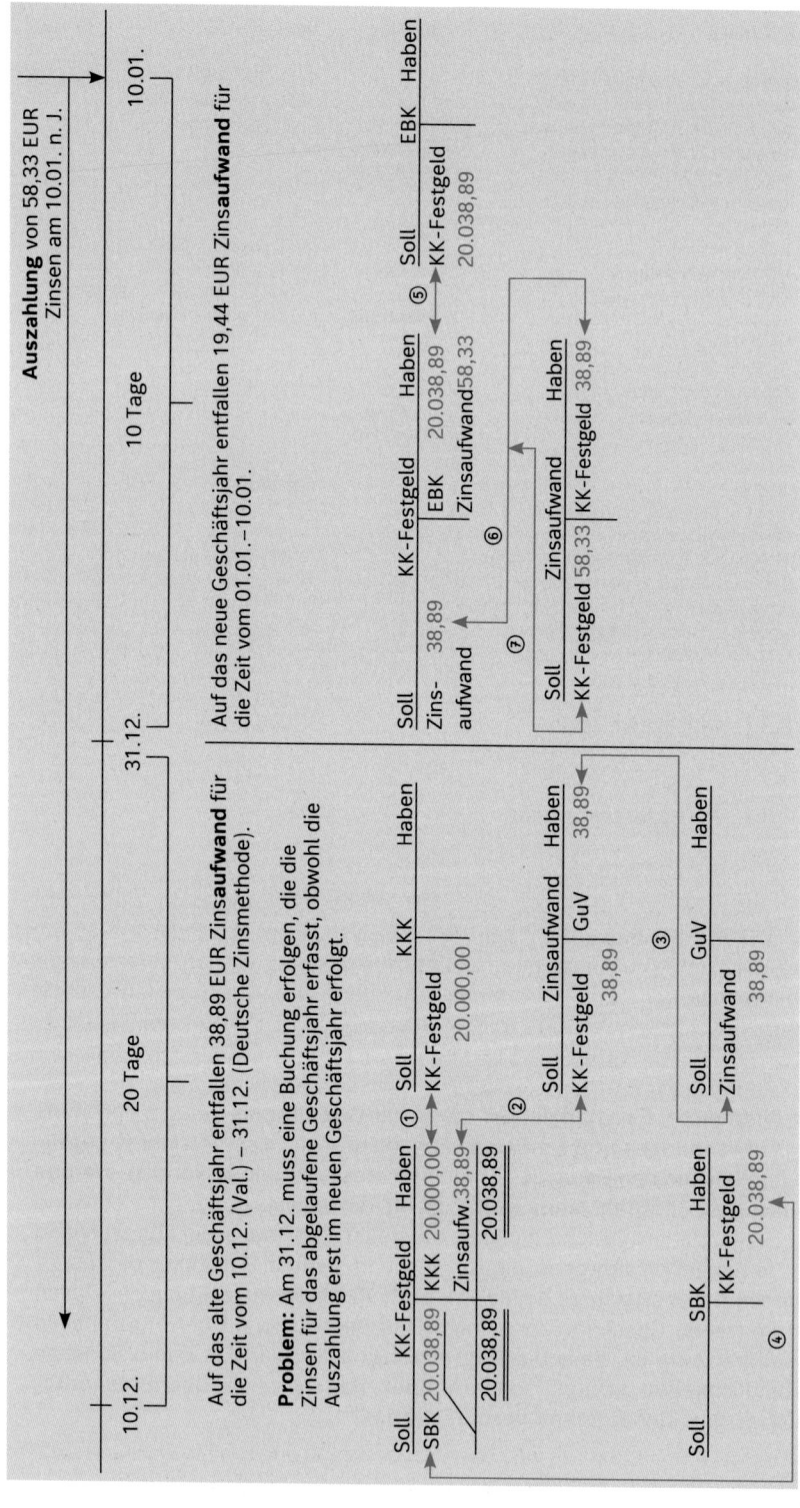

Buchungen im alten Geschäftsjahr		Buchungen im neuen Geschäftsjahr	
Geschäftsfall	**Buchung**	**Geschäftsfall**	**Buchung**
1) Die Rhein-Ruhr-Bank AG nimmt mit Wert 10.12. ein Festgeld in Höhe von 20.000,00 EUR mit einer Laufzeit von einem Monat von einem KK-Kunden herein.	KKK an KK-Festgelder 20.000,00 EUR	5) Eröffnung des Kontos KK-Festgeld	EBK an KK-Festgeld 20.038,89 EUR
Vorbereitende Abschlussbuchung: 2) Am 31.12. sind die dem alten Jahr zuzuordnenden Zinsaufwendungen zu erfassen. (Buchung des Aufwands)	Zinsaufwand an KK-Festgeld 38,89 EUR	6) Zinskorrektur des Aufwand-kontos	KK-Festgeld an Zinsaufwand 38,89 EUR
Abschlussbuchungen: 3) Abschluss des Kontos Zinsaufwand	GuV an Zinsaufwand 38,89 EUR	7) Buchung der Zinsen bei Fälligkeit des Festgeldes (Buchung der Auszahlung)	Zinsaufwand an KK-Festgeld 58,33 EUR
4) Abschluss des Kontos KK-Festgeld	KK-Festgeld an SBK 20.038,89 EUR		
Ergebnis: • In der Gewinn-und-Verlust-Rechnung des abgelaufenen Geschäftsjahres werden perioden-gerecht 38,89 EUR Zinsaufwand ausgewiesen. • In der Bilanz erscheint die Verbindlichkeit gegenüber dem Kunden inkl. der bis zum Bilanzstichtag angelaufenen Zinsen.		**Ergebnis:** • Per Saldo werden in der Gewinn-und-Verlust-Rechnung des neuen Geschäftsjahres periodengerecht nur 19,44 EUR Zinsaufwand für die Zeit vom 01.01.–10.01. ausgewiesen.	

5.4.2.3.2 Ertragsabgrenzung

Die Rhein-Ruhr-Bank AG unterhält in ihrem Depot 20.000,00 EUR Bun-desanleihe, 5,5 % p. a., Zinstermin 01.08. gzj. Kurs: 98 %.[1]   **Situation**

Werden im nächsten Geschäftsjahr Zinseinnahmen getätigt, die teilweise Ertrag des laufenden Geschäftsjahres darstellen, so muss am Ende des Geschäftsjahres der Zinsertrag, der dem abgelaufenen Geschäftsjahr zuzuordnen ist, in die Gewinn-und-Verlust-Rechnung einfließen, selbst wenn die Einnahme erst im neuen Geschäftsjahr erfolgt. Die **Abgrenzung erfolgt über das aktive Bestandskonto, das die Zinserträge verurs-acht hat,** nicht über das Konto Sonstige Forderungen.

---

[1] *Es handelt sich um eine vereinfachte Situationsbeschreibung ohne realisierte oder nicht realisierte Erfolge, um die Abgrenzungsproblematik zu verdeutlichen.*

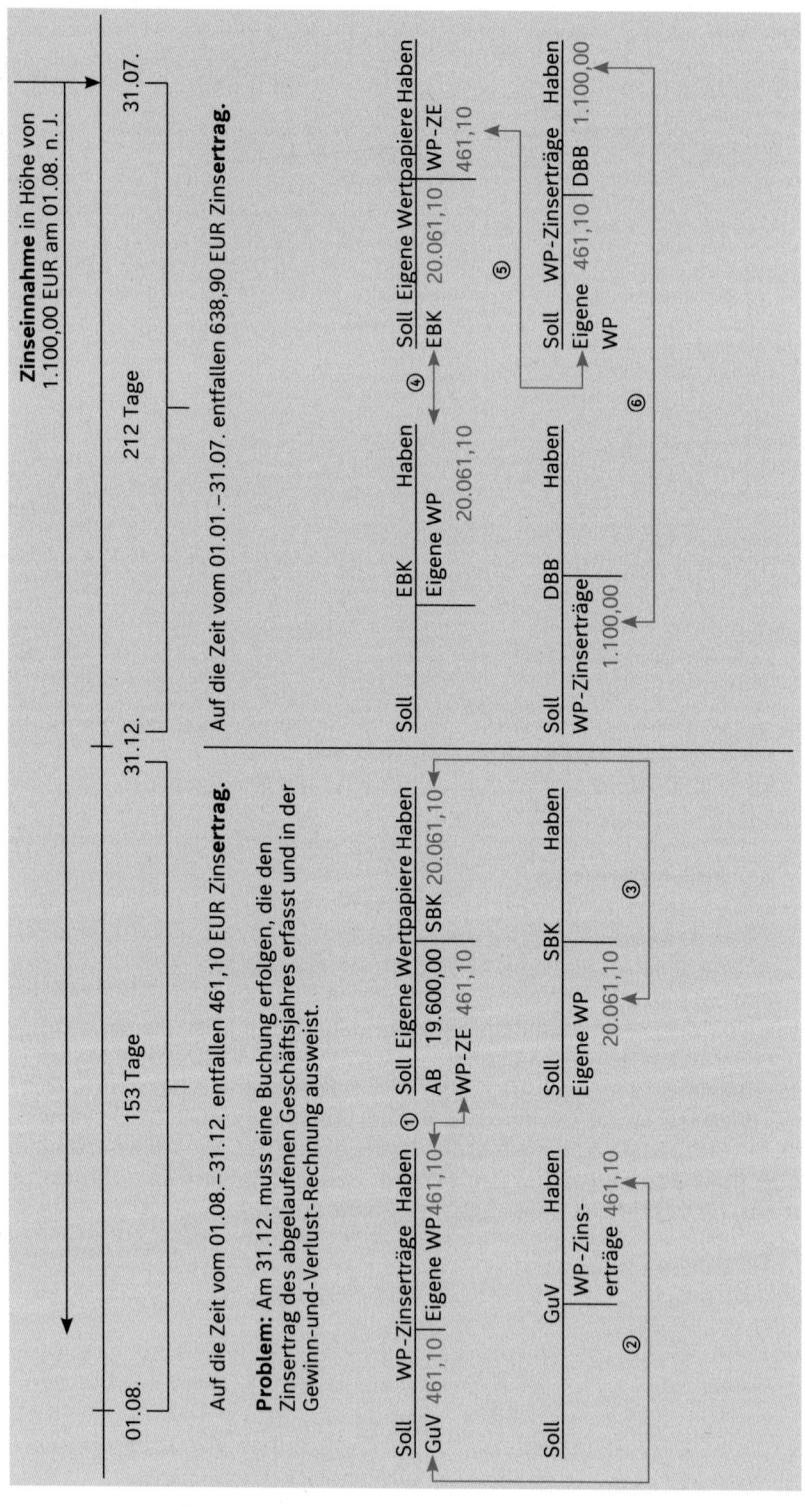

Zinseinnahme in Höhe von 1.100,00 EUR am 01.08. n. J.

01.08. | 153 Tage | 31.12. | 212 Tage | 31.07.

Auf die Zeit vom 01.08.–31.12. entfallen 461,10 EUR Zinsertrag.

Problem: Am 31.12. muss eine Buchung erfolgen, die den Zinsertrag des abgelaufenen Geschäftsjahres erfasst und in der Gewinn-und-Verlust-Rechnung ausweist.

Auf die Zeit vom 01.01.–31.07. entfallen 638,90 EUR Zinsertrag.

Geschäftsfall	Buchung	Geschäftsfall	Buchung
Vorbereitende Abschlussbuchung: 1) Die Rhein-Ruhr-Bank AG erfasst am 31.12. die aufgelaufenen, noch nicht vereinnahmten Stückzinsen aus 20.000,00 EUR Bundesanleihe, 5,5 % p. a., 01.08. gzj. (Buchung des Ertrages)	Eigene Wertpapiere an Wertpapierzinserträge 461,10 EUR	4) Eröffnung des Kontos Eigene Wertpapiere	Eigene Wertpapiere an EBK 20.061,10 EUR
Abschlussbuchungen: 2) Abschluss des Kontos Wertpapierzinserträge	Wertpapier-Zinserträge an GUV 461,10 EUR	5) Zinskorrektur des Ertragkontos	Wertpapier-Zinserträge an Eigene WP 461,10 EUR
3) Abschluss des Kontos Eigene Wertpapiere	SBK an Eigene Wertpapiere 20.061,10 EUR	6) Am 01.08. gehen über DBB 1.100,00 EUR Zinsen aus der Bundesanleihe ein. (Buchung der Einzahlung)	DBB an Wertpapierzinserträge 1.100,00 EUR
Ergebnis: • In der Gewinn-und-Verlust-Rechnung dieses Geschäftsjahres werden periodengerecht 461,10 EUR Zinserträge ausgewiesen. • In der Bilanz erscheint die Forderung aus dem Wertpapier inkl. der bis zum Bilanzstichtag aufgelaufenen Stückzinsen.		**Ergebnis:** • Per Saldo werden in der Gewinn-und-Verlust-Rechnung des neuen Geschäftsjahres periodengerecht 638,90 EUR Zinsertrag für die Zeit vom 01.01.–31.07. ausgewiesen, obwohl 1.100,00 EUR Zinsen vereinnahmt werden.	

Aufgaben

1. a) Wir haben nominal 100.000,00 EUR Bundesanleihe, 6,25 % p. a., Zinstermin 20.05., Kurs 98 % im Bestand.
   aa) In welcher Höhe sind aufgelaufene Stückzinsen am 31.12. zu buchen?
   ab) Nehmen Sie die erforderliche Rechnungsabgrenzungsbuchung vor.
   b) Am 15.10. (Wert) haben wir für 3 Monate Festgeld zu 2,50 % p. a. in Höhe von 30.000,00 EUR von einem Kunden hereingenommen. Die Zinsen werden dem Kunden erst bei Fälligkeit des Festgeldes vergütet.
   ba) In welcher Höhe sind Zinsen am 31.12. zu buchen?
   bb) Nehmen Sie die erforderliche Rechnungsabgrenzungsbuchung vor.
   c) Die Rechnung für mehrere Zeitungsabonnements wurde am 1. August für die Zeit vom 1. August des laufenden Jahres bis zum 31. Juli des folgenden Jahres in Höhe von 720,00 EUR im Voraus bezahlt.
   ca) Welcher Betrag ist am 31.12. im Rahmen der vorbereitenden Abschlussbuchung zu buchen?
   cb) Nehmen Sie die erforderliche Rechnungsabgrenzungsbuchung vor.

2. Entscheiden Sie in den nachfolgenden Fällen, ob es sich um einen transitorischen oder einen antizipativen Rechnungsabgrenzungsposten handelt. Nehmen Sie die erforderliche vorbereitende Abschlussbuchung im Grundbuch vor.
   a) Am Bilanzstichtag sind Zinsen für aufgenommene Festgelder angelaufen, die aber erst bei Fälligkeit im neuen Geschäftsjahr vergütet werden.
   b) Von den gezahlten Versicherungsprämien entfallen Teile auf das neue Geschäftsjahr.
   c) Aufgelaufene, noch nicht vereinnahmte Stückzinsen auf die im Eigenbestand befindlichen Anleihen und Schuldverschreibungen sind zu buchen.
   d) Im abgelaufenen Geschäftsjahr vorliegende Rechnungen über ausgeführte Reparaturen werden erst im neuen Jahr bezahlt.
   e) Von den bereits vereinnahmten Gebühren für Schließfächer entfällt ein Teil auf das neue Jahr.

3. a) Die Rhein-Ruhr-Bank AG hat zum Bilanzstichtag 120.000,00 EUR, 5,75 % p. a. Bundesanleihe, 15.06. gzj., Kurs 98,6 % im Eigenbestand.
   aa) Wie viel Euro Stückzinsen sind bei der erforderlichen Abgrenzungsbuchung zu berücksichtigen?
   ab) Nehmen Sie die erforderliche Abgrenzungsbuchung vor.

b) Die Rhein-Ruhr-Bank AG hat am 15.12. (Wert) für 3 Monate 144.000,00 EUR Festgeld zu einen Zinssatz von 3,00 % p. a. von einem KK-Kunden hereingenommen. Die Zinsen werden dem Kunden erst bei Fälligkeit des Geldes vergütet.

ba) Wie viel Euro Zinsen sind bei der erforderlichen Abgrenzungsbuchung zu berücksichtigen?

bb) Nehmen Sie die erforderliche Abgrenzungsbuchung vor.

c) Die Rhein-Ruhr-Bank AG hat am 1. April Versicherungsprämien in Höhe von 4.500,00 EUR für 1 Jahr im Voraus gezahlt.

ca) Wie viel Euro sind bei der erforderlichen Abgrenzungsbuchung zu berücksichtigen?

cb) Nehmen Sie die erforderliche Abgrenzungsbuchung vor.

d) Die Rhein-Ruhr-Bank AG hat am 30.11. Schließfachgebühren in Höhe von 13.500,00 EUR für ein Jahr im Voraus vereinnahmt.

da) Wie viel Euro sind bei der erforderlichen Abgrenzungsbuchung zu berücksichtigen?

db) Nehmen Sie die erforderliche Abgrenzungsbuchung vor.

4. a) Die Rhein-Ruhr-Bank AG hat von KK-Kunden am 10.10. (Wert) 140.000,00 EUR Festgeld für drei Monate zu einem Zinssatz in Höhe von 2,5 % p. a. hereingenommen. Die Zinsen werden erst bei Fälligkeit des Festgeldes vergütet.

aa) Wie viel Euro Zinsen sind bei der erforderlichen Abgrenzungsbuchung zu berücksichtigen?

ab) Nehmen Sie die erforderliche Abgrenzungsbuchung vor.

b) Die Rhein-Ruhr-Bank AG hat am 30.04. Versicherungsprämien für ein Jahr im Voraus in Höhe von 34.500,00 EUR überwiesen.

ba) Wie viel Euro sind bei der erforderlichen Abgrenzungsbuchung zu berücksichtigen?

bb) Nehmen Sie die erforderliche Abgrenzungsbuchung vor.

c) Die Rhein-Ruhr-Bank AG hat ihre KK-Kunden am 01.12. für sechs Monate im Voraus mit 67.300,00 EUR Kreditprovision belastet.

ca) Wie viel Euro Kreditprovision sind bei der erforderlichen Abgrenzungsbuchung zu berücksichtigen?

cb) Nehmen Sie die erforderliche Abgrenzungsbuchung vor.

d) Die Rhein-Ruhr-Bank AG hat am Bilanzstichtag 5,5 % p. a. 100.000,00 EUR nom. Bundesanleihe, 30.10. gzj. im Eigenbestand.

da) Wie viel Euro Stückzinsen sind bei der erforderlichen Abgrenzungsbuchung zu berücksichtigen?

db) Nehmen Sie die erforderliche Abgrenzungsbuchung vor.

5. Entscheiden Sie in den nachfolgenden Fällen, ob es sich um einen transitorischen oder einen antizipativen Rechnungsabgrenzungsposten handelt. Nehmen Sie die erforderliche vorbereitende Abschlussbuchung im Grundbuch vor.

a) Gezahlte Mietaufwendungen betreffen teilweise das neue Jahr.

b) Zinsen für Festgelder werden erst bei Fälligkeit im neuen Jahr vergütet. Per 31.12. sind jedoch bereits Zinsen aufgelaufen.

c) Am 15.02. werden unseren KK-Kunden vereinbarungsgemäß Provisionen für ein Vierteljahr rückwirkend in Rechnung gestellt.

d) Für unsere im Eigenbestand befindlichen Anleihen und Schuldverschreibungen sind Stückzinsen aufgelaufen, aber noch nicht vereinnahmt.

e) Die Kfz-Steuer wurde am 31.10. für ein Jahr im Voraus überwiesen.

f) Für ein gewährtes Darlehen werden die Zinsen vereinbarungsgemäß erst am 31.01. für ein Vierteljahr nachträglich gezahlt.

6. a) Die Rhein-Ruhr-Bank AG hat am Bilanzstichtag 250.000,00 EUR 6,25 % p. a. Inhaberschuldverschreibungen, 10.10. gzj. im Eigenbestand.

aa) Wie viel Euro Zinsen sind bei der erforderlichen Abgrenzungsbuchung zu berücksichtigen?

ab) Nehmen Sie die erforderliche Abgrenzungsbuchung vor.

b) Die Rhein-Ruhr-Bank AG hat von einem KK-Kunden 400.000,00 EUR Festgeld am 21.12. (Wert) für einen Monat zu 2,5 % p. a. hereingenommen. Die Zinsen werden dem Kunden erst bei Fälligkeit des Festgeldes vergütet.

ba) Wie viel Euro Zinsen sind bei der erforderlichen Abgrenzungsbuchung zu berücksichtigen?

bb) Nehmen Sie die erforderliche Abgrenzungsbuchung vor.

c) Am 30.11. wurden die Depotgebühren über 34.500,00 EUR für ein Jahr im Voraus auf KKK belastet.

ca) Wie viel Euro Depotgebühren sind bei der erforderlichen Abgrenzungsbuchung zu berücksichtigen?

cb) Nehmen Sie die erforderliche Abgrenzungsbuchung vor.

7. Bilden Sie die Buchungssätze für die vorbereitenden Abschlussbuchungen, die aufgrund der folgenden Geschäftsfälle am Ende des Geschäftsjahres (31.12.) zur zeitlichen Abgrenzung des Jahreserfolges erforderlich sind.

a) Die Rhein-Ruhr-Bank AG hat am 21.12. (Wert) von einem KK-Kunden ein Festgeld in Höhe von 23.000,00 EUR mit einer Laufzeit von einem Monat zu 2,75 % p. a. hereingenommen.

b) Die Rhein-Ruhr-Bank AG hat die am 28.12. eingegangene Rechnung über die bereits erfolgte Reparatur der Alarmanlage in Höhe von 1.250,00 EUR noch nicht beglichen.

c) Die Prämie für die Gebäudeversicherung der Rhein-Ruhr-Bank AG in Höhe von 32.000,00 EUR wurde am 15.08. des laufenden Jahres für ein Jahr im Voraus überwiesen.

d) Am 29.12. hat die Rhein-Ruhr-Bank AG von einem anderen Kreditinstitut Termingeld zu 5 % p. a. in Höhe von 250.000,00 EUR mit einer Laufzeit von 30 Tagen aufgenommen (act/360).

8. a) Die Rhein-Ruhr-Bank AG hat am Bilanzstichtag 125.000,00 EUR 6,25 %ige Bundesanleihe, 15.11. gzj. Eigenbestand.

aa) Wie viel Euro Zinsen (act/act) sind bei der erforderlichen Nachtragsbuchung zu berücksichtigen?

ab) Nehmen Sie die erforderliche Abgrenzungsbuchung am 31.12. vor.

b) Die Rhein-Ruhr-Bank AG hat am 10.12. (Wert) ein Festgeld in Höhe von 50.000,00 EUR für 3 Monate zu einem Zinssatz von 2,5 % p. a. von einem KK-Kunden hereingenommen. Die Zinsen werden dem Kunden bei Fälligkeit des Festgeldes vergütet.

ba) Wie viel Euro Zinsen sind bei der erforderlichen Nachtragsbuchung zu berücksichtigen?

bb) Nehmen Sie die erforderliche Abgrenzungsbuchung am 31.12. vor.

c) Am 31.10. wurden die Schrankfachmieten über 9.840,00 EUR für ein Jahr im Voraus belastet.

ca) Wie viel Euro Schrankfachmiete sind bei der erforderlichen Nachtragsbuchung zu berücksichtigen?

cb) Nehmen Sie die erforderliche Abgrenzungsbuchung am 31.12. vor.

5.4.3 Rückstellungen

Situation

Die Anwaltskosten für einen laufenden Prozess schätzt die Rhein-Ruhr-Bank AG auf 7.500,00 EUR. Im März des nächsten Jahres wird der Prozess beendet. Die Rhein-Ruhr-Bank AG überweist die tatsächlich in Rechnung gestellten Kosten in Höhe von 6.000,00 EUR über DBB.

Für Aufwendungen, die im abgelaufenen Geschäftsjahr entstanden sind, • deren tatsächliches Bestehen, • deren Höhe oder • deren Fälligkeit aber ungewiss sind, muss ein Kreditinstitut Rückstellungen bilden. Gründe für eine solche Rückstellung können sein:

• Schwebende Prozesse • Vereinbarte Boni bei Bonussparverträgen • Pensionszusagen an Mitarbeiter • Strittige Steuern	Bestehen, Höhe oder Fälligkeit unbekannt
• Reparatur- und Telefonrechnungen aus dem abgelaufenen Geschäftsjahr, die erst im neuen Jahr dem Kreditinstitut zugehen • Aufwendungen für die gesetzlich vorgeschriebene Prüfung des Jahresabschlusses • Im abgelaufenen Geschäftsjahr unterlassene Aufwendungen für Instandhaltung, die im neuen Geschäftsjahr innerhalb von drei Monaten nachgeholt werden	Höhe und Fälligkeit unbekannt

Da es sich bei Rückstellungen um ungewisse Verbindlichkeiten handelt, sind sie der Passivseite der Bilanz zuzuordnen. Sie sind abzuziehen. Unter der Nr. 7 „Rückstellungen" werden drei Rückstellungskategorien gebildet:

a) Rückstellungen für Pensionen
b) Steuerrückstellungen
c) Andere Rückstellungen

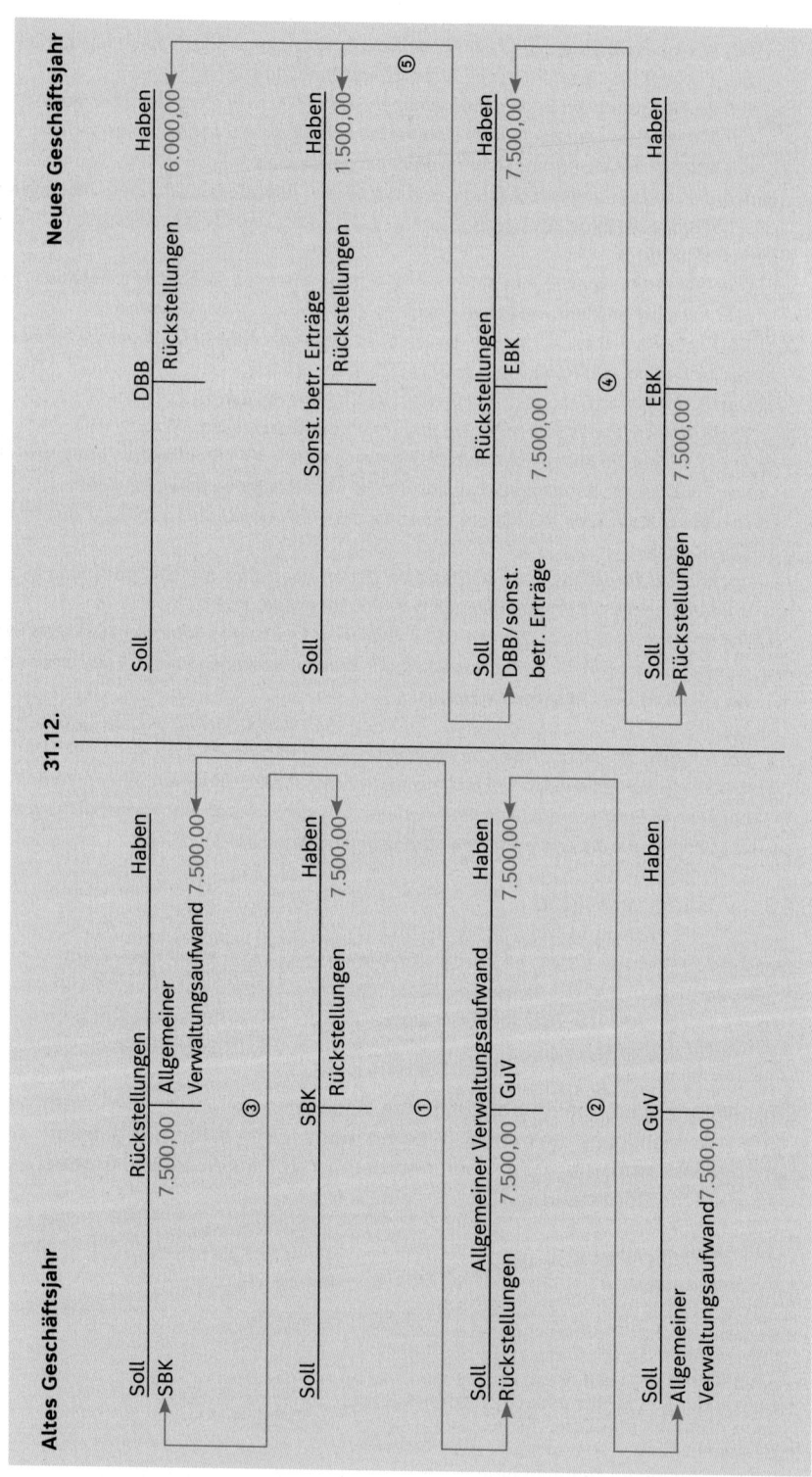

Buchungen im alten Geschäftsjahr		Buchungen im neuen Geschäftsjahr	
Geschäftsfall	**Buchung**	**Geschäftsfall**	**Buchung**
Vorbereitende Abschluss-buchung: 1) Die Kosten für einen laufenden Prozess werden auf 7.500,00 EUR geschätzt. (Buchung des Aufwands)	Allg. Verwaltungs-aufwendungen an Rückstellungen 7.500,00 EUR	4) Eröffnung des Kontos Rückstellungen 7.500,00 EUR	EBK an Rückstellungen 7.500,00 EUR
Abschlussbuchungen: 2) Abschluss des Kontos Allg. Verwaltungsauf-wendungen 3) Abschluss des Kontos Rückstellungen	GuV an Allg. Verwaltungs-aufwendungen 7.500,00 EUR Rückstellungen an SBK 7.500,00 EUR	5) Nach Prozessende werden 6.000,00 EUR Anwaltskosten durch DBB-Überweisung beglichen. Die in diesem Zusammenhang gebildete Rückstellung ist aufzulösen.	Rückstellungen 7.500,00 EUR an DBB 6.000,00 EUR an Sonstige betriebliche Erträge 1.500,00 EUR
Ergebnis: • Die Anwaltskosten für den in diesem Jahr begonnenen Prozess fließen periodengerecht in die Gewinn-und-Verlust-Rechnung dieses Geschäftsjahres ein. • Die in der Höhe ungewisse Verbindlichkeit gegenüber dem Rechtsanwalt wird als Rückstellung auf der Passivseite der Bilanz erfasst.		**Ergebnis:** • Das neue Geschäftsjahr wird nicht mit Aufwendungen, die dem alten Geschäftsjahr zuzuordnen sind, belastet. • Wurde eine zu hohe Rückstellung gebildet, so ist bei deren Auflösung die Differenz über das Konto **„Sonstige betriebliche Erträge"** auszubuchen. • Wurde eine zu niedrige Rückstellung gebildet, so ist bei deren Auflösung die **Differenz über das entsprechende Aufwandskonto** auszugleichen.	

Rechnungsabgrenzungsmethoden im Überblick:

Merke:

	Altes Geschäftsjahr	Neues Geschäftsjahr	Vorbereitende Abschlussbuchung
Transitorische Rechnungsabgrenzung	Einnahme	Ertrag	Ertragskonto an PRAG
	Ausgabe	Aufwand	ARAG an Aufwandskonto
Antizipative Rechnungsabgrenzung	Ertrag	Einnahme	Sonstige Forderungen an Ertragskonto
	Aufwand	Ausgabe	Aufwandskonto an Sonstige Verbindlichkeiten

Ausnahmen:
• Antizipative Zinsen werden über das Konto abgegrenzt, das sie ver-ursacht hat.
• Für Aufwendungen des letzten Jahres, die im Hinblick auf das Bestehen oder deren Höhe und Fälligkeit ungewiss sind, werden Rückstellungen gebildet.

Aufgaben

1. Bilden Sie die Buchungssätze für die zum Bilanzstichtag notwendigen vorbereitenden Abschluss-buchungen.

a) Am Bilanzstichtag sind auf von uns ausgegebenen Schuldverschreibungen Stückzinsen aufgelaufen, aber von uns noch nicht gezahlt.

b) Die drohende Zahlungsverpflichtung aus einem laufenden Prozess ist zu erfassen.

c) Von den bereits vereinnahmten Mieterträgen für Schrankfächer entfällt ein Teil auf das neue Geschäftsjahr.

d) Auf Festgeld, das über den Bilanzstichtag läuft, vergüten wir die Zinsen erst bei Fälligkeit. Am Bilanzstichtag sind bereits Zinsen aufgelaufen.

2. Entscheiden Sie, über welche Konten eine Rechnungsabgrenzung in den folgenden Fällen erfolgt. Markieren Sie die unten stehenden mit einer

☐1, wenn die Abgrenzung über das Konto Aktive Rechnungsabgrenzung erfolgt.

☐2, wenn die Abgrenzung über das Konto Passive Rechnungsabgrenzung erfolgt.

☐3, wenn die Abgrenzung über das Konto Sonstige Forderungen erfolgt.

☐4, wenn die Abgrenzung über das Konto Sonstige Verbindlichkeiten erfolgt.

☐5, wenn die Abgrenzung über keines der genannten Konten erfolgt.

Nehmen Sie die erforderliche vorbereitende Abschlussbuchung im Grundbuch vor.

a) Stückzinsen auf die im Eigenbestand befindlichen Anleihen und Schuldverschreibungen sind aufge-laufen, aber noch nicht vereinnahmt.

b) Am 1. November des abgelaufenen Geschäftsjahres wurden Versicherungsprämien für ein Jahr im Voraus gezahlt.

c) Bereits vorliegende Rechnungen für Reparaturen im alten Jahr werden erst im neuen Geschäftsjahr bezahlt.

d) Zinsen für Festgelder werden erst bei deren Fälligkeit vergütet. Am Bilanzstichtag sind bereits Habenzinsen aufgelaufen.

e) Das Kreditinstitut rechnet am Ende des Geschäftsjahres mit einer Steuernachzahlung für das abge-laufende Jahr.

f) Mieter überweisen vereinbarungsgemäß die Dezembermiete erst im Januar des folgenden Jahres.

3. Buchen Sie die nachfolgenden Geschäftsfälle im Grundbuch.

a) Wir bezahlen vereinbarungsgemäß zu Beginn des neuen Geschäftsjahres Rechnungsbeträge durch DBB-Überweisung, die beim Jahresabschluss des abgelaufenen Jahres als antizipative Posten berücksichtigt wurden.

b) Wir haben einen langjährigen Rechtsstreit gewonnen. Die in diesem Zusammenhang gebildete Risikovorsorge ist daher aufzulösen.

c) Kontokorrentkunden wurden im abgelaufenen Geschäftsjahr mit Gebühren belastet, die teilweise Ertrag des neuen Geschäftsjahres darstellen. Diese Beträge sind am Anfang des Geschäftsjahres dem entsprechenden Erfolgskonto zuzuführen.

4. Bilden Sie die Buchungssätze zu den nachstehenden Geschäftsfällen.

a) Wir übertragen im Auftrag eines Kontokorrentkunden dessen Guthaben auf das neue Konto bei einer Korrespondenzbank.

b) Wir lösen von unseren Kunden ausgestellte Barschecks ein.

c) *Überweisungsaufträge unserer Kontokorrentkunden werden über BKK und durch Kontoübertrag ausgeführt.*

d) *Wir zahlen an das Finanzamt (unseren Kunden) die Steuerrestzahlung, für die beim Jahresabschluss des Vorjahres die entsprechende Rückstellung gebildet worden ist.*

e) *Wir erhielten kurz vor Ende des Geschäftsjahres eine Handwerkerrechnung für bereits erledigte Renovierungsarbeiten, die erst im nächsten Geschäftsjahr beglichen werden soll. Am 02.01. des neuen Jahres erteilen wir dem Handwerker, unserem KK-Kunden, die Gutschrift in Höhe des Rechnungsbetrages.*

5. *Bilden Sie die vorbereitenden Abschlussbuchungen, die aufgrund folgender Geschäftsfälle am Ende des Geschäftsjahres (31.12.) zur zeitlichen Abgrenzung des Jahreserfolges erforderlich sind.*

a) *Die Rhein-Ruhr-Bank AG hat am 10.12. (Wert) von einem KK-Kunden für 2 Monate ein Festgeld in Höhe von 15.000,00 EUR zu 2,75 % p. a. hereingenommen.*

b) *Die der Rhein-Ruhr-Bank AG durch Steuerbescheid avisierte Steuerrückzahlung wird erst im ersten Monat des neuen Geschäftsjahres eingehen.*

c) *Die Wartungskosten für die Alarmanlage im Bankgebäude in Höhe von 7.500,00 EUR wurden am 30.04. des laufenden Jahres für ein Jahr im Voraus überwiesen.*

d) *Am 30.12. hat das Kreditinstitut an ein anderes Kreditinstitut terminiertes Tagesgeld 100.000,00 EUR (Laufzeit 3 Tage) zu 2,05 % p. a. verkauft. Die Verrechnung erfolgt über BKK (act/360).*

5.5   Vorsorge für allgemeine Bankrisiken

Die Rhein-Ruhr-Bank AG hat den Jahresabschluss für das abgelaufene Geschäftsjahr aufgestellt, in dem ein Verlust in Höhe von 100.000,00 EUR ausgewiesen wird. Der Vorstand überlegt, was zu tun ist, sodass der Verlustausweis in der Gewinn-und-Verlust-Rechnung des Kreditinstitutes nicht auch zu einem Vertrauensverlust bei den Gläubigern des Kreditinstitutes führt. Es wird befürchtet, dass nach der Veröffentlichung des Jahresabschlusses viele Gläubiger ihre Einlagen abziehen und der Rhein-Ruhr-Bank AG damit ihre wirtschaftliche Grundlage entziehen.   **Situation**

Kreditinstitute versorgen alle Wirtschaftsteilnehmer mit Liquidität und Krediten, die in Form von Konsum- und Investitionsausgaben das Wirtschaftsgeschehen vorantreiben. Sie sind somit Voraussetzung für einen reibungslosen Waren- und Dienstleistungsaustausch zwischen den Wirtschaftssubjekten. Um diese Funktionsfähigkeit aufrechtzuerhalten und damit die Volkswirtschaft vor Krisen zu schützen, bestehen zahlreiche Schutzvorschriften wie z. B.

• Festlegung eines Mindesteigenkapitals für Kreditinstitute,
• Prüfung der fachlichen Eignung der Vorstandsmitglieder,
• Pflicht zur Großkredit- und Millionenkreditmeldung,
• Pflicht zur Prüfung und Veröffentlichung des Jahresabschlusses,
• Risikobegrenzung durch Kopplung risikobehafteter Aktiva an das haftende Eigenkapital,
• Einräumung von Bewertungsspielräumen zur Bildung stiller Reserven im Gewinnfall und deren Auflösung im Verlustfall, um hierdurch unbemerkt von der Öffentlichkeit Verluste ausgleichen zu können.

5.5.1 Instrumente der Risikovorsorge in Kreditinstituten

Neben der Bildung von Rückstellungen haben Kreditinstitute verschiedenste Möglichkeiten, für wirtschaftliche Risiken vorzusorgen.

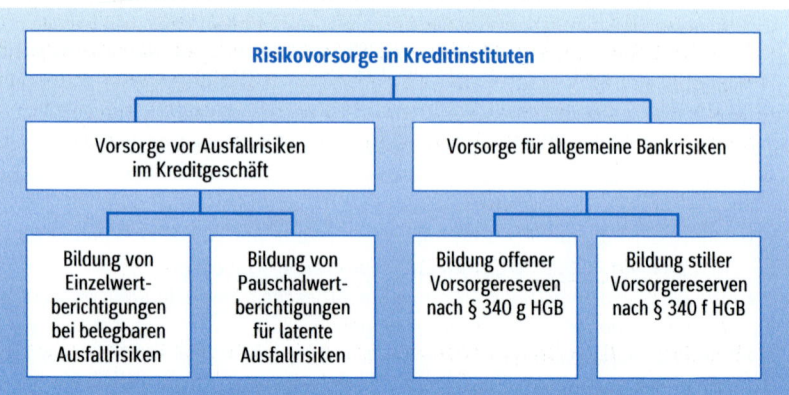

5.5.1.1 Bildung offener Vorsorgereserven nach § 340 g HGB (Fonds für allgemeine Bankrisiken)

Jedem Kreditinstitut ist es erlaubt, Teile des versteuerten Gewinns in den „Sonderposten Fonds für allgemeine Bankrisiken" auf der Passivseite der Bilanz unter der Nr. 11 einzustellen. De facto werden also Gewinnbestandteile mit einer Ausschüttungssperre belegt, um sie im Falle eines Verlustes als Ausgleich verwenden zu dürfen.

Beispiel Die Rhein-Ruhr-Bank AG hat in der Vergangenheit 1.000.000,00 EUR in den Fonds für allgemeine Bankrisiken eingestellt und passivisch bilanziert. Zum Ausgleich des Verlustes in Höhe von 100.000,00 EUR soll der Sonderposten in gleicher Höhe aufgelöst werden.

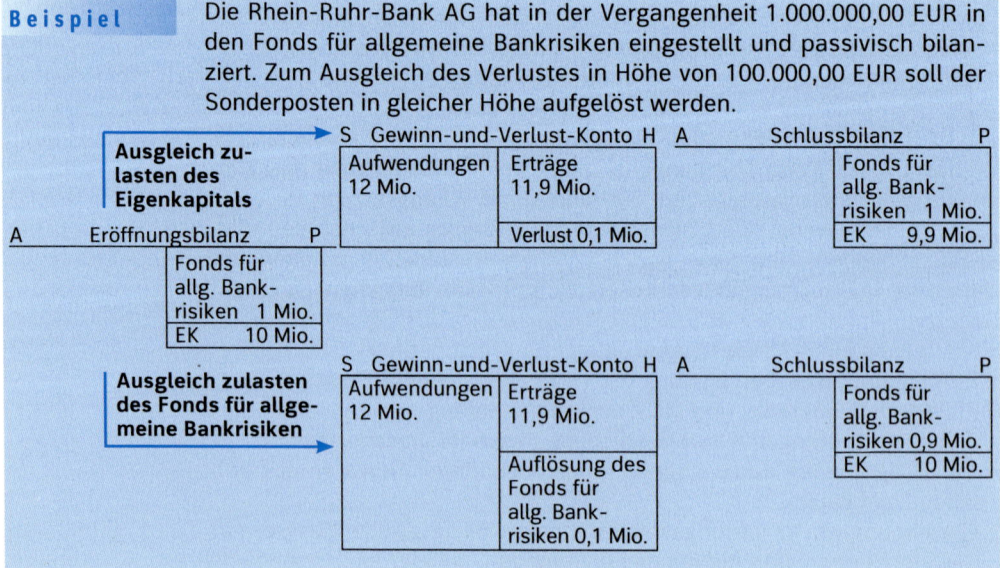

Wie aus dem Beispiel ersichtlich, kann ein Kreditinstitut einen Verlust zulasten des Eigenkapitals oder zulasten des Fonds für allgemeine Bankrisiken ausgleichen. Negativ aus Sicht des Kreditinstitutes ist in beiden Fällen, dass der Verlustausgleich für die Öffentlichkeit sowohl aus der Bilanz als auch aus der Gewinn-und-Verlust-Rechnung ersichtlich ist, da Zuführungen und Auflösungen des Sonderpostens in der Gewinn-und-Verlust-Rechnung gesondert auszuweisen sind. Aus diesem Grunde wurde den Kreditinstituten die Möglichkeit zur Bildung stiller Reserven im Gewinnfall und deren Auflösung im Verlustfall gegeben, um hierdurch unbemerkt von der Öffentlichkeit Verluste ausgleichen zu können.

5.5.1.2 Bildung stiller Vorsorgereserven nach § 340 f HGB (Versteuerte Pauschalwertberichtigungen)

Nach § 340 f HGB dürfen Kreditinstitute in ihrer Bilanz Forderungen an Kunden und Kreditinstitute sowie die Wertpapiere der Liquiditätsreserve um 4 % niedriger bewerten, als sie es nach dem strengen Niederstwertprinzip tun müssten. Durch diese Unterbewertung der Aktiva sind die tatsächlich vorhandenen Vermögenswerte mehr wert, als aus der Bilanz ersichtlich ist. Diese sog. „stillen Reserven" können Kreditinstitute mit Billigung des Gesetzgebers nutzen, um Verluste unbemerkt von der Öffentlichkeit auszugleichen. Wie funktioniert dies? Wenn Gewinne erzielt werden, werden stille Vorsorgereserven gebildet. Im Verlustfall werden sie still wieder aufgelöst, ohne dass die Öffentlichkeit hiervon etwas erfährt.

Beispiel

Bildung stiller Vorsorgereserven für allgemeine Bankrisiken

TEUR	Buchwert	Niederstwert	Bilanzwert = Niederstwert-4 %
Forderungen an Kunden	4.000,00	3.700,00	3.552,00
Forderungen an Kreditinstitute	2.000,00	1.950,00	1.872,00
Wertpapiere der Liquiditätsreserve	1.000,00	900,00	864,00

Korrektur auf Niederstwert: 7.000,00 ⟶ 6.550,00
Korrektur um stille Vorsorgereserven in Höhe
von 4 % des Niederstwertes: -262,00 ⟶ 6.288,00

Die Bildung stiller Vorsorgereserven nach § 340 f HGB erfolgt durch Abschreibung der Aktiva und Bildung eines Wertberichtigungspostens auf der Passivseite der Bilanz.

Bildung von stillen Vorsorgereserven in der Bilanz

Soll	Schlussbilanzkonto	Haben	Aktiva	Schlussbilanz	Passiva
Forderungen an Kunden 3.700,00	Vorsorgewertberichtigung für allgemeine Bankrisiken 262,00		Forderungen an Kunden 3.552,00		
Forderungen an Kreditinstitute 1.950,00			Forderungen an Kreditinstitute 1.872,00		
Wertpapiere der Liquiditätsreserve 900,00			Wertpapiere der Liquiditätsreserve 864,00		

Die gebildete passivische **Vorsorgewertberichtigung wird in der Bilanz von den entsprechenden Aktivposititionen abgesetzt.** Angaben über die Bildung oder Auflösung von Vorsorgereserven brauchen im Jahresabschluss nicht gemacht zu werden. Aus diesem Grunde ist die Bildung der Vorsorgereserven von einem externen Bilanzleser nicht ersichtlich.

Bildung von stillen Vorsorgereserven in der Gewinn-und-Verlust-Rechnung

Soll	GuV-Konto	Haben	Aufwendungen	GuV-Rechnung	Erträge
Abschreibungen auf Forderungen 226,00	Realisierte Kursgewinne 500,00				Realisierte Kursgewinne 238,00
Abschreibungen auf Wertpapiere 36,00					

In der Gewinn-und-Verlust-Rechnung wird bei der Bildung der Vorsorgereserve die **erforderliche Abschreibung mit bestimmten Erträgen wie z. B. mit realisierten Kursgewinnen kompensiert** und nur der Saldo wird ausgewiesen. Aus diesem Grunde ist auch aus der Gewinn-und-Verlust-Rechnung des Kreditinstitutes die Bildung einer stillen Vorsorgereserve nicht ersichtlich.

Im Verlustfall wird die gebildete Vorsorgereserve durch die Buchung: „Vorsorgewertberichtigung für allgemeine Bankrisiken an Erträge aus der Zuschreibung bei Auflösung stiller Vorsorgereserven" aufgelöst. Im Ausgangsfall reicht eine Auflösung von 100.000,00 EUR, um den entstandenen Verlust auszugleichen.

Auflösung von stillen Vorsorgereserven in der Bilanz

Soll	Schlussbilanzkonto		Haben	Aktiva	Schlussbilanz		Passiva
Forderungen an Kunden	3.700,00	Vorsorgewertberichtigung für allgemeine Bankrisiken (minus 100,00)	162,00	Forderungen an Kunden	3.608,49	Die Zuschreibung der Aktivpositionen in Höhe von 100 erfolgte anteilig.	
Forderungen an Kreditinstitute	1.950,00			Forderungen an Kreditinstitute	1.901,77		
Wertpapiere der Liquiditätsreserve	900,00			Wertpapiere der Liquiditätsreserve	877,74		

Die Vorsorgewertberichtigungen für allgemeine Bankrisiken werden in Höhe von 100.000,00 EUR aufgelöst, es verbleiben 162 TEUR auf der Habenseite des Schlussbilanzkontos. Da die verbleibenden Vorsorgewertberichtigungen in der Bilanz von den aktiven Beständen abgezogen werden, erfährt die Aktivseite der Bilanz eine Zuschreibung in Höhe der Auflösung der Vorsorgereserven. Für einen externen Bilanzleser ist die Auflösung der Vorsorgereserven nicht ersichtlich.

Auflösung von stillen Vorsorgereserven in der Gewinn-und-Verlust-Rechnung

Soll	GuV-Konto		Haben	Aufwendungen	GuV-Rechnung		Erträge
Summe der Aufwendungen	1.678,00	Summe der Erträge	1.578,00	Summe der Aufwendungen	1.578,00	Summe der Erträge	1.578,00
		Erträge aus der Zuschreibung bei Auflösung der Vorsorgewertberichtigung	100,00				

Im Gewinn-und-Verlust-Konto wird die Auflösung der Vorsorgereserve als Ertrag aus der Zuschreibung bei Auflösung von Vorsorgewertberichtigungen in Höhe von 100.000,00 EUR ausgewiesen. In der Gewinn-und-Verlust-Rechnung wird der Ertrag aus der Zuschreibung von bestimmten Aufwandsposten wie z. B. Abschreibungen auf Forderungen abgezogen. Der ohne Auflösung der Vorsorgereserven resultierende Verlust in Höhe von 100.000,00 EUR ist damit genau ausgeglichen, ohne dass ein externer Bilanzleser hiervon erfährt.

Ein Kreditinstitut kann durch die Bildung und Auflösung von stillen Vorsorgereserven eine Ergebnisglättung im Laufe der Jahre erreichen, sodass in gewinnstarken Jahren nicht zu viel an die Anteilseigner ausgeschüttet werden muss und in Verlustjahren nicht das Vertrauen der Einleger verloren geht.

Die Saldierung von Aufwendungen und Erträgen nach § 340 f Abs. 3 HGB wird als **spartenübergreifende Kompensation** bezeichnet. In der Gewinn-und-Verlust-Rechnung sind folgende Verrechnungen von Aufwendungen und Erträgen möglich:

Spartenübergreifende Kompensation von Aufwendungen und Erträgen

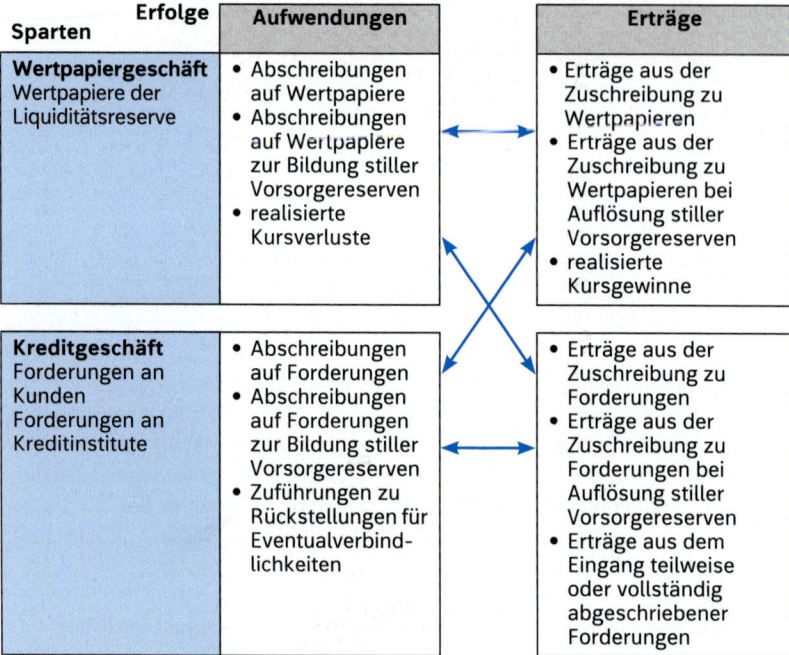

Erfolge Sparten	Aufwendungen	Erträge
Wertpapiergeschäft Wertpapiere der Liquiditätsreserve	• Abschreibungen auf Wertpapiere • Abschreibungen auf Wertpaplere zur Bildung stiller Vorsorgereserven • realisierte Kursverluste	• Erträge aus der Zuschreibung zu Wertpapieren • Erträge aus der Zuschreibung zu Wertpapieren bei Auflösung stiller Vorsorgereserven • realisierte Kursgewinne
Kreditgeschäft Forderungen an Kunden Forderungen an Kreditinstitute	• Abschreibungen auf Forderungen • Abschreibungen auf Forderungen zur Bildung stiller Vorsorgereserven • Zuführungen zu Rückstellungen für Eventualverbind-lichkeiten	• Erträge aus der Zuschreibung zu Forderungen • Erträge aus der Zuschreibung zu Forderungen bei Auflösung stiller Vorsorgereserven • Erträge aus dem Eingang teilweise oder vollständig abgeschriebener Forderungen

Diese Aufwendungen und Erträge können in der Gewinn-und-Verlust-Rechnung miteinander verrechnet werden, um stille Vorsorgereserven zu bilden oder aufzulösen.

• Überwiegen die Aufwendungen, so wird der Saldo unter der Position „Abschreibungen und Wertberichtigungen auf Forderungen und bestimmte Wertpapiere" in der GuV-Rechnung ausgewiesen.

• Überwiegen die Erträge, so wird der Saldo unter der Position „Erträge aus Zuschreibungen zu Forderungen und bestimmten Wertpapieren" in der GuV-Rechnung ausgewiesen.

Aufgaben

1. *Die Rhein-Ruhr-Bank AG möchte stille Vorsorgereserven in Höhe von 4 % nach § 340 f HGB bilden. Sie hat zum Jahresende folgende Werte nach Anwendung des Niederstwertprinzips ermittelt.*

Soll	Ausschnitt aus dem Schlussbilanzkonto (in Mio. Euro)		Haben
Forderungen an Kunden	18,4	Einzelwertberichtigungen a. Forderungen	3,7
Forderungen an Kreditinstitute	22,6	Pauschalwertberichtigungen a. Forderungen	1,8
Wertpapiere davon	15,8	Vorsorgewertberichtigungen für allgemeine Bankrisiken	0,27
Wertpapiere des Anlagevermögens	2,0		
Wertpapiere des Handelsbestandes	7,8		
Wertpapiere der Liquiditätsreserve	6,0		

a) *Welche Werte können bei der Berechnung der stillen Vorsorgereserven einbezogen werden?*

1. *Forderungen an Kunden*   4. *Wertpapiere des Handelsbestandes*
2. *Forderungen an Kreditinstitute* 5. *Wertpapiere der Liquiditätsreserve*
3. *Wertpapiere des Anlagevermögens*

b) *Wie hoch ist die nach § 340 HGB maximal zulässige stille Vorsorgereserve, die die Rhein-Ruhr-Bank AG bilden darf?*

2. *Die Rhein-Ruhr-Bank AG möchte erstmals stille Vorsorgereserven nach § 340 f HGB bilden. Folgende Bilanzwerte in TEUR liegen am Ende des Geschäftsjahres vor:*

Barreserve:	12.000	Verbindlichkeiten gegenüber KI:	173.800
Forderungen an KI:	142.660	Verbindlichkeiten gegenüber Kunden:	644.500
Forderungen an Kunden:	543.500	Rückstellungen:	150.500
Festverzinsliche Wertpapiere:	170.600	Fonds für allgemeine Bankrisiken:	90.000
Aktien:	45.200	Eigenkapital:	64.500

Auszug aus dem Anhang:

In der Position Festverzinsliche Wertpapiere sind 25 % dem Anlagevermögen, 30 % der Liquiditätsreserve und 45 % dem Handelsbestand zuzuordnen.

In der Position Aktien sind 40 % dem Anlagevermögen, 25 % der Liquiditätsreserve und 35 % dem Handelsbestand zuzuordnen.

a) *Berechnen Sie die Gesamtsumme in TEUR, von der die Rhein-Ruhr-Bank AG stille Vorsorgereserven bilden darf.*

b) *Berechnen Sie die maximale Höhe der stillen Vorsorgereserven, die die Rhein-Ruhr-Bank AG in diesem Jahr bilden darf.*

5.5.1.3 Stille und offene Vorsorgereserven im Vergleich

	Stille Vorsorgereserven 340 f HGB	Offene Vorsorgereserven 340 g HGB
Zweck	Vorsorge für allgemeine Bankrisiken	
Vorgehen	• Unterbewertung der Wertpapiere der Liquiditätsreserve sowie der Forderungen an Kunden und an Kreditinstitute • Bildung einer Vorsorge-wertberichtigung in Höhe der Unterbewertung • Aktivische Absetzung der Vorsorgewertberichtigung von den entsprechenden Aktivpositionen in der Bilanz • Überkreuzkompensation in der Gewinn-und-Verlust-Rechnung	• Aus der Bilanz und der Gewinn-und-Verlust-Rechnung ersichtliche Einstellung in die Passiv-postition: „Fonds für Allgemeine Bankrisiken" zulasten des Gewinns
Obergrenze	4 % der nach strengem Niederstwertprinzip bewer-teten Wertpapiere der Liquiditätsreserve sowie der Forderungen an Kunden und an Kreditinstitute	Keine Obergrenze
Steuerliche Anerkennung	Die Bildung von Vorsorgereserven darf nicht den steuerpflichtigen Gewinn mindern. Eine Bildung von Vorsorgereserven erfolgt insofern immer aus dem bereits versteuerten Gewinn.	

Merke:

Durch die Anwendung des Niederstwertprinzipes und durch die Bildung stiller Vorsorgereserven nach § 340f HGB werden Aktiva zu einem Wert ausgewiesen, der unter deren tatsächlichem Wert liegt. Hierdurch werden sog. Stille Reserven gelegt, die ein externer Bilanzleser ohne Zusatzinfor-mationen nicht erkennen kann.

Beispiel

Ein Bankgebäude steht in der Bilanz mit 1,00 EUR Erinnerungswert, der Verkehrswert liegt jedoch bei 10 Mio. EUR. Sollte es zu einem (Bar-)Verkauf kommen, werden die Stillen Reserven offengelegt (Buchung: Kasse 10 Mio. an Gebäude 1,00 EUR an Sonstige betriebliche Erträge 9.999.999,00 EUR). Es kommt zu einer Bilanzverlängerung, bei der die bisher versteckten stil-len Reserven offen als Eigenkapital ausgewiesen werden.

5.5.1.4   Bildung stiller Reserven

Bei stillen Reserven handelt es sich um Eigenkapital, das aus der Bilanz nicht ersichtlich ist.

Stille Reserven entstehen aus der	
Unterbewertung von Aktiva	**Überbewertung von Passiva**
a) durch überhöhte Abschreibungen (d. h., der angenommene Wertverlust ist größer als tatsächlich eingetreten)	a) Überhöhte Rückstellungen
b) durch Bewertung des Vermögens nach dem Niederstwertprinzip, falls der Kurs am 31.12. größer ist als der Durchschnittserwerbskurs	

Unterbewertung von Aktiva

Wird ein Vermögensgegenstand z. B. aufgrund der Bestimmung des Niederstwertprinzipes in der Bilanz mit einem geringeren als seinem aktuellen Wert ausgewiesen, so entsteht eine stille Reserve.

Beispiel

Die Rhein-Ruhr-Bank AG weist in ihrer Bilanz Goldbestände in Höhe von 100.000,00 EUR aus, die lt. aktuellem Marktwert 250.000,00 EUR wert sind. Sollte die Rhein-Ruhr-Bank AG diese Goldbarren gegen Barzahlung verkaufen, so würde der Kassenbestand um 250.000,00 EUR steigen, der Goldbestand sinkt um 100.000,00 EUR auf null und der Ertrag aus der Transaktion in Höhe von 150.000,00 EUR würde über das Konto Sonstige betriebliche Erträge gebucht.

Bei der Bewertung nach Niederstwertprinzip werden folglich stille Reserven gebildet, die aus der Bilanz selbst nicht zu erkennen sind. Erst bei Verkauf werden sie aufgedeckt und erhöhen dann das offen ausgewiesene Eigenkapital.

Überbewertung von Passiva

Berücksichtigt die Rhein-Ruhr-Bank AG Pensionsverpflichtungen ihrer ausgeschiedenen Mitarbeiter, so bildet sie hierfür Pensionsrückstellungen. Stellt sich im Nachhinein heraus, dass diese Rückstellungen zu hoch waren, da z. B. die Lebenserwartung der ausgeschiedenen Mitarbeiter zu hoch kalkuliert waren, dann kann die Pensionsrückstellung aufgelöst werden. Aus der Verbindlichkeit gegenüber ehemaligen Angestellten im Ruhestand wird Eigenkapital. In Höhe der nicht benötigten Rückstellung verfügt das Kreditinstitut de facto über Eigenkapital, welches in der Bilanz als Schulden, d. h. als Fremdkapital, ausgewiesen ist.

6 Bankcontrolling als integratives System von Planung, Steuerung und Kontrolle

6.1 Was bedeutet Controlling?

> Controlling (engl.: von „to control" sinngemäß „planen, steuern, kontrollieren") ist ein Konzept, das zur Durchsetzung von ertragsorientierten Unternehmensstrategien entwickelt wurde.

Eine Unternehmensstrategie setzt sich aus langfristigen (strategischen) und kurzfristigen (operativen) Zielen zusammen. Das Controlling sorgt dafür, dass die Erreichung strategischer Ziele durch geeignete operative Entscheidungen vorbereitet wird.

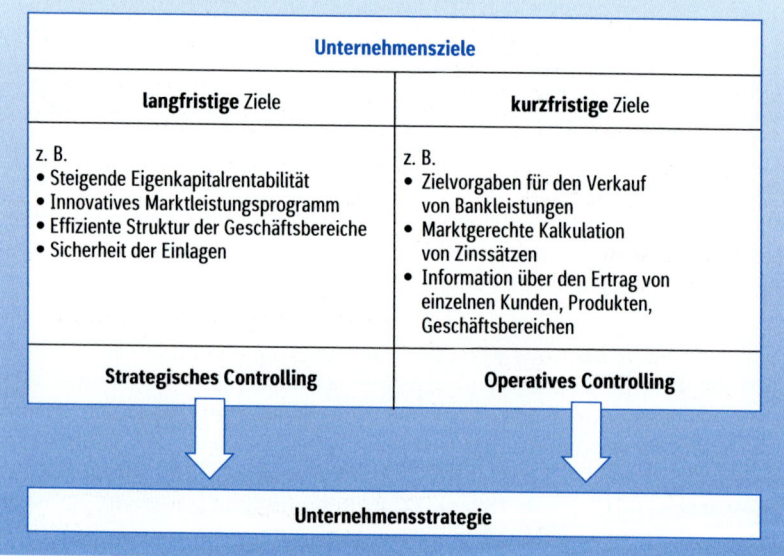

Zur Erreichung von abstrakten Unternehmenszielen, z. B. die Erhöhung des Marktanteils des Kreditinstitutes, muss die Controlling-Abteilung verständliche Ziele, z. B. Steigerung des Kreditvolumens um 10 % im laufenden Geschäftsjahr, für die nachgeordneten Entscheidungsebenen (Filialen, Abteilungen, Gruppen, Mitarbeiter) formulieren und festlegen (sog. Budgetierung).

An diesen konkreten Zielvorgaben (Budgets), die für einen bestimmten Zeitraum, z. B. ein Geschäftsjahr, gelten, werden die betroffenen Mitarbeiter gemessen. Ziel ist es, dem einzelnen Mitarbeiter genau darzulegen, welchen Beitrag er zur Erreichung der langfristigen Unternehmensziele zu leisten hat.

6.2   Aufgaben des Controllings

Die Controlling-Abteilung ist eine Stabsstelle der Geschäftsleitung. Sie ist zuständig für die Beschaffung, Bereitstellung und Auswertung von Informationen, die für eine zielgerichtete Unternehmensführung benötigt werden. Hierzu muss sie folgende Aufgaben erfüllen:

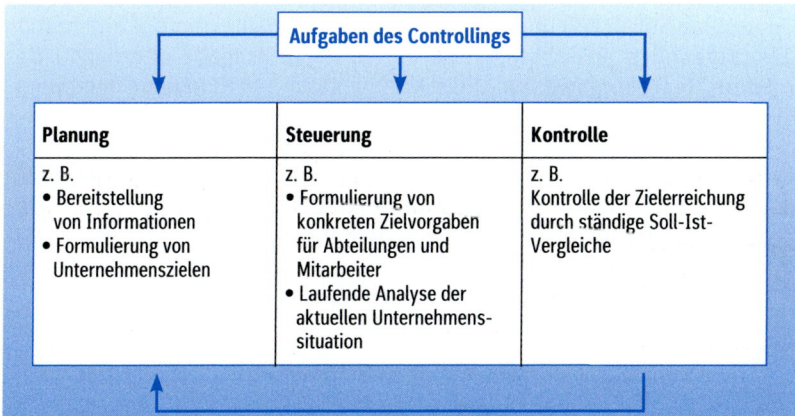

Aufgaben des Controllings		
Planung	**Steuerung**	**Kontrolle**
z. B. • Bereitstellung von Informationen • Formulierung von Unternehmenszielen	z. B. • Formulierung von konkreten Zielvorgaben für Abteilungen und Mitarbeiter • Laufende Analyse der aktuellen Unternehmenssituation	z. B. Kontrolle der Zielerreichung durch ständige Soll-Ist-Vergleiche

Die Aufgaben des Controllings sind als kontinuierlicher Prozess zu verstehen. Sie lassen sich daher auch als Regelkreis darstellen:

Regelkreis-Modell

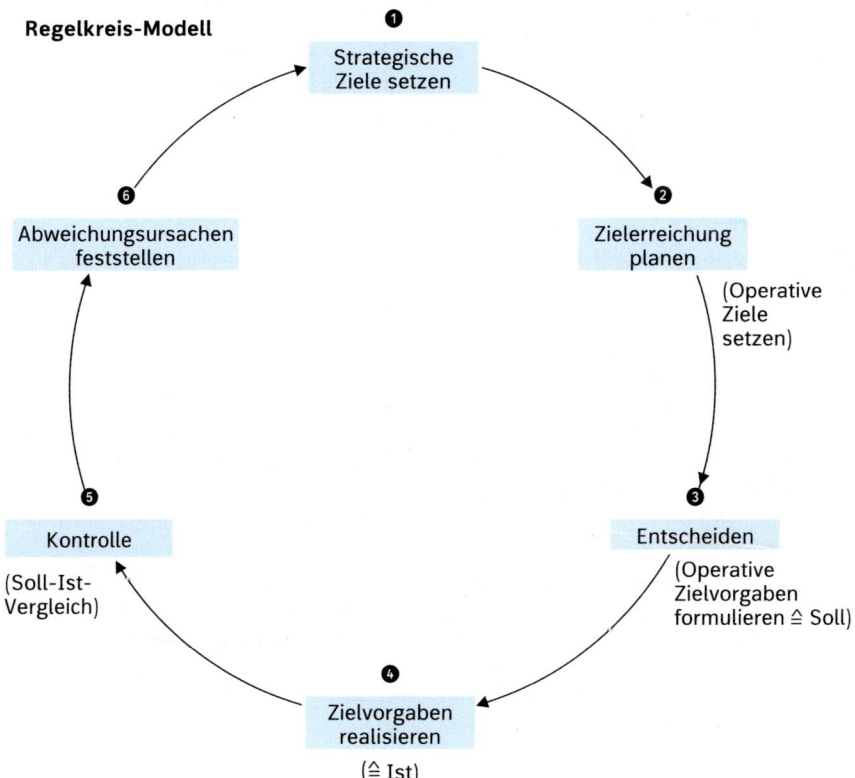

❶ Strategische Ziele setzen

❷ Zielerreichung planen (Operative Ziele setzen)

❸ Entscheiden (Operative Zielvorgaben formulieren ≙ Soll)

❹ Zielvorgaben realisieren (≙ Ist)

❺ Kontrolle (Soll-Ist-Vergleich)

❻ Abweichungsursachen feststellen

6.3   Internes Rechnungswesen als Element des operativen Controllings

Die Zielvorgaben können nicht immer in vollem Umfang erreicht werden, sodass kurzfristige Maßnahmen zur Zielkorrektur umgehend in den betrieblichen Ablauf eingebunden werden müssen. Hierzu führt das Controlling Soll-Ist-Vergleiche auf Basis einer detaillierten Dokumentation der **tatsächlich** erreichten Werte durch. Diese Aufgabe übernimmt das **Interne Rechnungswesen** eines Kreditinstituts, als Element des operativen Controllings.

Im Gegensatz zur Finanzbuchhaltung (**Externes Rechnungswesen**) ist das **Interne Rechnungswesen** eines Kreditinstitutes frei von gesetzlichen Vorgaben und kann auf Basis betriebswirtschaftlicher Ziele individuell auf den Betrieb zugeschnitten werden.

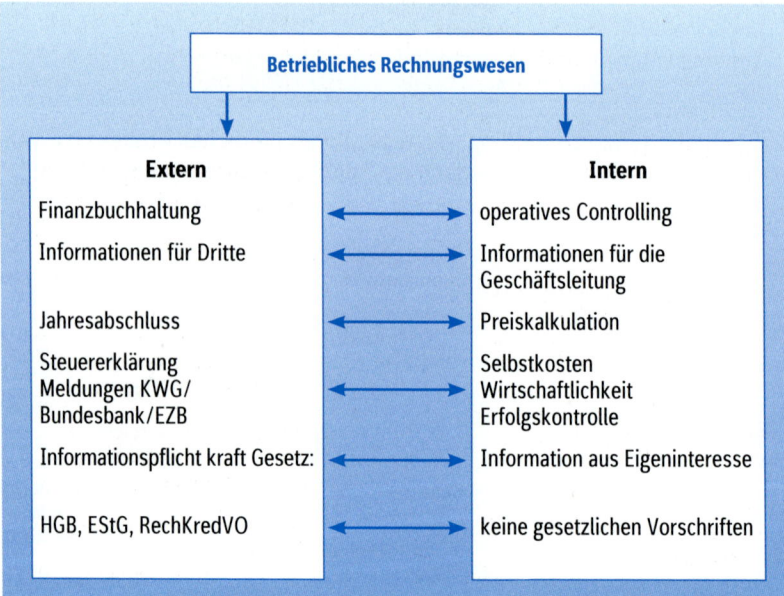

Im **Internen Rechnungswesen** kommt einer marktgerechten Preiskalkulation für Bankleistungen besondere Bedeutung zu. Hierzu verwenden die Kreditinstitute mehrstufige Verfahren, die in ihrer Gesamtheit als **Bankkalkulation** oder **Kosten-und-Erlös-Rechnung** bezeichnet werden. Weitere Aufgaben des Internen Rechnungswesens sind die Erfassung und Dokumentation des betrieblichen Geschehens (**Betriebsstatistik**) sowie die ständige **Analyse der aktuellen Marktbedingungen.**
Die Kosten-und-Erlös-Rechnung steht im Folgenden im Mittelpunkt der Betrachtungen.

Kosten-und-Erlös-Rechnung 7

7.1 Grundlagen der Kosten-und-Erlös-Rechnung

7.1.1 Aufgaben der Kosten-und-Erlös-Rechnung

Eine marktgerechte Preiskalkulation setzt voraus, dass ein Kreditinstitut möglichst genau über die Kosten informiert ist, die bei der Erstellung des Produktes oder der Dienstleistung entstehen. Die Summe aller Kosten nennt man **Selbstkosten**.

Würde ein Kreditinstitut eine Leistung am Markt zu einem Preis anbieten, der den Selbstkosten entspricht, könnten durch die Verkaufserlöse alle entstandenen Kosten wieder erwirtschaftet werden. Man spricht hierbei von **Kostendeckung**. Insofern könnte ein Kreditinstitut stets alle seine Leistungen zum Selbstkostenpreis veräußern, ohne dass Verluste entstehen würden. Die Selbstkosten stellen daher im Rahmen der Preiskalkulation die langfristige Preisuntergrenze dar.
Ein Kreditinstitut ist allerdings bestrebt, rentabel zu arbeiten. Um Gewinne zu erzielen, wird auf die Selbstkosten ein **Gewinnzuschlag** erhoben. Die Kalkulation dieser Größe orientiert sich am erzielbaren **Marktpreis.**

Elemente der Preiskalkulation

Selbstkosten	= Summe aller Kosten einer Bankleistung *(= langfristige Preisuntergrenze)*
+ Gewinnzuschlag	Er wird u. a. beeinflusst von • den Vorstellungen der Unternehmensleitung • den Nachfragern nach Bankleistungen • der Konkurrenz am Markt
= Marktpreis	Verkaufserlös der Bankleistung

Der Marktpreis für eine Bankleistung kann somit nicht autonom durch das Kreditinstitut festgelegt werden. In der Praxis ist es üblich, dass Bankleistungen aus Konkurrenzgründen (z. B. Buchungsposten) unter dem Selbstkostenpreis angeboten werden müssen. Um insgesamt kostendeckend bzw. gewinnbringend arbeiten zu können, müssen andere Produkte (z. B. Überziehungskredite) mit hohen Gewinnzuschlägen verkauft werden. Man spricht hierbei von **Mischkalkulation**.

Auf Basis der Kosten und Erlöse von Bankleistungen lassen sich weiterführende Kennzahlen ermitteln. Das Controlling beschäftigt sich mit der Wirtschaftlichkeit und dem Erfolg. Die Kennziffern können sich dabei sowohl auf das gesamte Institut als auch auf beliebig kleine Einheiten (Profit/Cost-Center, Filialen, Gruppen, Mitarbeiter, Produkte, …) beziehen.

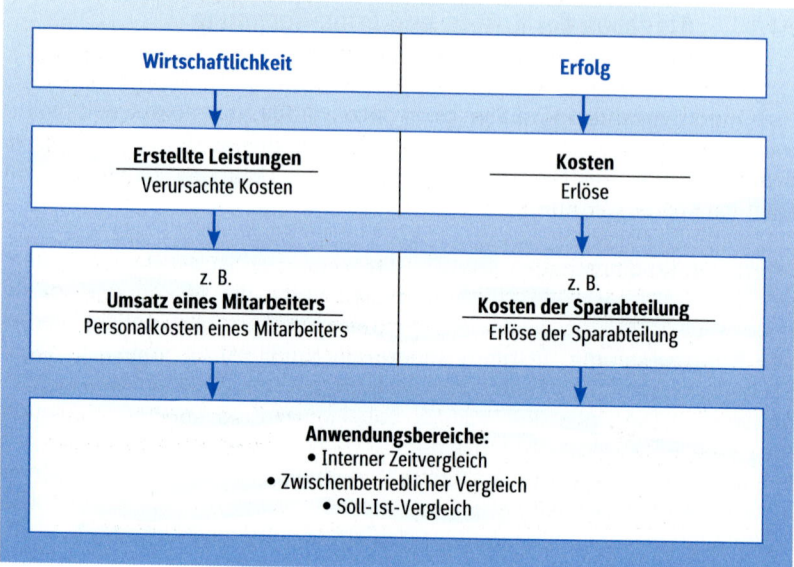

7.1.2 Grundbegriffe der Kosten-und-Erlös-Rechnung

Die Preiskalkulation von Bankleistungen erfolgt auf Basis von Kosten und Erlösen. Zur Ermittlung der Kosten und Erlöse einer Bankleistung baut die Kosten-und-Erlös-Rechnung auf den Erfolgsgrößen (Aufwendungen und Erträge) der Finanzbuchhaltung auf.

7.1.2.1 Grundkosten und Zusatzkosten

Situation

Der Vorstand der Rhein-Ruhr-Bank AG hat einen neuen Geschäftswagen zu einem Preis in Höhe von 60.000,00 EUR erworben. Die Abteilung Controlling erhält hierzu folgenden Auftrag:
„Stellen Sie durch eine entsprechende Preiskalkulation sicher, dass durch den Verkauf von Bankleistungen bis zum Ende der Nutzungsdauer in sechs Jahren genügend Finanzmittel erwirtschaftet werden, die den Erwerb eines neuen Vorstandswagens ermöglichen."

Die in der Abteilung Finanzbuchhaltung ermittelten Aufwendungen für den Wertverlust des Wagens werden als Basis für eine Kalkulation von Preisen für Bankleistungen herangezogen.

Im betrachteten Beispiel entstehen der Rhein-Ruhr-Bank AG aus der Anschaffung des Vorstandswagens jährliche Aufwendungen in Höhe von 10.000,00 EUR. Dabei wird eine lineare Abschreibung des Kraftfahrzeuges bei einer betriebsgewöhnlichen Nutzungsdauer von sechs Jahren unterstellt.

Um nun in sechs Jahren einen neuen Vorstandswagen zu einem Preis von 60.000,00 EUR erwerben zu können, müssen durch den Verkauf von Bankleistungen im Durchschnitt jährlich 10.000,00 EUR erwirtschaftet und zurückgelegt werden. Dies ist nur möglich, wenn die Abschreibungen bei der Preiskalkulation in voller Höhe als Selbstkosten berücksichtigt werden. Im Beispiel entspricht der in der Abteilung Finanzbuchhaltung ermittelte Gesamtaufwand in Höhe von 60.0000,00 EUR daher den zu berücksichtigenden Kosten der Abteilung Controlling.

Abteilung Finanzbuchhaltung
Zweckaufwand 60.000,00 EUR in 6 Jahren
≙
Grundkosten 60.000,00 EUR in 6 Jahren
Abteilung Controlling

Müssen zur Preiskalkulation für Bankleistungen durch das Controlling die in der Finanzbuchhaltung ermittelten Aufwendungen in voller Höhe als Kosten berücksichtigt werden, so spricht man auch von Grundkosten bzw. Zweckaufwendungen.

Zweckaufwand
≙
Grundkosten

Die Controlling-Abteilung erwartet aufgrund der allgemeinen Preisentwicklung, dass ein vergleichbarer Neuwagen in sechs Jahren ca. 12,5 % mehr kostet als heute.

Die erste Situation nimmt vereinfachend an, dass sich der Preis des Vorstandswagens auch in Zukunft nicht verändert. Es reicht daher aus, dass der durch die Abschreibungen erfasste Wertverlust für die Rhein-Ruhr-Bank AG in Höhe von insgesamt 60.000,00 EUR durch den Verkauf von Bankleistungen wieder erwirtschaftet wird.

Erfahrungsmäß bewirken Preissteigerungen jedoch, dass ein vergleichbarer Pkw in Zukunft mehr „kostet" als heute. In der Preiskalkulation muss daher nicht der heutige Anschaffungspreis, sondern die geschätzten Wiederbeschaffungskosten zum festgelegten Zeitpunkt in der Zukunft angesetzt werden. Dies geschieht unabhängig davon, dass die unterstellte Preissteigerung bei den Abschreibungen steuerrechtlich nicht berücksichtigt werden darf.

Bei der Preiskalkulation muss nun berücksichtigt werden, dass für ein vergleichbares Fahrzeug in sechs Jahren ein Wiederbeschaffungspreis in Höhe von 67.500,00 EUR zu zahlen ist.
Die Abteilung Controlling muss nun in sechs Jahren zusätzlich zu den 60.000,00 EUR Grundkosten weitere 7.500,00 EUR über den Verkauf von Bankleistungen verdienen. In der Preiskalkulation müssen daher Selbstkosten in Höhe von insgesamt 67.500,00 EUR zugrunde gelegt werden.

Zusatzkosten

Die **zusätzlich** zu den 60.000,00 EUR Grundkosten einzukalkulierenden Kosten in Höhe von 7.500,00 EUR werden daher als **Zusatzkosten** oder kalkulatorische Kosten bezeichnet.

Grundkosten
+
Zusatzkosten

≙ Gesamt-
bzw.
Selbstkosten

Abteilung Finanzbuchhaltung	
Zweckaufwand 60.000,00 EUR in 6 Jahren	
Grundkosten 60.000,00 EUR in 6 Jahren	**Zusatzkosten** 7.500,00 EUR in 6 Jahren
Abteilung Controlling	

Am Beispiel der Zusatzkosten kann nun eine erste Preiskalkulation vorgenommen werden:

Beispiel

Die Controlling-Abteilung entscheidet, dass die kalkulierten Zusatzkosten durch eine Preiserhöhung beim Keramiksparschwein „Ulrich" erwirtschaftet werden sollen. Zurzeit verkauft die Rhein-Ruhr-Bank AG pro Jahr ca. 1.250 Keramiksparschweine zu einem Preis von 6,00 EUR je Stück.
Wie hoch muss der Preis für ein Sparschwein bei konstanten Absatzmengen zukünftig kalkuliert werden, damit der Vorstand in sechs Jahren ein gleichwertiges Ersatzfahrzeug anschaffen kann?

Lösung:
Momentane Verkaufserlöse:
– pro Jahr   1.250 Stück · 6,00 EUR = 7.500,00 EUR
– in sechs Jahren: 7.500 Stück · 6,00 EUR = 45.000,00 EUR

Erforderliche Verkaufserlöse in sechs Jahren:

	Momentane Verkaufserlöse	45.000,00 EUR
+	Zusatzkosten	7.500,00 EUR
=	Erforderliche Verkaufserlöse	52.500,00 EUR

Ermittlung des zukünftigen Preises pro Sparschwein:

$$\frac{52.500,00 \text{ EUR (erforderliche Verkaufserlöse)}}{7.500 \text{ Stück (Absatzmenge)}}$$

$$= 7,00 \text{ EUR pro Stück}$$

Der Preis muss um 1,00 EUR auf 7,00 EUR ansteigen.

Zusatzkosten stehen
keine Aufwendungen
gegenüber.

Bei der Kalkulation von Preisen für Bankleistungen müssen Kreditinstitute mitunter zusätzliche Kosten berücksichtigen, die aus rechtlichen Gründen nicht oder nicht in vollem Umfang als Aufwand in der Abteilung Finanzbuchhaltung erfasst werden dürfen. Sie stellen Zusatzkosten dar und müssen im Rahmen der Preiskalkulation berücksichtigt werden.
Zusatzkosten stehen keine Aufwendungen gegenüber.

▌ Weitere Beispiele für Zusatzkosten:

Kalkulatorische Eigenmiete:

Nutzt ein Kreditinstitut eigene Immobilien als Geschäftsräume, so fallen keine Mietaufwendungen an. Die „gesparten" Aufwendungen sind jedoch in Höhe des Nutzungswertes der Räumlichkeiten (z. B. ortsübliche Miete) als Zusatzkosten zu berücksichtigen.

> **Beispiel**
>
> Die Filiale Bonn der Rhein-Ruhr-Bank AG, Raumgröße 250 m², ist im bankeigenen Gebäude untergebracht. Die ortsübliche Kaltmiete für vergleichbare Gewerbeobjekte beträgt lt. Mietspiegel 15,00 EUR pro m² und Monat.
> Kalkulatorische Eigenmiete p. a.:
> 250 m² · 15,00 EUR · 12 Monate = 45.000,00 EUR

Die kalkulatorische Eigenmiete muss bei der Ermittlung der Selbstkosten der Filiale zusätzlich berücksichtigt werden.

Kalkulatorische Eigenkapitalkosten:

Risikobehaftete Aktiva müssen bei Kreditinstituten mit Eigenkapital unterlegt sein. Die Herausgabe von Krediten setzt daher voraus, dass ein Kreditinstitut über entsprechendes Eigenkapital verfügt. Die durch gewährte Kredite gebundenen Teile des Eigenkapitals können dann für weitere Aktivgeschäfte nicht mehr herangezogen werden.
Die Eigenkapitalgeber des Kreditinstitutes erwarten eine angemessene Verzinsung des zur Verfügung gestellten Kapitals in Form einer Gewinnausschüttung. Die Anlage in Unternehmensanteile birgt ein größeres Risiko als ein Engagement in sichere Anlageformen (z. B. Bundesanleihen), sodass die Eigenkapitalrendite höher als bei sicheren Anlagen sein muss.

$$\textbf{Eigenkapitalrendite} = \frac{\text{Gewinn}}{\text{Eigenkapital}} \cdot 100$$

Ein Kreditinstitut muss daher entsprechend hohe Gewinne erzielen. Hierzu muss es bei der Kalkulation von Zinssätzen im Aktivgeschäft, Kosten in Höhe der erwarteten Eigenkapitalrendite als Preisbestandteil miteinrechnen. Diese Kosten werden als kalkulatorische Eigenkapitalkosten bezeichnet.

Preisbestandteile von Kreditzinsen	
Eigenkapitalkosten	Angestrebte Rendite des benötigten Eigenkapitals
Risikokosten	Risikoaufschlag zur Deckung der erwarteten Verluste bei Forderungsausfällen
Betriebskosten	Kosten des technisch-organisatorischen Bereiches
Alternativzinssatz	Alternativzinssatz für eine fristengleiche Geldanlage am Kapitalmarkt

Die Höhe der Eigenkapitalkosten hängt in erster Linie von dem erforderlichen Eigenkapital für den jeweils zu gewährenden Kredit ab. Bislang galt ein einheitlicher Unterlegungssatz von 8 %. Nach den Bestimmungen des sog. Basel-II-Abkommens wird die Höhe des erforderlichen Eigenkapitals individuell für jeden Kredit errechnet und orientiert sich am Rating des Kreditnehmers. Durch die Stellung von Sicherheiten kann das erforderliche Eigenkapital reduziert werden.

Kreditinstitute, die ein internes Rating erstellen, gruppieren ihre Kreditkunden in Abhängigkeit von ihrer Bonität in sog. Ratingklassen ein. Diese Ratingklassen gliedern sich nach der Ausfallwahrscheinlichkeit eines Kredites. Je geringer die Ausfallwahrscheinlichkeit, desto geringer ist auch die erforderliche Eigenkapitalunterlegung.

Beispiel

Die Rhein-Ruhr-Bank AG gewährt der Baumaschinen Löffler GmbH einen Betriebsmittelkredit in Höhe von 300.000,00 EUR. Die Kreditgewährung soll ohne bestimmte Sicherheiten erfolgen. Nach dem internen Ratingverfahren der Rhein-Ruhr-Bank AG wird die Löffler GmbH in die Risikoklasse 7 eingestuft. Bei der Bemessung der kalkulatorischen Eigenkapitalkosten unterstellt die Rhein-Ruhr-Bank AG eine Eigenkapitalverzinsung von 12 % p. a.

Interne Ratingklassen der Rhein-Ruhr-Bank AG		
Ratingklasse	Ausfallwahrscheinlichkeit in Prozent p. a.	Notwendiges Eigenkapital in Prozent p. a.
1	0,08	0,72
...	...	...
7	0,88	**3,44**
...	...	...
15	20,00	8,00
16 bis 18	Ausfall eingetreten	–

1. Ermittlung des erforderlichen Eigenkapitals

Kreditbetrag · Eigenkapitalsatz lt. Tabelle = notwendiges Eigenkapital in Euro

300.000,00 EUR · 3,44 % = 10.320,00 EUR

2. Ermittlung der kalkulatorischen Eigenkapitalkosten in Euro

Notwendiges Eigenkapital · EK-Verzinsung in % p. a. = kalkul. Eigenkapitalkosten EUR

10.320,00 EUR · 12,00 % p. a. = 1.238,40 EUR

3. Ermittlung des kalkulatorischen Eigenkapitalkostensatzes

kalkul. Eigenkapitalkosten : Kreditbetrag · 100 = kalk. Eigenkapitalkostensatz

1.238,40 EUR : 300.000,00 EUR · 100 = 0,4128 % p. a.

Bei der Kalkulation des Zinssatzes berücksichtigt die Rhein-Ruhr-Bank AG einen kalkulatorischen Eigenkapitalkostensatz von 0,4128 % p. a. für die Löffler GmbH. Dieser Eigenkapitalkostensatz gilt für alle Kreditnehmer dieser Ratingklasse.

Kalkulatorische Abschreibungen

In der Finanzbuchhaltung werden Gegenstände des Anlagevermögens im Rahmen ihrer steuerrechtlich vorgeschriebenen, betriebsgewöhnlichen Nutzungsdauer abgeschrieben. Aufgrund des technischen Fortschrittes werden sie i. d. R. vor Ende der betriebsgewöhnlichen Nutzungsdauer ersetzt. In der Kostenrechnung wird die kürzere Nutzungsdauer von Anfang an berücksichtigt. Die internen Abschreibungsquoten werden entsprechend höher angesetzt und das Gut wird über die Dauer der tatsächlichen Nutzung abgeschrieben. Insofern fallen in der Abteilung Controlling in den Jahren der tatsächlichen Nutzung kontinuierlich Zusatzkosten an.

Beispiel

Die EDV-Ausstattung für einen Kundenberaterplatz im Firmenkundengeschäft der Rhein-Ruhr-Bank AG kostet 10.000,00 EUR inkl. Umsatzsteuer. Die betriebsgewöhnliche Nutzungsdauer der Anlage beträgt 4 Jahre, obgleich sie in der Vergangenheit aufgrund des stetigen technischen Fortschritts schon nach 3 Jahren komplett erneuert wurde. Die Anlage wird in der Finanzbuchhaltung linear abgeschrieben. Intern wird der Anschaffungswert gleichmäßig auf die tatsächliche Nutzungsdauer umgelegt.

Zeit	Steuerrechtliche AfA p. a.		Interne Abschreibung p. a.		Zusatzkosten p. a.
	in EUR	in %	in EUR	in %	in EUR
AK	10.000,00	100,00	10.000,00	100,00	
Jahr 1	2.500,00	25,00	3.333,33	33 1/3	833,33
Jahr 2	2.500,00	25,00	3.333,33	33 1/3	833,33
Jahr 3	2.500,00	25,00	3.333,33	33 1/3	833,33
Jahr 4	2.500,00	25,00	–	–	–

Kalkulatorischer Unternehmerlohn (nur OHG und KG)

Persönlich haftende Gesellschafter einer Unternehmung bestreiten ihr Einkommen aus den ihnen zufließenden Gewinnanteilen. Sind sie im Institut selbst tätig, so muss ein angemessenes Entgelt für die zur Verfügung gestellte Arbeitsleistung als Kosten berücksichtigt werden. Es fallen jedoch keine Personalaufwendungen für den mitarbeitenden Gesellschafter in der Finanzbuchhaltung an. Die Abteilung Controlling muss für die Preiskalkulation ein entsprechendes Entgelt berücksichtigen, um kostendeckende Preise zu bestimmen.

Beispiel

Der persönlich haftende Gesellschafter des Bankhauses Feinbein KGaA ist gleichzeitig Leiter der Filiale Münster. Die Personalkosten für eine vergleichbare Position in Kreditinstituten belaufen sich auf ca. 140.000,00 EUR. Diese Summe ist als Personalkosten in die Selbstkostenermittlung der Filiale Münster mit einzubeziehen.

Kalkulatorische Wagniskosten

Kalkulatorische Wagniskosten entstehen für nicht versicherbare Risiken des Bankgeschäfts.

Kosten für Schäden infolge höherer Gewalt (z. B. Streiks)

Beispiel

7.1.2.2 Neutrale Aufwendungen

Neutrale
Aufwendungen

Die in der Abteilung Finanzbuchhaltung ermittelten Zweckaufwendungen werden zur Preiskalkulation in der Abteilung Controlling herangezogen. Allerdings erfasst die Abteilung Finanzbuchhaltung auch **Aufwendungen, die nicht in die Preiskalkulation einfließen dürfen,** die sog. **neutralen Aufwendungen:**

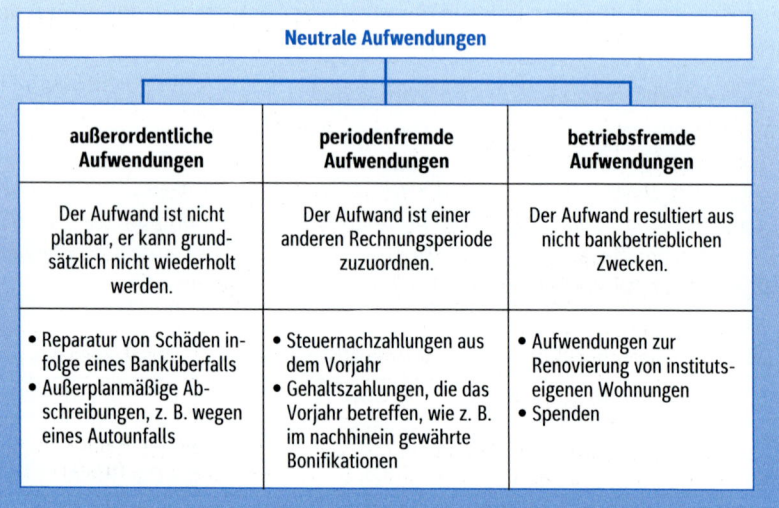

Neutrale Aufwendungen		
außerordentliche Aufwendungen	**periodenfremde Aufwendungen**	**betriebsfremde Aufwendungen**
Der Aufwand ist nicht planbar, er kann grundsätzlich nicht wiederholt werden.	Der Aufwand ist einer anderen Rechnungsperiode zuzuordnen.	Der Aufwand resultiert aus nicht bankbetrieblichen Zwecken.
• Reparatur von Schäden infolge eines Banküberfalls • Außerplanmäßige Abschreibungen, z. B. wegen eines Autounfalls	• Steuernachzahlungen aus dem Vorjahr • Gehaltszahlungen, die das Vorjahr betreffen, wie z. B. im nachhinein gewährte Bonifikationen	• Aufwendungen zur Renovierung von institutseigenen Wohnungen • Spenden

Neutrale
Aufwendungen sind
keine Kosten.

Im Rahmen der Preiskalkulation müssen neutrale Aufwendungen unbeachtet bleiben. Ihnen stehen daher in der Abteilung Controlling keine Kosten gegenüber.

Abteilung Finanzbuchhaltung		
Neutraler Aufwand	**Zweckaufwand**	
	Grundkosten	**Zusatzkosten**
	dienen zur Preiskalkulation in der	
	Abteilung Controlling	

7.1.2.3 Grunderlöse und Zusatzerlöse

Wie bereits bei der Kalkulation des Preises für das Keramiksparschwein „Ulrich" ersichtlich, werden im Rahmen einer Preiskalkulation den Selbstkosten eines Kreditinstitutes die Erlöse aus dem Verkauf gegenübergestellt. Analog zu der Aufteilung der Kosten in Grundkosten und Zusatzkosten findet eine Unterteilung der Erlöse in Grunderlöse und Zusatzerlöse statt.

Situation

Die Rhein-Ruhr-Bank AG hat 10 Mio. EUR Kredite an Kunden und 0,5 Mio. EUR Kredite an Mitarbeiter vergeben. Die durchschnittliche Kundenkondition beträgt 6,8 % p. a., die Mitarbeiterkondition liegt einen Prozentpunkt darunter. Die Rhein-Ruhr-Bank AG plant eine Gewinnspanne von 1,2 % p. a. auf den Refinanzierungssatz ein. Der Vorstand möchte wissen, wie hoch der durchschnittliche Refinanzierungssatz aus dem Passivgeschäft maximal sein darf.

Aus dem Kundengeschäft erlöst die Rhein-Ruhr-Bank AG durchschnittlich 680.000,00 EUR Zinsen, aus dem Mitarbeiter-Kreditgeschäft durchschnittlich 29.000,00 EUR. Der Zinsertrag beträgt folglich insgesamt 709.000,00 EUR. Diese Erträge sind die Basis für eine Preiskalkulation der Abteilung Controlling im Passivgeschäft.

Abteilung Finanzbuchhaltung
Zweckertrag 709.000,00 EUR
Grunderlöse 709.000,00 EUR
Abteilung Controlling

Zweckertrag
≙
Grunderlöse

Problematisch ist, dass die Mitarbeiterkondition trotz gleicher Bankleistung um einen Prozentpunkt günstiger ist als die Kundenkondition. Die Rhein-Ruhr-Bank AG erwirtschaftet dadurch geringere Erlöse. Die Abteilung Controlling muss bei der Preiskalkulation daher davon ausgehen, dass alle Kredite zu Kundenkonditionen vergeben werden könnten.

Zusätzlich zu den Grunderlösen werden deshalb die Erlöse in Höhe des Zinsvorteils (1 % p. a. von 0,5 Mio. EUR = 5.000,00 EUR) für die Mitarbeiter bei der Preiskalkulation berücksichtigt.[1] Sie werden als **Zusatzerlöse** bezeichnet.

Zusatzerlöse

Abteilung Finanzbuchhaltung	
Zweckertrag 709.000,00 EUR	
Grunderlöse 709.000,00 EUR	**Zusatzerlöse** 5.000,00 EUR
Abteilung Controlling	

Grunderlöse
+ Zusatzerlöse
≙ Gesamterlöse

Beispiel

Kreditvolumen:	Erlöse insgesamt	Erlöse in Prozent
10.500 000,00 EUR	714.000,00	6,80 % Zinssatz Kredit
		– 1,20 % Gewinnspanne
		= 5,60 % maximaler durchschnittlicher Refinanzierungszinssatz

---

[1] In gleicher Höhe entstehen Zusatzkosten im Personalbereich.

Würde die Rhein-Ruhr-Bank AG die Zusatzerlöse in Höhe von 5.000,00 EUR nicht berücksichtigen, so ergäbe sich ein geringerer durchschnittlicher Refinanzierungssatz von ca. 5,55 % p. a. Dieser hätte zur Folge, dass Anlagewünsche der Kunden im Passivgeschäft abgewiesen würden, obwohl sich mit ihnen eine Gewinnspanne von 1,2 % erzielen lassen könnte. In einem konkurrenzfähigen System der Kreditinstitute kann dies bewirken, dass ein Kreditinstitut notwendige Einlagen verliert.

7.1.2.4 Neutrale Erträge

Die in der Abteilung Finanzbuchhaltung ermittelten Erträge werden zur Preiskalkulation in der Abteilung Controlling herangezogen. Allerdings erfasst die Abteilung Finanzbuchhaltung auch **Erträge, die nicht in die Preiskalkulation einfließen dürfen,** die sog. **neutralen Erträge.**

Neutrale Erträge

Neutrale Erträge		
außerordentliche Erträge	**periodenfremde Erträge**	**betriebsfremde Erträge**
Der Ertrag ist nicht planbar, er kann nicht wiederholt werden.	Der Ertrag ist einer anderen Rechnungsperiode zuzuordnen.	Der Ertrag resultiert aus nicht bankbetrieblichen Zwecken.
• Verkauf des Bankgebäudes im Rahmen eines „sale and lease back-Vertrages" über Restbuchwert • Auflösung von offenen Rücklagen zur Ergebnisverbesserung	• Steuererstattungen aus dem Vorjahr	• Erträge aus der Vermietung von bankeigenen Wohnungen • Erträge aus dem Verkauf von Anlagegegenständen über Restbuchwert

Neutrale Erträge sind keine Erlöse.

Im Rahmen der Preiskalkulation müssen neutrale Erträge unbeachtet bleiben. Ihnen stehen daher in der Abteilung Controlling keine Erlöse gegenüber.

Abteilung Finanzbuchhaltung		
Neutraler Ertrag	**Zweckerträge**	
	Grunderlöse	**Zusatzerlöse**
	dienen zur Preiskalkulation in der	
	Abteilung Controlling	

7.1.3 Ermittlung von Kosten und Erlösen aus der Gewinn- und-Verlust-Rechnung

Die Überführung der Aufwendungen und Erträge der Gewinn-und-Verlust-Rechnung in die Systematik der Kosten-und-Erlös-Rechnung kann durch eine tabellarische Abgrenzung erfolgen, den sog. Kosten- und Erlösüberleitungsbogen.
Die Differenz aus den ermittelten Erlösen und Kosten bezeichnet man als Betriebsergebnis.

Kosten- und Erlösüberleitungsbogen (in Euro):

GuV Rechnung	Gesamter Aufwand	Neutraler Aufwand	Zweckaufwand = Grundkosten	Zusatz- kosten	Gesamte Kosten
1. Abschreib. auf Anlagen	3.000,00	–	3.000,00	1.000,00	4.000,00
2. Sonstiger betrieblicher Aufwand	2.000,00	2.000,00	–	–	–
3. Kalkulat. Eigenmiete	–	–	–	45.000,00	45.000,00

Anmerkungen zu den Positionen der Gewinn-und-Verlust-Rechnung:

Zu 1:
Eine PC-Anlage (Anschaffungswert 12.000,00 EUR) wird gemäß ihrer betriebsgewöhnlichen Nutzungsdauer über vier Jahre linear abgeschrieben. Sie wird jedoch tatsächlich schon nach drei Jahren aufgrund des technischen Fortschritts ersetzt.

Zu 2:
Die Rhein-Ruhr-Bank AG hat anlässlich der 100-Jahr-Feier des ortsansässigen Bankkollegs eine Spende von 2.000,00 EUR überreicht.

Zu 3:
Die Geschäftsräume (300 m^2) der Filiale Koblenz der Rhein-Ruhr-Bank AG befinden sich im eigenen Bankgebäude. Die ortsübliche Miete pro Quadratmeter beträgt monatlich 12,50 EUR.

Zusammenfassung

I. Grundbegriffe der Kosten-und-Erlös-Rechnung

Die Abteilung Controlling kalkuliert Preise für Bankleistungen auf der Basis von Kosten und Erlösen.

Abteilung Finanzbuchhaltung			
Neutraler Ertrag	Zweckerträge		
• periodenfremd • außerordentlich • betriebsfremd	betrieblich ordentliche Erträge		
	Grunderlöse	Zusatzerlöse	
		z. B. Zinsvorteil für Mitarbeiterkredite	
	dienen zur Preiskalkulation in der		
	Abteilung Controlling		

Abteilung Finanzbuchhaltung		
Neutraler Aufwand	Zweckaufwendungen	
• periodenfremd • außerordentlich • betriebsfremd	betrieblich ordentliche Aufwendungen	
	Grundkosten	Zusatzkosten
		• kalkulatorische Wagniskosten • kalkulatorische Eigenmiete • kalkulatorische EK-Kosten • kalkulatorische Risikokosten • kalkulatorische Abschreibungen • kalkulatorischer Unternehmerlohn
	dienen zur Preiskalkulation in der	
	Abteilung Controlling	

II. Merksätze zu den Grundbegriffen der Kosten-und-Erlös-Rechung

1. Aufwendungen (Erträge), aber keine Kosten (Erlöse)
Neutrale Aufwendungen und Erträge
Merkmale: • betriebsfremd
           • periodenfremd
           • außerordentlich

2. Aufwendungen (Erträge) und zugleich Kosten (Erlöse)

Betrieblich ordentliche Aufwendungen (Erträge) sind Grundkosten (-erlöse)

z. B. • Zinserträge
- Provisionserträge und -aufwendungen
- Laufende Erträge aus Finanzgeschäften (Dividenden, …)
- Zinsaufwendungen
- Personalaufwendungen
- Allgemeine Verwaltungskosten
- Abschreibungen auf Sachanlagen in Höhe der tatsächlichen Wertminderungen
- Betriebsteuern (Kfz-Steuer, Gewerbesteuer, Grundsteuer)

3. Kosten (Erlöse), aber keine Aufwendungen (Erträge)

a) Zusatzkosten sind Kosten, aber keine Aufwendungen

z. B. • Kalkulatorische Eigenkapitalkosten
- Kalkulatorische Abschreibungen
- Kalkulatorische Risikokosten
- Kalkulatorische Eigenmiete

b) Zusatzerlöse sind Erlöse, aber keine Erträge

z. B. • Entgangene Zinserlöse bei Aktivgeschäften mit Mitarbeitern

III. Zusammenhang zwischen der Gewinn-und-Verlust-Rechnung und der Kosten-und-Erlös-Rechnung

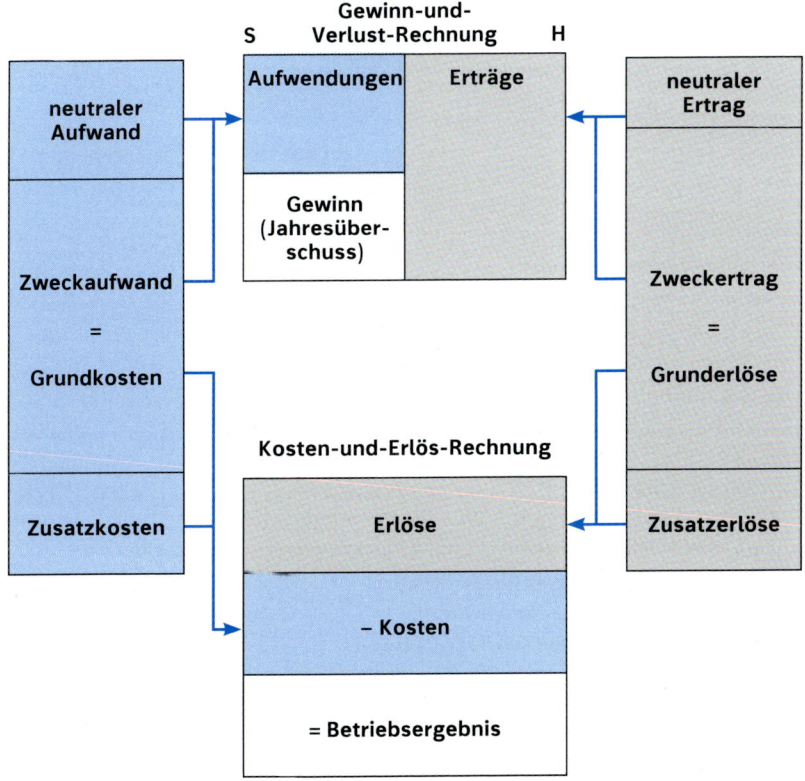

Aufgaben

1. Entscheiden Sie, ob es sich bei den folgenden Geschäftsfällen der Rhein-Ruhr-Bank AG um

   ① Grundkosten   ③ Zusatzkosten   ⑤ neutrale Aufwendungen
   ② Grunderlöse   ④ Zusatzerlöse   ⑥ neutrale Erträge

   handelt.

   Ordnen Sie die Ziffer ⑨ zu, wenn keiner der vorgenannten Begriffe den Geschäftsfällen zugeordnet werden kann.

   a) Firmenkunden werden mit Kontoführungsgebühren belastet.
   b) Kauf von Kopierpapier zum Preis von 291,55 EUR inkl. Umsatzsteuer für die Kreditabteilung.
   c) Kauf von Möbeln für die Abteilung Anlageberatung, 13.000,00 EUR inkl. Umsatzsteuer.
   d) Erfolgsrelevante Ausbuchung eines Kassenfehlbetrages am Jahresende in Höhe von 450,00 EUR.
   e) Die Rhein-Ruhr-Bank AG zahlt freien Außendienstmitarbeitern Prämien für die Vermittlung von Kreditverträgen.
   f) Verkauf eines Firmen-Pkw der Immobilienabteilung mit einem Restbuchwert von 7.800,00 EUR zu 9.500,00 inklusive Umsatzsteuer.
   g) Aufgrund eines Bedienungsfehlers musste der Beamer der Rhein-Ruhr-Bank AG in voller Höhe abgeschrieben werden.
   h) Die Geschäftsleitung kalkuliert mit einer Eigenkapitalrendite von 15 %, die durch den Verkauf von Krediten erlöst werden soll.
   i) Für Debitoren werden Zinsen berechnet.

2. In der Rhein-Ruhr-Bank AG fallen die untenstehenden Geschäftsfälle an.

   a) Entscheiden Sie, ob es sich um

   ① Grundkosten   ③ Zusatzkosten   ⑤ neutrale Aufwendungen
   ② Grunderlöse   ④ Zusatzerlöse   ⑥ neutrale Erträge

   handelt und geben Sie die jeweiligen Beträge an.

   Ordnen Sie die Ziffer ⑨ zu, wenn es sich nicht um einer der genannten Möglichkeiten handelt. Geben Sie in diesem Fall einen Betrag von 0 an.

   aa) Kauf eines Beleglesers für die Zahlungsverkehrsabteilung, 50.000,00 EUR zzgl. 19 % USt.
   ab) Die Rhein-Ruhr-Bank AG setzt den Mietwert für eigengenutzte Bankräumlichkeiten in Höhe von 37.0000,00 EUR an.
   ac) KK-Kunden werden mit Zinsen (12.000,00 EUR) und Kontoführungsgebühren (14.000,00 EUR) belastet.
   ad) Verkauf eines Firmen-Pkw, Buchwert 3.600,00 EUR, für 4.165,00 EUR inkl. 19 % USt.
   ae) Sparkunden werden 8.500,00 EUR Zinsen gutgeschrieben.
   af) Kreditnehmer werden 45.000,00 EUR Zinsen belastet.
   ag) Gehaltszahlungen werden fällig in Höhe von 35.000,00 EUR.
   ah) Die einbehaltene Lohnsteuer in Höhe von 15.000,00 wird über DBB an das Finanzamt überwiesen.
   ai) Ein fälliges Festgeld in Höhe von 20.000,00 EUR wird zzgl. aufgelaufener Zinsen (400,00 EUR) auf KKK umgebucht.

   b) Berechnen Sie das Betriebsergebnis der Rhein-Ruhr-Bank AG in Euro.

3. In der Volksbank Pulheim eG sind im abgelaufenen Geschäftsjahr folgende Geschäftsfälle angefallen:

a) Die Controlling-Abteilung hat einen Mietwert für die bankeigenen Immobilien in Höhe von 238.500,00 EUR ermittelt.

b) Die einbehaltene Kapitalertragsteuer wird an das Finanzamt abgeführt.

c) Im Rahmen des 100-jährigen Bestehens erhielt jeder Mitarbeiter ein zusätzliches Monatsgehalt.

d) Ersatz der alten Schließfachanlagen durch ein neues kameraüberwachtes Tresorsystem. Der Restbuchwert muss außerplanmäßig abgeschrieben werden.

e) Vorauszahlung der Sozialversicherungsbeiträge für die nächste Gehaltszahlung.

f) Verkauf eines Bankgebäudes im Rahmen eines sale and lease back-Vertrages über Buchwert.

g) Die in diesem Jahr angeschafften Mobiltelefone der Außendienstmitarbeiter (Stückpreis 120,00 EUR) sollen drei Jahre genutzt werden.

h) Die Abschreibungen für Kundenkredite wurden auf Basis des durchschnittlichen Forderungsausfalls der letzten fünf Jahre ermittelt und gebucht.

Entscheiden Sie, bei welchem Geschäftsfall es sich um

1 Grundkosten   3 Zusatzkosten

2 Neutralen Aufwand   4 keinen der genannten Begriffe

handelt.

4. Entscheiden Sie bei den folgenden Geschäftsfällen der Rhein-Ruhr-Bank AG , ob es sich um

1 Grundkosten   3 Zusatzkosten   5 Neutrale Aufwendungen

2 Grunderlöse   4 Zusatzerlöse   6 Neutrale Erträge

handelt. Geben Sie jeweils den Betrag an.

	in EUR
a) KK-Kunden werden zum Quartalsende belastet bzw. gutgeschrieben:	
Sollzinsen	13.950,00
Kontoführungsgebühren	8.777,23
Habenzinsen	1.873,24
b) Eingang von Mieten für ein Ladenlokal im Bankgebäude	2.980,45
c) Überweisung der Grundsteuer an das örtliche Finanzamt	3.917,00
d) Übertragung einer fälligen Festgeldanlage in Höhe von 30.000,00 EUR eines Kunden auf das Girokonto, Zinsen	900,00
e) Ein Dienstwagen hatte bei einem Unfall einen Totalschaden. Der Buchwert betrug noch	12.500,00
f) Dem örtlichen Kindergarten wird eine Geldspende übergeben	1.000,00
g) Erhalt einer Steuererstattung vom örtlichen Finanzamt	12.800,50
h) Überweisung der Mieten für Pkw-Stellplätze der Dienstwagen	3.500.00
i) Eine PC-Anlage aus der Depotabteilung wird zu 3.077,59 EUR inkl. 19 % Umsatzsteuer verkauft. Der Buchwert betrug	2.580,00

5. Die Bonner Bank AG hat einen Selbstbedienungsterminal für die Abwicklung von Zahlungsverkehrs-geschäften angeschafft. Die Anschaffungskosten betrugen 130.000,00 EUR inkl. USt. Für die Selbst-kostenkalkulation liegen der Controlling-Abteilung folgende Daten vor:

Betriebsgewöhnliche Nutzungsdauer: 4 Jahre
Abschreibungsmethode: linear
Tatsächliche Nutzungsdauer: 3 Jahre
geschätzte Preissteigerung: + 12,5 % in drei Jahren

Ermitteln Sie
a) den Abschreibungsbetrag in der Kostenrechnung für das 1. Jahr der Nutzung in Euro.
b) den Abschreibungsbetrag der Finanzbuchhaltung für das 2. Nutzungsjahr in Euro.
c) jeweils die Nutzungsjahre, in denen
    ca) Zusatzkosten
    cb) Neutrale Aufwendungen
    zu berücksichtigen sind.

6. Die Anschaffungskosten für einen neuen Beraterplatz betragen 38.991,60 EUR zzgl. Umsatzsteuer. Die betriebsgewöhnliche Nutzungsdauer beträgt 10 Jahre. Erfahrungsgemäß wird der Beraterplatz jedoch alle sechs Jahre neu ausgestattet. Darüber hinaus ist der Wiederbeschaffungswert bei der Kalkulation anzusetzen. Es wird für diesen Zeitraum mit einer Preissteigerung von 20 % gerechnet. Die kalkulatori-sche Abschreibung erfolgt linear.

Stellen Sie die steuerrechtlichen und kalkulatorischen Abschreibungspläne tabellarisch nach fol-gendem Muster gegenüber:

Jahre	Steuerrechtliche AfA p. a.		Kalkulatorische Abschreibung p. a.		Neutraler Aufwand	Zusatz-kosten
	in EUR	in %	in EUR	in %	in EUR	in EUR

7. Der Abteilung Controlling der Raiffeisenbank Erftkreis eG liegen folgende Zahlenwerte vor (in TEUR):

Zinserträge   16.789
Provisionserträge   8.956
Zinserträge aus Schuldverschreibungen   3.519
Sonstige betriebliche Erträge   1.287

Zinsaufwendungen   13.624
Provisionsaufwendungen   1.089
Personalaufwendungen   7.287
Allgemeine Verwaltungsaufwendungen   3.287
Sonstige betriebliche Aufwendungen   1.150

Ermitteln Sie folgende Werte (in TEUR):
a) Gesamtbetrag der neutralen Aufwendungen
b) Gesamtbetrag der neutralen Erträge
c) Gesamterlöse
d) Gesamtkosten

8. Die Volksbank Bergisches Land eG erwirbt eine mobile Geschäftsstelle, um ihre Kunden auch vor Ort beraten zu können. Die Anschaffungskosten betragen 277.815,13 EUR zzgl. 19 % Umsatzsteuer.
    Die Volksbank kalkuliert mit einer Nutzungsdauer von 10 Jahren und einem Wiederbeschaffungswert von 350.000,00 EUR, obgleich die betriebsgewöhnliche Nutzungsdauer auf acht Jahre festgesetzt wurde. Die Abschreibung soll jeweils linear erfolgen.

    Erstellen Sie die Abschreibungspläne für die Abteilung
    a) Finanzbuchhaltung
    b) Controlling
    c) Vergleichen Sie beide Abschreibungspläne und stellen Sie für jedes Abschreibungsjahr die Höhe der Zusatzkosten, der neutralen Aufwendungen und der Grundkosten bzw. Zweckaufwendungen dar.

9. Das interne Rechnungswesen der Rhein-Ruhr-Bank AG hat aus der Kreditabteilung folgende Aufstellung erhalten (in TEUR):

Jahr	Inventurbestand „Forderungen an Kunden"	Abschreibungen auf Forderungen	Tatsächlicher Ausfall
2013	487.289	2.500	2.180
2014	513.398	1.400	1.240
2015	587.209	1.900	1.390
2016	613.592	2.700	2.370
2017	699.950	2.300	1.920

Zur Kalkulation der Risikokosten werden folgende Werte benötigt:
(Runden Sie die Ergebnisse auf zwei Stellen nach dem Komma!)
a) Durchschnittliche Abschreibungen auf Forderungen von 2013–2017 in Prozent des Inventurbestandes.
b) Tatsächlicher durchschnittlicher Forderungsausfall von 2013–2017 in Prozent des Inventurbestandes.
c) Kalkulatorische Abschreibungen für das Jahr 2017 in Euro.
d) Differenz zwischen den kalkulatorischen und steuerlichen Abschreibungen auf Forderungen in Euro. im Jahr 2017.
e) Interpretieren Sie abschließend das Ergebnis aus d).

7.2   Grundprobleme der Selbstkostenermittlung

Fine effiziente Preiskalkulation von Bankleistungen setzt voraus, dass sich das Controlling eines Kreditinstituts bei der Kosten-und-Erlös-Rechnung Klarheit über folgende Fragen verschafft.
• Welche Bankleistungen werden erbracht?
• Wo werden die Bankleistungen erbracht?
• Welche Selbstkosten verursacht die erbrachte Bankleistung?
• Welche Erlöse können durch den Verkauf der Bankleistungen erwirtschaftet werden?

Hierzu ist es notwendig, dass der Zusammenhang der Begriffe Kosten, Leistungen und Erlöse im bankbetrieblichen „Produktionsprozess" klar feststeht:

Die Produktion von Bankleistungen

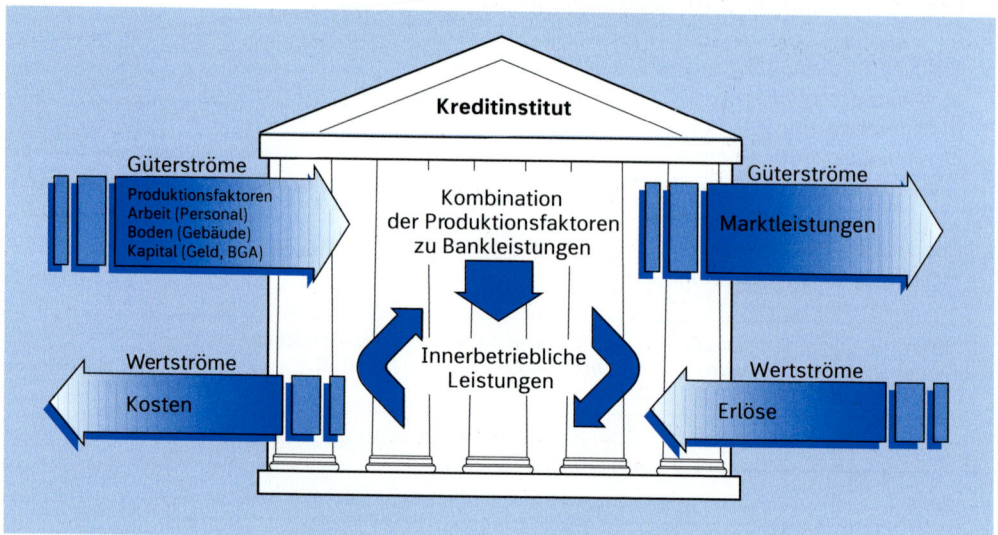

7.2.1   Innerbetriebliche Leistungen und Marktleistungen

Situation   Beim Mittagessen in der Kantine der Rhein-Ruhr-Bank AG erzählt ein Kundenberater von seinen Verkaufserfolgen. Er endet mit dem Satz: „Ohne uns Kundenberater würde die Bank längst rote Zahlen schreiben." Ein Mitarbeiter der Produktentwicklung entgegnet ihm daraufhin: „Und ohne unsere Leistungen könnten Sie kein Produkt verkaufen."

Das Controlling untersucht den Bankbetrieb, um festzustellen, in welchen Bereichen Bankleistungen „produziert" werden. Erst dann kann die Kalkulation der Selbstkosten der Bankleistung durch möglichst genaue Zuordnung der Kosten nach dem Verursacherprinzip erfolgen. Erbringt die Leistung Erlöse am Markt, ist zusätzlich die Kalkulation eines Marktpreises erforderlich.

Nach dem Ort der betrieblichen Leistungserstellung kann folgende Einteilung vorgenommen werden:

Innerbetriebliche Leistungen verursachen ausschließlich Kosten. Sie werden aber zur Erstellung von Marktleistungen benötigt.
Die Bereiche, die ausschließlich innerbetriebliche Leistungen erstellen, bezeichnet man als **cost-center** oder **back-office** (z. B. Revision, Rechnungswesen, Geschäftsleitung).

Marktleistungen werden am Markt angeboten und erzielen Erlöse. Bei der Feststellung der Selbstkosten einer Marktleistung sind daher auch die Kosten der mit ihr verbundenen innerbetrieblichen Leistungen zu berücksichtigen. Marktleistungen werden daher auch als Kostenträger bezeichnet. Geschäftsbereiche, die Marktleistungen erstellen, bezeichnet man als **profit-center** oder **front-office** (z. B. Kreditabteilung, Vermögensberatung, Kasse).

7.2.2   Dualismus von Marktleistungen

Eine Kundin der Rhein-Ruhr-Bank AG möchte 600,00 EUR auf ihr Sparbuch einzahlen.   **Situation**
Welche einzelnen Leistungen muss die zuständige Mitarbeiterin erbringen, um den Wunsch der Kundin zu erfüllen?

7.2.2.1   Betriebsleistungen

Überlegen Sie, welche **Tätigkeiten** Sie im Einzelnen ausführen müssen, um eine Sparbucheinzahlung zu bearbeiten.

Dies könnten z. B. sein:
• Entgegennahme und Zählen des Geldes
• Kontrolle des Einzahlungsbeleges hinsichtlich Kontonummer und Betrag
• Buchung der Einzahlung am Terminal
• Einführen der Sparurkunde in den Drucker
• Anbringen eines Kontrollvermerkes im Sparbuch usw.

Die Tätigkeiten im Rahmen dieses einfachen Geschäftsganges sind umfangreich. Zusammengefasst könnten sie als Dienstleistung „Einzahlungen auf ein Sparbuch entgegennehmen" bezeichnet werden.

Um diese Dienstleistung vollständig erbringen zu können, muss Ihr Kreditinstitut bestimmte technische und organisatorische Voraussetzungen aufweisen, wie z. B.
• ausreichend geschultes Personal
• EDV-Anlagen mit entsprechender Software
• Formulare
• ein Bankgebäude usw.

Die Gesamtheit dieser technischen und organisatorischen Elemente, die zur Erbringung von Bankleistungen notwendig sind, bezeichnet man als **Betriebsbereich**. Oder, anders ausgedrückt, ein Kreditinstitut benötigt diese Einrichtungen, um **„betriebsbereit"** zu sein.
Da die o. g. Tätigkeiten im Rahmen der Sparkontoeinzahlung durch Kombination der Einrichtungen des Betriebsbereiches zu erbringen sind, werden sie als **Betriebsleistungen** bezeichnet.

In Kreditinstituten unterscheidet man drei Arten von Betriebsleistungen:

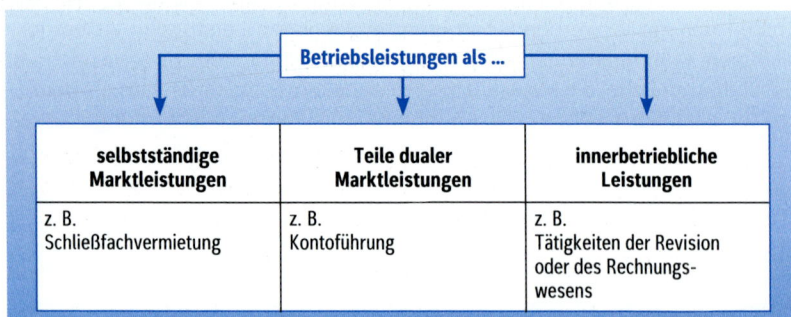

Betriebsleistungen als ...		
selbstständige Marktleistungen	**Teile dualer Marktleistungen**	**innerbetriebliche Leistungen**
z. B. Schließfachvermietung	z. B. Kontoführung	z. B. Tätigkeiten der Revision oder des Rechnungswesens

7.2.2.2 Wertleistungen

Die Betrachtung der Sparkontoeinzahlung konzentrierte sich bislang auf die beobachtbaren Tätigkeiten des Mitarbeiters. Sie stellen aber nicht den ganzen Umfang der Bankleistung „Einzahlungen auf Sparkonten entgegennehmen" dar.
Die Kundin wollte nicht nur das Geld aus Sicherheitsgründen bei der Bank deponieren oder durch den Druck im Sparbuch die Hinterlegung quittiert haben. Sie möchte mit ihrer Einzahlung Geld in Form einer Spareinlage anlegen und Zinsen erhalten.

Sie bieten somit im Rahmen der Sparkontoeinzahlung nicht nur die geschilderten Betriebsleistungen an, sondern offerieren den Kunden gleichzeitig die Möglichkeit der „Kapitalanlage".
Diese Leistung wird als **Wertleistung** bezeichnet. Sie wird durch den sog. finanzwirtschaftlichen Bereich oder **Wertbereich** eines Kreditinstituts erbracht.

Er sorgt somit dafür, dass

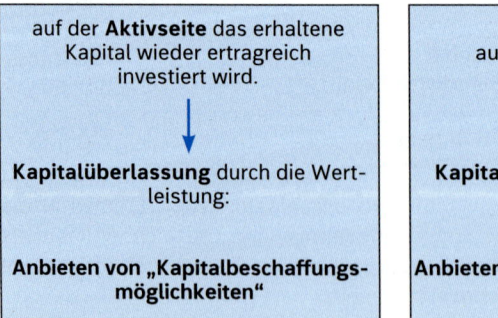

auf der **Aktivseite** das erhaltene Kapital wieder ertragreich investiert wird.

Kapitalüberlassung durch die Wertleistung:

Anbieten von „Kapitalbeschaffungsmöglichkeiten"

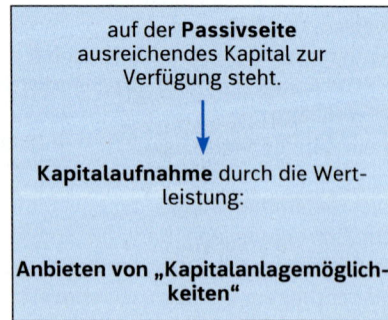

auf der **Passivseite** ausreichendes Kapital zur Verfügung steht.

Kapitalaufnahme durch die Wertleistung:

Anbieten von „Kapitalanlagemöglichkeiten"

7.2.2.3 Zusammenhang zwischen Wert- und Betriebsleistungen

Sobald mit der Erbringung einer Bankleistung die Verfügung über Geldkapital verbunden ist, wird eine sog. **duale** Bankleistung erbracht. Sie ist als Kombination von einer reinen Betriebsleistung mit einer Wertleistung zu verstehen.

Zur Bereitstellung von Marktleistungen, die Wertleistungen zum Gegenstand haben, sind stets auch Betriebsleistungen erforderlich. Marktleistungen können aber auch allein durch Betriebsleistungen (Wertpapierberatung, Schließfachvermietung, Zahlungsverkehr) erbracht werden.

Für eine exakte Preiskalkulation ist es notwendig, jede einzelne Bankleistung in Wert- und Betriebsleistungen zu zerlegen, damit sie kostenrechnerisch bewertbar wird:

Wertleistungen verursachen bei ihrer Erstellung **Wertkosten** und erwirtschaften durch ihren Verkauf **Werterlöse.**
Entsprechend verursacht die Erbringung von Betriebsleistungen **Betriebskosten.** Können sie am Markt verkauft werden, erzielt das Kreditinstitut **Betriebserlöse.**

Zusammenfassung:

I. Einteilung von Bankleistungen nach dem Ort der betrieblichen Leistungserstellung

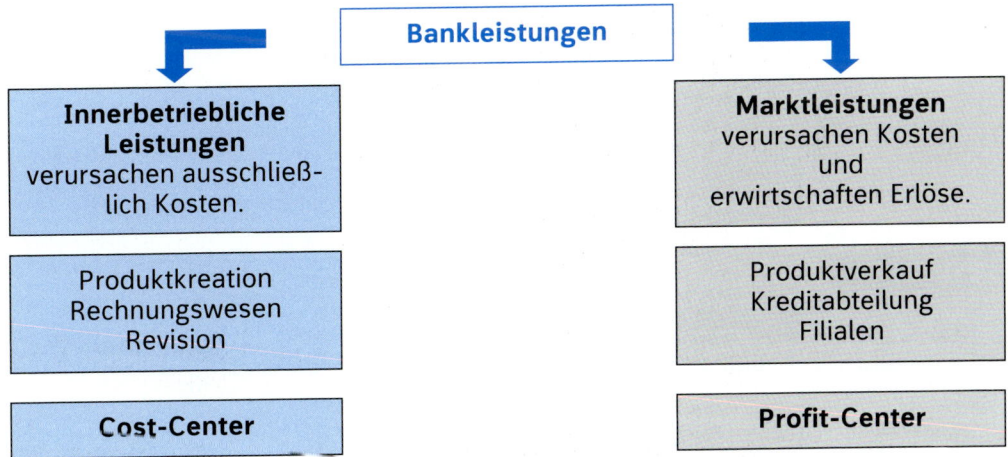

II. Marktleistungen nach Art der erbrachten Leistung

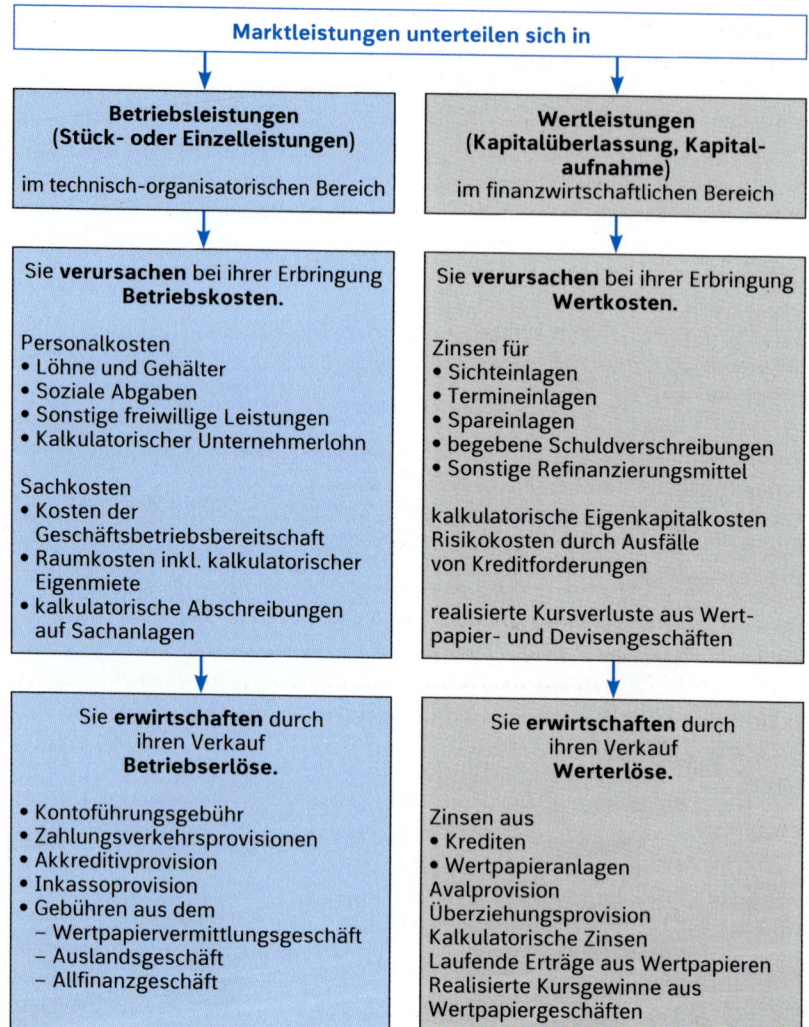

Im Bilddiagramm:

Marktleistungen unterteilen sich in

Betriebsleistungen
(Stück- oder Einzelleistungen)

im technisch-organisatorischen Bereich

Wertleistungen
(Kapitalüberlassung, Kapital-aufnahme)

im finanzwirtschaftlichen Bereich

Sie **verursachen** bei ihrer Erbringung
Betriebskosten.

Personalkosten
• Löhne und Gehälter
• Soziale Abgaben
• Sonstige freiwillige Leistungen
• Kalkulatorischer Unternehmerlohn

Sachkosten
• Kosten der
  Geschäftsbetriebsbereitschaft
• Raumkosten inkl. kalkulatorischer
  Eigenmiete
• kalkulatorische Abschreibungen
  auf Sachanlagen

Sie **verursachen** bei ihrer Erbringung
Wertkosten.

Zinsen für
• Sichteinlagen
• Termineinlagen
• Spareinlagen
• begebene Schuldverschreibungen
• Sonstige Refinanzierungsmittel

kalkulatorische Eigenkapitalkosten
Risikokosten durch Ausfälle
von Kreditforderungen

realisierte Kursverluste aus Wert-
papier- und Devisengeschäften

Sie **erwirtschaften** durch
ihren Verkauf
Betriebserlöse.

• Kontoführungsgebühr
• Zahlungsverkehrsprovisionen
• Akkreditivprovision
• Inkassoprovision
• Gebühren aus dem
  – Wertpapiervermittlungsgeschäft
  – Auslandsgeschäft
  – Allfinanzgeschäft

Sie **erwirtschaften** durch
ihren Verkauf
Werterlöse.

Zinsen aus
• Krediten
• Wertpapieranlagen
Avalprovision
Überziehungsprovision
Kalkulatorische Zinsen
Laufende Erträge aus Wertpapieren
Realisierte Kursgewinne aus
Wertpapiergeschäften

Aufgaben

1. *Welche Einzelleistungen erbringt ein Kreditinstitut bei der Erstellung folgender Bankleistungen jeweils im Betriebs- und Wertbereich?*

   a) *Gewährung eines Anschaffungsdarlehens*
   b) *Hereinnahme einer Termineinlage*
   c) *Abhebung am bankeigenen Geldautomat*
   d) *Einreichung eines Schecks zur Verrechnung*

2. *Eine Kundin erhält am 30.09. einen Kontoauszug mit folgenden Daten:*

Saldo	*3.145,67 EUR Soll*
Kontoführungsgebühren:	*15,00 EUR*
Sollzinsen 8,25 % p. a.:	*21,45 EUR*
Habenzinsen 1,0 % p. a.:	*1,11 EUR*

Ordnen Sie aus Sicht des kontoführenden Kreditinstitutes diesem Geschäftsfall folgende Begriffe zu:

a) Wertleistung   c) Wertkosten   e) Betriebskosten

b) Betriebsleistung   d) Werterlöse   f) Betriebserlöse

3. *Entscheiden Sie bei den folgenden Geschäftsfällen der Sparkasse Köln des abgelaufenen Geschäfts-jahres, ob es sich um*

1️⃣ *Wertkosten*   4️⃣ *Betriebserlöse*

2️⃣ *Betriebskosten*   5️⃣ *keinen der genannten Begriffe*

3️⃣ *Werterlöse*

im betrachteten Zeitraum handelt.

a) Der Verkauf von Wertpapieren erbrachte hohe Kursgewinne.

b) Die tatsächlichen Ausfälle im Kreditgeschäft entsprachen dem langjährigen Durchschnitt.

c) Die Feuerversicherungsprämie für das Bankgebäude wurde bereits am 20.12. im Voraus überwiesen.

d) Am 15.12. wurden die jährlich fälligen Avalprovisionen belastet.

e) Das Kreditinstitut erhält eine Provision für die Vermittlung von Bausparverträgen.

f) Ein Dienstwagen wurde aufgrund eines Totalschadens bereits zwei Jahre nach dem Erwerb ersetzt.

g) Die Belastung der Depotgebühren für das Vorjahr erfolgte am 15.01.

h) Eine am 01.07. platzierte Inhaberschuldverschreibung (Zinstermin 01.07. ganzjährig) wird nach den Vorschriften des HGB am Jahresende bewertet.

i) Jeweils zum 15. des letzten Quartalsmonats erfolgt die Zinszahlung für die begebene Floating-Anleihe.

j) Zins- und Dividendenzahlungen auf Schuldverschreibungen und Aktien im Eigenbestand.

k) Die Pensionsrückstellungen wurden ordnungsgemäß dotiert.

l) Der Zinsvorteil der Mitarbeiter bei Baudarlehen betrug durchschnittlich 1,5 % p. a.gegenüber den Marktkonditionen.

m) Zum Jahresende besteht eine Umsatzsteuerschuld von 12.678,00 EUR.

n) Der Ertrag aus der Beratungstätigkeit bei Neuemissionen betrug 1,5 Mio. EUR.

4. *Welche der folgenden Begriffe sind den nachstehenden Geschäftsfällen der Rhein-Ruhr-Bank AG zuzu-ordnen?*

1️⃣ *Betriebskosten*   2️⃣ *Betriebserlöse*   3️⃣ *Werterlöse*

4️⃣ *Wertkosten*   5️⃣ *Neutrale Aufwendungen*   6️⃣ *Neutrale Erträge*

7️⃣ *keiner der genannten Begriffe*

a) Verkauf eines gebrauchten Tresors über Buchwert

b) Erwerb eines Kopierers für die Ausbildungsabteilung

c) Abschreibung einer uneinbringlichen Forderung

d) Zinsgutschrift für Wertpapiere des Handelsbestandes

e) Belastung von Kreditkartengebühren

f) Überweisung der monatlichen Stromkosten an die Stadtwerke

7.3 Methoden der Bankkalkulation

Auf Basis der begrifflichen Festlegungen zur Kosten-und-Leistungs-Rechnung ergibt sich der mehrstufige Aufbau der Bankkalkulation:

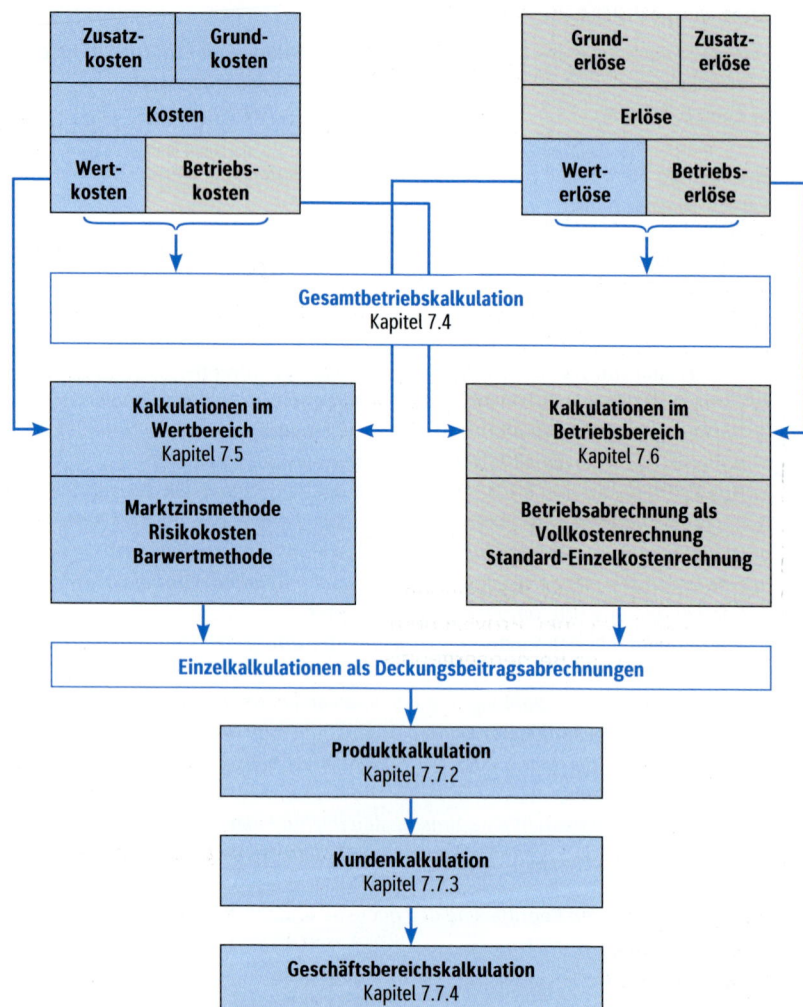

7.4 Gesamtbetriebskalkulation

Situation In einer Vorstandssitzung der Rhein-Ruhr-Bank AG erläutert der Abteilungsleiter des Controllings, dass sich das Betriebsergebnis gegenüber dem Vorjahr um 10 % erhöht hat. Der Vorstandsvorsitzende möchte anschließend detailliert wissen, inwieweit einzelne Kosten- und Erlöspositionen hierzu beigetragen haben.

Ausgangspunkt der Bankkalkulation ist die Ermittlung des Betriebsergebnisses auf Gesamtbankbasis. Hierdurch gewinnt die Unternehmensleitung einen ersten Überblick über den Unternehmenserfolg am Markt und kann Maßnahmen zur Rentabilitätssteigerung bzw. Kostensenkung einleiten. Die hierzu entwickelten Verfahren werden in ihrer Gesamtheit als Gesamtbetriebskalkulation bezeichnet.

7.4.1 Kalkulatorisches Betriebsergebnis

Die Gesamtbetriebskalkulation wird auf absoluten Zahlen aufgebaut. Das Betriebsergebnis wird in Euro ausgedrückt.

Kalkulatorisches Betriebsergebnis

Die Berechnung des kalkulatorischen Betriebsergebnisses erfolgt auf Basis aller ermittelten Kosten und Erlöse des Kreditinstituts. Hierbei wird nach Wert- und Betriebsbereich getrennt, sodass sich folgende Grundstruktur der Gesamtbetriebskalkulation ergibt:

Grundstruktur der Gesamtbetriebskalkulation

   Werterlöse
– Wertkosten
= Überschuss im Wertbereich

+ Betriebserlöse (inkl. Provisionen)
– Betriebskosten (inkl. Provisionen)
= Kalkulatorisches Betriebsergebnis

Aufgabe

Der Abteilung Controlling der Raiffeisenbank Erftkreis eG liegen folgende Zahlenwerte vor (in TEUR):

Zinserträge	16.789
Provisionserträge	8.956
Zinserträge aus Schuldverschreibungen	3.519
Sonstige betriebliche Erträge	1.287
Zinsaufwendungen	13.624
Provisionsaufwendungen	1.089
Personalaufwendungen	7.287
Andere Verwaltungsaufwendungen	3.287
Sonstige betriebliche Aufwendungen	1.150

Ermitteln Sie folgende Beträge mithilfe der Grundstruktur der Gesamtbetriebskalkulation:

a) Werterlöse   c) Betriebskosten   e) Betriebsergebnis
b) Wertkosten   d) Betriebserlöse

7.4.2 Gesamtzinsspannenrechnung

Situation Die Geschäftsleitung der Rhein-Ruhr-Bank AG betrachtet trotz der erfreulichen Erhöhung des Betriebsergebnisses mit Sorge das steigende Zinsniveau am Kapitalmarkt. Sie möchte deshalb von der Abteilung Controlling über die möglichen Auswirkungen dieser Entwicklung auf die Zinsspanne und das Betriebsergebnis der Bank informiert werden.

Während die Gesamtbetriebskalkulation der Geschäftsleitung auf Basis absoluter Zahlenwerte lediglich einen Einblick in die Quellen der Kosten- und Erlöse gewährt, kann mithilfe der Gesamtzinsspannenrechnung eine Analyse der durch die abgeschlossenen Aktiv- und Passivgeschäfte entstandenen **Zinsspanne** eines Kreditinstitutes vorgenommen werden.

Neben dem Wertbereich wird auch der Betriebsbereich in den Kalkulationen berücksichtigt, sodass Auswirkungen von Zinsniveauänderungen auf das Betriebsergebnis ebenfalls festgestellt werden können.

Die Gesamtzinsspannenrechnung gliedert sich in zwei aufeinander aufbauende Stufen:
- 1. Stufe: Gesamtzinsspannenrechnung (Wertbereich)
- 2. Stufe: Nettozinsspannenrechnung (Wert- und Betriebsbereich)

7.4.2.1 Was ist eine Zinsspanne?

Unter einer Zinsspanne bzw. -marge ist grundsätzlich die Differenz zwischen den Zinserlösen und -kosten, ausgedrückt in Prozent (p. a.) der Bilanzsumme oder des Geschäftsvolumens, zu verstehen. Margen werden in der Bankkalkulation auch für Betriebserlöse und -kosten ermittelt (Kosten- bzw. Erlösmargen).

Beispiel

1 Ermittlung einer Zinsspanne
Nehmen Sie an, die Bilanz der Rhein-Ruhr-Bank AG bestünde nur aus einem Termingeld über 100.000,00 EUR (Zinssatz 3,00 % p. a.) und einem Kredit in gleicher Höhe mit einem Zinssatz von 7,00 % p. a.

Zinserlöse:	7.000,00 EUR p. a. = 7,00 % p. a.	**Zinssatz Kredit**
Zinskosten:	– 3.000,00 EUR p. a. = 3,00 % p. a.	**Zinssatz Termingeld**

Zinsüberschuss: = 4.000,00 EUR p. a. = **4,00 % p. a. Zinsspanne**

2 Ermittlung einer Kostenmarge:
Die Anlage des oben genannten Festgeldes verursacht einmalige Betriebskosten in Höhe von 70,00 EUR. Provisionserlöse können aus Konkurrenzgründen nicht erwirtschaftet werden.

Betriebskosten: 70,00 EUR p. a. für ein Festgeld von 100.000,00 EUR

Kostenmarge = 70,00 EUR / 100.000,00 EUR · 100 = **0,07 % p. a.**
Bei der Kalkulation des Kundenzinssatzes für das Termingeld ist eine Betriebskostenmarge in Höhe von 0,07 % p. a. zu berücksichtigen. Sie mindert die Zinsspanne.

7.4.2.2 Gesamtzinsspannenrechnung im engeren Sinne

Die Gesamtzinsspannenrechnung im engeren Sinne betrachtet nur den Wertbereich. Die Gesamtzinsspanne stellt dabei die Differenz zwischen der durchschnittlichen Verzinsung der Aktiv- und der Passivseite der Bilanz dar. Sie wird mithilfe einer sog. Zinsertragsbilanz ermittelt, indem den durchschnittlichen Jahresbeständen der einzelnen Bilanzpositionen die entsprechenden Werterlöse und -kosten zugeordnet werden.

Gesamtzinsspanne
= durchschnittliche Verzinsung der Aktivseite
– durchschnittliche Verzinsung der Passivseite

1. Schritt: Aufbereitung der Bilanz

Beispiel

Die Controlling-Abteilung ordnet hierzu den einzelnen Bilanzpositionen ihre durchschnittlichen Jahresbestände zu. Es ergibt sich folgende Struktur:

Aktiva	Bilanz Rhein-Ruhr-Bank AG		Passiva
Position	Ø-Bestand TEUR	Position	Ø-Bestand TEUR
Barreserve	12.900	Sichteinlagen	21.000
Kredite	33.300	Termineinlagen	14.000
Wertpapiere	13.200	Spareinlagen	24.000
BGA/Anlagen	1.600	Eigenkapital	2.000
Bilanzsumme	61.000	Bilanzsumme	61.000

2. Schritt: Zuordnung der Werterlöse und -kosten zu den Bilanzpositionen

Die Controlling-Abteilung nutzt zur Zuordnung der Werterlöse und -kosten folgende Gewinn-und-Verlust-Rechnung:

G.u.V.-Rechnung			
Aufwendungen	TEUR	Erträge	TEUR
Zinsen für		Zinsen aus	
– Sichteinlagen	105	– Krediten	2.664
– Termineinlagen	770	– Schuldverschreibungen	1.188
– Spareinlagen	1.200	– Provisionserträge	3.170
Personalkosten	3.500	– neutrale Erträge	1.490
neutrale Aufwendungen	1.300		
Jahresüberschuss	1.637		
	8.512		8.512

Aktiva		Zinsertragsbilanz Rhein-Ruhr-Bank AG	Passiva		
Position	TEUR Ø-Bestand	Zinserlöse in TEUR	Position	TEUR Ø-Bestand	Zinskosten in TEUR
Barreserve	12.900	-.-	Sichteinlagen	21.000	105
Kredite	33.300	2.664	Termineinlagen	14.000	770
Wertpapiere	13.200	1.188	Spareinlagen	24.000	1.200
BGA/Anlagen	1.600	-.-	Eigenkapital	2.000	-.-
Bilanzsumme	61.000	3.852	Bilanzsumme	61.000	2.075

Beispiel

3. Schritt: Ermittlung der durchschnittlichen Verzinsung der Bilanzseiten

Aktiva   **Zinsertragsbilanz**   **Passiva**
Rhein-Ruhr-Bank AG

Position	TEUR Ø-Bestand	Zinserlöse in TEUR	% p. a.	Position	TEUR Ø-Bestand	Zinskosten in TEUR	% p. a.
Barreserve[1]	12.900	–,–	–,–	Sichteinlagen	21.000	105	0,50
Kredite	33.300	2.664	8,00	Termineinlagen	14.000	770	5,50
Wertpapiere	13.200	1.188	9,00	Spareinlagen	24.000	1.200	5,00
BGA/Anlagen	1.600	–,–	–,–	Eigenkapital	2.000	–,–	–,–
Bilanzsumme	61.000	3.852	**6,31**	Bilanzsumme	61.000	2.075	**3,40**

Aktivseite:

$$\frac{\text{Summe der Zinserlöse} \cdot 100}{\text{(durchschnittliche) Bilanzsumme}} = \textbf{Verzinsung der Aktivseite in \% p. a.}$$

$$\frac{3.852\ \text{TEUR} \cdot 100}{61.000\ \text{TEUR}} = 6,31\ \%\ \text{p. a. (gerundet)}$$

Passivseite:

$$\frac{\text{Summe der Zinskosten} \cdot 100}{\text{(durchschnittliche) Bilanzsumme}} = \textbf{Verzinsung der Passivseite in \% p. a.}$$

$$\frac{2.075\ \text{TEUR} \cdot 100}{61.000\ \text{TEUR}} = 3,40\ \%\ \text{p. a. (gerundet)}$$

4. Schritt: Ermittlung der Gesamtzinsspanne:

Verzinsung der Aktivseite in % p. a.	6,31 % p. a.
– Verzinsung der Passivseite in % p. a.	– 3,40 % p. a.
= **Gesamtzinsspanne in % p. a.**	= **2,91 % p. a.**

Die Gesamtzinsspanne der Rhein-Ruhr-Bank AG beträgt 2,91 % p. a.

Das gestiegene Zinsniveau stellt für die Bank dann ein Risiko dar, wenn den grundsätzlich kürzerfristigen Passiva langfristige Festzinspositionen auf der Aktivseite gegenüberstehen. Durch Neuabschlüsse von Passivgeschäften zu gestiegenen Marktkonditionen würde sich die Gesamtzinsspanne verringern.

7.4.2.3   Nettozinsspannenrechnung

Nettozinsspanne
≙
Betriebsergebnis
in Prozent p. a.

Die Nettozinsspannenrechnung baut auf der Gesamtzinsspannenrechnung auf und berücksichtigt zusätzlich die Betriebskosten und -erlöse eines Kreditinstituts in Form von Margen. Die Gesamtzinsspanne wird hierzu als sog. Bruttozinsspanne, verstanden als Überschuss des Wertbereichs, mit eingebunden. Als Ergebnis erhält man die **Nettozinsspanne,** die dem Betriebsergebnis in Prozent p. a. entspricht.

---

[1] *Auf Zinserträge für Mindestreserveguthaben wird in diesem Beispiel verzichtet.*

Nettozinsspannenrechnung der Rhein-Ruhr-Bank AG:

Aus der Gewinn-und-Verlust-Rechnung ergeben sich für den Betriebsbereich folgende Kosten und Erlöse (siehe Kapitel 7.4.2.2):

Betriebskosten (Personalkosten):	**3.500 TEUR**
Betriebserlöse (Provisionserträge):	**3.170 TEUR**

Die Bruttozinsspanne kann der Gesamtzinsspannenrechnung entnommen werden:

	Zinserlöse (Aktiva)	6,31 % p. a.	
–	Zinskosten (Passiva)	– 3,40 % p. a.	
= (1)	**Bruttozinsspanne**	= **2,91 % p. a.**	
	(= Überschuss im Wertbereich)		
	Betriebserlöse	+ 5,20 % p. a.	$\dfrac{(3.170 \text{ TEUR} \cdot 100)}{61.000 \text{ TEUR}}$
		(gerundet)	
–	Betriebskosten	– 5,74 % p. a.	$\dfrac{(3.500 \text{ TEUR} \cdot 100)}{61.000 \text{ TEUR}}$
		(gerundet)	
= (2)	**Betriebsspanne**	– **0,54 % p. a.**	
	(= Ergebnis des Betriebsbereiches)		

Ermittlung der Nettozinsspanne:

	(1)	Bruttozinsspanne	2,91 % p. a.
+	(2)	Betriebsspanne	– 0,54 % p. a.
=	(3)	**Nettozinsspanne**	= **2,37 % p. a.**
		(= Betriebsergebnis in % p. a.)	

Die Bezeichnung **Betriebsspanne**, als Saldo der Betriebserlös- und Betriebskostenmarge, resultiert daher, dass Kreditinstitute traditionell ein defizitäres Ergebnis im Betriebsbereich aufweisen.

7.4.2.4 Zusammenhang zwischen Gesamtbetriebskalkulation und Nettozinsspannenrechnung

Die Grundstruktur der Gesamtbetriebskalkulation und die Nettozinsspannenrechnung besitzen den gleichen formalen Aufbau und führen jeweils zum Betriebsergebnis:

Rhein-Ruhr-Bank AG:

	Gesamtbetriebskalkulation in TEUR	Nettozinsspannenrechnung in % p. a. der Bilanzsumme
Werterlöse – **Wertkosten**	3.852 – 2.075	6,31 – 3,40
= **Zinsüberschuss**	= 1.777	= 2,91 **Bruttozinsspanne**
+ **Betriebserlöse** – **Betriebskosten**	+ 3.170 – 3.500	+ 5,20 – 5,74
= **Ergebnis Betriebsbereich**	= – 330	= – 0,54 **Betriebsspanne**
= **Betriebsergebnis**	= 1.447	= 2,37 **Nettozinsspanne** (Betriebsergebnis in % der Bilanzsumme)

Aufgaben

1. Die vorbereitete Zinsertragsbilanz der Volksbank Mosel eG weist folgende Jahresdurchschnittsbestände auf:

Aktiva	Zinsertragsbilanz (in TEUR)						Passiva
Position	Ø Bestand	Zins- erlöse	Zinssatz in % p. a.	Position	Ø Bestand	Zins- kosten	Zinssatz in % p. a.
Barreserve	2.550			Verbind. KI	9.500		
Wechsel	8.850			Sparein- lagen	57.300		
Forderungen an KI	30.600			Sicht- einlagen	25.500		
Forderungen an Kunden	87.900			Termin- einlagen	33.200		
Wertpapiere	6.500			Anleihen	5.000		
Sachanlagen	13.600			Eigen- kapital	19.500		
Summe Aktiva	150.000			Summe Passiva	150.000		

Zur Zuordnung der Werterlöse und -kosten wird die Gewinn-und-Verlust-Rechnung der Volksbank herangezogen:

Gewinn-und-Verlust-Rechnung

Aufwendungen	TEUR	Erträge	TEUR
Zinsen für		Zinsen aus	
– Verbindlichkeiten ggü. Kreditinstituten	380	– Barreserven	51
– Spareinlagen	3.438	– Wechseln	531
– Sichteinlagen	127,5	– Forderungen an Kreditinstitute	1.071
– Termineinlagen	1.328	– Forderungen an	
– eigene Anleihen	426,5	Kunden	9.669
Personalkosten	2.980	– Wertpapieren	513
Sachkosten	2.795	Provisionserträge	3.450
sonstige betriebliche Aufwendungen	965	andere Erträge	283
Jahresüberschuss	3.128		
	15.568		15.568

a) Ordnen Sie den Bilanzpositionen die zutreffenden Werterlöse und -kosten zu.

b) Ermitteln Sie jeweils die durchschnittliche Verzinsung der einzelnen Bilanzpositionen.

c) Berechnen Sie jeweils für die Volksbank Mosel eG
   ca) die durchschnittliche Verzinsung der Aktiv- und Passivseite.
   cb) die Gesamt- bzw. Bruttozinsspanne.
   cc) die Nettozinsspanne der Volksbank.

d) Berechnen Sie anschließend das Betriebsergebnis der Volksbank in Euro.

2. Für die Kosten-und-Erlös-Rechnung der Rhein-Ruhr-Bank AG liegen folgende Zahlenangaben (in TEUR) vor:

Bilanzsumme   400.000   Betriebserlöse   1.200   Zinskosten   14.000

Zinserlöse   24.000   Betriebskosten   5.800

a) Ermitteln Sie in Prozent

   aa) die Betriebsspanne,   ab) die Nettozinsspanne.

Die Geschäftsleitung der Rhein-Ruhr-Bank AG beabsichtigt, die Nettozinsspanne auf 1,50 % zu erhöhen. Dies soll durch eine Erhöhung der Zinserlöse um 400 TEUR und eine Reduzierung der Betriebskosten erreicht werden.

b) Um wie viel TEUR müssen die Betriebskosten gesenkt werden?

3. *Der Controlling-Abteilung der Volksbank Kassel eG liegt folgende vereinfachte Zinsertragsbilanz sowie die vorläufigen Ergebnisse der Betriebsabrechnung vor.*

Aktiva				Zinsertragsbilanz (in TEUR)				Passiva
	Bestand	Zinsen	Zinssatz p. a.		Bestand	Zinsen	Zinssatz p. a.
Barreserve	2.550	–		Vblk. KI	9.500	380	
Wechselford.	8.850	531		Sichteinlagen	25.500	127,5	
Ford. KI	30.600	1.071		Termineinlagen	33.200	1.328	
Ford. Kunden	87.900	9.669		Spareinlagen	57.300	3.438	
Finanzanlagen	6.500	520		Schuldverschr.	5.000	425	
unverzinsliche				Eigenkapital	19.500	–	
Aktiva	13.600	–					
Summe				Summe			

Betriebskosten   5.689,34 TEUR   Betriebserlöse   1.699,34 TEUR

a) Ermitteln Sie jeweils in Prozent der Bilanzsumme (auf zwei Stellen nach dem Komma runden):

   aa) die Zinserlöse   ac) die Bruttozinsspanne   ae) die Nettozinsspanne

   ab) die Zinskosten   ad) die Betriebsspanne   af) das Betriebsergebnis

b) Um wie viel TEUR müssten die Werterlöse gesteigert werden, wenn die Bank eine Nettozinsspanne von 2 % anstrebt und die Betriebskosten um 5 % steigen?

4. *a) Die nachstehende Bilanz weist u. a. die Zinserlöse und Zinskosten eines Kreditinstituts aus. Ermitteln Sie*

   aa) den durchschnittlichen Zinserlös aus den gesamten Aktiva in Prozent,

   ab) die durchschnittlichen Zinskosten für die gesamten Passiva in Prozent,

   ac) die Gesamtzinsspanne des Kreditinstituts in Prozent.

b) Die Geschäftsleitung strebt eine Gesamtzinsspanne von 3 % an. Um dies zu erreichen, sollen die Kredite zulasten der Wertpapiere aufgestockt werden.

   ba) Um wie viel Mio. Euro müssten die gesamten Zinserlöse steigen, um eine Zinsspanne von 3 % zu erreichen?

   bb) Um wie viel Mio. Euro müssten die Kredite zulasten der Wertpapiere erhöht werden?

Aktiva			Bilanz eines Kreditinstituts (Kurzfassung)				Passiva
	Jahresdurch-schnitts-bestand in Mio. EUR	Jahresdurch-schnitts-zinssatz in v. H.	Zinserlöse in Mio. EUR		Jahresdurch-schnitts-bestand in Mio. EUR	Jahresdurch-schnitts-zinssatz in v. H.	Zinskosten-in Mio. EUR
Barreserve	20	–	–	Sichteinlagen	20	0,5	0,1
Wertpapiere	60	6,5	3,9	Termineinl.	60	4,5	2,7
Kredite	100	8,5	8,5	Spareinl.	100	4,0	4,0
Übrige				Übrige			
Aktiva	20	3,0	0,6	Passiva	20	3,0	0,6
	200		13,0		200		7,4

7.4.3 Ermittlung der Nettogewinnspanne

Unter Verwendung des Schemas zur Ermittlung des Betriebsergebnisses auf Basis der Gewinn-und-Verlust-Rechnung (siehe Anhang IV) lässt sich die **Nettogewinnspanne** berechnen. Sie entspricht dem Betriebsergebnis in Prozent der durchschnittlichen Bilanzsumme eines Kreditinstituts.

Information Die durchschnittliche Bilanzsumme beträgt 2.400 Mio. EUR.

Position der Gewinn-und-Verlust-Rechnung	Betrag in Mio. EUR	Saldogrößen bzw. Spannen	Anteil in %
(1) Zinsüberschuss			
Zinserträge	192,00	} Zinserträge	10,50
+ Laufende Erträge aus Aktien und Beteiligungen	+ 60,00		
+ Erträge aus Gewinnabführungsverträgen etc.	+ 0,00		
– Zinsaufwendungen	– 96,00	Zinsaufwendungen	– 4,00
= Zinsüberschuss	**= 156,00**	**Bruttozinsspanne**	**= 6,50**
(2) Provisionsüberschuss			
Provisionserträge	78,00		3,25
– Provisionsaufwendungen	– 66,00		– 2,75
= Provisionsüberschuss	**= 12,00**	**Provisionsspanne**	**= 0,50**
(3) Verwaltungsaufwand			
Personalaufwand	72,00	Personalaufwandsspanne	3,00
+ Andere Verwaltungsaufwendungen	+ 48,00	} Sachaufwandsspanne	+ 2,75
+ Abschreibungen und Wertberichtigungen auf Sachanlagen und immaterielle Anlagewerte	+ 18,00		
= Verwaltungsaufwand	**= 138,00**	**Bruttobedarfsspanne**	**= 5,75**
Teilbetriebsergebnis = (1) + (2) – (3) Zinsüberschuss + Provisionsüberschuss – Verwaltungsaufwand	**= 30,00**		**= 1,25**
(4) +/– Nettoergebnis aus Finanzgeschäften	+ 24,00	Handelsspanne (Handelsergebnis)	+ 1,00
(5) +/– Saldo der Sonstigen betrieblichen Erträge und Aufwendungen	+ 6,00	Sonstige Ertragsspanne	+ 0,25
• Sonstige betriebliche Erträge	(+ 28,00)		
• Sonstige betriebliche Aufwendungen	(– 22,00)		
(6) +/– Bewertungsergebnis (Risikovorsorge)	– 18,00		– 0,75
• <u>Abschreibungen</u> und Wertberichtigungen auf Forderungen und Wertpapiere der Liquiditätsreserve sowie Zuführungen zu Rückstellungen im Kreditgeschäft	(– 19,00)	} Bewertungsspanne (Risikospanne)	
• <u>Erträge</u> aus Zuschreibungen zu Forderungen und Wertpapieren der Liquiditätsreserve sowie aus der Auflösung von Rückstellungen im Kreditgeschäft	(+ 1,00)		
Betriebsergebnis aus normaler Geschäftstätigkeit (1)-(6)	**= 42,00**	**Nettogewinnspanne**	**= 1,75**

Zusammenfassung

	in Mio. EUR	in % der Bilanzsumme		in Mio. EUR	in % der Bilanzsumme
Bruttozinsspanne (1)	156,00	6,50	Bruttoertragsspanne	198,00	8,25
+ Provisionsspanne (2)	+ 12,00	+ 0,50	– Bruttobedarfsspanne (3)	– 138,00	– 5,75
+ Handelsergebnis (4)	+ 24,00	+ 1,00	**= Bruttogewinnspanne**	= 60,00	= 2,50
+ Sonstige Ertragsspanne (5)	+ 6,00	+ 0,25	– Risikospanne (6)	– 18,00	– 0,75
= Bruttoertragsspanne	**= 198,00**	**= 8,25**	**= Nettogewinnspanne**	42,00	= 1,75

1. Zur detaillierten Analyse der Gewinn-und-Verlust-Rechnung für das abgelaufene Geschäftsjahr (siehe nachfolgenden Auszug) möchte die Controlling-Abteilung der Rhein-Ruhr-Bank AG folgende Größen ermitteln:

a) Teilbetriebsergebnis   e) Bruttobedarfsspanne

b) Betriebsergebnis   f) Bruttoertragsspanne

c) Bruttozinsspanne   g) Bruttogewinnspanne

d) Provisionsspanne   h) Nettogewinnspanne

Auszug aus der Gewinn-und-Verlust-Rechnung

Aufwendungen	(in Mio. Euro)	Erträge	
1. Zinsaufwendungen	600	1. Zinserträge	950
2. Provisionsaufwendungen	120	2. Laufende Erträge aus Aktien und Beteiligungen	180
4. a) Personalaufwand	240	3. Erträge aus Gewinnabführungsverträgen etc.	10
4. b) Andere Verwaltungsaufwendungen	125	4. Provisionserträge	135
5. Abschreibungen und Wertberichtigungen auf Sachanlagen und immaterielle Anlagewerte	25	5. Nettoertrag aus Finanzgeschäften	40
6. Sonstige betriebliche Aufwendungen	34	6. Erträge aus Zuschreibungen zu Forderungen und Wertpapieren der Liquiditätsreserve sowie aus der Auflösung von Rückstellungen im Kreditgeschäft	2
7. Abschreibungen und Wertberichtigungen auf Forderungen und Wertpapiere der Liquiditätsreserve sowie Zuführungen zu Rückstellungen im Kreditgeschäft	26	8. Sonstige betriebliche Erträge	38

Die durchschnittliche Bilanzsumme der Rhein-Ruhr-Bank AG im abgelaufenen Geschäftsjahr betrug 5.000 Mio. EUR.

2. Zur detaillierten Analyse der Gewinn-und-Verlust-Rechnung für das abgelaufene Geschäftsjahr (siehe nachfolgenden Auszug) möchte die Controlling-Abteilung der Volksbank Erftkreis eG folgende Größen ermitteln:

a) Teilbetriebsergebnis   e) Bruttobedarfsspanne

b) Betriebsergebnis   f) Bruttoertragsspanne

c) Bruttozinsspanne   g) Bruttogewinnspanne

d) Provisionsspanne   h) Nettogewinnspanne

Auszug aus der Gewinn-und-Verlust-Rechnung

Aufwendungen	(in Mio. Euro)	Erträge	
1. Zinsaufwendungen	560	1. Zinserträge	900
2. Provisionsaufwendungen	110	2. Laufende Erträge aus Aktien und Beteiligungen	160
4. a) Personalaufwand	210	3. Erträge aus Gewinnabführungsverträgen etc.	10
4. b) Andere Verwaltungsaufwendungen	120	4. Provisionserträge	160
5. Abschreibungen und Wertberichtigungen auf Sachanlagen und immaterielle Anlagewerte	30	5. Nettovertrag aus Finanzgeschäften	60
6. Sonstige betriebliche Aufwendungen	28	6. Erträge aus Zuschreibungen zu Forderungen und Wertpapieren der Liquiditätsreserve sowie aus der Auflösung von Rückstellungen im Kreditgeschäft	3
7. Abschreibungen und Wertberichtigungen auf Forderungen und Wertpapiere der Liquiditätsreserve sowie Zuführungen zu Rückstellungen im Kreditgeschäft	27	8. Sonstige betriebliche Erträge	32

Die durchschnittliche Bilanzsumme der Volksbank Erftkreis eG im abgelaufenen Geschäftsjahr betrug 4.000 Mio. EUR.

3. Zur Beurteilung der momentanen Ertragslage liegen der Universalbank AG folgende Werte vor:

Bruttozinsspanne	5,55 %
Provisionsaufwendungen	652,64
Provisionserträge	731,60
Personalaufwand	771,92
Andere Verwaltungsaufwendungen	380,32
Abschreibungen auf Sachanlagen	190,08
Nettoergebnis aus Finanzgeschäften	126,90
Sonstige Ertragsspanne	0,24 %
Risikospanne	0,86 %
Durchschnittliche Bilanzsumme	28.200

Ermitteln Sie

a) den Zinsüberschuss in Mio. Euro.

b) die Provisionsspanne in Prozent.

c) Stellen Sie fest, ob Ihr Ergebnis aus b)

1 positiv oder

2 negativ

ist.

d) den Verwaltungsaufwand in Mio. Euro.

e) die Bruttobedarfsspanne in Prozent.

f) das Betriebsergebnis in Mio. Euro.

g) Die Geschäftsleitung beabsichtigt eine Steigerung der Nettogewinnspanne um 20 % durch Steigerung der Zins- und Provisionserlöse zu gleichen Teilen. Um welchen Betrag in Mio. Euro müssen beide Werte jeweils steigen?

4. In einem Kreditinstitut werden für die Firmenkundschaft und für die Privatkundschaft das Geschäftsvolumen und der Zinsüberschuss getrennt erfasst.

a) Im 1. Geschäftsjahr betrugen

aa) im Bereich der Firmenkunden das Geschäftsvolumen 150 Mio. EUR und der Zinsüberschuss 3,15 Mio. EUR. Ermitteln Sie die Bruttozinsspanne in Prozent des Firmenkunden-Geschäftsvolumens.

ab) im Bereich der Privatkunden das Geschäftsvolumen 300 Mio. EUR bei einer Bruttozinsspanne von 3 %. Ermitteln Sie den Zinsüberschuss in Mio. Euro.

ac) Ermitteln Sie für das Gesamtgeschäft die Bruttozinsspanne.

b) Für das 2. Geschäftsjahr gibt das Kreditinstitut die Zielvorgabe aus: „Erwirtschaftung einer höheren Bruttozinsspanne".

ba) Dem Geschäftsbereich Firmenkundschaft gelingt es, bei unverändertem Altgeschäft ein Neugeschäft von 70 Mio. EUR mit einem Zinsüberschuss von 1,69 Mio. EUR abzuschließen. Ermitteln Sie die Bruttozinsspanne aus dem Altgeschäft und dem Neugeschäft für den Geschäftsbereich Firmenkundschaft.

bb) Auch dem Geschäftsbereich Privatkundschaft gelingt es bei gleichfalls unverändertem Altgeschäft ein Neugeschäft von 10 Mio. EUR mit einer Bruttozinsspanne von 3,64 % abzuschließen. Ermitteln Sie die Bruttozinsspanne aus dem Altgeschäft und dem Neugeschäft für den Geschäftsbereich Privatkundschaft (auf zwei Stellen nach dem Komma runden).

bc) Ermitteln Sie die Bruttozinsspanne aus dem Altgeschäft und dem Neugeschäft für den Gesamtgeschäftsbereich (auf zwei Stellen nach dem Komma runden).

7.5   Kalkulationen im Wertbereich

Situation

Innerhalb kurzer Zeit werden an einen Kundenberater der Rhein-Ruhr-Bank AG folgende Wünsche herangetragen:
Ein Kunde hat 100.000,00 EUR geerbt, die er bei Ihnen als Termingeld anlegen möchte.
Die Walterscheid AG benötigt einen Investitionskredit in Höhe von 100.000,00 EUR.
Beiden Kunden soll der Kundenberater kurzfristig einen Zinssatz nennen. Welche Vorgehensweise würden Sie dem Kundenberater empfehlen?

In beiden Fällen fragen die Kunden duale Marktleistungen nach. Das Problem für den Berater besteht darin, den Kunden Zinssätze (Konditionen) zu offerieren, die die Selbstkosten des Kreditinstitutes decken bzw. einen kleinen Gewinn erwirtschaften und zugleich marktgerecht sind.

In der Praxissituation stehen dem Berater hierzu Konditionentabellen zur Verfügung. Sie enthalten für jedes mögliche Kundengeschäft einen entsprechenden Zinssatz.

Die Kalkulation dieser Zinssatzvorgaben ist Aufgabe der Kosten- und Leistungsrechnung. Sie erfolgt getrennt für den Wert- und den Betriebsbereich. Das Controlling muss für den Wertbereich folgende Größen kalkulieren:

- Preis**ober**grenzen für das jeweilige Passivgeschäft, d.h. den Zinssatz, der maximal für ein Passivgeschäft gewährt werden kann,

- Preis**unter**grenzen für das jeweilige Aktivgeschäft, d.h. den Zinssatz, der mindestens für ein Aktivgeschäft in Rechnung gestellt werden muss.

Preisobergrenze für Passivgeschäfte
Preisuntergrenze für Aktivgeschäfte

Sie dienen als Grundlage für die Erstellung von Konditionentabellen. Die Kreditinstitute wenden zur Preiskalkulation von Wertleistungen verschiedene Methoden an. Sie bauen jeweils auf festen Konditionen für die gesamte Laufzeit der Kundengeschäfte auf. Sie werden als **Teilzinsspannenrechnungen** (Margenkalkulationen) auf Einzelgeschäftsbasis vorgenommen.

7.5.1 Marktzinsmethode

Der Kundenberater schließt die Geschäfte der Eingangssituation zu folgenden Zinssätzen ab:
Festgeld: 100.000,00 EUR, Laufzeit sechs Monate zu 2,50 % p. a.
Investitionskredit: 100.000,00 EUR, Laufzeit fünf Jahre zu 6,75 % p. a.
Lohnt sich der Abschluss dieser Geschäfte für die Rhein-Ruhr-Bank AG?

7.5.1.1 Grundstruktur der Marktzinsmethode

Die Marktzinsmethode betrachtet jedes Kundengeschäft einzeln.
Es wird dabei unterstellt, dass

- jedes Passivgeschäft geeignet ist, ein Aktivgeschäft zu finanzieren bzw. jedes Aktivgeschäft durch ein Passivgeschäft refinanziert werden kann.
- die Refinanzierung kein Liquiditätsproblem darstellt.
- für hereingenommenes Kapital stets eine Anlagemöglichkeit zur Verfügung steht.

Grundgedanke der Marktzinsmethode ist das sog. Opportunitätsprinzip. Es besagt, dass ein Kreditistitut anstelle eines Kundengeschäfts stets ein alternatives Interbankengeschäft mit gleicher Laufzeit am Geld- oder Kapitalmarkt (sog. Opportunitätsgeschäft) abschließen könnte.
Hieraus erwächst für einen Kundenberater die grundsätzliche Vorgabe, nur solche Kundengeschäfte abzuschließen, die günstiger als das alternative Interbankengeschäft sind.

Das Opportunitätsprinzip der Marktzinsmethode

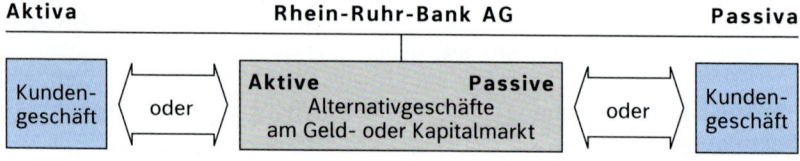

7.5.1.2 Aufbau der Marktzinsmethode

1. Schritt:
Geeignete Alternativgeschäfte für die am Markt angebotenen Kundengeschäfte finden

Den in einem Kreditinstitut angebotenen Kundengeschäften müssen alternative Geschäfte **mit gleicher Laufzeit** zugeordnet werden. Hierzu werden Interbankengeschäfte herangezogen, da sie grundsätzlich für jede Laufzeit abgeschlossen werden können, ausreichende Liquidität aufweisen und daher stets einen Marktzinssatz haben.

Des Weiteren können auch Wertpapiergeschäfte (z. B. Erwerb von Bundesanleihen, -obligationen, Pfandbriefen, ...) als Alternativgeschäfte verwendet werden.

Im beschriebenen Grundmodell der Marktzinsmethode können dabei ausschließlich Kundengeschäfte betrachtet werden, die eine Festzinsvereinbarung für die gesamte Laufzeit besitzen und in einer Summe zurückgezahlt werden.

Beispiele für aktive und passive Alternativgeschäfte am Geld- und Kapitalmarkt

Aktivgeschäfte	Rhein-Ruhr-Bank AG		Passivgeschäfte
Kundengeschäft	Geschäft am Geld- oder Kapitalmarkt	Geschäft am Geld- oder Kapitalmarkt	Kundengeschäft
KK-Kredite ←→ Tagesgeldanlagen		Tagesgeldaufnahmen ←→ Sichteinlagen	
Kredite ←→ Bundesobligationen Laufzeit 5 Jahre		Termineinlagen Geldmarktpapiere ←→ Termineinlagen	
Kredite ←→ Bundesanleihen Laufzeit 10 Jahre		Bankenschuldverschreibungen (Pfandbriefe) ←→ Spareinlagen Sparbriefe	

Aktiva	Rhein-Ruhr-Bank AG		Passiva	**Beispiel**
Kundengeschäft ←→	**Alternativgeschäft**	**Alternativgeschäft** ←→	**Kundengeschäft**	
Investitionskredit Laufzeit 5 Jahre	Kauf einer Bundesobligation (Neuemission)	Termingeldaufnahme am Geldmarkt Laufzeit 6 Monate	Termineinlage Laufzeit 6 Monate	

2. Schritt:
Aktuelle Alternativzinssätze und Konkurrenzkonditionen bereitstellen.

Der Kundenberater muss stets darüber informiert sein, ob er mit einem möglichen Kundengeschäft besser oder schlechter als mit dem potenziellen Alternativgeschäft gestellt wäre. Er benötigt hierzu die aktuellen Konditionen am Geld- und Kapitalmarkt. Weiterhin muss er auch über die Konditionen der Konkurrenz informiert sein.

Die Kostenrechnung muss daher für eine präzise Preiskalkulation stets aktuelle und vergleichbare Alternativkonditionen bereitstellen und eine sorgfältige Marktpreisanalyse durchführen.

Für die Preiskalkulation im Wertbereich bestehen daher folgende Rahmenbedingungen:

Aktivgeschäfte:

Preis**ober**grenze: Zinssatz lt. Konditionentabelle
    maximal Konkurrenzpreis

Preis**unter**grenze: Alternative Kondition am Geld- oder Kapitalmarkt

Passivgeschäfte:

Preis**ober**grenze: Alternative Kondition am Geld- oder Kapitalmarkt

Preis**unter**grenze: Zinssatz lt. Konditionentabelle
    mindestens Konkurrenzpreis

Beispiel

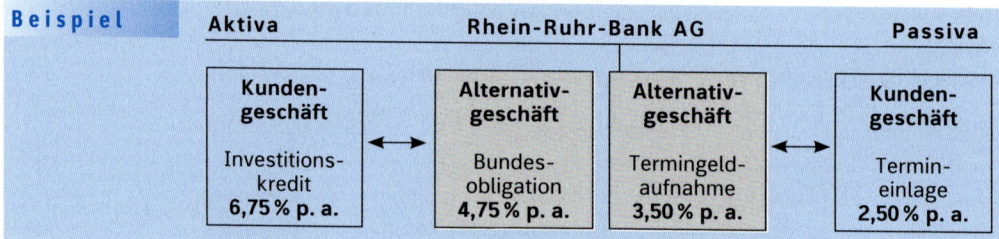

3. Schritt:

Ermittlung des Konditionenbeitrages

Schließt der Kundenberater ein Kundengeschäft zu einem aus Sicht des Kreditinstituts günstigeren Zinssatz (Kondition) ab als das Interbankengeschäft, erwirtschaftet er für das Kreditinstitut einen positiven Erfolgsbeitrag in Höhe der Differenz zwischen dem Kundenzinssatz und dem Zinssatz des Interbankengeschäftes. Diese Zinsspanne wird als **Konditionenbeitrag** des Kundengeschäftes bezeichnet.

Beispiel

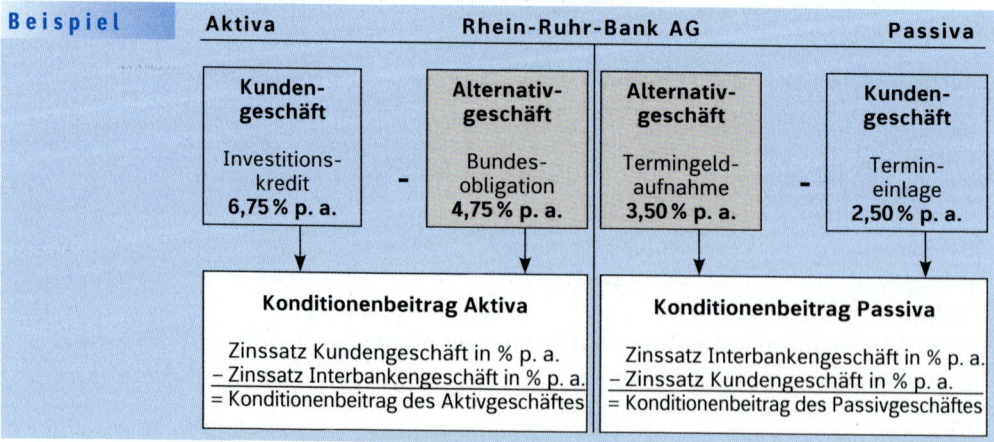

Der Konditionenbeitrag stellt entweder die **Mehrerlöse** (bei Aktivgeschäften) oder die **Minderkosten** (bei Passivgeschäften) dar, die dem Kreditinstitut durch das Kundengeschäft entstanden sind.

Er wird grundsätzlich für das Geschäftsjahr (p. a.) ermittelt und dem Mitarbeiter zugerechnet, der das Kundengeschäft abgeschlossen hat.

1. Konditionenbeitrag Passiva

Beispiel

Termingeld, 100.000,00 EUR, Anlagedauer 6 Monate:

Alternativgeschäft: Termingeldaufnahme am Geldmarkt für 6 Monate
Alternativzinssatz: Euribor (6 Monate)   3,50 % p. a.
Kundengeschäftszinssatz: 2,50 % p. a.

Art des Geschäftes	Volumen	Zinssatz p. a.	Zinskosten p. a.
Alternativgeschäft	100.000,00 EUR	3,50 % p. a.	3.500,00 EUR
Kundengeschäft	100.000,00 EUR	− 2,50 % p. a.	− 2.500,00 EUR
Konditionenbeitrag		= 1,00 % p. a.	= 1.000,00 EUR (= Minderkosten)

Das Kundengeschäft hat einen Konditionenbeitrag von 1.000,00 EUR zum Gesamtergebnis des Kreditinstituts geleistet, da für die Termineinlage geringere Zinskosten in Höhe von 1.000,00 EUR bezogen auf ein Jahr anfallen. Das Ergebnis setzt voraus, dass nach 6 Monaten ein ähnliches Geschäft zu gleichen Bedingungen abgeschlossen werden kann.

2. Konditionenbeitrag Aktiva

Investitionskredit, 100.000,00 EUR, Laufzeit 5 Jahre

Alternativgeschäft: Kauf von Bundesobligationen, Laufzeit 5 Jahre
Alternativzins: Rendite für Bundesobligationen 4,75 % p. a.
Kundengeschäftszinssatz: 6,75 % p. a.

Art des Geschäftes	Volumen	Zinssatz p. a.	Zinserlöse p. a.
Kundengeschäft	100.000,00 EUR	6,75 % p. a.	6.750,00 EUR
Alternativgeschäft	100.000,00 EUR	− 4,75 % p. a.	− 4.750,00 EUR
Konditionenbeitrag		= 2,00 % p. a.	= 2.000,00 EUR (= Mehrerlöse)

Der Investitionskredit erbringt einen Konditionenbeitrag bzw. Mehrerlöse von 2.000,00 EUR für ein Jahr.

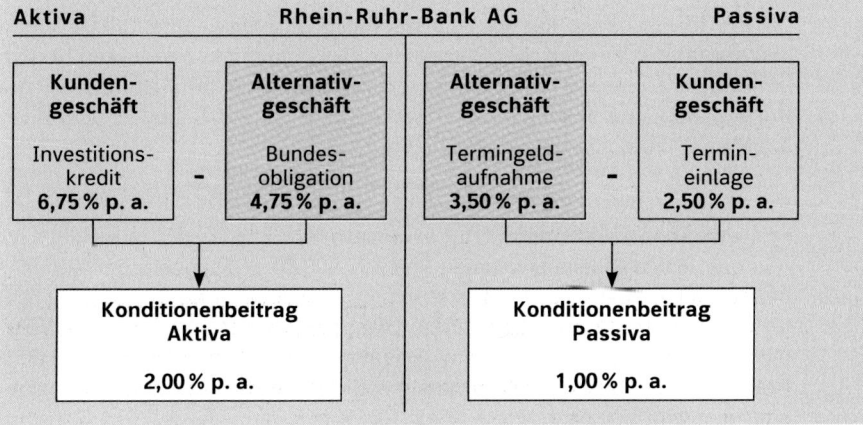

205

Betrachtet man beide Einzelgeschäfte zusammen, so hat der Kundenberater durch geschickte Wiederanlage der beschafften Termineinlage als Investitionskredit für sein Institut einen Beitrag zum Betriebsergebnis in Höhe von insgesamt 3.000,00 EUR erwirtschaftet.

siehe Kapitel 7.7

Die Konditionenbeiträge Aktiva und Passiva bilden die Grundlage für Preiskalkulationen in Form von Deckungsbeitragsrechnungen.

4. Schritt:
Bruttozinsspanne ermitteln

Aufbauend auf den Konditionsbeiträgen der Einzelgeschäfte, interessiert es die Geschäftsleitung, welche Zinsmargen zwischen Aktiv- und Passivgeschäften am Markt erzielt werden können. Die Differenz der Zinssätze zwischen Aktiv- und Passivgeschäften mit Kunden wird dabei als Bruttozinsspanne bezeichnet.

Beispiel

Nehmen Sie im Folgenden an, die Bilanz der Rhein-Ruhr-Bank AG bestünde nur aus den beiden Geschäften der Einstiegssituation:

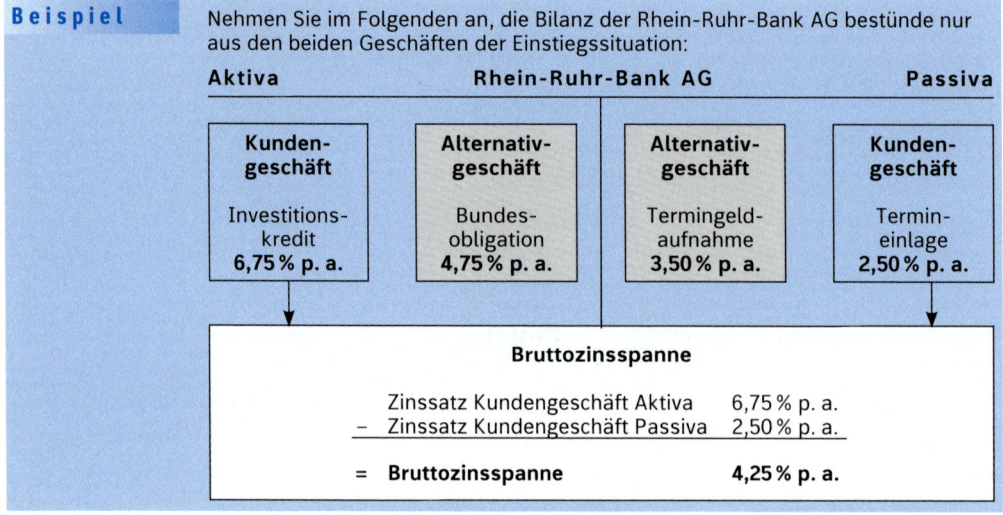

Die Bruttozinsspanne der Marktzinsmethode wird für weitere Kalkulationen ins Verhältnis zu den bereits ermittelten Konditionenbeiträgen Aktiva und Passiva gesetzt. Hierdurch erkennt die Geschäftsleitung, ob die Bruttozinsspanne allein aus den Konditionenbeiträgen resultiert oder noch andere Faktoren einen Rolle gespielt haben.

5. Schritt:
Fristentransformationsbeitrag ermitteln

Aus dem Einzelgeschäftsvolumen von 100.000,00 EUR konnte der Kundenberater Mehrerlöse bzw. Minderkosten in Höhe von insgesamt 3.000,00 EUR für sein Kreditinstitut erwirtschaften. Dies entspricht bezogen auf das Volumen von 100.000,00 EUR einem gesamten Konditionenbeitrag von 3,00 % p. a. Vergleicht man den gesamten Konditionenbeitrag mit der Bruttozinsspanne, ergibt sich eine Differenz von 1,25 % p. a.

Bruttozinsspanne	4,25 % p. a.
– Konditionenbeitrag Aktiva	– 2,00 % p. a.
– Konditionenbeitrag Passiva	– 1,00 % p. a.
= **Differenz**	= **1,25 % p. a.**

Die Differenz basiert darauf, dass bei der Ermittlung der Konditionenbeiträge auf der Aktiv- und Passivseite jeweils mit unterschiedlichen Laufzeiten kalkuliert wurde. Das Festgeld mit einer Laufzeit von sechs Monaten wurde als Investitionskredit für fünf Jahre langfristig ausgeliehen. Aufgrund der mit den Geschäften betriebenen Fristentransformation wird diese Differenz als **Fristentransformationsbeitrag** bezeichnet.

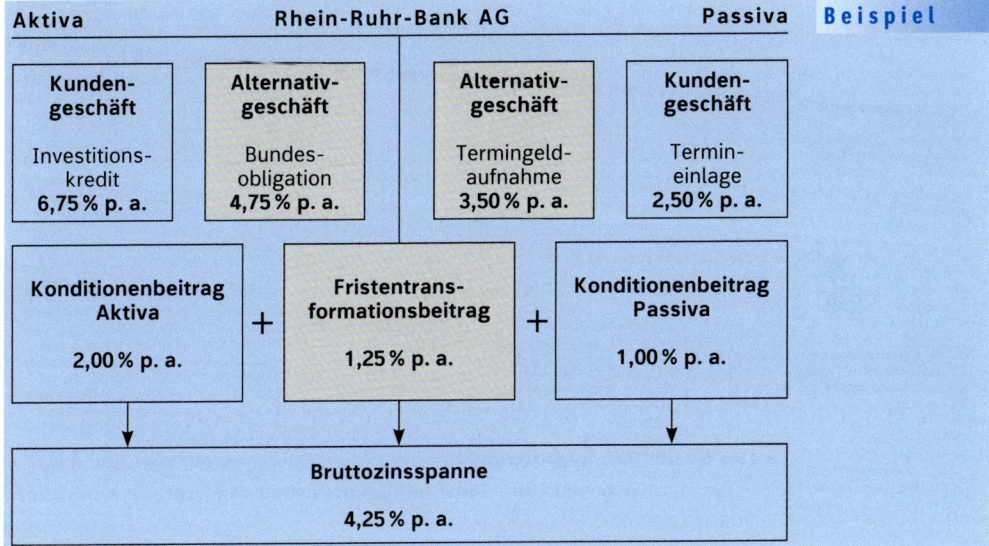

Für Geschäfte mit unterschiedlichen Laufzeiten gelten grundsätzlich verschiedene Zinssätze. Unter Annahme einer normal verlaufenden Zinsstrukturkurve werden längerfristige Geschäfte höher verzinst.

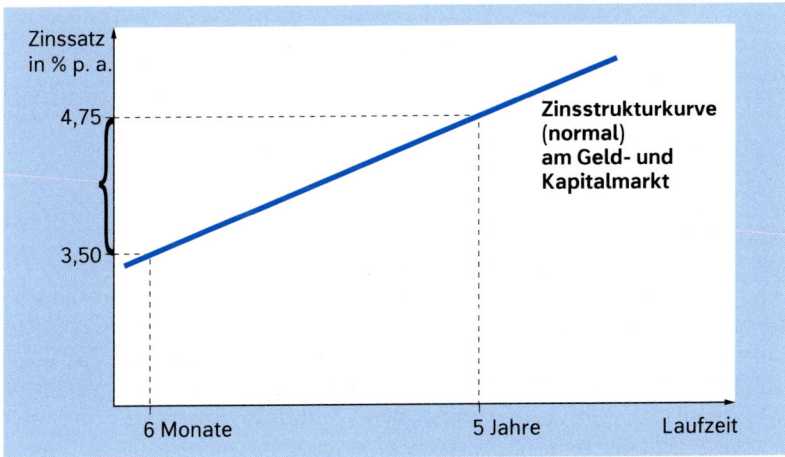

Im Beispiel beträgt die Zinsdifferenz 1,25 % p. a. Sie resultiert aus der Zins-struktur am Geld- und Kapitalmarkt und wird daher auch als **Struktur-beitrag** bezeichnet.

Der Fristentransformations- oder Strukturbeitrag wird der Geschäftsleitung zugerechnet, da er allein durch den Abschluss der Alternativgeschäfte, d. h. ohne das Einwirken der Kundenberater, hätte erwirtschaftet werden können:

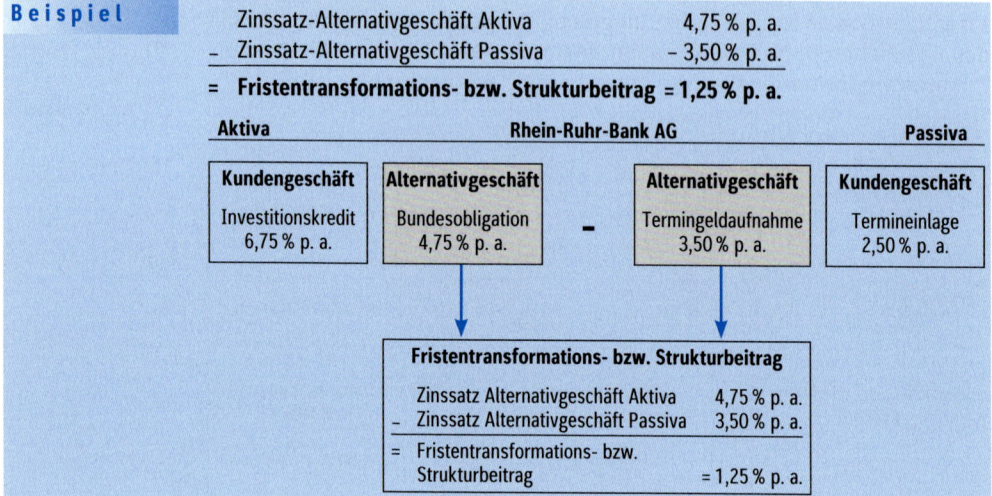

Beispiel

Zinssatz-Alternativgeschäft Aktiva   4,75 % p. a.
– Zinssatz-Alternativgeschäft Passiva   – 3,50 % p. a.

= **Fristentransformations- bzw. Strukturbeitrag = 1,25 % p. a.**

Aktiva		**Rhein-Ruhr-Bank AG**		**Passiva**
Kundengeschäft	**Alternativgeschäft**		**Alternativgeschäft**	**Kundengeschäft**
Investitionskredit 6,75 % p. a.	Bundesobligation 4,75 % p. a.	–	Termingeldaufnahme 3,50 % p. a.	Termineinlage 2,50 % p. a.

Fristentransformations- bzw. Strukturbeitrag

Zinssatz Alternativgeschäft Aktiva   4,75 % p. a.
– Zinssatz Alternativgeschäft Passiva   3,50 % p. a.

= Fristentransformations- bzw. Strukturbeitrag   = 1,25 % p. a.

Merke:

- Der Struktur- oder Fristentransformationsbeitrag stellt die Zinsmarge/-spanne zwischen den Alternativgeschäften mit unterschiedlichen Fristigkeiten dar.
- Werden Aktiv- und Passivgeschäfte mit gleicher Laufzeit verglichen, so basie-ren die Konditionenbeiträge jeweils auf dem gleichen Alternativzinssatz. Ein Strukturbeitrag entsteht nicht.
- Hat dagegen das aktive Kundengeschäft eine kürzere Laufzeit als das pas-sive, so würde sich ein negativer Strukturbeitrag ergeben.

6. Schritt:
Aktiver und Passiver Strukturbeitrag

Der Strukturbeitrag kann in einen aktiven und passiven Strukturbeitrag aufgegliedert werden. Als Referenzgröße wird der Tagesgeldsatz des Interbankenmarktes herangezogen. Es wird dabei unterstellt, dass jedes Interbankengeschäft durch die revolvierende Aufnahme bzw. Ausleihung von Tagesgeld ersetzt werden könnte.

Zur Ermittlung der aktiven und passiven Strukturbeiträge wird der aktuelle Tagesgeldsatz von den Konditionen der Alternativgeschäfte abgesetzt.

Ermittlung von aktiven und passiven Strukturbeiträgen   **B e i s p i e l**
(Zinssätze lt. Eingangssituation)

Strukturbeitrag gesamt:	1,25 % p. a.	
Tagesgeldsatz	3,25 % p. a.	
Alternativkondition Aktiva	4,75 % p. a.	
– Tagesgeldsatz	– 3,25 % p. a.	
= **Strukturbeitrag Aktiva**	= **1,50 % p. a.**	**Mehrerlöse**
Tagesgeldsatz	3,25 % p. a.	
– Alternativkondition Passiva	– 3,50 % p. a.	
= **Strukturbeitrag Passiva**	= **–0,25 % p. a.**	**Mehrkosten**

Die Investition des Kapitals in Bundesobligationen würde Mehrerlöse in Höhe von 1,50 % p. a. erwirtschaften, eine Refinanzierung über ein Interbankentermingeld mit einer Laufzeit von 6 Monaten Mehrkosten in Höhe von 0,25 % p. a. verursachen, jeweils gegenüber einer (arbitrage-freien) Abwicklung beider Geschäfte über den Referenzzinssatz. Per Saldo wäre also durch die beiden Alternativgeschäfte ein Mehrerlös in Höhe von 1,25 % p. a. erwirtschaftet worden.
Verändert sich während der Laufzeit der beiden Geschäfte nun der Referenzzinssatz, lassen sich durch die Neuberechnung der Struktur-beiträge Aktiva und Passiva jeweils die Auswirkungen auf die Stuktur-beiträge und somit auch auf die Wiederanlage des Kapitals erkennen.

▌ Zusammenfassung

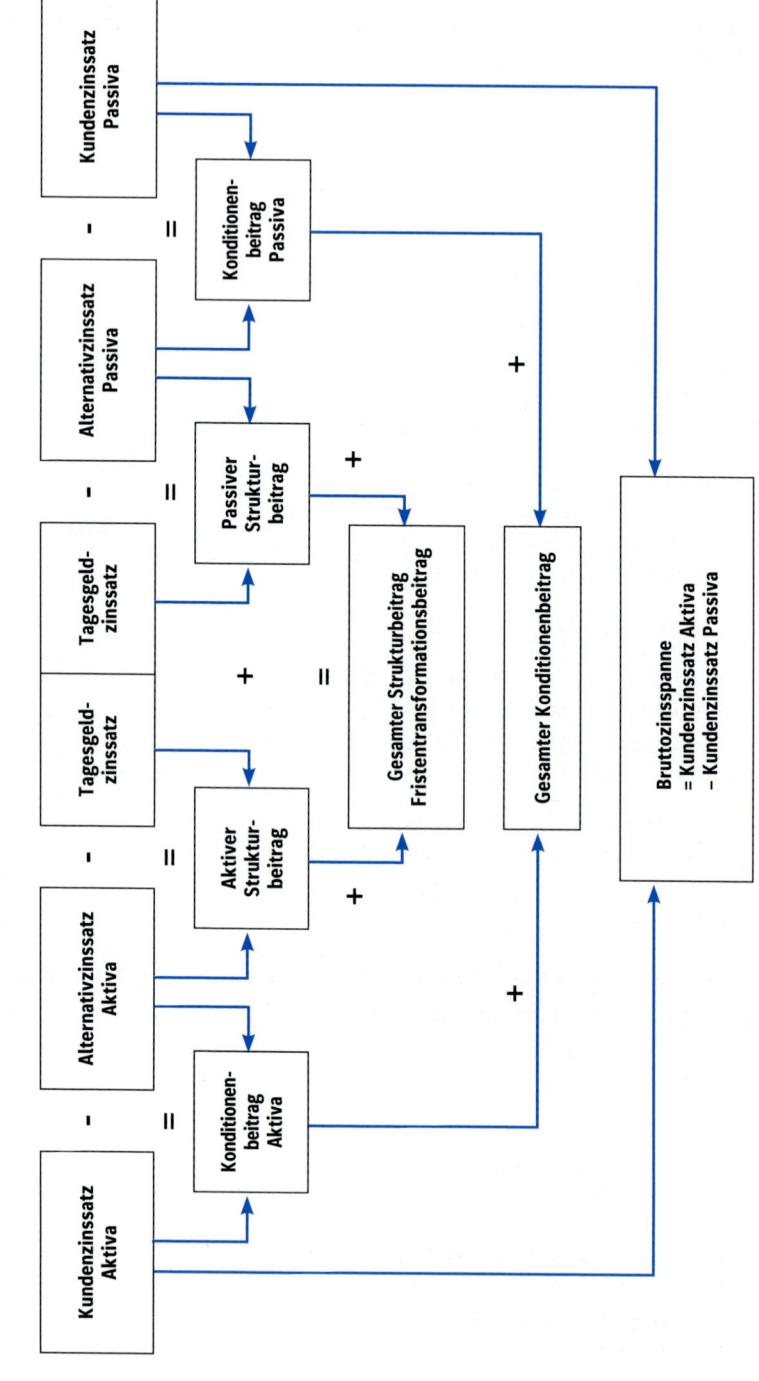

Zusammenfassende Übersicht zur Marktzinsmethode

II. Erfolgsaufspaltung bei Einzelgeschäften

Mit der Marktzinsmethode ist es möglich, die Bruttozinsspanne in Konditionenbeiträge und Strukturbeiträge zu gliedern und eine differenziertere Erfolgsverteilung vorzunehmen. Wendet man die Marktzinsmethode auf die gesamte Zinsertragsbilanz an, so können für jede Bilanzposition die erwirtschafteten Ergebnisbeiträge ermittelt werden.

III. Erfolgsgrößen der Marktzinsmethode

1. Ermittlung von Konditionenbeiträgen

a) Konditionenbeitrag Aktiva:

    Zinssatz des Kundengeschäftes in % p. a.

− Zinssatz des Interbankengeschäftes in % p. a.

= **Konditionenbeitrag des Aktivgeschäftes**

b) Konditionenbeitrag Passiva:

    Zinssatz des Interbankengeschäftes in % p. a.

− Zinssatz des Kundengeschäftes in % p. a.

= **Konditionenbeitrag des Passivgeschäftes**

c) Gesamter Konditionenbeitrag

    Konditionenbeiträge Aktiva

+ Konditionenbeiträge Passiva

= **Gesamter Konditionenbeitrag**

2. Ermittlung der Bruttozinsspanne

a) Bei Betrachtung von zwei Einzelgeschäften

    Zinssatz für aktives Kundengeschäft

− Zinssatz für passives Kundengeschäft

= **Bruttozinsspanne**

b) Bei Betrachtung der Gesamtbilanz

    Durchschnittliche Verzinsung der Aktivseite

− Durchschnittliche Verzinsung der Passivseite

= **Bruttozinsspanne der Gesamtbilanz**

3. Ermittlung des Fristentransformations- bzw. Strukturbeitrages:

a) Über die Bruttozinsspanne

    Zinssatz Aktivgeschäft

− Zinssatz Passivgeschäft

= Bruttozinsspanne

− Konditionenbeitrag Aktiva

− Konditionenbeitrag Passiva

= **Strukturbeitrag**

b) Als Zinsmarge der Alternativgeschäfte

    Alternativzinssatz Aktiva

− Alternativzinssatz Passiva

= **Strukturbeitrag**

Aufgaben

1. Eine Kundenberaterin hat folgende Geschäfte abgeschlossen:

Aktivgeschäft: Gewährung eines Bauzwischenkredites in Höhe von 300.000,00 EUR zu 6,95 % p. a. mit einer Laufzeit von drei Monaten.

Alternativgeschäft: 3-Monats-Termineinlage am Geldmarkt zu 4,68 % p. a.

Passivgeschäft: Hereinnahme einer Termineinlage mit einer Anlagedauer von 6 Monaten über 300.000,00 EUR zu 3,75 % p. a.

Alternativgeschäft: Aufnahme von 6-Monats-Termingeld zu 4,150 % p. a.

Ermitteln Sie jeweils in Prozent und Euro p. a.
a) den Konditionenbeitrag des Aktivgeschäfts. d) die Bruttozinsspanne.
b) den Konditionenbeitrag des Passivgeschäfts. e) den Fristentransformationsbeitrag.
c) den gesamten Konditionenbeitrag.

2. Die Kreditbank AG hat die nachstehende vereinfachte Zinsertragsbilanz erstellt:

Aktiva   **Zinsertragsbilanz**   **Passiva**

	% p. a.	Ø-Bestand in TEUR		% p. a.	Ø-Bestand in TEUR
Kundendarlehen	9,25	3.000	Termineinlagen	3,25	3.000
Bilanzsumme		3.000	Bilanzsumme		3.000

Zur Ermittlung der Erfolgsbeiträge des Aktiv- und Passivgeschäftes zum Betriebsergebnis verwendet die Kreditbank AG die Marktzinsmethode.

Am Geld- und Kapitalmarkt gelten folgende Alternativzinssätze für
– Kundendarlehen   6,75 % p. a.
– Termineinlagen   3,75 % p. a.

a) Ermitteln Sie in Prozent p. a.
   aa) den Konditionenbeitrag der Kundendarlehen.
   ab) den Konditionenbeitrag der Termineinlagen.
   ac) den Fristentransformationsbeitrag.
   ad) die Bruttozinsspanne.
   ae) den aktiven und passiven Fristentransformationsbeitrag unter Verwendung eines Tagesgeldzins-
       satzes von 3,15 % p. a.

b) Berechnen und erläutern Sie die Auswirkungen für Ihre Ergebnisse aus ae), wenn der Tagesgeldsatz
   auf 3,40 % p. a. steigt.

3. Zur Ermittlung der Erfolgsbeiträge ihrer Bankprodukte im Wertbereich wendet die Rhein-Ruhr-Bank AG
die Marktzinsmethode an.

Welche der folgenden Erfolgsbeiträge der Marktzinsmethode sind den nachstehenden Aussagen zuzuordnen?
1 Konditionenbeitrag Aktiv   2 Konditionenbeitrag Passiv
3 Aktiver Strukturbeitrag   4 Passiver Strukturbeitrag
5 Bruttozinsspanne   6 keine der genannten Erfolgsbeiträge

Tragen Sie die Ziffer vor den zutreffenden Erfolgsbeiträgen/Elementen in die Kästchen ein.
a) Dieser Erfolgsbeitrag wird den Kreditberatern zugerechnet. ☐
b) Mehrerlös eines Alternativgeschäftes am Geld- und Kapitalmarkt gegenüber einer täglich
   fälligen Geldanlage ☐
c) Maßstab zur Beurteilung der Fristenkongruenz ☐
d) Minderkosten eines Kundengeschäftes gegenüber einem Alternativgeschäft am
   Geld- und Kapitalmarkt ☐
e) Maßstab zur Beurteilung des relativen Zinsüberschusses aus allen Aktiv- und
   Passivgeschäften ☐

4. *Der Controlling-Abteilung der Universalbank AG liegen folgende Informationen zur Auswertung vor:* Passiv

Aktiv

	KK-Kredite	Investitions-kredite	Wert-papiere	Sichtein-lagen	Termin-einlagen	Spar-einlagen
Volumen in TEUR	50.000	20.000	30.000	10.000	25.000	65.000
Laufzeit in Jahren	5	3	8	1	5	5
Zinssatz p. a.	10,50	6,25	4,75	1,25	3,75	3,25
Alternativer Geld- und Kapitalmarktzins	2,25	3,50	3,95	2,45	3,65	3,85

Ermitteln Sie folgende Werte:
a) durchschnittliche Verzinsung der Aktivseite in Prozent p. a.
b) die Zinskosten in TEUR
c) die Bruttozinsspanne in Prozent p. a.
d) den Zinskonditionenbeitrag in Prozent p. a. für Investitionskredite
e) Stellen Sie fest, ob der Betrag aus d)
   ☐1 *positiv oder*
   ☐2 *negativ*
   ist.
f) den Zinskonditionenbeitrag in TEUR p. a. für Termineinlagen
g) Stellen Sie fest, ob der Betrag aus f)
   ☐1 *positiv oder*
   ☐2 *negativ*
   ist.
h) Die Universalbank beabsichtigt, die Bruttozinsspanne für die dargestellten Geschäfte auf 4,98 %
   p. a. zu erhöhen. Hierzu sollen Teile des Wertpapierbestandes in Investitionskredite umgeschichtet
   werden. Ermitteln Sie den Betrag in TEUR, um den sich die Investitionskredite erhöhen müssen.

5. Der Controlling-Abteilung der Rhein-Ruhr-Bank AG liegen folgende Informationen zur Auswertung vor:

	Raten-kredite	Investitions-kredite	Wert-papiere	Spar-einlagen	Sicht-einlagen	Termin-einlagen
Volumen in TEUR	60.000	50.000	40.000	66.750	50.000	33.250
Laufzeit in Jahren	5	10	8	1	0	0.5
Zinssatz p.a.	6,65	7,45	4,75	1,00	0,665	2,00
Geld- und Kapitalmarktzins	3,95	4,10	4,05	3,50	3,45	3,60

Ermitteln Sie

a) die Bruttozinsspanne in Prozent p.a.

b) den Zins-Konditionenbeitrag in TEUR p.a. für Investitionskredite.

c) den Zins-Konditionenbeitrag in TEUR p.a. für Sichteinlagen.

d) Die Rhein-Ruhr-Bank AG beabsichtigt, die Bruttozinsspanne für die dargestellten Geschäfte auf 5,50 % p.a. zu erhöhen. Der Bestand an Wertpapieren soll reduziert und die Vergabe von Ratenkrediten in gleicher Höhe ausgeweitet werden. Die Bilanzsumme bleibt unverändert.
Ermitteln Sie den Betrag in TEUR, um den sich der Bestand der Ratenkredite zulasten der Wertpapiere erhöhen müsste.

6. Die Rhein-Ruhr-Bank AG gewährt einem Kunden ein Darlehen in Höhe von 250.000,00 EUR mit einer Laufzeit von 8 Jahren zu einem Zinssatz von 4,95 % p.a.
Von einem anderen Kunden nimmt sie eine Termineinlage über 250.000,00 EUR herein. Die Laufzeit beträgt 6 Monate, der Zinssatz 0,15 % p.a.

Am Geld- und Kapitalmarkt gelten die folgenden Konditionen:

Zinssatz für alternative Kapitalanlagen	**- 0,75 % p.a.**
Zinssatz für alternative Kapitalaufnahmen	**- 0,38 % p.a.**
Tagesgeldzinssatz	**- 0,26 % p.a.**

Ermitteln Sie unter Anwendung der Marktzinsmethode in Prozent p.a.

a) die Bruttozinsspanne,

b) den Konditionenbeitrag Aktiva,

c) den Konditionenbeitrag Passiva,

d) den passiven Strukturbeitrag,

e) den aktiven Strukturbeitrag,

f) den gesamten Strukturbeitrag.

7. Zur Ermittlung der Erfolgsbeiträge ihrer Bankprodukte im Wertbereich wendet die Rhein-Ruhr-Bank AG die Marktzinsmethode an.

Zur Kalkulation liegen folgende Informationen aus dem internen Rechnungswesen vor:

	Baudar-lehen	Konsum-kredite	KK-Kredite	Spar-einlagen	Sicht-einlagen	Termin-einlagen
Volumen in TEUR	500.000	300.000	200.000	400.750	250.000	350.250
Laufzeit in Jahren	25	5	8	1,0	0	0,5
Kunden-Zinssatz p.a.	5,75	8,50	4,75	1,75	0,25	3,50
GKM-Zinssatz p.a.	4,0	5,00	4,30	4,40	4,30	4,40

Ermitteln Sie
a) die durchschnittliche Verzinsung der Passivseite in Prozent.
b) die Bruttozinsspanne in Prozent p.a.
c) den Zins-Konditionenbeitrag in Prozent p.a. für die Konsumkredite.
   Ergänzen Sie eine
   1, wenn das Ergebnis positiv ist,
   2, wenn das Ergebnis negativ ist.
d) den Zins-Konditionenbeitrag in TEUR p.a. für Termineinlagen.
   Ergänzen Sie eine
   1, wenn das Ergebnis positiv ist,
   2, wenn das Ergebnis negativ ist.
e) den gesamten Konditionenbeitrag aller aktiven Kundengeschäfte in TEUR.
f) Die Rhein-Ruhr-Bank AG strebt für das neue Geschäftsjahr eine Bruttozinsspanne von 4,75 % p.a. an. Die Ergebnissteigerung soll durch eine Umschichtung von KK-Krediten in Konsumkredite erreicht werden. Berechnen Sie das Umschichtungsvolumen in TEUR.

8. Der Controlling-Abteilung der Rhein-Ruhr-Bank AG liegen die folgenden Informationen zur Auswertung vor:

	Raten-kredite	Investitions-kredite	Wert-papiere	Spar-einlagen	Sicht-einlagen	Termin-einlagen
Volumen in TEUR	60.200	57.000	41.000	66.000	54.000	33.200
Zinssatz	6,65	7,45	4,75	2,00	0,30	2,55
Zinssatz für Alternativ geschäfte am Geld- und Kapitalmarkt	3,95	4,10	4,05	3,50	3,45	3,60

Der Tagesgeldsatz liegt bei 2,4 %.
a) Ermitteln Sie den Strukturbeitrag in TEUR für Investitionskredite.
b) Ermitteln Sie den Konditionenbeitrag in TEUR für Spareinlagen.
c) Die Kreditbank AG beabsichtigt, den Konditionenbeitrag für Spareinlagen um 10,0 TEUR zu erhöhen. Ermitteln Sie den Betrag in TEUR, um den der Bestand der Spareinlagen ausgeweitet werden muss, wenn gleichzeitig deren Verzinsung auf 2,25 % steigt.

7.5.2 Barwertkalkulationen

Unterrichtsinhalte samt Aufgaben finden Sie auf der Website des Verlages unter BuchPlusWeb.

7.5.3 Kalkulation von Risikokosten

Situation

Der Kreditabteilungsleiter der Rhein-Ruhr-Bank AG erfährt aus der Zeitung, dass die Walterscheid AG, der noch vor kurzem ein Investitionskredit über 600.000,00 EUR gewährt wurde, aufgrund unvorhergesehener Ausfälle im internationalen Geschäft, Insolvenz anmelden muss. Er schätzt den Ausfall auf ca. 60 %.
Welche Konsequenzen hat der Forderungsausfall für die Preiskalkulation?

Durch den Abschluss von Aktivgeschäften mit Kunden (Kredite) entstehen trotz gewissenhafter Kreditwürdigkeitsprüfung und Kreditüberwachung Risiken, die zum teilweisen oder vollständigen Ausfall des Kredites führen können.

Vgl. Kapitel 5.2.1

In der Finanzbuchhaltung wird das Ausmaß des Ausfallrisikos durch Abschreibungen auf die betreffende Forderung bzw. durch Einzel- und Pauschalwertberichtigungen berücksichtigt. Während Abschreibungen Aufwand darstellen, sind Wertberichtigungen ein Mittel der Risikovorsorge, die in der Schlussbilanz vom intakten Forderungsvolumen abgesetzt werden dürfen. Darüber hinaus können Kreditinstitute begründet bis zu 4 %

Vgl. Kapitel 5.5.1

der nach Niederstwert bestimmten Forderungen an Kunden sowie der Wertpapiere der Liquiditätsreserve in die sog. Vorsorgereserve für allgemeine Bankrisiken einstellen. Diese Position wird auch als versteuerte Pauschalwertberichtigung bezeichnet.

7.5.3.1 Wie entstehen Risikokosten?

Soweit die erforderlichen Abschreibungen dem tatsächlichen Ausfall der Forderungen entsprechen, stellen sie (Grund-)Kosten dar. Sie müssen bei der Kalkulation der Wertleistung als Risikokosten berücksichtigt werden und mindern den erzielbaren Konditionenbeitrag des Aktivgeschäfts. Die Bemessung der Risikokosten kann daher auf den Größen aufbauen, die den tatsächlichen Ausfall eines Kredites beschreiben:

– **Direkte Abschreibungen auf uneinbringliche Forderungen**
– **Einzelwertberichtigungen auf zweifelhafte Forderungen, die für erkennbare und/oder belegbare Risiken gebildet wurden**

Pauschalwertberichtigungen, ob versteuert oder unversteuert, werden auf Basis gesetzlicher Vorgaben (HGB, EStG) gebildet. Sie bilden das Ausmaß des latenten Kreditrisikos bei ansonsten einwandfreien Forderungen ab. In Höhe des tatsächlichen durchschnittlichen Ausfalls der letzten 5 Jahre sind Pauschalwertberichtigungen Grundkosten, der diese Kosten übersteigende Betrag neutrale Aufwendungen.

Es kommt jedoch vor, dass ein Kreditinstitut unerwartete Eingänge auf bereits vollständig abgeschriebene Forderungen erhält. Oder eine gebildete Einzelwertberichtigung erweist sich, z. B. nach Abschluss des Insolvenzverfahrens, als zu hoch bzw. als nicht erforderlich.

Diese unerwarteten Zahlungseingänge stellen in der Finanzbuchhaltung Erträge dar. Übertragen auf die Kostenrechnung mindern sie die bisher ermittelten Risikokosten der Abrechnungsperioden.

Bei der Ermittlung des tatsächlichen Ausfalls sind sie von den aus direkten Abschreibungen und Einzelwertberichtigungen ermittelten Risikokosten abzusetzen:

Schema zur Ermittlung der Risikokosten von Aktivgeschäften mit Kunden
Direkte Abschreibungen auf uneinbringliche Forderungen
+ Einzelwertberichtigungen
– Zahlungseingänge aus der Auflösung von Einzelwertberichtigungen
– Zahlungseingänge auf bereits abgeschriebene uneinbringliche Forderungen
= **Tatsächlicher Ausfall (= Risikokosten)**

Das Schema findet Anwendung für die Ermittlung der Risikokosten auf Gesamtbankebene, für Filialen, Kundengruppen, einzelne Kreditarten oder ein Einzelgeschäft und bezieht sich grundsätzlich auf das abgelaufene Geschäftsjahr.

7.5.3.2 Berücksichtigung von Risikokosten bei der Zinssatzkalkulation

Jedes einzelne Kundenkreditgeschäft weist ein individuelles Ausfallrisiko auf. Dieses Ausfallrisiko kann aber noch nicht zum Zeitpunkt der Kreditgewährung mit Risikokosten bewertet werden, da das Risiko erst während der Kreditlaufzeit offensichtlich wird. Zudem können Ausfälle in verschiedenen Perioden anfallen, sodass es unmöglich wird, das individuelle Ausfallrisko im Voraus zu ermitteln. Als ausgefallen gilt ein Kreditnehmer, wenn er mit seinen Zahlungen mehr als 90 Tage im Verzug ist.

Aufgrund von Erfahrungswerten hat jedes Kreditinstitut Anhaltspunkte für die Beurteilung eines potenziellen Ausfallrisikos von einzelnen Kreditarten oder bestimmten Kundengruppen aus der Vergangenheit. Diese Größen werden für das Einzelgeschäft durch Scoringmodelle und in- und externe Ratings konkretisiert. Auf Basis dieser Ergebnisse werden institutsindividuelle Ratingklassen gebildet und dem Einzelgeschäft jeweils eine bestimmte Ausfallwahrscheinlichkeit zugeordnet.

Damit die Risikokosten bei einem neu abzuschließenden Einzelgeschäft berücksichtigt werden können, kalkuliert das Controlling für alle angebotenen Kreditarten sog. Verlustquoten. Sie drücken aus, wie hoch der tatsächliche Forderungsausfall bei einem als „ausgefallen" geltenden Kreditnehmer ist. Nach Aussagen befragter Kreditinstitute ist eine Verlustquote von 30 % bis 50 % realistisch.

7.5.3.3   Ermittlung von Risikokostensätzen

Beispiel

Die Rhein-Ruhr-Bank AG kalkuliert mit folgenden Ratingklassen:

Ratingklasse	Ausfallwahrscheinlichkeit in Prozent p. a.
1	0,08
2	0,12
3	0,17
4	0,26
5	0,39
6	0,59
7	0,88
8	1,32
9	1,98
10	2,96
11	4,44
12	6,67
13	10,00
14	15,00
15	20,00
16 bis 18	Ausfall eingetreten

Die Rhein-Ruhr-Bank AG hat aufgrund der Erfahrungen der Vergangenheit festgestellt, dass es bei Kreditnehmern, die mit ihren Zahlungen mehr als 90 Tage in Verzug sind, zu einem durchschnittlichen Forderungsausfall von 40 % (Verlustquote bei „ausgefallenen" Krediten) des Restkredites kommt.

In der Ratingklasse 10 beträgt die Ausfallwahrscheinlichkeit 2,96 %.

Dies bedeutet, dass voraussichtlich von 100 Kreditnehmern dieser Kategorie 2,96 Kreditnehmer mit ihren Zahlungen in Verzug geraten. Bei einer Verlustquote von 40 % beträgt der erwartete Forderungsausfall bei den säumigen Kreditnehmern 1,184 % (40 % von 2,96 %) des Forderungsbetrages.

Bei der Kalkulation von Zinssätzen für Kredite an Kunden der Ratingklasse 10, die ohne weitere Sicherheiten gewährt werden, berücksichtigt die Rhein-Ruhr-Bank AG folglich Risikokosten in Höhe von 1,184 % p. a.

Aufgaben

1. Aus der Kreditabteilung der Sparkasse Werne liegen dem Controlling folgende Daten als Durchschnittswerte der letzten fünf Geschäftsjahre vor.

Direkte Abschreibungen	1.986.150,00 EUR
Einzelwertberichtigungen	970.500,00 EUR
Pauschalwertberichtigungen	186.250,00 EUR
Zahlungseingang auf bereits in den Vorjahren direkt abgeschriebene Forderungen	173.000,00 EUR
Durchschnittlicher Jahresbestand „Forderungen an Kunden"	422.350.000,00 EUR

Ermitteln Sie die tatsächlichen durchschnittlichen Risikokosten der Sparkasse Werne in Euro und in Prozent.

2. *Zur Ermittlung der Risikokostensätze für die einzelnen Ratingklassen liegen aus der Kreditabteilung der Rhein-Ruhr-Bank AG folgende Daten vor:*

Ratingklasse	Ausfallwahrscheinlich-keit in % p. a.	Verlustquote in % p. a.	Risikokostensatz in % p. a.
3	0,17	40	?
14	15,00	35	?
9	1,98	45	?
12	6,67	50	?

3. *Erläutern Sie kurz, weshalb Risikokosten bei der Preiskalkulation im Aktivgeschäft berücksichtigt werden sollten.*

7.6 Kalkulationen im Betriebsbereich

Der Vorstand der Rhein-Ruhr-Bank AG möchte wissen, ob die Schließfachabteilung noch kostendeckend arbeitet. Die Controlling-Abteilung erhält hierzu den Auftrag, die Selbstkosten der Schließfachabteilung zu ermitteln.

Situation

Die Ermittlung der Selbstkosten für Betriebsleistungen ist Aufgabe der Betriebskalkulation. Hierzu müssen folgende Fragen beantwortet werden:

- Welche Tätigkeiten sind zur Erstellung der Betriebsleistung notwendig?
- Welche Kosten entstehen für die jeweilige Tätigkeit?
- Wie hoch sind die verursachten Selbstkosten für die Betriebsleitung insgesamt?
- Welcher Preis kann/soll für die Dienstleistung am Markt erzielt werden?

7.6.1 Kostenarten der Betriebskalkulation

Die Betriebskalkulation unterscheidet im Rahmen der Selbstkostenermittlung verschiedene Kostenarten:

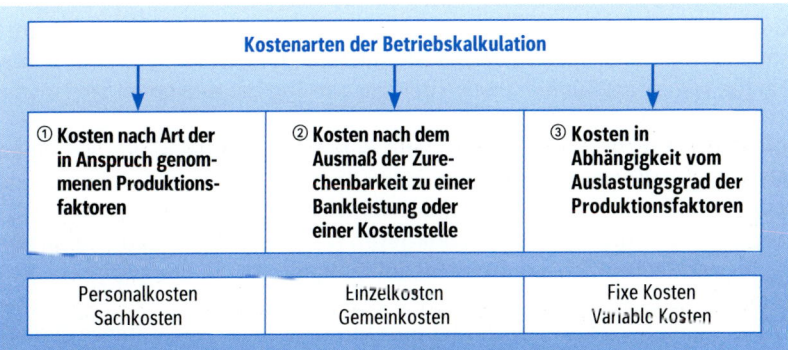

Zu ① Kosten nach der Art der in Anspruch genommenen Produktionsfaktoren

Zur Erstellung von Betriebsleistungen benötigt ein Kreditinstitut Personal, Formulare etc. sowie die entsprechenden Einrichtungen (Büroeinrichtungen, Bankgebäude, EDV-Ausstattung, ...).

In Anlehnung an die volkswirtschaftlichen Produktionsfaktoren Arbeit, Boden und Kapital werden folgende Kostengruppen unterschieden:

Personalkosten
- Löhne und Gehälter
- Soziale Abgaben
- Sonstige Personalkosten

Sachkosten
- Raumkosten
- EDV-Kosten
- Kosten der Geschäftsausstattung
- Kosten für Büromaterial und Formulare
- Sonstige Kosten

Zu ② Einzelkosten und Gemeinkosten

Situation

Die Schließfachabteilung ist in der Zentrale der Rhein-Ruhr-Bank AG untergebracht. Dort arbeiten acht Mitarbeiter.

Die Betriebsleistung „Schließfächer vermieten" besteht in der diskreten Begleitung der Mieter zu ihren Schließfächern. Hierzu muss jeder Mieter ein Formular unterschreiben, anhand dessen die Verfügungsberechtigung geprüft wird. Das Formular wird anschließend kopiert und abgelegt.

Einzelkosten entstehen unmittelbar im Zusammenhang mit der Erbringung einer Bankleistung. Für die Betriebsleistung „Schließfächer vermieten" stellen z. B. die Kosten für das Formular und die Kosten für das verwendete Kopierpapier Einzelkosten dar.

Gemeinkosten hingegen sind einer Bankleistung nicht unmittelbar zurechenbar. Hierunter fallen z. B. die Stromkosten für den Kopierer, der unabhängig von einem Kundenbesuch den ganzen Tag betriebsbereit sein muss.

Die Rhein-Ruhr-Bank AG ordnet darüber hinaus auch die in den einzelnen Abteilungen (Kostenstellen) anfallenden Kosten zu. Hierzu führt sie für jede Kostenstelle entsprechende Konten, auf denen sie die in der Kostenstelle direkt verursachten **Stelleneinzelkosten** (z. B. Personalkosten aller Mitarbeiter der Schließfachabteilung, Instandhaltungskosten des Kopierers etc.) erfasst.

Die Zuordnung der **Stellengemeinkosten** (z. B. anteiliger Stromverbrauch der Schließfachabteilung, Personalkosten des Pförtners, ...) erfolgt bei der Rhein-Ruhr-Bank AG pauschal nach der anteilig genutzten Fläche der einzelnen Abteilungen:

Gesamte Bürofläche:	3.000 m²	=	100 %
Schließfachabteilung:	300 m²	=	10 %

Die Rhein-Ruhr-Bank AG rechnet pauschal 10 % der Personalkosten des Pförtners als Stellengemeinkosten der Schließfachabteilung zu.

Zu ③ Fixe und variable Kosten

Situation

An manchen Tagen erscheinen nur wenige Kunden in der Schließfachabteilung. Die festangestellten Mitarbeiter aktualisieren in dieser Zeit die Kundenkartei und legen die ausgefüllten Besucherformulare alphabetisch ab.

Unabhängig von der Häufigkeit der Schließfachbesuche verursachen die festangestellten Mitarbeiter unveränderte Personalkosten. Sie müssen daher stets bei der Selbstkostenkalkulation der Schließfachmiete berücksichtigt werden. Sie stellen **fixe Kosten** dar.
Im Gegensatz dazu entstehen Sachkosten für ein Formular nur dann, wenn ein Schließfachbesuch durchgeführt wird. Ihre Höhe ist somit abhängig von der Häufigkeit der Kundenbesuche. Sie stellen bei der Selbstkostenermittlung für ein Schließfach **variable Kosten** dar.

Beispiel

Die Personalkosten der Mitarbeiter der Schließfachabteilung betragen monatlich 50.000,00 EUR, die Sachkosten für ein Formular 0,10 EUR. Die Anzahl der Schließfachbesuche im Mai betrug 1.200 und im Juni 850.

Die Selbstkosten für die beiden Monate setzen sich wie folgt zusammen:

	Personalkosten (fixe Kosten)	Sachkosten (variable Kosten)	Selbstkosten
Mai	50.000,00 EUR	120,00 EUR *(1.200 Besuche · 0,10)*	50.120,00 EUR
Juni	50.000,00 EUR	85,00 EUR *(850 Besuche · 0,10)*	50.085,00 EUR

Das Ergebnis zeigt, dass die Personalkosten jeweils in voller Höhe in die Selbstkosten eingehen, während die Höhe der Sachkosten je nach Häufigkeit der Kundenbesuche variiert.

Neben der Selbstkostenermittlung spielen die Effekte von fixen und variablen Kosten auch bei **Kostenvergleichen** (z. B. bei Neuanschaffungen und Rationalisierungen) eine Rolle:

Beispiel

Der Kopierer der Schließfachabteilung ist defekt und soll durch ein neues Gerät ersetzt werden. Es liegen folgende Angebote vor:

Typ	Fixe Kosten (z. B. Abschreibungen) pro Jahr	Variable Kosten (z. B. Papier, Toner) je Kopie
Copy-Star	4.500,00 EUR	0,08 EUR
PH 350	5.000,00 EUR	0,07 EUR

Bei einer Kopienanzahl von 50.000 Stück jährlich ergibt sich folgende Rechnung:

	Fixe Kosten	Variable Gesamtkosten	Selbstkosten
Copy-Star	4.500,00 EUR	4.000,00 EUR *(0,08 EUR · 50.000 Kopien)*	8.500,00 EUR
PH 350	5.000,00 EUR	3.500,00 EUR *(0,07 EUR · 50.000 Kopien)*	8.500,00 EUR

Bei einer Kopienzahl von 50.000 Stück pro Jahr verursachen beide Geräte die gleichen Selbstkosten. Eine Entscheidung ist aus Kostengründen nicht möglich.

Beispiel	Der Controller kalkuliert erneut und unterstellt folgende Kopiermengen: a) 50.001 Stück pro Jahr b) 49.999 Stück pro Jahr

Zu a):

	Fixe Kosten	Variable Gesamtkosten	Selbstkosten
Copy-Star	4.500,00 EUR	4.000,08 EUR *(0,08 EUR · 50.001 Stück)*	8.500,08 EUR
PH 350	5.000,00 EUR	3.500,07 EUR *(0,07 EUR · 50.001 Stück)*	**8.500,07 EUR**

Trotz höherer Fixkosten wird das zweite Gerät (PH 350) günstiger. Entscheidend für das Ergebnis sind die geringeren variablen Kosten. Dieser Kostenvorteil erweitert sich bei steigender Kopienanzahl, da der Anteil der fixen Kosten an den Selbstkosten immer weiter sinkt.

Zu b):

	Fixe Kosten	Variable Gesamtkosten	Selbstkosten
Copy-Star	4.500,00 EUR	3.999,92 EUR *(0,08 EUR · 49.999 Stück)*	**8.499,92 EUR**
PH 350	5.000,00 EUR	3.499,93 EUR *(0,07 EUR · 49.999 Stück)*	8.499,93 EUR

Bei einer geringeren Kopienanzahl ist Gerät 1 (Copy-Star) günstiger, da er geringere Fixkosten hat. Die geringeren variablen Kosten des zweiten Gerätes können daher bei einer Kopienanzahl von unter 50.000 Stück den Fixkostennachteil noch nicht ausgleichen.

Aufbauend auf dem Kostenvergleich kann der Controller nun folgende Entscheidungen treffen:

1. Anschaffung von Gerät 1 (Copy Star)
   Festsetzung der Kopienanzahl der Schließfachabteilung auf maximal 49.999 Stück.
2. Anschaffung von Gerät 2 (PH 350)
   Festsetzung der Kopienanzahl auf mindestens 50.001 Stück ggf. durch Mitbenutzung des Kopierers durch andere Abteilungen.

1. Entscheiden Sie bei den folgenden Sachverhalten, ob es sich für die Rhein-Ruhr-Bank AG um

  [1] fixe Kosten oder

  [2] variable Kosten

  handelt.

  a) Überweisung der fälligen Prämien für die Gebäudeversicherung

  b) Die Kundenberater erhalten neben einem Grundgehalt eine leistungsorientierte Vergütung.

  c) Die EDV-Anlagen werden aufgrund der schnellen Entwicklungen in der Informationstechnologie degressiv abgeschrieben.

  d) Die Dienstwagen werden einmal wöchentlich aufgetankt.

  e) Gutschrift der Jahreszinsen für die Spareinlagen

  f) Die Auszubildenden erhalten ihre Ausbildungsvergütung.

  g) Im Rahmen der fusionsbedingten Umstellung des EDV-Systems müssen Überstundenzuschläge gezahlt werden.

  h) Das Bankgebäude wird nach der steuerlich zulässigen Methode abgeschrieben.

  i) Alle Schulanfänger erhalten einen Spargeschenkgutschein über 5,00 EUR, der bei einer Sparkontoeröffnung eingelöst wird.

  j) Bestellung von Kontoeröffnungsformularen

2. Die Rhein-Ruhr-Bank AG möchte in einer Filiale einen Selbstbedienungsterminal aufstellen, an dem die Kunden „rund um die Uhr" Ein- und Auszahlungen vornehmen können.

  Hierzu liegen der Controlling-Abteilung zwei Angebote vor:

Gerät 1:		Gerät 2:	
Fixkosten pro Jahr:	30.000,00 EUR	Fixkosten pro Jahr:	28.000,00 EUR
Variable Kosten je Vorgang:	1,50 EUR	Variable Kosten je Vorgang:	1,55 EUR

  Die Rhein-Ruhr-Bank AG geht davon aus, dass pro Jahr zwischen 35.000 und 45.000 Vorgänge abgewickelt werden könnten.

  Für welches Gerät sollte sich die Controlling-Abteilung entscheiden?

3. Die Rhein-Ruhr-Bank AG macht die Entscheidung über die Anschaffung eines weiteren Geldautomaten von der Voraussetzung abhängig, dass die Selbstkosten des Gerätes unter den Personalkosten eines Kassierers liegen.

  Zur Entscheidung liegen folgende Daten vor:

	Geldausgabeautomat:	Kassierer:
Fixe Kosten:	40.000,00 EUR p. a.	3.000,00 EUR je Monat (Personalkosten)
Variable Kosten:	1,50 EUR je Vorgang	1,60 EUR je Vorgang (Formulare, ...)

  a) Wie viele Vorgänge müsste der Geldausgabeautomat pro Jahr abwickeln, damit er kostengünstiger als ein Kassierer wäre?

  b) Stellen Sie Ihr Ergebnis aus a) grafisch dar.

  c) Für eine Abhebung am Geldautomat erhebt die Rhein-Ruhr-Bank AG eine Buchungspostengebühr von 0,40 EUR. Der gleiche Vorgang kostet an der Kasse 0,60 EUR.

  Welchen Einfluss hat die praktizierte Preisdifferenzierung auf das Ergebnis aus a)?

4. *Der Selbstbedienungsautomat für das Spargeschäft der Filiale Neuss der Rhein-Ruhr-Bank AG wird von der Kundschaft akzeptiert. Im ersten Nutzungsjahr wurden 49.998 Vorgänge abgewickelt. Es wird überlegt, eine Benutzungsgebühr je Vorgang einzuführen, die die Selbstkosten decken soll.*

Ermitteln Sie hierzu die

a) Selbstkosten des Selbstbedienungsautomates für das erste Nutzungsjahr in Euro.
  Fixkosten pro Jahr: *30.000,00 EUR*
  Variable Kosten je Vorgang: *1,50 EUR*

b) die Benutzungsgebühr in Euro, die zur Deckung der Selbstkosten ausreichen würde.

c) Aus Konkurrenzgründen ist die Rhein-Ruhr-Bank AG gezwungen, die Nutzungsgebühr auf 2,00 EUR zu senken.

Unter welchen Voraussetzungen kann sie trotz Anpassung der Betriebserlöse eine Kostendeckung erzielen?

7.6.2   Verfahren der Betriebskalkulation

In der Betriebskalkulation unterscheidet man die Verfahren der Vollkosten- und der Teilkostenrechnung. Während man bei der Vollkostenrechnung alle im Betrieb entstandenen Kosten auf die angebotenen Marktleistungen verteilt, versucht die Teilkostenrechnung nur die der Marktleistung direkt zurechenbaren Kosten (Einzelkosten) zu erfassen.

Kreditinstitute mit ihren komplexen Marktleistungen nutzen heutzutage fast ausschließlich die Teilkostenrechnung in Form der prozessorientierten Standardeinzelkostenrechnung. Im Folgenden wird daher auf die ausführliche Erklärung der Betriebsabrechnung als Vollkostenrechnung verzichtet. Die bisher im Lehrbuch enthaltenen Ausführungen einschließlich der Aufgaben finden Sie unter BuchPlusWeb.

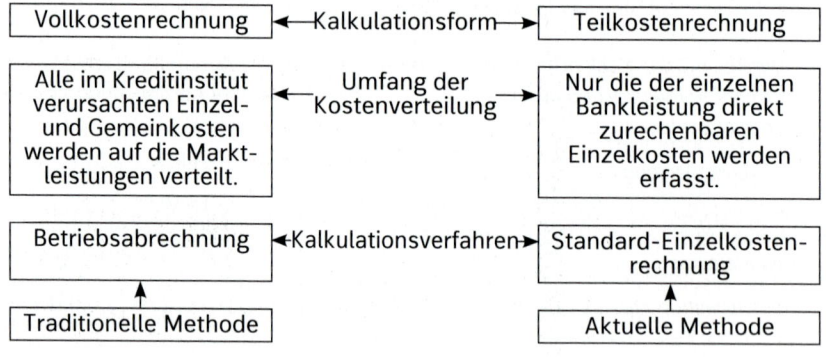

7.6.2.1 Betriebsabrechnung als Vollkostenrechnung

Unterrichtsinhalte samt Aufgaben finden Sie auf der Website des Verlages unter BuchPlusWeb.

7.6.2.2 Betriebskalkulation als Teilkostenrechnung

Die meisten Kreditinstitute kalkulieren heutzutage ihre Betriebskosten mithilfe der Teilkostenrechnung auf Einzelkostenbasis. Der wesentliche Unterschied zur Vollkostenrechnung besteht darin, dass nur die Einzelkosten, die bei der Erstellung der Bankleistung verursacht werden, den einzelnen Bankleistungen zugerechnet werden. Die Gemeinkosten werden erst in weiterführenden Kalkulationen berücksichtigt.

7.6.2.2.1 Merkmale der Teilkostenrechnung auf Einzelkostenbasis

- Es wird versucht, alle in einer Zeitperiode im Betrieb entstandenen Kosten möglichst vollständig als Einzelkosten zu erfassen.
- Die ermittelten Einzelkosten werden der einzelnen Bankleistung zugeordnet. Die Kalkulation größerer Betriebseinheiten (Gruppen, Filialen, ...) geschieht auf Basis der Einzelleistungen.
- Die Betriebskostenarten orientieren sich an den Produktionsfaktoren, die zur Erstellung der Bankleistungen erforderlich sind. Sie werden im Wesentlichen durch die menschliche Arbeit und die hochwertige EDV-Ausstattung verursacht. Die übrigen Sachkosten werden in einer Position zusammengefasst:

Betriebskostenarten der Teilkostenrechnung
→ Personalkosten
→ EDV-Kosten
→ Sonstige Sachkosten

- Die Betriebskalkulation ist als Deckungsbeitragsrechnung strukturiert:

	Betriebserlöse aller Bankleistungen (Provisionsergebnis)
–	Betriebskosten aller Bankleistungen
=	Überschuss (Deckungsbeitrag) des Betriebsbereiches

- Der ermittelte Deckungsbeitrag dient der Erwirtschaftung der Gemeinkosten des Kreditinstituts. Die Gemeinkosten werden durch die innerbetrieblichen Abteilungen (Geschäftsleitung, Revision, Rechnungswesen, ...) verursacht. Sie werden als Overheadkosten bezeichnet und sind mit den Hilfskostenstellen der Vollkostenrechnung vergleichbar.

7.6.2.2.2 Standard-Einzelkostenrechnung

Das übliche Verfahren der Teilkostenrechnung ist die sog. Standard-Einzelkostenrechnung. Sie basiert auf der Prozessorientierten Einzelkostenrechnung von Industriebetrieben und wird zur Kalkulation der Betriebskosten und -erlöse für eine einzelne Bankleistung verwendet.

Zur Anwendung der Standard-Einzelkostenrechnung als Betriebs-
kalkulation muss sich ein Kreditinstitut mit folgenden Fragen aus-
einandersetzen:
- Welche Marktleistungen werden erbracht?
- Welche Teilleistungen des Betriebsbereichs sind zur Erbringung der jeweiligen Marktleistung erforderlich?
- Welcher Mitarbeiter erbringt diese Teilleistungen?
- Welche Kosten und welche Erlöse entstehen für die Teilleistung?

7.6.2.2.3 Aufbau der Standard-Einzelkostenrechnung

Situation

Die sinkende Nachfrage nach Geldanlagen auf Sparkonten hat bei der Rhein-Ruhr-Bank AG zu der Überlegung geführt, diese Anlageform in Zukunft nicht mehr anzubieten.
Vor ihrer Entscheidung möchte die Geschäftsleitung jedoch wissen, wel-che Betriebskosten ein Sparkonto verursacht.
In Arbeitsablaufstudien hat man festgestellt, dass die Bearbeitung einer Sparkontoanlage unabhängig von der konkreten Form der Spareinlage stets in gleichen Schritten abläuft.

1. Schritt: Identifizierung der angebotenen Marktleistungen

Zwecks Zuordnung der Einzelkosten werden alle vom Kreditinstitut erstell-ten Bankleistungen in hinreichend voneinander abgrenzbare und bewert-bare Betriebsleistungen gegliedert. Dieser Schritt ist systematisch für alle Marktleistungsbereiche vorzunehmen.

Beispiel

Marktleistungsbereich: Geld- und Vermögensanlage
Marktleistungsart: Anlage auf Sparkonten
Betriebsleistungen: Kontoeröffnung, Kontoführung, Kontoauflösung

2. Schritt: Standardisierung der Arbeitsabläufe bei der Leistungserstellung

Um einer Bankleistung möglichst viele Einzelkosten zurechnen zu kön-nen, werden die Betriebsleistungen noch weiter in einzeln bewertbare Teilleistungen (Module) zerlegt.
Dies geschieht durch Arbeitsablaufstudien. Sie umfassen folgende Schritte:
- Beobachtung der Arbeitsschritte, die zur Erbringung der Betriebsleistungen in der Praxis notwendig sind (Prozessorientierung)
- Zuordnung der Teilleistungen zu den zuständigen Mitarbeitern und Abteilungen
- Dokumentation der Beobachtungen in Arbeitsablaufbeschreibungen
- Erneute Überprüfung in der Praxis
- Erstellung von endgültigen Arbeitsablaufbeschreibungen als einheit-liches Bearbeitungsschema für die zuständigen Mitarbeiter

Betriebsleistungen, für die eine einheitliche Arbeitsablaufbeschreibung vorliegt, werden als **Standardisierte Bankleistungen**[1] bezeichnet.
Für das Controlling steht nun fest, welche Produktionsfaktoren bei einer
standardisierten Erbringung einer Betriebsleistung verbraucht werden.

Beispiel

Die Rhein-Ruhr-Bank AG hat anhand von Arbeitsablaufstudien für die
Betriebsleistungen Kontoeröffnung, -führung und -auflösung folgende
bewertbare Teilleistungen als Standardleistungen festgestellt:

1. Kontoeröffnung	2. Kontoführung	3. Kontoauflösung
Beratung Kontodaten erfassen inkl. Legitimationsprüfung Erstellen des Buches per EDV Einzahlungen entgegen- nehmen und buchen Freistellungsauftrag entgegennehmen	Einzahlungen buchen Auszahlungen buchen Zinsabrechnungen erfas- sen Steuerbescheinigungen erstellen	Konto abrechnen Auszahlungsbetrag buchen Steuerbescheinigungen erstellen

3. Schritt: Ermittlung des Produktionsfaktorverbrauches
(Standardverbrauchsmengen)

Die bei jeder Teilleistung benötigten Mengen an Produktionsfaktoren werden durch folgende Maßnahmen festgestellt:

1. Zeitmessungen
– Dauer von EDV-Eingaben   (→ anteilige EDV-Kosten)
– Beratungsleistungen   (→ anteilige Personalkosten)
2. Zählen
– Anzahl der verwendeten Formulare (→ anteilige Sonstige Sachkosten)
Die Einzelergebnisse werden zu Durchschnittsgrößen je Teilleistung
zusammengefasst und anschließend den einzelnen Teilleistungen als sog.
Standardverbrauchsmengen zugeordnet. Als Ergebnis erhält man ein Zeit-
Mengen-Gerüst für die Zuordnung der Einzelkosten.

Beispiel

Die Rhein-Ruhr-Bank AG hat zur Bewertung der Teilleistungen des Betriebsbereichs für eine Sparkontoanlage folgendes Zeit-Mengen-Gerüst
erstellt. Es sieht bereits eine Zuordnung der Standardverbrauchsmengen
zu den Kostenarten vor:

1. Kontoeröffnung	Zeit/Menge	Kostenart
Beratung	10 Minuten	Personal
Kontodaten erfassen inkl. Legitimations- prüfung	12 Minuten 8 Minuten 2 Vertragsformulare	Personal EDV Sonstige Sachkosten
Erstellung des Buches per EDV	3 Minuten 2 Minuten 1 Sparurkunde	Personal EDV Sonstige Sachkosten

---

[1] *Nicht alle Bankleistungen sind standardisierbar. Vor allem das Individualkundengeschäft
(Firmenkunden, Vermögende Privatkunden) bietet auf den Einzelkunden zugeschnit-
tene Lösungen an, die untereinander kaum vergleichbar und somit auch nicht
standardisierbar sind. Aus diesem Grund werden in diesem Bereich überwiegend
Individualabrechnungen auf Basis der jeweils erbrachten Teilleistungen vorgenommen.*

1. Kontoeröffnung	Zeit/Menge	Kostenart
Einzahlung entgegen- nehmen und buchen	2 Minuten 1 Minute 1 Formular	Personal EDV Sonstige Sachkosten
Freistellungsauftrag entgegennehmen	1 Formular 2 Minuten 2 Minuten	Sonstige Sachkosten Personal EDV-Kosten

2. Kontoführung	Zeit/Menge	Kostenart
Einzahlung entgegen- nehmen und buchen	2 Minuten 1 Minute 1 Formular	Personal EDV Sonstige Sachkosten
Auszahlungen vornehmen und buchen	2 Minuten 1 Minute 1 Formular	Personal EDV Sonstige Sachkosten
Zinskapitalisierung	1 Minute	EDV
Steuerbescheinigungen erstellen	2 Minuten 1 Formular	EDV Sonstige Sachkosten

3. Kontoauflösung	Zeit/Menge	Kostenart
Kontoabrechnung erstellen und buchen	3 Minuten 1 Minute	Personal EDV
Auszahlungsbetrag buchen	2 Minuten 1 Minute 1 Formular	Personal EDV Sonstige Sachkosten
Steuerbescheinigungen erstellen	2 Minuten 1 Formular	EDV Sonstige Sachkosten

Die genaue Bewertung von Standardverbrauchsmengen ist bei bestimmten Teilleistungen schwierig:

Für die Teilleistung „Telefonische Kundenkontakte" wird zum Beispiel eine Standardverbrauchsmenge von 3 Minuten ermittelt. Die verursachten Kosten hängen vom Gesprächstarif und der Grundgebühr ab. Sie werden durch nicht standardisierbare Merkmale wie der Entfernung, der Tageszeit oder des verwendeten Mediums (Standardleitung, Handy etc.) bestimmt. Eine genaue Zuordnung der Einzelkosten kann nur über Einzelabrechnungen der jeweiligen Gespräche erfolgen.

4. Schritt: Festlegung von Standardkostensätzen

Zur Bewertung der standardisierten Teilleistungen und ihrer Verbrauchsmengen werden Kostenstellen gebildet. Auf Grundlage aller verursachten Einzelkosten im Betriebsbereich einer Kostenstelle ermittelt das Kreditinstitut sog. Standardkostensätze. Die Zeitperiode beträgt ein Jahr.

Standardkostensatz in Euro pro Minute einer Kostenstelle:

$$\frac{\text{Summe aller Einzelkosten der Kostenstelle in Euro}}{(\text{Anzahl der Mitarbeiter} \cdot \text{maximale Arbeitszeit in Minuten})}$$

Hierauf aufbauend sind verfeinerte Kalkulationen für die einzelnen Betriebskostenarten möglich:

a) **Standardbearbeitungszeiten** von Teilleistungen werden mit Standardpersonalkostensätzen des zuständigen Mitarbeiters bzw. den Standard-EDV-Kostensätzen ermittelt.

aa) Standardpersonalkostensatz

Rhein-Ruhr-Bank AG
Die zuständigen Angestellten für den Sparbereich verursachen Personaleinzelkosten von durchschnittlich 75.000,00 EUR pro Jahr und Person. Sie arbeiten hierzu an durchschnittlich 220 Tagen jeweils 8 Stunden (= 105.600 Minuten).
Standardpersonalkostensatz in Euro/Minute:

$$\frac{75.000,00 \text{ EUR}}{105.600 \text{ Minuten}} = \text{ca. } 0,71 \text{ EUR/Minute}$$

Jede Arbeitsminute der Angestellten wird in der Kalkulation mit 0,71 EUR bewertet.

Die dargestellte Kalkulation der Standard-Personalkostensätze geht von folgenden Voraussetzungen aus:

- Die zuständigen Angestellten sind zu 100 % ausgelastet.
  „Kleine" Pausen oder „Leerlaufzeiten", die bei der täglichen Arbeit stets entstehen, können nicht standardisiert und somit nicht berücksichtigt werden. Eine Unterauslastung würde jedoch die „tatsächlichen" Kosten der einzelnen Teilleistung erhöhen.
- Die Teilleistungen werden stets von denselben Angestellten mit konstanten Personalkosten ausgeführt. Der Einsatz von Auszubildenden und Aushilfskräften würde die „tatsächlichen" Kosten der einzelnen Teilleistung senken.

ab) Standard-EDV-Kosten-Satz

Rhein-Ruhr-Bank AG
Die Kosten der EDV-Anlage im Sparbereich betragen 300.000,00 EUR pro Jahr. Sie ist im Jahr durchschnittlich 150.000 Minuten im Einsatz.
Standard EDV-Kosten-Satz in Euro/Minute:

$$\frac{300.000,00 \text{ EUR}}{150.000,00 \text{ Minuten}} = 2,00 \text{ EUR/Minute}$$

b) Standard-Stückkosten
Für die Sonstigen Sachkosten errechnen sich die Standard-Kostensätze auf Grundlage der Selbstkosten pro Stück (sog. Standard-Stückkosten). Hierzu wird auf die Bezugspreiskalkulation zurückgegriffen.

Die Rhein-Ruhr-Bank AG benötigt jährlich ca. 10.000 Sparurkunden. Sie werden einmal im Jahr bestellt. Der Einkaufspreis beträgt 5.000,00 EUR zzgl. 19 % Umsatzsteuer. Es fallen Versand- und Verpackungskosten in Höhe von 200,00 EUR an.

	Einkaufspreis netto	5.000,00 EUR
+	19 % Umsatzsteuer	950,00 EUR
+	Bezugskosten	200,00 EUR
=	Gesamtkosten	6.150,00 EUR

Standard-Stückkosten:
6.150,00 EUR : 10.000 Sparurkunden   **= 0,62 EUR/Stück**

5. Schritt: Bewertung der Teilleistung mit den verursachten Kosten (Standard-Einzelkosten je Teilleistung)

Die Standard-Einzelkosten je Teilleistungen werden getrennt nach Kostenarten ermittelt:

1. Personalkosten:

> **Standardbearbeitungszeit in Min. · Standardkostensatz je Min.**

> **Beispiel** Teilleistung „Beratung":
> 10 Minuten · 0,71 EUR = 7,10 EUR

2. EDV-Kosten:

> **Standardbearbeitungszeit in Min. · Standardkostensatz je Min.**

> **Beispiel** Teilleistung „Kontodaten erfassen":
> 8 Minuten · 2,00 EUR = 16,00 EUR

3. Sonstige Sachkosten:

> **Standardverbrauchsmengen in Stück · Standardkosten pro Stück**

> **im Beispiel** Sparurkunde:
> 1 Stück · 0,62 EUR = 0,62 EUR

Durch Addition der Standard-Einzelkosten aller Teilleistungen werden die gesamten Betriebskosten der Marktleistung ermittelt.

> **Beispiel** **Rhein-Ruhr-Bank AG**
> Die Standard-Einzelkosten der Marktleistung „Anlage auf Sparkonten" werden getrennt nach Kostenarten ermittelt. Die Häufigkeit der Teilleistungen je Sparkonto sind Durchschnittsgrößen (siehe 2. Spalte „Einheiten"). Sie werden der Betriebsstatistik entnommen.
>
> **Personalkosten**
>
> | Teilleistung | Einheiten | Arbeitszeit in Minuten | Standard-Kostensatz in EUR | Standard-Einzelkosten in EUR |
> |---|---|---|---|---|
> | Beratung | 1 | 10 | 0,71 | 7,10 |
> | Kontodaten erfassen | 1 | 12 | 0,71 | 8,52 |
> | Ein-/Aus-zahlungen | 16 | 2 | 0,71 | 22,72 |
> | Freistellungs-auftrag | 2 | 2 | 0,71 | 2,84 |
> | Kontoab-rechnungen | 1 | 3 | 0,71 | 2,13 |
> | **Summe** | – | – | – | **43,31** |

EDV-Kosten

Teilleistung	Einheiten	Zeit in Minuten	Standard-Kostensatz in EUR	Standard-Einzelkosten in EUR
Kontodaten erfassen	1	8	2,00	16,00
Sparbuch erstellen	1	2	2,00	4,00
Ein-/Aus-zahlungen	16	1	2,00	32,00
Freistellungs-auftrag	2	2	2,00	8,00
Zinskapitali-sierung	1	1	2,00	2,00
Steuer-bescheinigung	1	2	2,00	4,00
Kontoabrech-nungen	1	1	2,00	2,00
Summe	–	–	–	**68,00**

Sonstige Sachkosten

Kostenfaktor	Einheiten	Standard-Stück-kosten in EUR	Standard-Einzel-kosten in EUR
Kontovertrag	2	1,50	3,00
Ein-/ Auszahlungsbeleg	16	0,13	2,08
Sparurkunde	1	0,62	0,62
Steuerbescheinigung	1	0,25	0,25
Freistellungsauftrag	1	0,44	0,44
Summe	–	–	**6,39**

Standard-Einzelkosten eines Sparbuches pro Jahr (in Euro):

Personalkosten	43,31
EDV-Kosten	68,00
Sonstige Sachkosten	6,39
Summe	**117,70**

Betriebserlöse werden durch die Marktleistung „Anlage auf Sparkonten" nicht erzielt.

Beispiel

Rhein-Ruhr-Bank AG
Die Anlage einer Spareinlage über 10.000,00 EUR verursacht in der Rhein-Ruhr-Bank AG in einem Jahr Standard-Einzelkosten in Höhe von 117,70 EUR. Betriebserlöse werden nicht erwirtschaftet.

Ermittlung des Standard-Einzelkostensatzes:

$$\frac{\text{Standard-Einzelkosten p. a.}}{\text{Einzelgeschäftsvolumen}} \quad \frac{117,70 \text{ EUR} \cdot 100}{10.000,00 \text{ EUR}}$$

Standard-Einzelkostensatz: ca. 1,18 % p. a.

Deckungsbeitragsrechnung:
Annahme: Die Spareinlage 10.000,00 EUR erbringt im Wertbereich einen Konditionenbeitrag von 2 % p. a.

	Konditionenbeitrag (= Deckungsbeitrag I)	2,00 % p. a.
+	Direkt zurechenbare Betriebserlöse	–,–
–	Direkt zurechenbare Standard-Einzelkosten	– 1,18 % p. a.
=	Nettokonditionenbeitrag (= Deckungsbeitrag II)	= 0,82 % p. a.

Aufgaben

1. *Ermitteln Sie die Standard-Einzelkosten für ein Sparkonto in Euro pro Jahr: Berücksichtigen Sie hierzu folgende Kostenfaktoren:*

Personalkosten   51,00 EUR/Stunde
EDV-Kosten   108,00 EUR/Stunde

Personalkosten

Teilleistung	Einheiten	Arbeitszeit in Minuten	Standard-Kostensatz in EUR/Minute	Standard-Einzelkosten in EUR
Beratung	1	11		
Kontodaten erfassen	1	15		
Ein-/Aus-zahlungen	32	3		
Freistellungs-auftrag	2	1		
Kontoab-rechnungen	1	4		
Summe	–	–	–	

EDV-Kosten

Teilleistung	Einheiten	Zeit in Minuten	Standard-Kostensatz in EUR/Minute	Standard-Einzelkosten in EUR
Kontodaten erfassen	1	8		
Sparbuch erstellen	1	1		
Ein-/Aus- zahlungen	32	2		
Freistellungs- auftrag	2	3		
Zinskapitali- sierung	1	1		
Steuer- bescheinigung	1	2		
Kontoab- rechnungen	1	1		
Summe	–	–	–	

Sonstige Sachkosten

Kostenfaktor	Einheiten	Standard-Stück- kosten in EUR	Standard-Einzel- kosten in EUR
Kontovertrag	2	1,30	
Ein-/ Auszahlungsbeleg	20	0,22	
Sparurkunde	1	1,65	
Steuerbescheinigung	1	0,58	
Freistellungsauftrag	2	0,99	
Summe	–	–	

b) *Zeitweise werden auch Auszubildende in der Kontoführung des Sparbereichs eingesetzt.*
   Berechnen Sie die Kostenersparnis in Euro pro Jahr, wenn der Einsatz von Auszubildenden nur Personalkosten in Höhe von 15,00 EUR/Stunde verursachen würde.

2. *Die Kunden der Kölnbank AG bevorzugen aufgrund der unsicheren Zinsentwicklung zurzeit überwiegend Termineinlagen mit einmonatiger Laufzeit. Hierdurch sind der Arbeitsaufwand und die verursachten Betriebskosten bei gleichzeitig sinkenden Konditionenbeiträgen erheblich gestiegen.*
   Anhand von Arbeitsablaufstudien weiß man, dass die Bearbeitung von Termingeldanlagen unabhängig von der Anlagehöhe und Dauer weitestgehend nach gleichem Muster erfolgt.
   Zur Deckung der gestiegenen Betriebskosten möchte der Vorstand des Kreditinstituts eine pauschale Bearbeitungsgebühr erheben, die auf Basis der Einzelkosten je Anlagevorgang kalkuliert werden soll.
   Der Controlling-Abteilung liegen folgende Daten vor:

Personalkosten

Teilleistung	Einheiten	Arbeitszeit in Minuten	Standard-Kostensatz in EUR/Minute	Standard-Einzelkosten in EUR
Beratung bei Anlage	1	15		
Kontodaten erfassen	1	10		
Einzahlung/ Umbuchung	1	3		
Freistellungs-auftrag	2	5		
Kontoab-rechnungen	1	2		
Beratung bei Fälligkeit	1	5		
Summe				

EDV-Kosten

Teilleistung	Einheiten	Zeit in Minuten	Standard-Kostensatz in EUR/Minute	Standard-Einzelkosten in EUR
Kontodaten erfassen	1	8		
Einzahlung Umbuchung	1	2		
Freistellungs-auftrag	2	6		
Zinsgutschrift	1	1		
Steuer-bescheinigung	1	2		
Umbuchung bei Fälligkeit	1	3		
Summe				

Sonstige Sachkosten

Kostenfaktor	Einheiten	Standard-Stückkosten in EUR	Standard-Einzelkosten in EUR
Kontokarte	1	1,20	
Einzahlungs-beleg/Überwei-sungen	3	0,61	
Steuerbe-scheinigung	1	0,95	
Freistellungs-auftrag	2	0,78	
Summe			

Standardeinzelkosten je Anlage	

Ermitteln Sie die Standard-Einzelkosten je Termingeldanlage in Euro unter Berücksichtigung folgender Kostensätze:

Standard-Personalkostensatz:	*1,03 EUR/Minute*
Standard-EDV-Kostensatz:	*1,31 EUR/Minute*

3. In der Privatkundenkreditabteilung der Rhein-Ruhr-Bank AG häufen sich die Beschwerden der Kreditnehmer darüber, dass die Bearbeitungsgebühr in Höhe von 2 % für ein Anschaffungsdarlehen in Abhängigkeit von der Höhe des Kreditbetrages zu entrichten ist. Es wird daher erwogen, eine die Betriebskosten deckende Pauschalgebühr je Kreditvorgang einzuführen.

Die Controlling-Abteilung erhält hierzu den Auftrag, die Betriebskosten je Anschaffungsdarlehen zu ermitteln. Auf Basis der weitestgehend standardisierten Arbeitsabläufe wird folgende Übersicht erstellt:

Personalkosten

Teilleistung	Einheiten je Darlehen	Arbeitszeit in Minuten	Standard-Kostensatz EUR/Minute	Standard-Einzelkosten in EUR
Beratung	1	25	0,90	22,5
Kreditwürdig-keitsprüfung	1	20	0,90	18
Kundendaten in EDV erfassen	1	10	0,90	9
SCHUFA-Meldung	1	4	0,90	3,6
Kreditakte anlegen	1	10	0,90	9
EDV-Abfragen	12	5	0,90	54
Summe				116,10

EDV-Kosten

Teilleistung	Einheiten	Zeit in Minuten	Standard-Kostensatz EUR/Minute	Standard-Einzelkosten in EUR
Kundendaten erfassen	1	10	1,15	11,50
SCHUFA-Meldung	1	4	1,15	4,60

Noch EDV-Kosten

Kreditüber-wachung	12	5	1,15	69
Kundendaten ändern	3	3	1,15	10,35
Kontoauf-lösung	1	8	1,15	9,2
Summe				104,65

Sonstige Sachkosten

Kostenfaktor	Einheiten	Standard-Stückkosten in EUR/Einheit	Standard-Einzelkosten in EUR
Kreditantrag	1	1,20	*1,20*
Kreditvertrag	2	1,49	*2,98*
Widerrufs-erklärung	1	0,30	*0,30*
Aktenordner	1	1,80	*1,80*
Telefon, Porto	12	0,44	*5,28*
Summe			*11,58*

Standardeinzelkosten je Vorgang	*232,31*

Ermitteln Sie die Standard-Einzelkosten in Euro für ein Anschaffungsdarlehen. Berücksichtigen Sie hierbei folgende Angaben:

Personalkosten pro Jahr (230 Arbeitstage zu je acht Stunden)   99.360,00 EUR
EDV-Kosten pro Jahr   (310 Betriebstage zu je acht Stunden)   171.120,00 EUR

4. Eine Sparkontoeröffnung durch einen Kundenberater dauert bei der Sparkasse Werne durchschnittlich 16 Minuten.
Zur Kalkulation der Betriebskosten stehen folgende Daten zur Verfügung:

Personalkosten-Satz   0,73 EUR/Minute
EDV-Kosten-Satz   1,45 EUR/Minute
Sonstige Sachkosten   (16,40 EUR)

a) Ermitteln Sie die Standard-Einzelkosten für eine Kontoeröffnung in Euro.

Zur Eröffnung von Sparkonten werden zeitweise auch Auszubildende eingesetzt.
Ihre Personalkosten betragen 6,60 EUR pro Stunde.

b) Berechnen Sie die Kostenersparnis in Euro für die Sparkasse, wenn sie ein Sparkonto durch einen Auszubildenden eröffnen lässt.

Die Erfahrung hat gezeigt, dass Auszubildende etwas mehr Zeit für eine Kontoeröffnung benötigen.

c) Wie viele Minuten dürften Auszubildende maximal für eine Kontoeröffnung benötigen, damit sie immer noch kostengünstiger als ein Kundenberater arbeiten?

7.7 Einzelkalkulationen als Deckungsbeitragsrechnungen

Einzelkalkulationen für Produkte, Kunden und Geschäftsbereiche werden in Kreditinstituten als Teilkostenrechnung mithilfe von Deckungsbeiträgen (Deckungsbeitragsrechnung) durchgeführt.

7.7.1 Merkmale der Deckungsbeitragsrechnung in Kreditinstituten

7.7.1.1 Begriff des Deckungsbeitrages

Unter dem Deckungsbeitrag (DB) versteht man in der Bankkalkulation im Unterschied zur Kostenrechnung in Nichtbanken den Überschuss der Erlöse aus dem Verkauf aller Marktleistungen über die Einzelkosten der erstellten Betriebs- und Wertleistungen. Der Deckungsbeitrag dient dazu, die im Kreditinstitut entstandenen Gemeinkosten zu decken. Gemeinkosten entstehen durch die innerbetrieblichen Abteilungen (Geschäftsleitung, Stäbe, Rechnungswesen, ...) und nicht direkt zurechenbarer kalkulatorischer Eigenkapitalkosten. Sie werden auch als Overheadkosten bezeichnet.

Erlöse	aus dem Verkauf von Marktleistungen	
− **Einzelkosten**	der Betriebs- und Wertleistungen	
= *Deckungsbeitrag*	*Überschuss der Erlöse über die Einzelkosten*	
− **Gemeinkosten**	(Overheadkosten der innerbetrieblichen Abteilungen)	
= **Betriebsergebnis**	**Überschuss der Erlöse über die Gesamtkosten**	

Merke:

Ist der Deckungsbeitrag höher als die Gemeinkosten, ergibt sich ein positives Betriebsergebnis; entspricht er den Gemeinkosten, spricht man von Kostendeckung.

> **Deckungsbeitrag > Gemeinkosten → positives Betriebsergebnis**
> **Deckungsbeitrag = Gemeinkosten → Kostendeckung**
> **Deckungsbeitrag < Gemeinkosten → negatives Betriebsergebnis**

Merke:

7.7.1.2 Grundstruktur der Deckungsbeitragsrechnung in Kreditinstituten

Die Deckungsbeitragsrechnung baut auf den Ergebnissen der Kalkulationen für den Wertbereich (Marktzinsmethode, Barwertkalkulation, Standard-Risikokosten) und den Betriebsbereich (Standard-Einzelkostenrechnung) auf. Berücksichtigt man **alle** im Kreditinstitut anfallenden Erlöse und Kosten, ergibt sich folgende Grundstruktur der Deckungsbeitragsrechnung für das gesamte Kreditinstitut:

Grundstruktur der Deckungsbeitragsrechnung in Kreditinstituten (in EUR)

Konditionenbeiträge aller Aktivgeschäfte
+   Konditionenbeiträge aller Passivgeschäfte
= **Zinsüberschuss, Zins-Konditionenbeitrag**   (Deckungsbeitrag I)

+   Direkt zurechenbare Provisionserlöse
−   Direkt zurechenbare Betriebskosten
= **Nettokonditionenbeitrag**   (Deckungsbeitrag II)

−   Direkt zurechenbare Standard-Risikokosten der Aktivgeschäfte
−   Direkt zurechenbare Eigenkapitalkosten der Aktivgeschäfte
= **Deckungsbeitrag** (auf **Einzelkostenbasis**)   (Deckungsbeitrag III)

+   Gemeinerlöse (z. B. Strukturbeiträge)
−   Gemein- bzw. Overheadkosten
= **Betriebsergebnis** (auf **Gesamtkostenbasis**)

Die stufenweise Ermittlung der Deckungsbeiträge orientiert sich am orga-
nischen Aufbau eines Kreditinstitutes und berücksichtigt die Dualität der
erstellten Bankleistungen.
Die Trennung des Wertbereiches (DB I und II) und des Betriebsbereiches
(DB III – DB II) ermöglicht eine differenzierte Betrachtung der dort
jeweils erwirtschafteten Ergebnisbeiträge zum Gesamtbetriebsergebnis.
Deckungsbeitrag III berücksichtigt alle im Betriebs- und Wertbereich entstandenen Einzelkosten und -erlöse. Er dient nun zur Deckung der nicht
direkt zurechenbaren Kosten (Gemeinkosten).
Die Grundstruktur der Deckungsbeitragsrechnung wird bei den Einzelkalkulationen für Produkte, Kunden und Geschäftsbereiche den speziellen
Erfordernissen angepasst.

7.7.2   Produktkalkulationen

Die Produktkalkulation für ein Einzelgeschäft bildet die Basis für Deckungsbeitragsrechnungen in Kreditinstituten. Hierauf aufbauend können
Kalkulationen für beliebige Objekte (Kunden, Kundengruppen, Filialen,
Gesamtbank, ...) durchgeführt werden.
Ziel der Produktkalkulation ist es zum einen, den anteiligen Deckungsbeitrag
des Einzelgeschäfts zum Gesamtbetriebsergebnis, unter Berücksichtigung
aller direkt zurechenbarer Kosten und Erlöse des Betriebs- und Wert-
bereiches, zu ermitteln. Zum anderen soll der Mitarbeiter am Markt gezielte
Informationen für seinen Preissetzungsspielraum durch die Kalkulation von
Preisober- und -untergrenzen bekommen.
Die Produktkalkulation gliedert sich im Hinblick auf die am Markt erforder-
lichen Preisinformationen in drei Gruppen:
• Kalkulation von Aktivprodukten
• Kalkulation von Passivprodukten
• Kalkulation von Dienstleistungen

7.7.2.1 Kalkulation von Aktivprodukten

Situation

Ein langjähriger Geschäftskunde mit einwandfreier Bonität benötigt einen Saisonkredit in Höhe von 200.000,00 EUR. Durch Geschäftsfreunde weiß er, dass die Konkurrenz derartige Finanzierungen zu einem durchschnittlichen Zinssatz von 5,50 % p. a. anbietet. Der Kunde ist der Ratingklasse 4 zugeordnet. Könnten Sie ihm in etwa gleiche Konditionen anbieten, würde er Ihrem Institut treu bleiben.
Erörtern Sie, welche Kosten für Ihr Kreditinstitut im Rahmen eines Saisonkredites (Bereitstellung auf Kontokorrent) anfallen.

Der Mitarbeiter im Aktivbereich benötigt für eine Beratung im Kreditgeschäft genaue Angaben über die Kosten, die dem Kreditinstitut für die Bereitstellung des Kapitals entstehen (Preisuntergrenze). Nur bei Kenntnis dieser Größe ist er in der Lage, dem Kunden einen konkreten Zinssatz unter Berücksichtigung des Konkurrenzangebotes (im Beispiel: Preisobergrenze) zu nennen.

▌ Kalkulation der Preisuntergrenze

Die Ermittlung der Preisuntergrenzen für Aktivprodukte geschieht mithilfe der Margen aus dem Wert- und Betriebsbereich. Hierbei sind folgende Kostenfaktoren zu berücksichtigen:

	Alternativzinssatz am Geld- oder Kapitalmarkt	
+	Direkt zurechenbare Standard-Einzelkosten	Mindest-konditionen-marge
+	Risikokosten des Kundengeschäfts lt. Ratingklasse	
+	kalkulatorische Eigenkapitalkosten des Einzelgeschäfts	
=	**Preisuntergrenze für das Aktivprodukt**	

Der Alternativzinssatz für Interbankengeschäfte wird der Datenbasis zur Marktzinsmethode entnommen werden. Die Standard-Einzelkosten für Kontokorrentkredite werden aus der Betriebskalkulation und die Standard-Risikokosten aus der Wertbereichskalkulation bzw. der Betriebsstatistik übernommen.
Die kalkulatorischen Eigenkapitalkosten für das Einzelgeschäft müssen auf Basis des Grundsatzes I der Bundesanstalt für Finanzdienstleistungsaufsicht (BaFin) im Rahmen einer Vorkalkulation als Kostensatz in Prozent p. a. ermittelt werden. Hiermit wird der Tatsache Rechnung getragen, dass Kredite Risikoaktiva darstellen, die mit bis zu 8 % der Kreditsumme durch Eigenkapital unterlegt werden müssen. Auf das gebundene Eigenkapital ist die vom Kreditinstitut angestrebte Eigenkapitalrendite als Zins- bzw. Kostensatz in Prozent p. a. anzuwenden.

Beispiel

Ermittlung der Preisuntergrenze für einen Saisonkredit über 200.000,00 EUR mit dreimonatiger Laufzeit, die Betriebskosten betragen je Kreditvorgang 890,00 EUR:

Kosten- und Erlösfaktoren:	Margen/Kostensätze:
1) Alternativzinssatz am Geldmarkt:	
Euribor (3 Monate)	**3,198 % p. a.**
2) Risikokosten:	
Risikokostensatz in Ratingklasse 4	**+ 0,12 % p. a.**
3) Standard-Einzelkosten (lt. Betriebskalkulation):	
890,00 EUR für drei Monate Laufzeit	
3.560,00 EUR für ein Jahr	
3.560,00 EUR/200.000,00 EUR · 100 =	**+ 1,78 % p. a.**
4) Kalkulatorische Eigenkapitalkosten:	
EK-Unterlegung lt. Ratingklasse 4: 1,76 %	
Angestrebte EK-Rendite 20 % p. a.	
a) EK-Unterlegung:	
200.000,00 EUR · 1,76 % = 3.520,00 EUR Eigenkapital erforderlich	
b) EK-Kosten in Euro:	
3.520,00 · 20,0 % p. a. = 704,00 EUR p. a.	
c) EK-Kostensatz:	
704,00 EUR/200.000,00 EUR · 100	**+ 0,352 % p. a.**
5) Preisuntergrenze (= Selbstkostensatz):	
Summe der Positionen 1–4 =	**5,45 % p. a.**

Der Kundenberater hätte bei diesem Geschäft eine Preisuntergrenze von 5,45 % p. a. zu berücksichtigen. Unter Berücksichtigung der Konkurrenzkonditionen von 5,50 % p. a. hätte er einen Margenspielraum von 0,05 % p. a. bei der Kalkulierung seines konkreten Konditionenangebots.

▌ Konsequenzen für die Deckungsbeitragsrechnung

Würden alle Kundengeschäfte zum Selbstkostensatz abgeschlossen, hätte man Kostendeckung erreicht. Allerdings wäre somit kein Beitrag zum Gesamtergebnis der Bank erwirtschaftet worden.

Es ist zu bedenken, dass die Kalkulation der Preisuntergrenze lediglich direkt zurechenbare Einzelkosten berücksichtigt. Das einzelne Geschäft sollte jedoch einen Deckungsbeitrag sowohl für die Overheadkosten als auch für ein angemessenes Betriebsergebnis erwirtschaften. Zur Erreichung dieses Deckungsbeitrages könnte bei ausreichendem Preissetzungsspielraum in der Vorkalkulation bereits ein entsprechender Overhead-Kostensatz **(Overheadkosten : Gesamtkosten · 100)** oder eine bestimmte Mindestmarge **(Gewinnmarge)** zusätzlich als Aufschlag auf die Selbstkosten berücksichtigt werden. Als Ergebnis würde man die sog. Kunden- oder Normalkondition erhalten, die den Beratern in Konditionentabellen vorliegen.

Preis**unter**grenze (Selbstkostensatz)
+ Overheadkostenzuschlag
+ Gewinnmarge
= Kundenzinssatz (Mindestzinssatz)

Merke:

Bieten die Marktbedingungen kaum Spielraum für die Berücksichtigung dieser Größen, sollten die erzielbaren Margen (im Beispiel 0,05 % p.a) jedoch durch Geschäftsabschlüsse zur Preisobergrenze (**hier:** Konkurrenzkondition) erreicht werden (im Beispiel: Abschluss zu 5,50 % p. a.).

Deckungsbeitragsrechnung für Aktivprodukte:
Saisonkredit über 200.000,00 EUR, Laufzeit drei Monate,
Zinssatz 5,50 % p. a.

Beispiel

	Deckungsbeiträge	Kostensatz in % p. a. (lt. Beispiel)	in EUR für Laufzeit von drei Monaten
Kondition Kundengeschäft (Normalkondition)		5,50	2.750,00
– Alternativzinssatz Geldmarkt	Deckungsbeitrag I	– 3,198	– 1.599,00
= **Zins-Konditionenbeitrag Zinsüberschuss**		= 2,302	= 1.151,00
+ Direkt zurechenbare Provisionserlöse		+ 0,00	+ 0,00
– Direkt zurechenbare Standard-Einzelkosten		– 1,78	– 890,00
= **Nettokonditionenbeitrag**	Deckungsbeitrag II	= 0,522	= 261,00
– Standard-Risikokosten		– 0,12	– 60,00
– Kalkulatorische Eigenkapitalkosten		– 0,352	– 176,00
= **Beitrag zum Betriebsergebnis**	Deckungsbeitrag III	= 0,05	= 25,00

7.7.2.2 Kalkulation von Passivprodukten

Eine Kundin möchte 500.000,00 EUR für einen Monat als Festgeld anlegen. Ihre Zinsvorstellung liegt bei 3,00 % p. a., während die Konditionentabelle einen Zinssatz von 2,75 % p. a. für gleichartige Anlagen vorsieht. Können Sie der Vorstellung der Kundin entsprechen?

Situation

Als Kundenberater benötigt man in diesem Fall genaue Informationen über die Betriebskosten, die Ihrem Kreditinstitut für die Bereitstellung dieser Anlagemöglichkeit entstehen sowie über die Wertkosten einer alternativen Kapitalbeschaffung. Das Controlling muss in diesem Fall eine **Preisobergrenze** bereitstellen, zu der das Kundenkapital maximal hereingenommen werden könnte, damit das Kundengeschäft nicht teurer als eine Alternativfinanzierung wäre. Die Preisuntergrenze ist im Beispiel der Konkurrenzzinssatz.

▌ Kalkulation der Preisobergrenze

Passivprodukte stellen kein Risikokapital dar und binden deshalb kein Eigenkapital. Ebenso fallen keine Standard-Risikokosten an.

Es könnten jedoch kalkulatorische Kosten für die Beiträge zu einer Einlagensicherungseinrichtung angesetzt werden. Auch Kosten, die für eine unter Umständen erforderliche Mindestreservehaltung bei dem ESZB anfallen, könnten mit einbezogen werden. Auf eine Berücksichtigung dieser Aspekte wird jedoch verzichtet, da die Einlagensicherungskosten für alle Kreditinstitute in etwa gleicher Höhe anfallen und Mindestreserven marktgerecht verzinst und daher weitestgehend kostenneutral sind.

Es ergibt sich folgendes Kalkulationsschema für die Preisobergrenze von Passivprodukten:

> Alternativzinssatz am Geld- oder Kapitalmarkt
> − Direkt zurechenbare Standard-Einzelkosten
> = **Preisobergrenze für das Passivprodukt**

Beispiel

Ermittlung der Preisobergrenze für eine einmonatige Termineinlage, 500.000,00 EUR, Betriebskosten je Anlage 100,00 EUR:

Kostenfaktoren: **Margen/Kostensätze:**

1) Alternativzinssatz am Geldmarkt:
      Euribor (1 Monat)   **3,25 % p. a.**

2) Standard-Einzelkosten (lt. Betriebskalkulation):
      Anlage und Kontoführung   100,00 EUR

a) Gesamtkosten pro Jahr:
      1.200,00 EUR
      (Annahme: Revolvierende Anlage zu jeweils gleicher Laufzeit)

b) Ermittlung des Standard-Einzelkostensatzes:
      1.200,00 EUR/500.000,00 EUR · 100 =   **− 0,24 % p. a.**

3) Preisobergrenze (= Selbstkostensatz):
      Position 1) − 2)   **= 3,01 % p. a.**

Der Kundenberater darf, um zumindest kostendeckend vorzugehen, die ermittelte Preisobergrenze von 3,01 % p. a. nicht überschreiten. Im vorliegenden Beispiel hätte er, bezogen auf die Normalkondition, einen Margenspielraum von + 0,26 % p. a. Er könnte der Kundin die gewünschte „Sonderkondition" von 3,00 % p. a. gerade noch anbieten.

▌ Konsequenzen für die Deckungsbeitragsrechnung

Es ist zu beachten, dass die Preisobergrenze auf Einzelkostenbasis ermittelt wurde. Der im Beispiel bestehende Margenspielraum von 0,26 % p. a. zwischen Normalkondition und Preisobergrenze dient daher zur Deckung der Overheadkosten sowie der Erzielung eines angemessenen Betriebsergebnisses.

Ein Geschäftsabschluss zu Normalkondition sollte daher stets angestrebt werden.

Muss der Berater allerdings, wie im Beispiel angedeutet, das Kundengeschäft zu einer Sonderkondition abschließen, sinkt entsprechend der Ergebnisbeitrag dieses Einzelgeschäfts zur Deckung der Gemeinkosten. Gleiches gilt für den vom Kundenberater selbst erwirtschafteten Ergebnisbeitrag. Wird hingegen eine am Deckungsbeitrag orientierte Zusatzvergütung gewährt, sind tendenziell Abschlüsse zu Normalkonditionen zu erwarten.

Beispiel

Deckungsbeitragsrechnung für Passivprodukte:
Termineinlage, 500.000,00 EUR, Laufzeit 1 Monat, Zinssatz 3,00 % p. a.

	Deckungsbeiträge	Kostensatz in % p. a. (lt. Beispiel)	in EUR für eine Laufzeit von 1 Monat
Alternativzinssatz (Geldmarkt)		3,25	1.354,17
− Kondition Kundengeschäft (Normalkondition)		− 3,00	− 1.250,00
= Zins-Konditionenbeitrag Zinsüberschuss	Deckungsbeitrag I	= 0,25	= 104,17
+ Direkt zurechenbare Provisionserlöse		+ 0,00	+ 0,00
− Direkt zurechenbare Standard-Einzelkosten		− 0,24	− 100,00
= Nettokonditionenbeitrag	Deckungsbeitrag II	= 0,01	= 4,17
= Beitrag zum Betriebsergebnis	Deckungsbeitrag III	= 0,01	= 4,17

7.7.2.3 Kalkulation von Marktleistungen des Betriebsbereichs

Situation

In Ihrem Kreditinstitut häufen sich die Kundenbeschwerden über die neu eingeführte obligatorische Zeichnungsgebühr bei Neuemissionen von Aktien in Höhe von 10,00 EUR, die nur für nicht erfüllte Zuteilungswünsche erhoben wird.
Suchen Sie nach Argumenten, die Sie Ihren Kunden entgegnen könnten.

Die steigende Konkurrenz im Kampf um den Kunden, dessen wachsende Preissensibilität sowie ein steigendes Angebot von „kostenlosen" Dienstleistungen und Pauschalgebühren setzen dem einzelnen Kreditinstitut einen engen Spielraum bei der Kalkulation von Provisionen als Entgelt für reine Betriebsleistungen. Sie müssen daher i. d. R. zu kostendeckenden Preisen angeboten werden.

Bestimmender Faktor für die Ermittlung einer Preisuntergrenze für eine Provision sind daher die Standard-Einzelkosten der Betriebsleistung. Um kostendeckend wirtschaften zu können, müssen jedoch auch die anteiligen Overheadkosten sowie zum Teil Deckungsbeiträge für andere Produkte, die aufgrund der Konkurrenzsituation zu einem nicht kostendeckenden Preis bzw. „kostenlos" (Preisobergrenze/Konkurrenzpreis < Selbstkosten) angeboten werden müssen, abgegolten werden.

Berücksichtigt werden muss auch, dass bei der Kalkulation der Standard-Einzelkosten stets von einer hundertprozentigen Auslastung der Mitarbeiter ausgegangen wird. Erkennbare Leerlaufzeiten bzw. Unterauslastungen müssen daher in Form eines Kostenzuschlages mit einkalkuliert werden.

Beispiel

Zuschlag für Unterauslastung der Mitarbeiter
Die Standard-Einzelkosten für eine Bankleistung betragen bei 100 %iger Auslastung 10,00 EUR. Durch Arbeitszeitmessungen wurde festgestellt, dass die Mitarbeiter im Durchschnitt nur 80 % ihrer Arbeitszeit zur Erstellung dieser Bankleistung verwenden.

Welche Auswirkungen ergeben sich für die Kosten?
a) Ermittlung der „tatsächlichen" Standard-Einzelkosten:
100 % Auslastung ――――――――― 10,00 EUR
80 % Auslastung ――――――――― 12,50 EUR
Gegenüber den Standard-Einzelkosten entstehen Mehrkosten in Höhe von 2,50 EUR.

b) Ermittlung eines Kostensatzes für die Unterauslastung

$$\frac{\text{Mehrkosten 2,50 EUR} \cdot 100}{\text{Standard-Einzelkosten 10,00 EUR}} = 25\% \text{ Unterauslastungszuschlag}$$

Es müsste bei der Preiskalkulation ein Zuschlag für die Unterauslastung in Höhe von 25 % der Standard-Einzelkosten berücksichtigt werden.

Für die Kalkulation der **Preisuntergrenze** einer Provision für Dienstleistungen (Stückleistungen) gilt folgende Struktur:

Standard-Einzelkosten der Marktleistung des Betriebsbereichs
+ Anteilige Overheadkosten
= **Preisuntergrenze I**
+ *ggf. Deckungsbeiträge für nicht kostendeckend angebotene Produkte*
+ *ggf. Zuschlag für Unterauslastung der zuständigen Mitarbeiter (freie Kapazitäten)*
= **Preisuntergrenze II**

Ist die Höhe einer Provision abhängig vom getätigten Umsatz (Provisionen bei Wertpapieran- und -verkäufen, Bearbeitungsgebühren im Kreditgeschäft), wird sie als Prozentsatz vom Einzelgeschäftsvolumen erhoben. Bei der Kalkulation dieser Provisionen orientiert sich das Controlling an den durchschnittlichen Umsätzen der in der Vergangenheit getätigten Kundengeschäfte. Die Abhängigkeit vom Einzelgeschäftsvolumen führt i. d. R. dazu, dass der Provisionssatz bei steigendem Volumen abnimmt. Der Grund dafür ist, dass die Standard-Einzelkosten allein durch den Bearbeitungsvorgang verursacht werden. Sie sind unabhängig vom Volumen des Einzelgeschäftes und daher fixe Kosten. Der Fixkostencharakter drückt sich auch dadurch aus, dass Kreditinstitute neben der umsatzabhängigen Provision eine Mindestgebühr (als Mindestdeckungsbeitrag) verlangen.
In der Praxis besteht bei Provisionen für den Berater kaum ein Preissetzungsspielraum. Die kalkulierten Gebührensätze werden i. d. R. in Gebührentabellen fest vorgegeben.

▌Zusammenfassung: Produktkalkulation im Überblick

Aktivprodukte	Alternativzinssatz am Geld- oder Kapitalmarkt
	+ Direkt zurechenbare Standard-Einzelkosten
	+ Risikokosten des Kundengeschäfts/der betreffenden Kreditart
	+ kalkulatorische Eigenkapitalkosten des Einzelgeschäfts
	= **Preisuntergrenze für das Aktivprodukt**

(rechts geklammert: **Mindest-konditionen-marge**)

	+ Anteilige Overheadkosten
	+ Gewinnzuschlag
	= **Kundenkondition (Mindestzinssatz)**
Passivprodukte	Alternativzinssatz am Geld- oder Kapitalmarkt
	– Direkt zurechenbare Standard-Einzelkosten
	= **Preisobergrenze für das Passivprodukt**
	– Anteilige Overheadkosten
	– Gewinnzuschlag
	= **Kundenkondition (Höchstzinssatz)**
Marktleistungen des Betriebs-bereiches	Standard-Einzelkosten der Dienstleistung
	+ Anteilige Overheadkosten
	= **Preisobergrenze I**

Aufgaben

1. *Ein Privatkunde möchte ein Darlehen über 48.000,00 EUR mit einer Laufzeit von 4 Jahren bei der Rhein-Ruhr-Bank AG aufnehmen.*

   a) *Ermitteln Sie die Preisuntergrenze für den Kredit in Prozent p. a. unter Berücksichtigung folgender Angaben:*

Alternativzinssatz am Kapitalmarkt:	*5,50 % p. a.*
Einmalige Bearbeitungsgebühr:	*1,00 % vom Kreditbetrag*
Risikokosten lt. Ratingklasse:	*1,10 % p. a.*
Kalkulatorische Eigenkapitalkosten:	*0,9 % p. a.*
Standard-Einzelkosten je Kreditvorgang:	*134,40 EUR*

   b) *Berechnen Sie den Deckungsbeitrag III in Euro p. a. und Prozent p. a., wenn der Kunde das Darlehen zu 7,80 % p. a. nominal in Anspruch genommen hat.*

2. a) *Ermitteln Sie unter Berücksichtigung der nachstehenden Angaben die Preisuntergrenze für einen gesamtfälligen Saisonkredit in Höhe von 250.000,00 EUR und einer Laufzeit von 5 Monaten in Prozent p. a.*

Alternativzinssatz am Kapitalmarkt:	*5,55 % p. a.*
Bearbeitungsgebühr einmalig:	*1,50 % vom Kreditbetrag*
Standard-Einzelkosten je Vorgang:	*150,00 EUR*
Risikokosten:	*0,56 % p. a.*
Erforderliche Eigenkapitalunterlegung:	*8,00 %*
Angestrebte Eigenkapitalverzinsung:	*15 % p. a.*

   b) *Ermitteln Sie den Deckungsbeitrag III in Euro p. a. und Prozent p. a., wenn aus Konkurrenzgründen maximal 7,70 % p. a. am Markt verlangt werden können.*

3. Die Obst- und Gemüsehandlung Zirwes oHG beantragt bei der Rhein-Ruhr-Bank AG einen gesamtfälligen Saisonkredit in Höhe von 125.000,00 EUR für eine Laufzeit von drei Monaten.

Zur Kalkulation der Kreditkondition legt die Rhein-Ruhr-Bank AG folgende Werte zugrunde:

Alternativzinssatz am Geldmarkt:	4,25 % p. a.
Bearbeitungsgebühr:	0,25 % vom Kreditbetrag
Standard-Einzelkosten je Kreditvorgang:	250,00 EUR je Vorgang
Risikokosten lt. Ratingklasse:	0,60 % p. a.
Eigenkapitalkostensatz:	1,20 % p. a.
Anteilige Overheadkosten:	0,35 % p. a.
Gewinnzuschlag:	0,75 % p. a.

Ermitteln Sie

a) die direkt zurechenbaren Betriebskosten in Prozent p. a.

b) die Preisuntergrenze in Prozent p. a.

c) die Kundenkondition (Mindestzinssatz) in Prozent p. a.

d) den Deckungsbeitrag III in Euro für die beantragte Laufzeit, wenn der Saisonkredit zum Mindestzinssatz aus c) gewährt wird.

4. Die Maschinenbau AG beantragt bei der Rhein-Ruhr-Bank AG ein Investitionsdarlehen zur Finanzierung einer neuen Produktionsanlage in Höhe von 500.000,00 EUR. Das Darlehen soll eine Laufzeit von 5 Jahren haben und in fünf gleichen Jahresraten getilgt werden.

Zur Kalkulation des Kreditzinssatzes für dieses Investitionsdarlehen legt die Rhein-Ruhr-Bank AG folgende Werte zugrunde:

Alternativzinssatz am Geldmarkt:	4,45 % p. a.
Bearbeitungsgebühr einmalig:	0,50 %
Standard-Einzelkosten:	450,00 EUR p. a.
Risikokosten lt. Ratingklasse:	1,75 % p. a.
Eigenkapitalkostensatz:	1,80 % p. a.
Anteilige Overheadkosten:	0,28 % p. a.
Gewinnzuschlag:	0,52 % p. a.

Ermitteln Sie

a) den durchschnittlichen Darlehenbetrag in Euro.

b) die direkt zurechenbaren Betriebskosten in Prozent p. a.

c) die Preisuntergrenze in Prozent p. a.

d) den Kundenzinssatz (Mindestzinssatz) in Prozent p. a.

e) den Deckungsbeitrag III in Euro für die gesamte Laufzeit, wenn das Investitionsdarlehen zum Mindestzinssatz aus d) gewährt wird.

5. Die Holzbau GmbH beantragt bei der Rhein-Ruhr-Bank AG ein Investitionsdarlehen zur Finanzierung einer neuen Bandsäge in Höhe von 48.000,00 EUR Darlehen mit einer Laufzeit von vier Jahren. Die Holzbau GmbH wünscht eine Tilgung in vier gleichen Jahresraten.

Zur Kalkulation der Kreditkondition dieses Investitionsdarlehens legt die Rhein-Ruhr-Bank AG folgende Werte zugrunde:

Alternativzinssatz am Geldmarkt:	4,30 % p. a.
Bearbeitungsgebühr:	0,25 % p. a.
Standard-Einzelkosten je Kreditvorgang:	150,00 EUR p. a.
Risikokosten lt. Ratingklasse:	1,55 % p. a.
Eigenkapitalkostensatz:	0,96 % p. a.

Ermitteln Sie

a) den durchschnittlichen Darlehenbetrag in Euro.

b) die direkt zurechenbaren Betriebskosten in Prozent p. a.

c) die Preisuntergrenze in Prozent p. a.

d) den realisierten Gewinnzuschlag in Prozent p. a., wenn das Darlehen der Holzbau GmbH zu einem Zinssatz von 8,50 % p. a. gewährt wird und Overheadkosten in Höhe von 0,25 % p. a. berücksichtigt wurden.

e) den Deckungsbeitrag III in Euro des Investitionsdarlehens für die gesamte Laufzeit.

6. a) Welcher Mindestzinssatz in Prozent p. a. müsste unter Berücksichtigung der nachstehenden Angaben für einen gesamtfälligen Realkredit in Höhe von 500.000,00 EUR erzielt werden?

Alternativzins am Kapitalmarkt:	5,55 % p. a.
Standard-Einzelkosten:	1.750,00 EUR p. a.
Risikokosten:	0,33 % p. a.
erforderliches EK:	4 %
Angestrebte Eigenkapitalverzinsung:	18 % p. a.
Gewinnzuschlag:	1,15 % p. a.

b) Erläutern Sie die Konsequenzen für den Deckungsbeitrag III, wenn die Marktkondition 6,70 % p. a. betragen.

7. a) Ermitteln Sie die Preisobergrenze für eine Zwei-Monats-Termineinlage eines Kunden in Höhe von 60.000,00 EUR in Prozent p. a.

Alternativzinssatz am Geldmarkt:	4,35 % p. a.
Standard-Einzelkosten:	48,00 EUR je Festgeldanlage

b) Berechnen Sie den Deckungsbeitrag II in Euro, wenn der Kunde 3,46 % p. a. Zinsen erhält.

8. a) Ermitteln Sie die Preisobergrenze für eine Sechs-Monats-Termingeldanlage eines Kunden in Höhe von 120.000,00 EUR in Prozent p. a. unter nachfolgenden Bedingungen.

Alternativzinssatz am Geldmarkt:	4,75 % p. a.
Standard-Einzelkosten:	60,00 EUR je Festgeldanlage

b) Berechnen Sie den Deckungsbeitrag III der Termineinlage in Euro bei einem Kundenzinssatz von 4,50 % p. a.

c) Stellen Sie fest, inwieweit sich Ihre Ergebnisse aus a) und b) ändern, wenn der Kunde

ca) 50.000,00 EUR   zu 4,27 % p. a.

cb) 200.000,00 EUR   zu 4,495 % p. a.

angelegt hätte.

9. Die Rhein-Ruhr-Bank AG hat festgestellt, dass ein Großteil der Zeichnungsaufträge ihrer Kunden bei Neuemissionen von Aktien aufgrund der hohen Gesamtnachfrage keine Zuteilung erhält. Den steigenden Betriebskosten durch die Entgegennahme der Zeichnungsaufträge stehen in diesen Fällen keine Erlöse (Umsatzprovision, Depotgebühren) gegenüber.

Der Vorstand plant daher, eine kostendeckende Gebühr für nicht zugeteilte Zeichnungsaufträge zu erheben. Durch Arbeitsablaufstudien hat man folgende Teilleistungen bei der Bearbeitung der Zeichnungsaufträge festgestellt:

Teilleistung:	Standardverbrauchsmengen	Stückkosten in Euro
Beratung	9 Minuten	
EDV-Eingabe der Zeichnungsaufträge	3,50 Minuten	
Beratungsformular gemäß Wertpapierhandelsgesetz	2 Stück	1,50
Schriftliche Information über Nichtzuteilung	1 Stück	1,60
Personalkosten pro Stunde	24,00 EUR	
EDV-Kosten pro Stunde	78,00 EUR	

a) *Ermitteln Sie die Höhe der kostendeckenden Gebühr in Euro als Preisuntergrenze.*

b) *Aus Konkurrenzgründen muss die Rhein-Ruhr-Bank AG die Gebühr auf 10,00 EUR senken. Kalkulieren Sie die Konsequenzen für das Betriebsergebnis.*

10. *Die Kosten für einen Geldautomaten (Abschreibungen, Instandhaltung, Auffüllung etc. ...) betragen 127.800,00 EUR.*
Unter Berücksichtigung von „Störungen" steht er an 355 Tagen im Jahr rund um die Uhr zur Verfügung.

a) *Ermitteln Sie die Höhe einer kostendeckenden Gebühr in Euro, unter der Annahme, dass eine Geldabhebung im Durchschnitt drei Minuten dauert und 480 Abhebungen pro Tag erfolgen.*

b) *Berechnen Sie den Deckungsbeitrag pro Jahr in Euro, wenn eine Benutzungsgebühr von 1,50 EUR je Vorgang festgelegt wird und pro Tag im Durchschnitt 400 Abhebungen erfolgen.*

7.7.3   Kundenkalkulationen

Situation

Eine Kundin Ihres Kreditinstituts wünscht aufgrund einer Leitzinserhöhung durch die Europäische Zentralbank um 0,25 % p. a. eine Konditionenanpassung für ihr Festgeld in gleicher Höhe.
Können Sie dem Wunsch entsprechen?

Um eine Antwort auf den Kundenwunsch zu geben, ist es notwendig, nicht nur das Festgeld, sondern alle von der Kundin in Anspruch genommenen Produkte und Dienstleistungen in der betrachteten Zeitperiode zu ermitteln und zu bewerten. Die Informationsgrundlage bildet daher das aktuelle Gesamtengagement oder eine Kontenübersicht der Kundin.
Grundsätzlich kann dem Kundenwunsch nur entsprochen werden, wenn die Kundenverbindung weiterhin einen positiven Deckungsbeitrag zum Betriebsergebnis erwirtschaftet.

7.7.3.1   Formaler Aufbau

Kundenkalkulationen werden als Deckungsbeitragsrechnungen durchgeführt. Je nach Struktur der Kundenverbindung wird auf die einzelnen Arten der Produktkalkulation zurückgegriffen. Für jedes Konto sowie alle in der Zeitperiode in Anspruch genommenen Dienstleistungen wird der jeweils erwirtschaftete Deckungsbeitrag je Einzelgeschäft ermittelt. Anschließend werden diese Werte in einem Gesamt-Deckungsbeitrag für die Kundenverbindung zusammengefasst.

Beispiel

Die Kundin besitzt ein Festgeld, ein Sparbuch und ein Wertpapierdepot.
    Deckungsbeitrag Festgeld
+   Deckungsbeitrag Sparkonto
+   Deckungsbeitrag Wertpapierdepot
=   Deckungsbeitrag Kundenverbindung > 0?

Ist der Deckungsbeitrag der Kundenverbindung auch nach Gewährung der Sonderkondition positiv, kann dem Kundenwunsch grundsätzlich entsprochen werden.
Anhand dieses Kalkulationsschemas lassen sich auch Deckungsbeiträge für Kundengruppen ermitteln.

7.7.3.2 Zweck

Kreditinstitute sind stets bestrebt, positive Deckungsbeiträge im Geschäft mit Kunden zu erreichen bzw. zu erhalten. Die Kundenkalkulation gibt der Unternehmensleitung Aufschluss darüber, welche Kunden bzw. Kundengruppen tendenziell das Betriebsergebnis belasten und welche es positiv beeinflussen.
Es gibt allerdings Bankleistungen (z. B. Zahlungsverkehrsprodukte), die aus Konkurrenzgründen negative Deckungsbeiträge erwirtschaften. Andere Geschäfte (Wertpapierkommissionsgeschäfte, Emissionsgeschäfte, ...) hingegen sind sehr lukrativ. Eine Konsequenz der Kreditinstitute daraus ist daher die weitestgehende Automatisierung des Zahlungsverkehrs.
Auch Beratungen, als Bestandteil fast jeder Marktleistung, sind sehr kostenintensiv, erzielen aber nur selten Erlöse. Sie lohnen sich nur, wenn durch sie im Endeffekt auch ein Geschäftsabschluss erzielt wird.

7.7.3.3 Kalkulation eines debitorisch und kreditorisch geführten Kundenkontos

Beispielhaft wird im Folgenden die Kundenkalkulation für ein Girokonto dargestellt, das sowohl ein Aktivprodukt (Überziehungskredit) als auch ein Passivprodukt (Sichteinlage) beinhaltet.

Beispiel

Die Rhein-Ruhr-Bank AG führt für die Walterscheid KG ein Geschäftskonto, das monatlich abgerechnet wird. Das bankinterne Ratingsystem ordnet die Walterscheid KG der Ratingklasse 5 zu.
Im abgelaufenen Monat ergaben sich für das Geschäftskonto folgende Daten:

Durchschnittlicher Sollsaldo:	57.380,00 EUR
Sollzinssatz:	9,25 % p. a.
Durchschnittlicher Habensaldo:	12.825,00 EUR
Habenzinssatz:	0,50 % p. a.
Kontoführungsgebühr:	25,00 EUR
Buchungsposten:	358 Stück
Buchungspostengebühr:	0,50 EUR je Posten

Zur Ermittlung des Deckungsbeitrags legt die Rhein-Ruhr-Bank AG folgende Werte aus dem internen Rechnungswesen zugrunde:

Beispiel	Alternativzinssatz für täglich fällige	
	Geldanlagen und -aufnahmen:	1,20 % p. a.
	Standard-Einzelkosten	
	– je Buchungsposten	0,55 EUR
	– für die Kontoführung	80,00 EUR p. M.
	Risikokosten lt. Ratingklasse 5	1,25 % p. a.
	Eigenkapitalkosten lt. Ratingklasse 5	1,40 % p. a.

Es stellt sich die Frage, ob die Walterscheid KG das Betriebsergebnis der Rhein-Ruhr-Bank AG erhöht oder vermindert.

Ermitteln Sie daher für den abgelaufenen Monat den Deckungsbeitrag III in Euro.

Lösung:

Zu beachten ist, dass der Deckungsbeitrag stets in Euro für den betrachteten Zeitraum (hier: einen Monat) zu ermitteln ist. Die dargestellten Lösungsschritte orientieren sich am Schema der IHK-Prüfung.

1. Konditionenbeiträge ermitteln:

a) Aktivgeschäft: Durchschnittliche Überziehung (Sollsaldo)

Tatsächliche Zinserlöse vom Kunden

57.380,00 EUR · 9,25 % p. a. : 12 Monate →	442,30 EUR
– entgangene Zinserlöse aus dem Alternativgeschäft:	
57.380,00 EUR · 1,20 % p. a. : 12 Monate	– 57,38 EUR
= Konditionenbeitrag Aktivgeschäft	= 384,92 EUR

b) Passivgeschäft: Durchschnittliche Sichteinlage (Habensaldo)

Ersparte Zinskosten aus dem Alternativgeschäft

12.825,00 EUR · 1,20 % p. a. : 12 Monate →	12,83 EUR
– tatsächliche Zinskosten für das Kundengeschäft	
12.825,00 EUR · 0,50 % p. a. : 12 Monate	– 5,34 EUR
= Konditionenbeitrag Passivgeschäft	= 7,49 EUR

→ **Deckungsbeitrag I (Zinsüberschuss, Zins-Konditionenbeitrag) = 392,41 EUR**

2. Direkt zurechenbare Provisionserlöse und Betriebskosten ermitteln:

a) Provisionserlöse (Kontoführungsgebühr, Buchungspostengebühr, ...):

Kontoführungsgebühr pro Monat	25,00 EUR
+ Buchungspostengebühren 358 Posten · 0,50 EUR	+ 179,00 EUR
= **direkt zurechenbare Provisionserlöse**	= **204,00 EUR**

b) Betriebskosten
Standard-Einzelkosten für
    – die Buchungsposten 358 Posten · 0,55 EUR   196,90 EUR
    – für die Kontoführung   80,00 EUR   +   80,00 EUR
= direkt zurechenbare Betriebskosten   = 276,90 EUR

3. Bonitätsabhängige Kosten (nur für risikobehaftete Aktivgeschäfte)

a) Direkt zurechenbare Risikokosten der Aktivgeschäfte (Sollsaldo)

57.380,00 EUR · 1,25 % p. a. : 12 Monate   **= 59,77 EUR**

b) Direkt zurechenbare Eigenkapitalkosten der Aktivgeschäfte (Sollsaldo)

57.380,00 EUR · 1,40 % p. a. : 12 Monate   **= 66,94 EUR**

Zusammenfassende Darstellung lt. Lösungschema der IHK/ZPA

Konditionenbeitrag Aktivgeschäft	384,92 EUR
+ Konditionenbeitrag Passivgeschäft	+ 7,49 EUR
= Deckungsbeitrag I (Zinsüberschuss, Zins-Konditionenbeitrag)	
	= 392,41 EUR
+ Direkt zurechenbare Provisionserlöse	+ 204,00 EUR
– Direkt zurechenbare Betriebskosten	– 276,90 EUR
= Deckungsbeitrag II (Nettokonditionenbeitrag)	**= 319,51 EUR**
– Direkt zurechenbare Risikokosten der Aktivgeschäfte	– 59,77 EUR
– Direkt zurechenbare Eigenkapitalkosten der Aktivgeschäfte	– 66,94 EUR
= Deckungsbeitrag III (Deckungsbeitrag des Kunden)	**= 192,80 EUR**

Die Walterscheid KG hat der Rhein-Ruhr-Bank AG einen positiven Deckungsbeitrag von 192,80 EUR für den abgelaufenen Monat erbracht, d. h., das Betriebsergebnis steigt um diesen Betrag.
Zur genaueren Analyse der Erfolgsfaktoren ist es daher sinnvoll, die Deckungsbeiträge getrennt nach Wert- und Betriebsbereich zu ermitteln.

Deckungsbeitrag im Wertbereich

Konditionenbeitrag Aktivgeschäft	384,92 EUR
+ Konditionenbeitrag Passivgeschäft	+ 7,49 EUR
= Deckungsbeitrag I (Zinsüberschuss, Zins-Konditionenbeitrag)	
	= 392,41 EUR
– Direkt zurechenbare Risikokosten der Aktivgeschäfte	– 59,77 EUR
– Direkt zurechenbare Eigenkapitalkosten der Aktivgeschäfte	– 66,94 EUR
= Deckungsbeitrag im Wertbereich	**= 265,70 EUR**

Deckungsbeitrag im Betriebsbereich	
+ Direkt zurechenbare Provisionserlöse	204,00 EUR
– Direkt zurechenbare Betriebskosten	– 276,90 EUR
= **Deckungsbeitrag im Betriebsbereich**	**= –72,90 EUR**

Durch die getrennte Darstellung wird deutlich, dass im Betriebsbereich eine Unterdeckung entsteht, die Kosten also höher als die erzielten Provisionserlöse sind. Maßgeblicher Faktor für den insgesamt positiven Deckungsbeitrag war die hohe Zinsmarge (+8,05 % p. a.) des Überziehungskredites.

Zusammenfassung:

Deckungsbeitrag im Wertbereich	265,70 EUR
+ **Deckungsbeitrag im Betriebsbereich**	– 72,90 EUR
= **Deckungsbeitrag des Kunden**	= 192,80 EUR

7.7.3.4 Konsequenzen der Kundenkalkulation für die Beratung

Aus diesen Erkenntnissen lassen sich nun strategische Entscheidungen ableiten, welche Kunden in Zukunft stärker beraten werden sollen und bei welchen Kundengruppen eine kostendämpfende Rationalisierung z. B. durch eine stärkere Automatisierung sinnvoll erscheint. Ein Ergebnis dieser Kalkulationen ist z. B. die übliche Trennung der Kundschaft in

Standardkunden (Privat- und Firmenkunden mit begrenzter Produktnachfrage,
hoher Automatisierungsgrad und geringer Beratungsbedarf) und

Individualkunden (vermögende Privatkunden bzw. umsatzstarke Firmenkunden,
hoher individueller Beratungsbedarf, differenzierte Produktnachfrage).

Im operativen Geschäft äußern sich die Analysen der Kundenbeziehung dadurch, dass den Kundenberatern Ziel- bzw. Sollvorgaben hinsichtlich Volumen und Konditionen für Einzelgeschäfte unterbreitet werden. Sie haben dann die Aufgabe, die Kundenbeziehung derart zu gestalten, dass sie positive Ergebnisbeiträge erwirtschaften kann. Hierzu benötigen sie Informationen über die aktuelle Situation in Form von Ist-Ergebnisbeiträgen, um durch den Abschluss möglichst ertragreicher Geschäfte die gesetzten Zielvorgaben zu erreichen. Sie bilden die Entscheidungsgrundlage für die zukünftige Beratungsstrategie.

Grundsätzlich sind folgende Situationen zu unterscheiden:

I. Deckungsbeitrag des Kunden/der Kundengruppe ist positiv:

Zielgruppe: Standard- und Individualkunden

Zukünftige Strategie: Kundenbeziehung intensivieren

Maßnahmen:
- „Cross-Selling"
- ggf. Sonderkonditionen für neue Geschäfte anbieten
- engeren Kundenkontakt anstreben, z. B. Außendienstbetreuung

II. Deckungsbeitrag des Kunden/der Kundengruppe ist 0 bzw. negativ:

a)

Zielgruppe: Standardkunden mit begrenzter Nachfrage und geringem Zukunftspotenzial

Zukünftige Strategie: Kostenanalyse und -dämpfung anstreben

Maßnahmen:
- Sonderkonditionen reduzieren bzw. streichen
- Provisionen für besonders kostenintensive Leistungen er- bzw. anheben:
- Buchungsposten für beleghafte Zahlungen, Kostenpauschale für die Beratung, ...
- Kostengünstigere, „standardisierte" Produkte anbieten: z. B. Homebanking, Zahlungskarten, Sparcard, ...
- entsprechende Anreize für beratungsarme Dienstleistungen anbieten: Gutschriften für Homebanking, Nutzung von Selbstbedienungsterminals, ...

b)

Zielgruppe:
- Standardkunden mit vielversprechendem Zukunftspotenzial
- Individualkunden, bei denen das momentane Geschäftsvolumen nicht ausreicht, um positive Deckungsbeiträge zu erwirtschaften

Zukünftige Strategie: Umsatzintensivierung bzw. Anhebung des individuellen Kundengeschäftsvolumens

Maßnahmen:
- Cross-Selling
- Konzentration aller Kundenaktivitäten auf die Hausbank
- Erweiterung von Kreditfazilitäten
- Information über neue Anlagemöglichkeiten

Zusammenfassung Kundenkalkulation

I. Ermittlung des gesamten Deckungsbeitrages eines Kunden

   Konditionenbeiträge aller Aktivgeschäfte

+ Konditionenbeiträge aller Passivgeschäfte

= Zinsüberschuss, Zins-Konditionenbeitrag   **(Deckungsbeitrag I)**

+ direkt zurechenbare Provisionserlöse

− direkt zurechenbare Betriebskosten

= Nettokonditionenbeitrag   **(Deckungsbeitrag II)**

− direkt zurechenbare Risikokosten der Aktivgeschäfte

− direkt zurechenbare Eigenkapitalkosten der Aktivgeschäfte

= Deckungsbeitrag des Kunden   **(Deckungsbeitrag III)**

II. Ermittlung des Deckungsbeitrages im Wertbereich

Konditionenbeiträge aller Aktivgeschäfte

+ Konditionenbeiträge aller Passivgeschäfte

= Zinsüberschuss, Zins-Konditionenbeitrag   **(Deckungsbeitrag I)**

– direkt zurechenbare Risikokosten der Aktivgeschäfte

– direkt zurechenbare Eigenkapitalkosten der Aktivgeschäfte

= **Deckungsbeitrag im Wertbereich**

III. Ermittlung des Deckungsbeitrages im Betriebsbereich

direkt zurechenbare Provisionserlöse

– direkt zurechenbare Betriebskosten

= **Deckungsbeitrag im Betriebsbereich**

Merke:

Deckungsbeitrag im Wertbereich

+ **Deckungsbeitrag im Betriebsbereich**

= Deckungsbeitrag des Kunden   **(Deckungsbeitrag III)**

---

1. *Für das Geschäftsgirokonto der Walterscheid GmbH sind im letzten Monat die nachstehenden Werte durch die Werrabank AG ermittelt worden.*

Durchschnittlicher Sollsaldo:	*37.643,00 EUR*
Sollzinssatz:	*8,75 % p. a.*
Durchschnittlicher Habensaldo:	*1.896,00 EUR*
Habenzinssatz:	*0,25 % p. a.*
Buchungsposten:	*116 Stück*

Das Kreditinstitut erhebt folgende Kontoführungsgebühren:

Buchungspostengebühr:	*0,40 EUR*
Kontoführungsgebühr:	*40,00 EUR pauschal p. M.*

Zur Kontokalkulation verwendet die Werrabank folgende Größen:

Alternativzinssatz am Geldmarkt:	*3,50 % p. a. Tagesgeldsatz*
Standard-Einzelkosten je Buchungsposten:	*0,65 EUR*
Risikokosten lt. Ratingklasse:	*0,89 % p. a.*
Eigenkapitalkosten:	*1,20 % p. a.*

Ermitteln Sie für den betrachteten Zeitraum

a) Deckungsbeitrag im Wertbereich in Euro,

b) Deckungsbeitrag im Betriebsbereich in Euro,

c) Deckungsbeitrag III des Kontos in Euro.

2. *Der Privatkunde Paul Kaiser unterhält bei der Rhein-Ruhr-Bank AG ein Giro- und ein Sparkonto. Dem Kundeninformationssystem der Kreditbank AG können Sie für die Konten die folgenden Informationen für das abgelaufene Geschäftsjahr entnehmen:*

Girokonto:
- *durchschnittlicher Sollsaldo von 2.400,00 EUR*
- *Sollzinssatz 11 % p. a.*
- *160 Buchungsposten und 24 Kontoauszüge*
- *Kontoführungsentgelt monatlich pauschal 2,99 EUR*

Sparkonto:
- *12 Buchungsposten*
- *durchschnittliches Guthaben 7.000,00 EUR*
- *Zinssatz 2 % p. a.*

Zur Kundenkalkulation liegen folgende Daten vor:

– Risikokostensatz für Forderungsausfälle	*0,25 % p. a.*
– Eigenkapitalkostensatz	*0,45 % p. a.*
– Geld- und Kapitalmarktsatz für alternative Kapitalanlagen	*2,50 % p. a.*
– Geld und Kapitalmarktsatz für alternative Kapitalbeschaffung	*3,00 % p. a.*
– Standardkostensatz je Buchung	*0,25 EUR*
– Standardkostensatz je Kontoauszug	*0,50 EUR*

Berechnen Sie für das abgelaufene Geschäftsjahr in Euro
a) den Deckungsbeitrag I für den Kunden.
b) den Deckungsbeitrag im Betriebsbereich für den Kunden.
c) den Deckungsbeitrag III für die gesamte Kundenverbindung.

3. *Die Rhein-Ruhr-Bank AG führt für Nele König folgende Konten, zu denen aus dem letzten Quartal nachfolgende Werte vorliegen:*

Girokonto:
- *durchschnittlicher Habensaldo 1.178,00 EUR, Zinssatz 0,25 % p. a.*
- *durchschnittlicher Sollsaldo 782,55 EUR, Zinssatz 13,75 % p. a.*
- *Kontoführungsgebühren 4,50 EUR p. M.*
- *Betriebskosten 11,80 EUR p. M.*

Sparkonto:
- *durchschnittlicher Habensaldo 2.780,00 EUR, Zinssatz 0,25 % p. a.*
- *Betriebskosten 1,50 EUR pro Monat*

Im Rahmen einer umfassenden Privatkundenanalyse sollen anhand der Deckungsbeiträge für das letzte Quartal neue Verkaufschancen ermittelt werden.

Zur Kalkulation stehen folgende Informationen zur Verfügung:

– Alternativzinssatz für täglich fällige Geldanlagen	*1,05 % p. a.*
– Alternativzinssatz für täglich fällige Geldaufnahmen	*1,08 % p. a.*
– Alternativzinssatz für Spareinlagen	*1,18 % p. a.*
– Eigenkapitalkosten	*0,98 % p. a.*
– Risikokosten	*1,124 % p. a.*

Ermitteln Sie für das letzte Quartal
a) die Eigenkapitalkosten für die Kundin.
b) die Risikokosten für die Kundin.
c) den Deckungsbeitrag III für das Girokonto.
d) den Deckungsbeitrag III für das Sparkonto.
e) den gesamten Deckungsbeitrag III der Kundin.

Frau König möchte ihr Sparkonto (aktuelles Guthaben 3.000,00 EUR) in ein Tagesgeldkonto mit einem Zinssatz von 0,95 % p. a. umwandeln. Die Betriebskosten eines Tagesgeldkontos belaufen sich auf 1,25 EUR pro Monat.

f) Ermitteln Sie den Betrag, um den sich der gesamte Deckungsbeitrag der Kundin je Quartal (siehe Aufgabe e) verändern würde, wenn die Kreditbank AG dem Kundenwunsch zustimmt.

4. Erläutern Sie, welche Maßnahmen ein Kreditinstitut in Zukunft bei folgenden Kunden ergreifen sollte. Begründen Sie Ihre Vorschläge.

Kunde	Gesamtengagement	Kundengruppe	Deckungsbeitrag
a) Karl Weiß	Sparkonto, Girokonto	Standard-Privat	negativ
b) Schreinerei Eder	Girokonto, Investitionskredit	Firmenkunde	positiv
c) Sibelius Neunick	Wertpapierdepot	Vermögener Privatkunde	positiv
d) Europa AG	Termineinlage	Großunternehmen	negativ

5. Frau Orienta Zacharias unterhält bei der Volksbank Altheim eG ein Girokonto. Der eingeräumte Überziehungskredit beträgt 2.000,00 EUR.

Im letzten Geschäftsjahr wurden von der Volksbank folgende Leistungen registriert:

Betriebsbereich	Anzahl	Standard-Einzelkosten je Vorgang in EUR
Abhebungen am Geldausgabeautomat	22	0,60
Überweisungen/Daueraufträge	32	1,70
Ein-/Auszahlungen an der Kasse	22	1,10
Auslandsüberweisungen	3	7,50
Überziehungskredit einräumen/ändern	4	6,25
Kontoauszüge	12	0,20

Provisionserträge:
- Monatspauschale   5,00 EUR
- Buchungspostengebühr   0,50 EUR je Vorgang
- Auslandsüberweisungen   10,00 EUR je Vorgang

Wertbereich:
- Durchschnittlicher Saldo in Euro   2.288,00 Soll
- Überziehungszinssatz   9,75 % p. a.
- Geduldete Überziehungen   14,25 % p. a.
- Alternativzinssatz am Geldmarkt   3,75 % p. a.
- Risikokosten   0,90 % p. a. vom Kreditbetrag
- kalkulatorische Eigenkapitalkosten   1,15 % p. a. vom Kreditbetrag

Frau Zacharias möchte zur Zwischenfinanzierung eines Bausparvertrages ein Festdarlehen in Höhe von 30.000,00 EUR für einen Monat aufnehmen. Der Kundenberater vereinbart einen Zinssatz von 6,25 % p. a. und eine einmalige Bearbeitungsgebühr von 0,5 % des Kreditbetrages.

Zusatzinformationen zur Zwischenfinanzierung:

Alternativzinssatz für die Zwischenfinanzierung	4,75 % p. a.
Standard-Einzelkosten	150,00 EUR je Kreditgewährung
Standard-Risikokosten	0,1338 % p. a. vom Kreditbetrag
Kalkulatorische Eigenkapitalkosten	0,80 % p. a. vom Kreditbetrag

a) Ermitteln Sie den Deckungsbeitrag III für die Kundin Zacharias in Euro.

b) Erläutern Sie die Konsequenzen für den Deckungsbeitrag III der Zwischenfinanzierung, wenn eine Bearbeitungsgebühr aus Konkurrenzgründen nicht durchsetzbar wäre.

6. Herr Willi Walterscheid unterhält bei der Sparkasse Werne ein Girokonto.
Im letzten Geschäftsjahr wurden von der Sparkasse folgende Leistungen registriert:

Betriebsbereich	Anzahl	Standard-Einzelkosten je Vorgang in EUR
Abhebungen am Geldausgabeautomat	37	0,70
Überweisungen	53	0,70
Ein-/Auszahlungen an der Kasse	19	1,10
Scheckeinreichungen	26	0,85
Überziehungskredit einräumen/ändern	2	3,50
Kontoauszüge	52	0,15

Kontoführungsgebühr:
– Monatspauschale	7,50 EUR

Wertbereich:
– Durchschnittlicher Saldo	1.450,00 Soll
– Überziehungszinssatz	10,25 % p. a.
– Habenzinssatz	0,25 % p. a.
– Alternativzinssatz am Geldmarkt	3,50 % p. a.
– Risikokosten	0,79 % p. a.
– Kalkulatorische Eigenkapitalkosten	1,20 % p. a.

a) Ermitteln Sie den Deckungsbeitrag III des Girokontos in Euro p. M.

Herr Walterscheid möchte nun zusätzlich ein Termingeld in Höhe von 10.000,00 EUR für einen Monat anlegen. Die Sparkasse Werne gewährt einen Zinssatz von 3,20 % p. a. Die einmaligen Betriebskosten für Termingeldanlagen betragen 40,00 EUR.

b) Ermitteln Sie den Deckungsbeitrag III in Euro des Termingeldes unter Berücksichtigung eines Alternativzinssatzes am Geldmarkt von 4,25 % p. a. pro Monat.

c) Berechnen und beurteilen Sie den Deckungsbeitrag III des Kunden Walterscheid für das Betriebsergebnis der Sparkasse Werne.
Welche Strategie für die weitere Kundenbeziehung würden Sie dem zuständigen Kundenberater vorschlagen?

7.7.4 Geschäftsstellenkalkulation

Unterrichtsinhalte samt Aufgaben finden Sie auf der Website des Verlages unter BuchPlusWeb.

8 Rücklagen- und Ausschüttungspolitik in Kreditinstituten

Gegenstand der Rücklagen- und Ausschüttungspolitik in Kreditinstituten sind die alternativen Verwendungsmöglichkeiten des erwirtschafteten Jahresüberschusses. Dabei berücksichtigt sie die Konsequenzen für das bilanzielle Eigenkapital als Haftungsbasis für eingegangene Verbindlichkeiten.
Die Rücklagen- und Ausschüttungspolitik wird exemplarisch am Beispiel der Aktiengesellschaft beschrieben.

Situation

Zwei Auszubildende der Rhein-Ruhr-Bank AG lesen aufmerksam den Geschäftsbericht ihres Instituts. Als stolze Besitzer von jeweils fünf Aktien interessieren sie sich besonders für folgende Textpassagen:

„... Der Jahresüberschuss stieg auf 100 Mio. EUR nach Steuern. Hiervon wurden neben der erforderlichen Zuführung zur Gesetzlichen Rücklage der maximal mögliche Betrag von 47,50 Mio. EUR in die Anderen Gewinnrücklagen gestellt ...

... Der Bilanzgewinn beträgt 47,50 Mio. EUR, sodass den Aktionären eine Bar-(Brutto-)Dividende von 0,25 EUR je Stückaktie (rechnerischer Nennwert 1,00 EUR) auf das unveränderte Grundkapital von 190 Mio. EUR gezahlt werden konnte. ..."

8.1 Das bilanzielle Eigenkapital von Aktiengesellschaften

8.1.1 Die Bestandteile der Bilanzposition Eigenkapital

Die Bilanzposition Eigenkapital von Kreditinstituten in der Rechtsform der Aktiengesellschaft gliedert sich nach § 272 HGB und RechKredVO in folgende Positionen:

11. Eigenkapital
    a) gezeichnetes Kapital
    b) Kapitalrücklage
    c) Gewinnrücklagen
       ca) gesetzliche Rücklage
       cb) Rücklagen für Anteile an einem herrschenden oder mehrheitlich beteiligtem Unternehmen
       cc) satzungsmäßige Rücklagen
       cd) andere Gewinnrücklagen
    d) Bilanzgewinn/Bilanzverlust

Erläuterungen zu den Eigenkapitalbestandteilen:

Eigenkapitalposition	Erläuterungen
I. Gezeichnetes Kapital § 272,1 HGB	Grundkapital der AG. Das Grundkapital ist der in Aktien zerlegte Teil des Eigenkapitals einer Aktiengesellschaft. Die Summe der Nennwerte aller Aktien entspricht dem Grundkapital, dessen Mindesthöhe auf 50.000,00 EUR festgelegt ist. Die nicht eingeforderten ausstehenden Einlagen auf das gezeichnete Kapital sind offen von dieser Position abzusetzen; der verbleibende Betrag ist als Posten „Eingefordertes Kapital" auszuweisen. Eingeforderte, aber noch nicht eingezahlte Beträge sind unter den Forderungen gesondert auszuweisen. **Eigene Anteile** **• Erwerb (§ 272, Abs. 1a HGB)** Der Nennwert bzw. rechnerische Nennwert von erworbenen eigenen Anteilen ist offen von dem Posten „Gezeichnetes Kapital" abzusetzen. Die Differenz zwischen den Anschaffungskosten und dem Nennwert bzw. rechnerischem Nennwert der erworbenen eigenen Anteile ist mit den frei verfügbaren Rücklagen zu verrechnen. Kosten des Erwerbs sind als Aufwand zu erfassen. Der Erwerb eigener Aktien ist gem. § 71 AktG auf 10% des Grundkapitals beschränkt. Werden die eigenen Aktien dem Handelsbestand zugeordnet, dürfen nur maximal 5% des Grundkapitals erworben werden. Der Erwerb ist nur zulässig, wenn in Höhe der Aufwendungen für die eigenen Aktien eine Rücklage gebildet werden könnte, ohne dass das Grundkapital oder die Gesetzliche Rücklage gemindert wird. Eigene Aktien sind nicht stimm- und dividendenberechtigt. **• Verkauf (§ 272, Abs. 1b HGB)** Nach der Veräußerung entfällt der Ausweis gem. (§ 272, Abs. 1a HGB). Die Differenz zwischen dem Veräußerungserlös und dem Nennwert bzw. rechnerischem Nennwert ist bis zur Höhe der ursprünglichen Verrechnung mit den freien Rücklagen wieder in diese Positionen einzustellen. Ein darüber hinaus erzielter Differenzbetrag ist den Kapitalrücklagen zuzuführen. Kosten der Veräußerung sind als Aufwand zu erfassen.
II. Kapitalrücklagen § 272, 2 HGB	**Außenfinanzierung** Einzustellen sind • Aufgelder (Agio) bei der Ausgabe von Aktien durch Neuemissionen oder Kapitalerhöhungen, • Aufgelder bei der Emission von Wandel- und Optionsschuldverschreibungen.
III. Gewinnrücklagen	**Innenfinanzierung** Beträge, die im Geschäftsjahr oder in Vorjahren aus dem Jahresüberschuss einbehalten worden sind
1. Gesetzliche Rücklage gem. § 150 AktG	Einzustellen sind • 5% des Jahresüberschusses (evtl. abzüglich eines Verlustvortrages aus dem Vorjahr), • bis die Summe aus Gesetzlicher Rücklage und Kapitalrücklage 10% des Gezeichneten Kapitals erreicht hat. Die Gesetzliche Rücklage und die Kapitalrücklage dienen • dem Ausgleich eines Jahresfehlbetrages, • dem Ausgleich eines Verlustvortrages.

Eigenkapitalposition	Erläuterungen
2. Rücklage für Anteile an einem herrschenden oder mehrheitlich beteiligten Unternehmen § 272, Abs. 4 HGB	In die Rücklage ist bei der Aufstellung der Bilanz ein Betrag aus den frei verfügbaren Rücklagen einzustellen, der dem auf der Aktivseite angesetzten Betrag entspricht. Die Rücklage ist bei Veräußerung oder Einzug der Anteile entsprechend zu kürzen. Gleiches gilt auch, wenn die Anteile auf der Aktivseite mit einem niedrigeren Betrag angesetzt werden.
3. Satzungsmäßige Rücklagen gem. § 58, 1 AktG	Ihre Dotierung ist nur dann möglich, wenn die Hauptversammlung den Jahresabschluss feststellt. (Zur Rücklagendotierung siehe Andere Gewinnrücklagen)

4. Andere Gewinnrücklagen gem. § 58, 2 AktG	Stellen Vorstand und Aufsichtsrat den Jahresabschluss fest, können sie maximal 50 % der Differenz aus dem
	      Jahresüberschuss minus
	      den Zuführungen zur Gesetzlichen Rücklage
	      und dem Verlustvortrag
	in diese Position einstellen.

IV. Gewinnvortrag/ Verlustvortrag	Er wird aus der Bilanz des Vorjahres übernommen und erhöht bzw. mindert vorab den Jahresüberschuss des laufenden Jahres. Er entsteht u. a., wenn durch die Dividendenzahlung der Bilanzgewinn nicht in vollem Umfang (Gewinnvortrag) oder etwas mehr als der Bilanzgewinn (Verlustvortrag) ausgeschüttet wird.
V. Bilanzgewinn/-verlust	Der Bilanzgewinn ist der Teil des Jahresüberschusses, über dessen Verwendung die Hauptversammlung entscheidet. Jahresüberschuss + Gewinnvortrag bzw. Verlustvortrag – Zuführungen zu den Gewinnrücklagen = Bilanzgewinn

Eigene Aktien – Erwerb und Veräußerung

Das Eigenkapital der Rhein-Ruhr-Bank AG hat folgende Struktur (Ausschnitt):

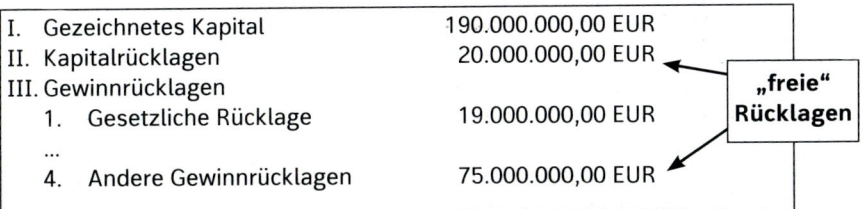

I. Gezeichnetes Kapital	190.000.000,00 EUR
II. Kapitalrücklagen	20.000.000,00 EUR
III. Gewinnrücklagen	
1. Gesetzliche Rücklage	19.000.000,00 EUR
...	
4. Andere Gewinnrücklagen	75.000.000,00 EUR

„freie" Rücklagen

Erwerb eigener Aktien (§ 272, Abs. 1 a HGB)

Die Rhein-Ruhr-Bank AG erwirbt 1 % (= 1,9 Mio. Stück) eigene Aktien zu einem Börsenkurs von 8,50 EUR. Der rechnerische Nennwert der Stückaktien beträgt 1,00 EUR.

Anschaffungskosten:
1.900.000 Aktien à 8,50 EUR = 16.150.000,00 EUR

→ Offene Absetzung vom gezeichneten Kapital in Höhe des Nennwertes
1.900.000 Aktien · 1,00 EUR = 1.900.000,00 EUR

→ Verrechnung mit den freien Rücklagen (Kapitalrücklage und Andere Gewinnrücklagen)
1.900.000 Aktien · 7,50 EUR = 14.250.000,00 EUR

Die Rhein-Ruhr-Bank AG verrechnet mit den Anderen Gewinnrücklagen:

	Bestand	75.000.000,00 EUR
–	Agio der eigenen Aktien	14.250.000,00 EUR
=	Bestand neu	60.750.000,00 EUR

Bilanzielle Wirkungen:
I. Gezeichnetes Kapital	190.000.000,00 EUR
– eigene Aktien im Bestand	– 1.900.000,00 EUR
	= 188.100.000,00 EUR
II. Kapitalrücklagen	20.000.000,00 EUR
III. Gewinnrücklagen	
2. Gesetzliche Rücklage	19.000.000,00 EUR
...	
4. Andere Gewinnrücklagen	60.750.000,00 EUR

Veräußerung eigener Aktien (§ 272, Abs. 1 b HGB)

Im nächsten Geschäftsjahr veräußert die Rhein-Ruhr-Bank AG die erworbenen eigenen Aktien zu einem Kurs von 10,00 EUR je Stückaktie.

Veräußerungserlös:

1.900.000 Aktien à 10,00 EUR	=	19.000.000,00 EUR

→ Wegfall der offenen Absetzung vom gezeichneten Kapital in Höhe des Nennwertes

1.900.000 Aktien · 1,00 EUR	=	1.900.000,00 EUR

→ Rücknahme der Verrechnung mit den freien Rücklagen aus dem Vorjahr

1.900.000 Aktien · 7,50 EUR	=	14.250.000,00 EUR

→ Bildung von **Kapitalrücklagen** in Höhe der Differenz zwischen dem Veräußerungserlös und den ursprünglichen Anschaffungskosten

Veräußerungserlös:	1.900.000 Aktien à 10,00 EUR	=	19.000.000,00 EUR
Anschaffungskosten:	1.900.000 Aktien à 8,50 EUR	=	− 16.150.000,00 EUR
Bildung von Kapitalrücklagen		=	2.850.000,00 EUR

Bilanzielle Wirkungen:

I. Gezeichnetes Kapital	190.000.000,00 EUR
II. Kapitalrücklagen	**22.850.000,00 EUR**
III. Gewinnrücklagen	
3. Gesetzliche Rücklage	19.000.000,00 EUR
...	
4. Andere Gewinnrücklagen	75.000.000,00 EUR

8.1.2 Stille und offene Rücklagen

Art der Rücklage	Stille Rücklagen („Reserven")	Offene Rücklagen
Bilanzausweis	keine Bilanzierungspflicht	Bilanzierungspflicht
entstehen bzw. erhöhen sich **+**	z. B. durch Unterbewertung von Aktiva: • Niederstwertprinzip • Kompensation von Wertberichtigungen • Buchwert < realisierbarer Marktwert	1. Agio aus Kapitalerhöhungen (z. B. von Aktien, Wandel und Optionsanleihen) →**Kapitalrücklagen** 2. Einbehaltung von Teilen des Jahresüberschusses → **Gewinnrücklagen**
werden aufgelöst bzw. realisiert **—**	z. B. durch • den Verkauf von Aktiva über dem Buchwert • den Eingang von Zahlungen auf abgeschriebene Forderungen im Kreditgeschäft • die Rückzahlung von Passiva unter dem Buchwert	z. B. • durch Kapitalerhöhungen aus Gesellschaftsmitteln (AG, KGaA) • zur Ausschüttung an die Teilhaber (Bonuszahlungen, ...) • zur Verbesserung des Jahresüberschusses

8.2 Jahresüberschuss[1]

8.2.1 Ermittlung des Jahresüberschusses

Der Jahresüberschuss bzw. Jahresfehlbetrag ist der Saldo aller Erträge und Aufwendungen in einem Geschäftsjahr. Er wird durch die Gewinn-und-Verlust-Rechnung im Rahmen des Jahresabschlusses ermittelt.

Ermittlung des Jahresüberschusses

Aufwendungen	Gewinn-und-Verlust-Rechnung	Erträge
Summe aller Aufwendungen (inkl. Steuern vom Einkommen und Ertrag)	Summe aller Erträge	
Jahresüberschuss		

Der Jahresüberschuss wird bei Aktiengesellschaften gemäß § 172 AktG durch den Vorstand mit Billigung des Aufsichtsrates festgestellt.

– Steuerbelastung

Der Jahresüberschuss ist das „Einkommen" der Aktiengesellschaft in einem Geschäftsjahr. Es unterliegt der Einkommensteuer. Kapitalgesellschaften, als juristische Personen, zahlen Körperschaftsteuer als spezielle Erhebungsform der Einkommensteuer.
Der Körperschaftsteuersatz beträgt seit 2008 15 %. Hinzu kommt der Solidaritätszuschlag, der auf alle Einkommensteuern erhoben wird. Er beträgt zzt. 5,5 % der Körperschaftsteuer, sodass die effektive Körperschaftsteuerlast 15,825 % beträgt.
Der Solidaritätszuschlag und die Gewerbeertragsteuer, als weitere Steuer auf den Unternehmenserfolg, bleiben aus didaktischen Gründen im Folgenden unberücksichtigt.

Beispiel

Die Rhein-Ruhr-Bank AG weist in ihrer Gewinn-und-Verlust-Rechnung für das Jahr 2014 einen Jahresüberschuss nach Steuern von 100 Mio. EUR aus. Auf diesem Betrag lasten bereits die Steuern vom Einkommen und Ertrag (hier nur: Körperschaftsteuer 15 %).

	Jahresüberschuss vor Steuern	117.647.058,80 EUR
–	Körperschaftsteuer 15 %	– 17.647.058,80 EUR
=	Jahresüberschuss nach Steuern	= 100.000.000,00 EUR

Berücksichtigt man nur die Körperschaftsteuer, beträgt der Jahresüberschuss nach Steuern genau 85 % des Jahresüberschusses vor Steuern.

---

[1] *Es ist natürlich möglich, dass Jahresfehlbeträge entstehen. Ihre Betrachtung wird jedoch vernachlässigt.*

8.2.2 Verwendung des Jahresüberschusses

Über die Verwendung des Jahresüberschusses entscheidet der Vorstand der AG. Die Hauptversammlung (§ 174 AktG) hat das Recht, über die Verwendung des Bilanzgewinnes zu entscheiden. Hierzu unterbreitet der Vorstand i. d. R. einen Vorschlag.

Für die Verwendung des erzielten Jahresüberschusses bieten sich dem Vorstand einer Aktiengesellschaft grundsätzlich zwei Möglichkeiten:

1. Bildung von Gewinnrücklagen (sog. Gewinnthesaurierung)

Der Jahresüberschuss wird dem Eigenkapital zugeführt. Das erwirtschaftete Kapital steht dem Unternehmen hierdurch zukünftig z. B. für Investitionen zur Verfügung. Zusätzlich verbessert es die Haftungsbasis.

Die Gewinnthesaurierung ist eine Form der Selbstfinanzierung von Unternehmen.

2. Gewinnausschüttung an die Aktionäre

Der Jahresüberschuss wird als Dividende je Aktie an die Teilhaber des Unternehmens ausgezahlt.

Das erwirtschaftete Kapital steht dem Unternehmen zukünftig nicht mehr zur Verfügung. Durch die Ausschüttung verliert es Liquidität.

In der Praxis nutzen Aktiengesellschaften grundsätzlich beide Möglichkeiten der Gewinnverwendung gleichzeitig.

Die konkrete Entscheidung darüber, in welchem Verhältnis Gewinnthesaurierung und Gewinnausschüttung zueinander stehen sollen, wird durch folgende Faktoren beeinflusst:

– Interessenlage

Die Gewinnverwendung wurde in den letzten Jahren durch den Begriff „Shareholder-Value" (engl.: share = Aktie, value = Wert) geprägt. Die Interessen der Aktionäre (shareholder) an einer möglichst hohen Dividende standen im Vordergrund. Die Unternehmensleitung eines Kreditinstituts hat aber auch die Interessen anderer Gruppen (Kunden, Gläubiger, ...) zu berücksichtigen, die ein solides Eigenkapital durch ausreichende Rücklagenbildung bevorzugen.

Daneben spielt in Deutschland die Tradition der Dividendenkontinuität, d. h. jedes Jahr eine möglichst gleich hohe Dividende zu zahlen, ebenfalls eine wichtige Rolle.

– Eigenkapitalausstattung des Unternehmens

Durch die Abhängigkeit des Kreditvergabevolumens von den haftenden Eigenmitteln spielt bei Kreditinstituten eine ausreichende Eigenkapitalbasis eine wichtige Rolle. Die Vernachlässigung der Rücklagendotierung kann sich somit negativ auf Expansionsbestrebungen auswirken. Zudem wird das Bilanzwachstum gemindert.

Darüber hinaus sind folgende Aspekte zu berücksichtigen:

- **Haftungsfunktion des Eigenkapitals**
  Das Eigenkapital ist die Haftungsbasis für die Verbindlichkeiten der Gläubiger. Ein angemessenes Eigenkapital ist die Voraussetzung zur Aufnahme von Fremdkapital.

- **Finanzierungsfunktion des Eigenkapitals**
  Das Eigenkapital dient der Finanzierung des Anlagevermögens (Goldene Bankregel).

- **Aktionärsstruktur**
  Bei börsennotierten Aktiengesellschaften, deren Aktien sich zu einem großen Teil im Streubesitz befinden, ist die Höhe der Dividendenzahlung eine wichtige Bewertungsgröße für die Bonität und Ertragskraft der Unternehmung.

8.2.3   Schema zur Jahresüberschussverwendung

Für die Verteilung des Jahresüberschusses einer Aktiengesellschaft ergibt sich in Abhängigkeit zur Eigenkapitalstruktur folgendes Schema:

	Jahresüberschuss <u>vor</u> Steuern	
–	Steuern vom Einkommen und Ertrag (nur: Körperschaftsteuer)	
=	**Jahresüberschuss <u>nach</u> Steuern**	
+	**Gewinnvortrag (bzw. – Verlustvortrag)**	
+	Entnahmen aus den Kapitalrücklagen	
+	Entnahmen aus den	Gewinnrücklagen
		Gesetzliche Rücklagen
		Rücklagen für Anteile an einem herrschenden oder mehrheitlich beteiligtem Unternehmen
		Satzungsmäßige Gewinnrücklagen
		Andere Rücklagen
–	**Zuführung zu den**	**Gewinnrücklagen**
		Gesetzliche Rücklagen
		Rücklagen für Anteile an einem herrschenden oder mehrheitlich beteiligtem Unternehmen
		Satzungsmäßige Gewinnrücklagen
		Andere Rücklagen
=	**Bilanzgewinn**	

Entnahmen aus den Rücklagen im Rahmen des Jahresabschlusses werden grundsätzlich nur zu folgenden Zwecken vorgenommen:

- Der erwirtschaftete Jahresüberschuss reicht nicht zur Zahlung einer angemessenen Dividende aus.

- Im abgelaufenen Geschäftsjahr erzielte das Unternehmen einen Jahresfehlbetrag.

Beispiel

Jahresüberschussverwendung der Rhein-Ruhr-Bank AG (in Mio. Euro)

Anmerkungen:
Die Gesetzliche Rücklage und die Kapitalrücklage betragen zusammen 9,50 Mio. EUR. Die übrigen Zahlenwerte wurden der Eingangssituation entnommen. Der Solidaritätszuschlag bleibt unberücksichtigt.

	Jahresüberschuss vor Steuern	**117.647.058,80 EUR**
–	**Steuern vom Einkommen und Ertrag**	
	(Körperschaftsteuer 15 %)	**– 17.647.058,80 EUR**
=	**Jahresüberschuss nach Steuern**	**= 100.000.000,00 EUR**
–	**Dotierung der Gewinnrücklage**	
	Gesetzliche Rücklage	
	(5 % des Jahresüberschusses) –	**5.000.000,00 EUR**
max.	*(Zwischensumme*	**= *95.000.000,00 EUR)***
50 %	**Rücklagen für Anteile an einem**	
	herrschenden oder mehrheitlich	
	beteiligtem Unternehmen	**–,–**
	Satzungsmäßige Rücklagen	**–,–**
	Andere Gewinnrücklagen	**– 47.500.000,00 EUR**
=	**Bilanzgewinn**	**= 47.500.000,00 EUR**

8.2.4 Verwendung des Bilanzgewinns

Wird der **Bilanzgewinn** in voller Höhe ausgeschüttet, entspricht er der gesamten Bruttodividende auf das Gezeichnete Kapital. Er bildet somit die Basis für die Berechnung der Bruttodividende pro Aktie.

Beispiel

Ermittlung der Bruttodividende der Rhein-Ruhr-Bank AG:

Das Gezeichnete Kapital von 190.000.000,00 EUR teilt sich in 190.000.000 Stückaktien.

Bilanzgewinn (= Bruttodividende)	47.500.000,00	EUR
Anzahl der Aktien	190.000.000.00	Stück

= Bruttodividende 0,25 EUR je Stückaktie

8.2.5 Konsequenzen der Jahresüberschussverwendung für das Eigenkapital

Die Überführung von Teilen des Jahresüberschusses in die Gewinnrücklagen erhöht das Eigenkapital einer Aktiengesellschaft.

Der Bilanzgewinn ist bilanziell ebenfalls Bestandteil der Bilanzposition Eigenkapital. In wirtschaftlicher Hinsicht stellt er eine kurzfristige Verbindlichkeit dar, da er am Tage nach der Hauptversammlung an die Aktionäre ausgeschüttet wird.

Beispiel

Die Verteilung des Jahresüberschusses der Rhein-Ruhr-Bank AG führt zu folgenden Veränderungen des Eigenkapitals (in Mio. Euro):

Eigenkapital	Vorjahr	Veränderung	Berichtsjahr
I. Gezeichnetes Kapital	190,00	–,–	190,00
II. Kapitalrücklagen	5,00	–,–	5,00
III. Gewinnrücklagen			
1. Gesetzliche Rücklage	4,50	+ 5,00	9,50
2. Rücklagen für Anteile an einem herrschenden oder mehrheitlich beteiligtem Unternehmen	–	–,–	–
3. Satzungsmäßige Rücklagen	–	–,–	–
4. Andere Gewinnrücklagen	50,00	+ 47,50	97,50
IV. Gewinn-/Verlustvortrag	–	–	–
V. Bilanzgewinn	–	(+ 47,50)	(47,50)
Summen (ohne Bilanzgewinn)	249,50	+ 52,50	302,00

Aufgaben

1. *Ermitteln Sie den Jahresüberschuss bzw. -fehlbetrag nach Steuern der Kreditbank AG für das laufende Geschäftsjahr anhand der folgenden Angaben aus dem Rechnungswesen:*

Position	Betrag (in Mio. EUR)
Gesamte Zinserträge	386
Sonstige Vermögensgegenstände	36
Sonstige betriebliche Aufwendungen	25
Personalaufwand	121
Sonstige Verbindlichkeiten	58
Andere Verwaltungsaufwendungen	67
Rückstellungen	98
Provisionserträge	86
Abschreibungen auf Forderungen	49
Zinsaufwendungen aus begebenen Schuldverschreibungen	20
Steuern vom Einkommen und Ertrag	2,1
Abschreibungen auf Anlagen	35
Einbehaltene Kapitalertragsteuer	28
Sonstige betriebliche Erträge	27
Zinsaufwendungen im Kundengeschäft	204
Nettoerträge aus Finanzgeschäften	36

2. Die Autofinanzierungsbank AG hat zum 01.01.2016 ihre Geschäfte aufgenommen. Die 10 Mio. Stück-aktien mit einem rechnerischen Anteil von 2,00 EUR am gezeichneten Kapital wurden von den Gründern zum Nennwert übernommen.

a) Skizzieren Sie die Bilanzposition „Eigenkapital" der Autofinanzierungsbank AG nach der Gründung.

Zum Ende des ersten Geschäftsjahres konnte ein Jahresüberschuss nach Steuern vom Einkommen und Ertrag in Höhe von 4,0 Mio. EUR erwirtschaftet werden.

b) Berechnen Sie die Höhe der zu entrichtenden Körperschaftsteuer auf den Jahresüberschuss. (Der Solidaritätszuschlag bleibt unberücksichtigt.)

Der Vorstand möchte den größtmöglichen Anteil des Jahresüberschusses in die Anderen Gewinnrück-lagen überführen.

c) Ermitteln Sie den Maximalbetrag in Euro, der gemäß Aktiengesetz insgesamt den Anderen Gewinnrücklagen zugeführt werden darf.

Der verbleibende Restbetrag soll durch Beschluss der Hauptversammlung in vollem Umfang an die Aktionäre ausgeschüttet werden.

d) Ermitteln Sie in diesem Zusammenhang folgende Größen (in Euro):
    da) Bilanzgewinn
    db) Bruttodividende je Stückaktie

e) Skizzieren Sie die Bilanzposition Eigenkapital per 31.12.2016.

f) Ermitteln Sie die Eigenkapitalrentabilität in Prozent p. a. auf Basis des Jahresüberschusses.

3. (Berücksichtigen Sie Ihre Ergebnisse aus Aufgabe 2.)
Am 01.07.2017 führt die Autofinanzierungsbank AG eine Kapitalerhöhung gegen Einlagen durch. Es werden 5 Millionen neue Stückaktien (rechnerischer Nennwert 2 EUR) mit voller Gewinnberechtigung für das laufende Geschäftsjahr zu einem Ausgabepreis von 24,00 EUR platziert.

a) Stellen Sie die Konsequenzen der Kapitalmaßnahme für das Eigenkapital der Bank dar.

Der Jahresüberschuss vor Steuern in 2017 kann gegenüber dem Vorjahr um 12,5 % gesteigert werden. Den Anderen Gewinnrücklagen soll wiederum der maximale Betrag zugeführt werden.

b) Ermitteln Sie hierzu folgende Beträge (in Euro):
    ba) Zuführung zu den Gesetzlichen Rücklagen,
    bb) Zuführung zu den Anderen Gewinnrücklagen,
    bc) Bilanzgewinn,
    bd) Bruttodividende je Aktie,
    be) Dividendenveränderung in Prozent gegenüber dem Vorjahr.

c) Ermitteln Sie den Gesamtbetrag des bilanziellen Eigenkapitals inklusive des Bilanzgewinnes per 31.12.2017 in Euro.

d) Berechnen Sie die Verzinsung des durchschnittlich im Jahr 2017 verfügbaren Eigenkapitals in Prozent p. a. Runden Sie Ihr Ergebnis auf 2 Stellen nach dem Komma.

4. Die nachstehenden Angaben sind zur Erstellung der Gewinn-und-Verlust-Rechnung der Rhein-Ruhr-Bank AG heranzuziehen.

	Mio. EUR
Gezeichnetes Kapital	25,00
Wertberichtigung auf Forderungen	8,10
Zinsaufwendungen	181,50
Abschreibung auf Forderungen und Sachanlagen	20,40
Zins- und Dividendenscheine	1,70
Personalaufwendungen	38,10
Rückstellungen	18,30
Zinserträge aus Kredit- und Geldmarktgeschäften	200,50
Andere Verwaltungsaufwendungen	14,70
Steuern vom Einkommen + Ertrag	2,40
Außerordentliche Aufwendungen	8,20
Laufende Erträge aus Anteilsrechten	49,65
Außerordentliche Erträge	28,75

Ermitteln Sie

a) den Jahresüberschuss nach Steuern in Mio. Euro.

b) den Bilanzgewinn in Mio. Euro, nachdem vom Jahresüberschuss außer der gesetzlichen Rücklagendotierung weitere 6,42 Mio. EUR in andere Gewinnrücklagen eingestellt wurden.

c) die Bruttodividende je Aktie im Nennwert von 5,00 EUR, wenn der Bilanzgewinn in voller Höhe ausgeschüttet wird.

5. Die Hansebank AG hat im Rahmen des Jahresabschlusses folgende Zahlen ermittelt (in Mio. Euro):

Grundkapital:	640,00 (5,00 EUR Nennwert je Aktie)
Gesetzliche Rücklagen:	50,80
Kapitalrücklagen:	9,50
Andere Gewinnrücklagen:	304,00
Summe der Aufwendungen inkl. KSt.:	311,20
Summe der Erträge:	508,70

Ermitteln Sie folgende Größen in Euro:

a) Jahresüberschuss nach Steuern

b) noch erforderlichen Zuführungsbetrag zu der Gesetzlichen Rücklage

c) Bilanzgewinn, nachdem 65,80 Mio. EUR in andere Gewinnrücklagen überführt wurden

d) Bruttodividende je Aktie bei voller Bilanzgewinnausschüttung

e) Betrag des neuen Eigenkapitals

f) Betrag der gezahlten Körperschaftsteuer (ohne Solidaritätszuschlag)

6. Das bilanzielle Eigenkapital der Bodenseebank AG weist zum Bilanzstichtag des abgelaufenen Geschäftsjahres folgende Struktur auf (in Mio. Euro):

Gezeichnetes Kapital	**40**
Kapitalrücklagen	**02**
Gesetzliche Rücklage	**01**
Andere Gewinnrücklagen	**10**

Aus der Gewinn-und-Verlust-Rechnung liegen folgende Werte vor (in Mio. Euro):

Summe der Aufwendungen (einschl. Steuern vom Einkommen und Ertrag)	**112**
Summe der Erträge	**118**

Im Rahmen der Jahresüberschussverwendung sind folgende Aspekte zu beachten:

- Im Jahresablauf wurden gem. § 71, Abs. 1 Nr. 8 AktG. 7.000 Stück eigene Aktien zu einem Börsenkurs von 38,00 EUR (rechnerischer Nennwert 5,00 EUR) erworben.
- Den Anderen Gewinnrücklagen soll der höchstmögliche Betrag gem. Aktiengesetz zugeführt werden.

Ermitteln Sie folgende Werte (in Euro):

a) Jahresüberschuss vor und nach Körperschaftsteuer (Der Solidaritätszuschlag ist nicht zu beachten)
b) Veränderungen im Eigenkapital durch die erworbenen eigenen Aktien
c) Zuführung zu den Anderen Gewinnrücklagen
d) Bilanzgewinn
e) Bruttodividende je Aktie
f) Bilanzielles Eigenkapital ohne Bilanzgewinn nach erfolgter Gewinnverwendung
g) Stellen Sie die Konsequenzen für das Eigenkapital dar, wenn die eigenen Aktien im folgenden Geschäftsjahr zu einem Bösenkurs von 45,00 EUR je Aktie wieder veräußert würden.

7. Die Bilanzposition Eigenkapital der Universalbank AG hat vor der Gewinnverwendung die folgende Struktur (in Mio. Euro):

Gezeichnetes Kapital	**500**	**Gesetzliche Rücklagen**	**21**
Kapitalrücklagen	**25**	**Andere Gewinnrücklagen**	**10**

Der Jahresüberschuss nach Steuern vom Einkommen und Ertrag beträgt 78 Mio. EUR. Es besteht weder ein Gewinn- noch ein Verlustvortrag aus dem Vorjahr.

Welche der nachfolgenden Aussagen treffen auf die bevorstehende Verteilung des Jahresüberschusses der Universalbank AG zu?

1 Die Gesetzliche Rücklage muss gemäß Aktiengesetz mit mindestens 4,00 Mio. EUR dotiert werden.
2 Für dieses Geschäftsjahr ist keine Dotierung der Gesetzlichen Rücklage erforderlich, da der Bestand bereits den Bestimmungen des Aktiengesetzes entspricht.
3 In die Gesetzliche Rücklage muss nur noch ein Betrag von 3,90 Mio. EUR überführt werden, um die gesetzlichen Bestimmungen zu erfüllen.
4 Die Gesetzliche Rücklage ist mit 3,90 Mio. EUR zu dotieren, da die Summe aus Gesetzlicher Rücklage und Kapitalrücklagen noch nicht 10% des Gezeichneten Kapitals erreicht hat.
5 Nach Dotierung der Gesetzlichen Rücklagen in erforderlicher Höhe können gemäß Aktiengesetz den Anderen Gewinnrücklagen noch 37,05 Mio. EUR zugeführt werden.

8. Welche Aussage zu den Gewinnrücklagen einer AG entspricht den Bestimmungen des Aktiengesetzes?

a) Bei jungen Unternehmen muss zur Stärkung der Investitionsfähigkeit der gesamte Jahresüberschuss in die Gewinnrücklagen eingestellt werden.
b) Betragen die Gesetzlichen Rücklagen und die Kapitalrücklagen zusammen weniger als 10% des gezeichneten Kapitals, so sind 10% des Jahresüberschusses, vermindert um einen Verlustvortrag, in die Gesetzliche Rücklage einzustellen, bis 5% des Grundkapitals erreicht sind.
c) Rücklagen für Anteile an einem herrschenden oder mehrheitlich beteiligtem Unternehmen werden in Höhe des Nennwertes gebildet.
d) Anderen Gewinnrücklagen dürfen maximal 50% des Jahresüberschusses zugeführt werden. Hiervon ist der Jahresüberschuss vorab um einen evtl. bestehenden Verlustvortrag sowie um die Zuführung zur Gesetzlichen Rücklage zu reduzieren.
e) Betragen die Gesetzliche Rücklage und die anderen Gewinnrücklagen zusammen weniger als 10% des Gezeichneten Kapitals, so sind 5% des Jahresüberschusses, vermindert um einen Verlustvortrag, in die Gesetzliche Rücklage einzustellen, bis 10% des Grundkapitals erreicht sind.

9. *Ordnen Sie die nachstehenden Aussagen den entsprechenden Bilanzänderungen zu:*

Bilanzänderungen:

1 *Erhöhung der Stillen Rücklagen*   5 *Bildung von Rückstellungen*

2 *Minderung der Stillen Rücklagen*   6 *Auflösung von Rückstellungen*

3 *Erhöhung der Offenen Rücklagen*

4 *Minderung der Offenen Rücklagen*

Tipp: Bilden Sie, falls möglich, den Buchungssatz für die einzelnen Geschäftsfälle.

a) *Ein Firmenwagen konnte nur mit einem geringen Gewinn auf den Buchwert veräußert werden.*

b) *Dotierung des Sonderpostens für allgemeine Bankrisiken.*

c) *Wertpapiere im Eigenbestand sind im Jahr der Anschaffung aufgrund des Niederstwertprinzipes mit dem niedrigeren Anschaffungskurs bilanziert worden.*

d) *Im letzten Geschäftsjahr wurde eine nominelle Kapitalerhöhung erfolgreich durchgeführt.*

e) *Bei den Wertpapieren des Handelsbestandes wird der Risikoabschlag erhöht.*

f) *Trotz eines um 5 % gestiegenen Jahresüberschusses wurde eine unveränderte Dividende von 0,80 EUR gezahlt.*

g) *Aus einer Kapitalerhöhung gegen Einlagen floss der AG ein Agio in Höhe von 16,00 EUR je Aktie zu.*

h) *Im abgelaufenen Geschäftsjahr wurden eigene Aktien (rechnerischer Nennwert 1,00 EUR) in Höhe von 3 % des gezeichneten Kapitals zu einem Kurs von 12,00 EUR erworben.*

i) *Das Kreditinstitut berücksichtigt die voraussichtlichen Aufwendungen, die für die Prüfung des Jahresabschlusses des laufenden Geschäftsjahres im Folgejahr anfallen werden.*

j) *Das Kreditinstitut gewinnt einen seit dem Vorjahr anhängigen Prozess. Das Prozessrisiko wurde im letzten Jahr bilanziell berücksichtigt.*

10. *In der Rhein-Ruhr-Bank AG werden im laufenden Geschäftsjahr stille Reserven und offene Rücklagen gebildet und aufgelöst.*

Ordnen Sie die folgenden Auswirkungen den unten stehenden Vorgängen zu.

Auswirkungen:

1 *Bildung von stillen Rücklagen*   4 *Auflösung von offenen Rücklagen*

2 *Auflösung von stillen Rücklagen*   5 *Keine Auswirkungen*

3 *Bildung von offenen Rücklagen*

Vorgänge:

a) *Die Rhein-Ruhr-Bank AG verkauft ein unbebautes Grundstück. Der den Buchwert übersteigende Betrag wird ertragswirksam ausgebucht.*

b) *Die Rhein-Ruhr-Bank AG führt eine Kapitalerhöhung aus Gesellschaftsmitteln durch.*

c) *Die Rhein-Ruhr-Bank AG verkauft Wertpapiere des Eigenbestandes, die sie Ende des letzten Geschäftsjahres nach dem strengen Niederstwertprinzip bewertet hatte, zu einem Preis, der über dem Anschaffungskurs liegt.*

d) *Die Rhein-Ruhr-Bank AG bringt neue Aktien mit 1,00 EUR Nennwert zum Emissionskurs von 23,00 EUR in Umlauf.*

e) *Die Rhein-Ruhr-Bank AG verkauft einen Firmenwagen zum Buchwert an einen Kontokorrentkunden.*

11. *Stellen Sie den Unterschied zwischen Rückstellungen und Offenen Rücklagen dar. Gehen Sie dabei auch auf die Bilanzierung der beiden Positionen ein.*

9.1 Unterschiede der Bilanzen von Industrie-, Handels-, Dienstleistungs- und Handwerks- unternehmen

Situation

Nele Nielsen, Auszubildende der Rhein-Ruhr-Bank AG, ist seit kurzem in der Kreditabteilung eingesetzt. Der Abteilungsleiter überreicht ihr die nachfolgend abgebildeten Kundenbilanzen mit der Bitte, die Werte in das hauseigene Analyseprogramm „Bilaprognos" zu übernehmen.
Bei der Dateneingabe fallen ihr einige Positionen auf, die sie aus dem Fach „Rechnungswesen" des Berufskollegs noch nicht kennt.
Hat sie etwa nicht „aufgepasst"?

Bilanz 1 (in Mio. Euro):

Aktiva		Daysler Automobile AG		Passiva
I. Anlagevermögen		I. Eigenkapital		
1. Immaterielle Anlagewerte	2.843	1. Grundkapital		2.590
2. Sachanlagen	36.689	2. Kapitalrücklage		7.750
3. Betriebs- und		3. Gewinnrücklagen		24.100
Geschäftsausstattung	3.969	II. Fremdkapital		
II. Umlaufvermögen		1. Rückstellungen		13.850
1. Roh-, Hilfs- und		2. Verbindlichkeiten gegenüber		
Betriebsstoffe	15.090	Kreditinstituten		44.000
2. fertige und unfertige		3. Verbindlichkeiten aus		
Erzeugnisse	6.717	Lieferungen und Leistungen		20.920
3. Forderungen aus				
Lieferungen und Leistungen	8.902			
4. Kasse, Bankguthaben	39.000			
Bilanzsumme	113.210	Bilanzsumme		113.210

Bilanz 2 (in Euro):

Aktiva		Edgar Reppingen Schreibwaren e.K.	Passiva
I. Anlagevermögen		I. Eigenkapital	
1. Immaterielle Anlagewerte	–	1. Anfangskapital	123.000,00
2. Sachanlagen	35.405,00	2. Einlage	+ 5.100,00
3. Betriebs- und		3. Entnahmen	– 40.000,00
Geschäftsausstattung	14.109,00	II. Fremdkapital	
II. Umlaufvermögen		1. Rückstellungen	8.150,00
1. Waren	233.676,00	2. Verbindlichkeiten	
2. Forderungen aus		gegenüber Kreditinstituten	200.000,00
Lieferungen und Leistungen	1.960,00	3. Verbindlichkeiten aus	
3. Kasse, Bankguthaben	12.690,00	Lieferungen und Leistungen	1.590,00
Bilanzsumme	297.840,00	Bilanzsumme	297.840,00

Bilanz 3 (in Euro):

Aktiva	Elektro Ohm GmbH		Passiva
I. Anlagevermögen		**I. Eigenkapital**	
1. Immaterielle Anlagewerte	3.590,00	Stammkapital	50.000,00
2. Sachanlagen		**II. Fremdkapital**	
– Technische Anlagen	66.700,00	1. Rückstellungen	8.886,00
– Betriebs- und		2. Verbindlichkeiten	
Geschäftsausstattung	31.268,00	gegenüber Kreditinstituten	92.000,00
II. Umlaufvermögen		3. Erhaltene Anzahlungen auf	
1. Roh-, Hilfs- und		Bestellungen	105.220,00
Betriebsstoffe	131.000,00	4. Verbindlichkeiten aus	
2. Unfertige Leistungen	132.764,00	Lieferungen und Leistungen	144.715,00
3. Waren	31.000,00	5. Sonstige Verbindlichkeiten	29.798,00
4. Forderungen aus Lieferungen			
und Leistungen	28.631,00		
5. Zahlungsmittel	5.666,00		
Bilanzsumme	430.619,00	Bilanzsumme	430.619,00

Bilanz 4 (in Euro):

Aktiva	Globetrotter Reisen OHG		Passiva
I. Anlagevermögen		**I. Eigenkapital**	
1. Immaterielle Anlagewerte	–	Kapital G. Globetrotter	596.000,00
2. Grundstücke	–	Kapital K. Wanderer	122.500,00
3. Betriebs- und		**II. Fremdkapital**	
Geschäftsausstattung	790.000,00	1. Rückstellungen	4.000,00
		2. Verbindlichkeiten	
II. Umlaufvermögen		gegenüber Kreditinstituten	192.000,00
1. Waren	1.000,00	3. Kundenanzahlungen	13.000,00
2. Forderungen aus		4. Verbindlichkeiten aus	
Lieferungen und Leistungen	124.000,00	Lieferungen und Leistungen	24.000,00
3. Zahlungsmittel	48.000,00	5. Sonstige Verbindlichkeiten	11.500,00
Bilanzsumme	963.000,00	Bilanzsumme	963.000,00

Aufgaben

1. *Vergleichen Sie den formalen Aufbau der Kundenbilanzen mit der letzten Bilanz Ihres Ausbildungsbetriebes.*

2. *Stellen Sie Gemeinsamkeiten und Unterschiede tabellarisch gegenüber.*

9.1.1 Strukturmerkmale von Kundenbilanzen

Um Kundenbilanzen auswerten zu können, ist es notwendig, die entscheidenden Unterschiede im Vergleich zu Kreditinstituten festzustellen.
Der Aufbau der Bilanz und der Gewinn-und-Verlust-Rechnung von Nichtbank-Unternehmen wird durch das HGB (§§ 242 ff., 265, 272) vorgegeben.

9.1.2 Bilanzgliederung

Der formale Aufbau einer Nichtbank-Bilanz weist eine andere Anordnung der Bilanzpositionen auf. Beschränkt man die Betrachtung auf die Bilanzseiten, lassen sich folgende Grundschemata ableiten:

Aktiva	Nichtbanken	Passiva
I. Anlage-vermögen		I. Eigen-kapital
II. Umlauf-vermögen		II. Fremd-kapital

Aktiva	Kreditinstitute	Passiva
I. Umlauf-vermögen		I. Fremd-kapital
II. Anlage-vermögen		II. Eigen-kapital

Die Aktivseite ist nach steigender Liquidität und die Passivseite nach abnehmender Fristigkeit des Kapitals gegliedert.

Trotzdem gelten für beide Bilanzarten die grundlegenden Zusammenhänge zwischen den Bilanzseiten.

Investition = Kapital-verwendung	Aktiva	Nichtbank-Bilanz	Passiva	Finanzierung = Kapital-herkunft
	Anlagevermögen	Eigenkapital		
	Umlaufvermögen	Fremdkapital		

9.1.3 Bilanzpositionen im Vergleich

	Aktivseite	Passivseite
Gemeinsamkeiten	**Anlagevermögen:** • Grundstücke und Gebäude • Betriebs- und Geschäftsausstattung zur Herstellung von Leistungen **Umlaufvermögen:** • Kasse, Finanzkonten	**Eigenkapital:** Gliederung orientiert sich an Rechtsformen, nicht an Branchen **Fremdkapital:** Vergleichbare Trennung in kurz- und langfristige Verbindlichkeiten
Unterschiede	**Anlagevermögen:** • Bilanzpositionen sind bei Nichtbanken tiefer gegliedert • Teilweise unterschiedliche Bezeichnungen und Inhalte **Umlaufvermögen:** • Bestimmte Bilanzpositionen (z.B. Vorräte, fertige, unfertige Erzeugnisse, ...) sind in Bankbilanzen nicht enthalten. • Unterschiedliche Bezeichnungen und Inhalte z.B. – Forderungen aus Lieferungen und Leistungen, – Anzahlungen	**Eigenkapital:** • Eigenkapitalanteil am Gesamtkapital ist bei Nichtbanken grundsätzlich höher. • Die konkrete Kapitalstruktur wird von der Branche bestimmt. **Fremdkapital:** • Unterschiedliche Bezeichnungen und Inhalte z.B. – Verbindlichkeiten aus Lieferungen und Leistungen, – Anzahlungen

9.1.4   Erläuterungen zu besonderen Bilanzpositionen

Die Darstellung konzentriert sich auf die im Bilanzvergleich von Nichtbanken und Kreditinstituten unterschiedlichen Bilanzpositionen. Ihre Inhalte werden nach Branchen getrennt vorgestellt. Die einzelnen Bezeichnungen der Bilanzpositionen orientieren sich an den Vorgaben des HGB.

Aktivseite

Anlagevermögen

Position Nr.	Branchentypische Inhalte
II 2. Technische Anlagen und Maschinen	Sie werden unmittelbar zur Erstellung der Produkte eingesetzt. **Beispiele** **Industrie:** Fließbänder, Roboter bei der Autoproduktion **Handel:** DV-gesteuerte Lagerhaltungssysteme **Handwerk:** Sägen etc. eines Schreiners **Dienstleistung:** –
II 3. Betriebs- und Geschäftsausstattung	Anlagegüter, die mittelbar zur Erstellung der Produkte eingesetzt werden. **Beispiele** **Industrie:** Fuhrpark, EDV-Anlagen, **Handel:** Fuhrpark, EDV-Anlagen **Handwerk:** Werkbänke, Lagereinrichtungen **Dienstleistung:** Fuhrpark, EDV-/Telefonanlagen, Büroausstattung

Umlaufvermögen

I. Vorräte 1. Roh-, Hilfs- und Betriebsstoffe	Die Position ist hauptsächlich für die Industrie und das Handwerk von Bedeutung: **Rohstoffe** stellen wesentliche Bestandteile der zu erstellenden Produkte dar. **Beispiele** **Industrie:** Erdöl für Chemieprodukte **Handwerk:** Hölzer des Schreiners **Hilfsstoffe** werden neben Rohstoffen zur Erstellung der Produkte benötigt. Sie werden wesentlicher Bestandteil des Hauptproduktes. **Beispiele** Schrauben, Leim, Beschläge, ... **Betriebsstoffe** werden neben Energie zum Betrieb von Maschinen benötigt: **Beispiele** Benzin für Fahrzeuge, Motorenöl, ...

I 2. Unfertige Erzeugnisse, unfertige Leistungen	Diese Position ist hauptsächlich für die Industrie und das Handwerk von Bedeutung. Es handelt sich um Produkte, mit deren Herstellung bereits begonnen wurde. **Beispiele** **Industrie:** Karosserie eines Autos, Schiff nach dem Stapellauf **Handwerk:** Zugeschnittene Hölzer für einen Schrank Sie werden zu den bisherigen Herstellungskosten bewertet.
I 3. Fertige Erzeugnisse und Waren	**Fertige Erzeugnisse:** Die Produkte sind vollständig erstellt und verkaufsfähig. Sie sind hauptsächlich für die Industrie und das Handwerk von Bedeutung und werden zu Herstellungskosten bewertet. **Waren:** Von anderen Unternehmen bezogene Fertigwaren (Vorleistungen), insbesondere bei Einzel- und Großhandelsunternehmen. Sie werden unverändert weiterverkauft und zu ihren Anschaffungskosten bewertet.
II. Forderungen 1. Forderungen aus Lieferungen und Leistungen	Gegenwert der mit Zahlungszielen verkauften Produkte und Dienstleistungen unter Abzug von gewährten Skonti und Rabatten. Entscheidend ist die Restlaufzeit der Forderungen, die im Anhang zur Bilanz ersichtlich wird. Diese Position ist in **allen Branchen** von Bedeutung und gibt Aufschluss über die gewährten Zahlungsbedingungen des betrachteten Unternehmens.

▌ Passivseite

Fremdkapital

Position Nr.	Branchentypische Inhalte
C. Verbindlichkeiten 2. Verbindlichkeiten gegenüber Kreditinstituten	Dokumentation aller Verbindlichkeiten gegenüber Kreditinstituten: **Langfristig** ab 4 Jahre Restlaufzeit z.B. Investitionskredite **Kurzfristig** bis 1 Jahr Restlaufzeit z.B. Betriebsmittelkredite Diese Position ist in **allen Bereichen** von Bedeutung und gibt Aufschluss über die Finanzierungsstruktur.
3. Erhaltene Anzahlungen auf Bestellungen	Von Kunden erhaltene Anzahlungen aufgrund vertraglicher Vereinbarungen zur Vorfinanzierung von Material und Anlaufkosten. **Beispiele** **Industrie:** Anzahlungen für Großprojekte im Anlagenbau **Handwerk:** Anzahlungen für Auftragsarbeiten **Dienstleistungen:** Anzahlungen für Urlaubsreisen
4. Verbindlichkeiten aus Lieferungen und Leistungen	Gegenwert der mit Zahlungszielen gekauften Produkte und Dienstleistungen unter Berücksichtigung von Skonti und Rabatten. Entscheidend ist die Restlaufzeit der Verbindlichkeiten, die im Anhang zur Bilanz ersichtlich wird. Diese Position ist für **alle Bereiche** von Bedeutung und gibt Aufschluss über die dem betrachteten Unternehmen gewährten Zahlungsbedingungen.

9.1.5   Erläuterungen zur Gewinn-und-Verlust-Rechnung von Nichtbanken

Auch die Gewinn-und-Verlust-Rechnung weist einige „neue" Positionen auf. Ihr formaler Aufbau wird durch § 275 HGB vorgegeben.

Erträge

Position Nr.	Inhalte
1. Umsatzerlöse	Gegenwert aller im Geschäftsjahr **verkauften** geschäftstypischen Produkte und Dienstleistungen (ohne Umsatzsteuer, Skonti, Rabatte)
2. Bestandsveränderungen	Erhöhung oder Verminderung des Bestandes an fertigen und unfertigen Erzeugnissen bzw. Waren gegenüber dem Vorjahr, bewertet zu Herstellungskosten
3. Andere aktivierte Eigenleistungen	Wert der selbsterstellten Anlagen und Vermögensgegenstände, bewertet zu Herstellungskosten

Die Summe dieser drei Positionen stellt die **Gesamtleistung** dar, die den Gesamtwert aller im abgelaufenen Geschäftsjahr hergestellten Produkte bzw. verkauften Waren und Dienstleistungen beschreibt.

Aufwendungen

Position Nr.	Inhalte
5. Materialaufwand	**Industrie und Handwerk:** Gegenwert der erworbenen Roh-, Hilfs- und Betriebsstoffe (ohne Umsatzsteuer, Skonti, Rabatte) **Handel und Dienstleistungen:** Gegenwert der erworbenen Waren (ohne Umsatzsteuer, Skonti, Rabatte)

1. *Im Rahmen einer Gründungsfinanzierung legt Schreinermeister Karl Eder, Inhaber der Schreinerei Eder e. K., dem Firmenkundenberater der Rhein-Ruhr-Bank AG die nachfolgende Aufstellung über seine bewerteten Vermögensgegenstände vor, die er bereits aus seinem Anfangskapital von 50.000,00 EUR erworben hat:*

Werkzeuge: *2.598,00 EUR*
Fräsmaschine: *3.890,00 EUR*
Bandsäge: *4.500,00 EUR*
Lagereinrichtung: *7.500,00 EUR*
Holzvorrat: *10.000,00 EUR*
PC-Anlage: *2.500,00 EUR*
Büroeinrichtung: *1.500,00 EUR*
Kleinmaterial (Schrauben, Nägel, ...): 2.500,00 EUR

a) Erstellen Sie aus den Angaben eine formgerechte Bilanz, indem Sie die Vermögensgegenstände den zutreffenden Positionen nach HGB zuordnen.
Unterstellen Sie, dass der Restbetrag als Bargeld gehalten wird.

Die Rhein-Ruhr-Bank AG gewährt der Schreinerei Eder e. K. folgende Kredite:

Kredithöhe in EUR	Verwendungszweck	Laufzeit
12.000,00	Lagereinrichtung	10 Jahre
25.000,00	Kleinlaster	5 Jahre
10.000,00	Vorfinanzierung Holzvorrat	bis auf Weiteres
15.000,00	CNC-Säge	3 Jahre

b) Erstellen Sie eine zweite Bilanz, die die Kreditfinanzierung und die Investitionen berücksichtigt. Unterstellen Sie dabei, dass alle Kredite in voller Höhe ausgeschöpft werden.
Berücksichtigen Sie bei der Bilanzerstellung auch folgende Geschäftszahlen:

– *Verkäufe mit Zahlungsziel*	*14.987,45 EUR*
– *Offene Rechnungen von Lieferanten*	*10.239,18 EUR*
– *Erhaltene Anzahlungen für Auftragsarbeiten*	*4.748,27 EUR*

2. *Positionen aus der Bilanz und der Gewinn-und-Verlust-Rechnung:*

1	Materialaufwand	9	Fertige Erzeugnisse und Waren
2	Betriebs- und Geschäftsausstattung	10	Verbindlichkeiten gegenüber Kreditinstituten
3	Unfertige Erzeugnisse und Leistungen	11	Wertpapiere
4	Roh-, Hilfs- und Betriebsstoffe	12	Umsatzerlöse
5	Erhaltene Anzahlungen	13	Forderungen aus Lieferungen und Leistungen
6	Bestandsveränderungen	14	Technische Anlagen und Maschinen
7	Grundstücke und Gebäude	15	Rechnungsabgrenzungsposten
8	Forderungen an Kunden	16	Verbindlichkeiten aus Lieferungen und Leistungen

a) Stellen Sie fest, ob die oben aufgeführten Positionen in

1 *der Bilanz eines Kreditinstituts,*
2 *der Bilanz eines Nichtbank-Unternehmens,*
3 *der Gewinn-und-Verlust-Rechnung eines Nichtbank-Unternehmens,*
4 *keiner der vorgenannten Rechenwerke*

zu finden sind. Ordnen Sie die zutreffenden Ziffern der einzelnen Position zu.

b) Stellen Sie jeweils für die in a) ermittelten Bilanzpositionen fest, ob es sich um eine Position auf der

1 *Aktivseite*   2 *Passivseite*

der betreffenden Bilanz handelt.

c) Erläutern Sie den Inhalt der oben aufgeführten Positionen.

d) Finden Sie, jeweils getrennt nach Branchen, geeignete Beispiele, die in den einzelnen Positionen erfasst werden. Nutzen Sie hierzu auch Jahresabschlüsse der Firmenkunden Ihres Hauses.

9.2 Auswertung von Jahresabschlüssen der Kunden im Hinblick auf Kredit- und Anlageentscheidungen

Die Leisefluss Sanitärbau AG hat der Rhein-Ruhr-Bank AG ihren Jahres- **Situation**
abschluss 2014 einschließlich Vorjahrszahlen überreicht.
Als Kreditgeber und Teilhaber ist die Rhein-Ruhr-Bank AG an der aktuellen
Unternehmenslage interessiert und wertet den Jahresabschluss aus.

Jahresabschluss Leisefluss Sanitärbau AG

I. Bilanz

Aktiva Leisefluss Sanitärbau AG (in TEUR) Passiva					
A. Anlagevermögen	**2013**	**2014**	**A. Eigenkapital**	**2013**	**2014**
I. Immaterielle Anlagewerte			I. Gezeichnetes Kapital	500	500
2. Konzessionen	20	20	II. Kapitalrücklagen	150	150
II. Sachanlagen			III. Gewinnrücklagen	150	100
1. Grundstücke	670	690	...		
2. Technische Anlagen	300	241	V. Bilanzgewinn	310	180
3. Betriebs- und			**B. Rückstellungen**		
Geschäftsausstattung	310	260	1. Pensionsrückstellungen	227	206
III. Finanzanlagen			2. Steuerrückstellungen	140	190
5. Wertpapiere des			3. sonstige Rückstellun-		
Anlagevermögens	150	150	gen	30	20
B. Umlaufvermögen			**C. Verbindlichkeiten**		
I. Vorräte			2. Verbindlichkeiten		
1. Roh-, Hilfs- und			gegenüber Kreditinsti-		
Betriebsstoffe	210	201	tuten		
2. unfertige Erzeugnisse			– langfristig (ab 4		
und Leistungen	280	193	Jahre Restlaufzeit)	410	454
3. fertige Erzeugnisse			– kurzfristig (bis 1		
und Waren	195	149	Jahre Restlaufzeit)	235	140
II. Forderungen und sonstige			3. Erhaltene		
Vermögensgegenstände			Anzahlungen	52	54
1. Forderungen aus			4. Verbindlichkeiten aus		
Lieferungen und			Lieferungen und		
Leistungen	522	512	Leistungen	483	418
III. Wertpapiere	–	–	8. Sonstige Verbindlich-		
IV. Zahlungsmittel	83	71	keiten	60	63
C. Rechnungsabgren-			**D. Rechnungsabgren-**		
zungsposten	48	16	**zungsposten**	41	28
Bilanzsumme	**2.788**	**2.503**	**Bilanzsumme**	**2.788**	**2.503**

(Die Nummerierung orientiert sich an § 266 HGB. Positionen ohne Bestände wurden aus Gründen der Übersichtlichkeit nicht aufgeführt.)

II. Gewinn-und-Verlust-Rechnung (in TEUR)

Position	Berichtsjahr	Vorjahr
1. Umsatzerlöse	6.276	5.744
2. Erhöhung oder Verminderung des Bestandes an fertigen und unfertigen Erzeugnissen	+ 142	– 34
3. andere aktivierte Eigenleistungen	7	11
4. Sonstige betriebliche Erträge	44	27
5. Materialaufwand	3.062	2.857
6. Personalaufwand	2.270	2.108
7. a.) Planmäßige Abschreibungen auf Sachanlagen	295	240
8. Sonstige betriebliche Aufwendungen	118	68
10. Erträge aus Wertpapieren	11	9
11. Sonstige Zinsen und ähnliche Erträge	6	4
13. Zinsen und ähnliche Aufwendungen	97	83
14. Steuern vom Einkommen und Ertrag	272	198
15. Ergebnis nach Steuern	**372**	**207**

(Die Nummerierung orientiert sich an § 275 HGB. Positionen ohne Werte wurden aus Gründen der Übersichtlichkeit nicht aufgeführt.)

Zusätzliche Angaben lt. Anhang:

- Die Abschreibungsmethoden orientieren sich an den steuerrechtlichen Vorschriften.
- Der Bilanzgewinn soll als Dividende vollständig an die Aktionäre ausgeschüttet werden.

9.2.1 Jahresabschlussanalyse als Basis der Unternehmensanalyse

Die Unternehmensanalyse auf Basis von Jahresabschlüssen dient der Entscheidungsvorbereitung im Kredit- oder Anlagebereich. Für die Entscheidungsträger (z. B. Vorstand, Kredit- oder Anlageberater) besteht ein grundlegendes Zeitproblem, da die Entscheidungen heute für einen Zeitraum in der Zukunft auf Grundlage von vergangenheitsorientierten Daten getroffen werden müssen.

- **Kreditvergabe**
  Zur Entscheidung über die Vergabe eines Investitionskredites ist heute die Kapitaldienstfähigkeit für die Laufzeit des Kredites zu beurteilen. Als Informationsgrundlage liegen nur die Jahresabschlüsse der letzten zwei Jahre vor.
- **Anlageentscheidung**
  Die Beurteilung einer ertragsorientierten Aktienanlage kann nur auf vergangenheitsorientierten Unternehmensdaten und Charts erfolgen.

Aufgrund des zeitlichen Auseinanderfallens von Entscheidungszeitpunkt, -zeitraum und -grundlage reicht die Jahresabschlussanalyse zu einer gewissenhaften Unternehmensanalyse nicht aus.

Kreditinstitute müssen sich daher auch über die aktuelle und zukünftige Situation des Unternehmens informieren. Neben den Jahresabschlüssen der letzten drei Jahre werden deshalb aktuelle Unternehmensdaten (z. B. betriebswirtschaftliche Auswertungen) eingefordert. Darüber hinaus werden Planungsrechnungen (Investitions- und Finanzierungspläne) der Unternehmen und Informationen, die nicht im direkten Zusammenhang zu den wirtschaftlichen Zahlen stehen (Qualität des Managements, Entwicklung der Markt- und Branchensituation, Qualität des Controllings, ...) durch persönliche Gespräche mit der Unternehmensleitung und durch Betriebsbesichtigungen laufend und zeitnah beschafft und ausgewertet.

Die Unternehmensanalyse ist insofern als kontinuierlicher Prozess bis zur Rückzahlung des Kredites bzw. bis zur Liquidierung der Wertpapieranlage zu verstehen.

Stützt sich die Analyse von Anlageentscheidungen in Wertpapieren im Wesentlichen auf externe Bewertungen der Wertpapiere und deren Emittenten durch bekannte Ratingagenturen (Standard & Poor's, Moody's, Finch, ...) so müssen die Kreditinstitute bei der Kreditvergabeentscheidung seit 2007, gemäß den Vorgaben des sog. Basel II-Abkommens, eigene Ratingverfahren anwenden. Im Folgenden wird daher exemplarisch die Vorgehensweise der bankinternen Ratings (BIR) dargestellt.

9.2.2   Bankinternes Rating (BIR)

Kreditinstitute müssen zur Beurteilung von Kreditrisiken bei der Entscheidung über eine Kreditvergabe eigene, standardisierte Ratingverfahren anwenden, die im Vorfeld von der BaFin genehmigt und zertifiziert wurden. Die Ratingverfahren der verschiedenen Kreditinstitutsgruppen müssen sich an den vorgegebenen Kriterien des Basel-II-Abkommens orientieren. Es wird dabei zwischen sog. „harten" und „weichen" Kriterien unterschieden. Ein gewisser Spielraum bleibt den Kreditinstituten bei der Gewichtung der einzelnen Kriterien für die Bildung der Gesamtnote, da bei jedem Kreditnehmer die Qualität und Quantität der zur Verfügung stehenden Informationen unterschiedlich sein wird. So gehen bei mittelständischen Unternehmen die harten Faktoren mit einem Anteil von 60 % und die welchen Faktoren mit 40 % in die Gesamtnote mit ein.

Ziel des BIR ist die Bestimmung der Ausfallwahrscheinlichkeit eines Kredites bzw. eines Kreditkunden in Abhängigkeit von seiner Bonität. Durch das BIR werden die Kunden daher auf Basis ihrer ermittelten Ratingnote in Ratingklassen (siehe Seite 218) eingeteilt, denen jeweils eine bestimmte Ausfallwahrscheinlichkeit zugeordnet wurde.

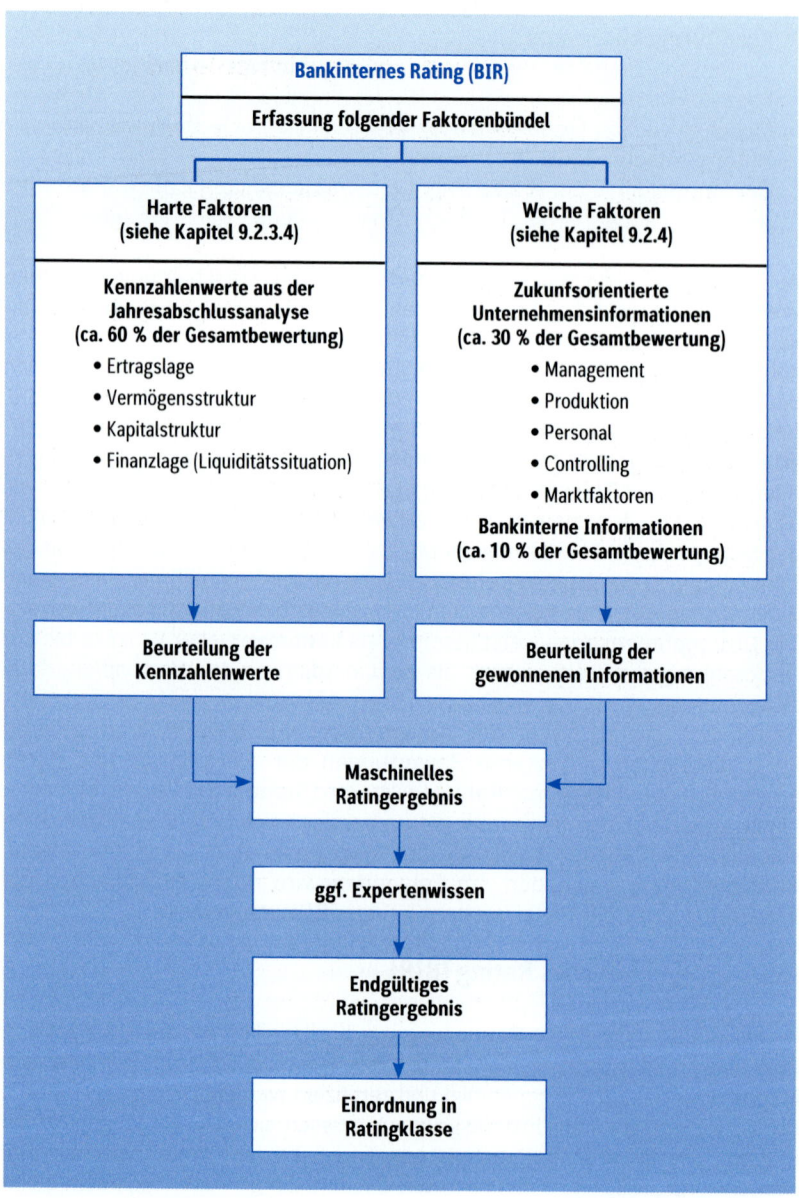

Kreditrating Firmenkunden

Kunden-Nr.:	Kundenbetreuer:	Jahresabschluss per
Firma/Kunde:		
Branche:		Gesamtengagement: TEUR
Einzelwertberichtigung	Ja nein	Risikoklasse alt:

I. Jahresabschlussdaten

1.1 Ertragslage	1	2	3	4	5
Return on Investment					
Betriebsergebnis					
Rohertragsquote					
Personalaufwandsquote					
Zinsaufwandsquote					
Summe der Einzelnoten : Anzahl der bewerteten Kriterien			:	=	

1.2 Vermögensstruktur	1	2	3	4	5
Kapitalumschlag					
Gesamtvermögensumschlag					
Lagerumschlag					
Lagerdauer					
Umschlagdauer der Forderungen					
Summe der Einzelnoten : Anzahl der bewerteten Kriterien			:	=	

1.3 Kapitalstruktur	1	2	3	4	5
Eigenkapitalquote					
Fremdkapitalquote langfristig					
Fremdkapitalquote kurzfristig					
Summe der Einzelnoten : Anzahl der bewerteten Kriterien			:	=	

1.4 Finanzlage	1	2	3	4	5
Liquiditätsgrade					
Net Working Capital					
Anlagendeckungsgrad					
Cashflow					
Cashflowrate					
Cashflow – kurzfristiges Fremdkapital					
Schuldentilgungsdauer					
Kreditorenlaufzeit					
Summe der Einzelnoten : Anzahl der bewerteten Kriterien			:	=	

Gesamtnote Jahresabschlussdaten	**Summe der Einzelnoten (1.1 bis 1.4) : 4**	=	

Anteil an Gesamtratingnote -> Gesamtnote Jahresabschlussdaten · 60 %	=	

Beispiel eines Ratingbogens zur Bewertung der Jahresabschlusskennzahlen (Harte Faktoren) für den Mittelstand

Die gewonnenen Unternehmensinformationen werden in Ratingbögen zusammengefasst und nach einheitlichen Beurteilungskriterien mit Punkten oder Noten bewertet, die jeweils mit institutsspezifischen Gewichtungen in eine Gesamtnote eingehen. Die Gesamtbeurteilung stellt das sog. „Rating" als Maßzahl für die Bonität des Unternehmens dar.

Das „Rating" ist im Rahmen der Kreditvergabe Grundlage für folgende Entscheidungen:

- Einteilung der Kunden in Risikoklassen
- Sicherheitenstellung nach Art und Höhe
- Kalkulation des Zinssatzes (Risikokosten, Eigenkapitalkosten)

Bei Anlagen in Wertpapieren bildet neben eigenen Analysen das Rating von führenden Rating-Agenturen (z.B. Moody's, Standard & Poor's) eine wichtige Orientierungsgrundlage. Dies gilt im Besonderen bei Anlagen in Schuldverschreibungen. Je besser das Rating, desto näher liegt der Zinssatz an der Marktrendite und desto sicherer ist die Schuldverschreibung zu beurteilen.

Neben externen Bonitätsbeurteilungen von international anerkannten Unternehmensberatungsgesellschaften spielen auch Prüfungsberichte und -testate zum Jahresabschluss, die von den bestellten Wirtschaftsprüfern erstellt werden, eine Rolle bei der Unternehmensbeurteilung.

9.2.3 Jahresabschlussanalyse

9.2.3.1 Grundprobleme der Jahresabschlussanalyse

Jahresabschlüsse sind modellhafte Darstellungen des betrieblichen Geschehens. Sie dokumentieren die wirtschaftlichen Ergebnisse in einem Geschäftsjahr. Die Jahresabschlussanalyse wird vor allem durch die Bilanzpolitik des betrachteten Unternehmens beeinträchtigt.

Instrumente der Bilanzpolitik eines Unternehmens

Neben der Zeitpunktbezogenheit und der Vergangenheitsorientierung des Datenmaterials können die Ausnutzung von Ansatz- und Bewertungswahlrechten nach HGB die Aussagekraft des Jahresabschlusses beeinträchtigen. Nähere Angaben hierzu können dem Anhang des Jahresabschlusses entnommen werden.

Instrumente der Bilanzpolitik	Beispiele
• **Passivierungswahlrechte** durch Verschiebung von Aufwendungen in die Zukunft erhöhen das Fremdkapital und mindern den zukünftigen Gewinn.	Bildung von Rückstellungen gem. § 249 HGB
• **Bewertungsspielräume** bei bestimmten Aktiva erhöhen den Aufwand und mindern den Wert des Vermögensgegenstandes.	Gemildertes Niederstwertprinzip bei Wertpapieren des Anlagevermögens nach § 253, 3 HGB
• **Stille Reserven** sind in der Bilanz nicht ersichtlich.	Unterbewertungen von Aktiva durch Bewertung zum Zeit- und Niederstwertprinzip gem. § 253 HGB
• **Window-dressing** durch bilanzsummenwirksame Maßnahmen, die ohne direkten Bezug zur wirtschaftlichen Tätigkeit stehen.	Aufnahme von kurzfristigen Darlehen kurz vor dem Bilanzstichtag zur Erhöhung der Bilanzsumme und der liquiden Mittel

Instrumente
der Bilanzpolitik

Informationspolitik

Eine rechtzeitige und umfangreiche Bereitstellung der benötigten Daten erleichtert die Analyse und unterstützt das Vertrauensverhältnis der Kunde-Bank-Beziehung (siehe auch § 18 KWG).

9.2.3.2 Aufbau der Jahresabschlussanalyse

Die Jahresabschlussanalyse durch Kreditinstitute vollzieht sich als komplexer Prozess, bei dem die Institute individuelle Schwerpunkte setzen. Es können grundsätzlich die folgenden Stufen unterschieden werden.

Stufen der Jahresabschlussanalyse

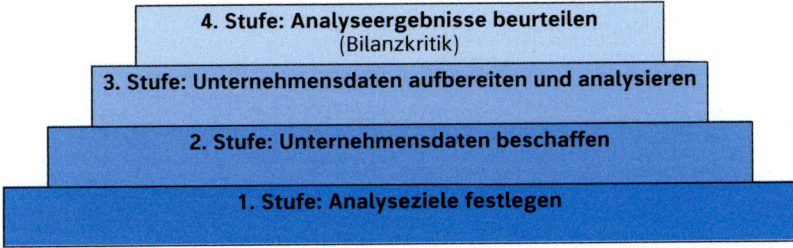

4. Stufe: Analyseergebnisse beurteilen (Bilanzkritik)

3. Stufe: Unternehmensdaten aufbereiten und analysieren

2. Stufe: Unternehmensdaten beschaffen

1. Stufe: Analyseziele festlegen

Stufe 1: Analyseziele festlegen:
Bevor mit der Analyse begonnen wird, muss feststehen, welche Zielsetzungen sie verfolgen soll:

– **Kreditentscheidungen,** z. B.
  Kapitaldienstfähigkeit
  Risikopotenziale
  Verschuldungssituation

– **Anlageentscheidungen,** z. B.
  Ertragskraft
  Gewinnentwicklung

Stufe 2: Unternehmensdaten beschaffen

Die Analyseziele bestimmen, welche Unternehmensdaten beurteilt werden müssen. Externen Analytikern, wie Kreditinstituten, steht grundsätzlich nur der Jahresabschluss zur Verfügung. Er sollte zur Beurteilung der Unternehmensentwicklung mindestens für die letzten drei Geschäftsjahre vorliegen. Neben der **Gewinn-und-Verlust-Rechnung** und der **Bilanz** können auch **Lagebericht** und **Anhang** wichtige Informationen liefern.

Entscheidend ist, dass Kreditinstituten der Jahresabschluss kurzfristig zur Verfügung gestellt wird (§ 18 KWG). Zu beachten ist dabei, dass eine zeitliche Differenz zwischen der Feststellung der Jahresabschlussdaten, der Erstellung des Jahresabschlusses und dessen Veröffentlichung besteht.

Zusätzlich sollten auch folgende Informationen beschafft werden:
- Bankinterne Daten (z.B. Konto-/Kundenauswertungen)
- Daten der Industrie- und Handelskammern
- Berichte über die konjunkturelle Entwicklung der Branche (Bundesbank)
- Externe Auskünfte von Kreditinstituten und gewerblichen Auskunfteien
- Externe Ratingergebnisse

Stufe 3: Unternehmensdaten aufbereiten und analysieren

Die Unternehmensdaten werden EDV-gestützt nach einem einheitlichen Schema aufbereitet und durch Kennzahlen analysiert (siehe Kapitel 9.2.3.3).

Stufe 4: Analyseergebnisse beurteilen (Bilanzkritik)

Die ermittelten Jahresabschlusskennzahlen werden im internen Zeitvergleich sowie im Vergleich zur Branche ausgewertet. Die Entwicklungen werden von den Kreditberatern benotet und fließen als Teilnoten in das gesamte Ratingergebnis mit ein. Bei der Beurteilung der Kennzahlen sollten folgende Aspekte berücksichtigt werden:

Zielbezug: Ist die Kennzahl geeignet, das Analyseziel hinreichend zu beschreiben?

Genauigkeit: Stimmen die Analyseergebnisse mit den tatsächlichen Gegebenheiten im Unternehmen überein?

Zeitbezug: Welche zeitliche Differenz besteht zwischen den Analysedaten und den Analyseergebnissen?

9.2.3.3   Aufbereitung von Jahresabschlussunterlagen

Die Firmenkunden reichen Jahresabschlüsse ein, die nach den Bestimmungen des HGB gestaltet sind. Diese gesetzliche Form ist für eine Beurteilung durch ein Kreditinstitut zu detailliert und erschwert einen späteren Vergleich zu anderen Unternehmen der Branche. Daher werden einzelne Positionen der Bilanz und der Gewinn-und-Verlust-Rechnung nach einem einheitlichen Schema umgruppiert und zu neuen Positionen zusammengefasst.

9.2.3.3.1   Aufbereitung der Gewinn-und-Verlust-Rechnung

Die Gewinn-und-Verlust-Rechnung von Unternehmen kann gemäß § 275 HGB nach dem Gesamtkosten- oder dem Umsatzkostenverfahren aufgebaut sein. Entsprechend der häufigeren Anwendung in der Praxis wird im Folgenden nur das Gesamtkostenverfahren betrachtet.

Bei der Aufbereitung der Gewinn-und-Verlust-Rechnung werden die Positionen nach einem einheitlichen Muster (siehe Schema auf Seite 287) teilweise neu angeordnet. Des Weiteren werden folgende Zwischensummen eingefügt, um ein genaueres Bild der Ertragslage zu erhalten.

Gesamtleistung =	Gesamtwert aller im abgelaufenen Geschäftsjahr hergestellten Produkte bzw. verkauften Waren und Dienstleistungen
Rohüberschuss =	Überschuss aus dem originären Betriebszweck
Teil-Betriebsergebnis =	Ergebnis der gewöhnlichen Geschäftstätigkeit vor Finanzergebnis
Betriebsergebnis =	Gewinn vor Steuern aus Einkommen und Ertrag

Das Betriebsergebnis wird von Kreditinstituten und Ratingagenturen als Gewinngröße verwendet, da es sich, bereinigt um das Finanzergebnis und die betriebsindividuellen Steuern von Einkommen und Ertrag, für den Branchenvergleich besser eignet als das Ergebnis nach Steuern.

Aufbereitete Gewinn-und-Verlust-Rechnung (Gesamtkostenverfahren) der Leisefluss Sanitärbau AG				
Position	Berichts-jahr	Vorjahr	Veränderungen	
	TEUR	TEUR	TEUR	in %
Umsatzerlöse	6.276	5.744	+ 532	+ 9,26
+/–Bestandsveränderungen	+ 142	– 34	+ 176	+ 517,65
+ andere aktivierte Eigenleistungen	+ 7	+ 11	– 4	– 36,36
= Gesamtleistung	= 6.425	= 5.721	+ 704	+ 12,31
– Materialaufwand	– 3.062	– 2.857	– 205	+ 7,18
= Rohüberschuss	= 3.363	= 2.864	+ 499	+ 17,42
– Personalaufwand	– 2.270	– 2.108	+ 162	+ 7,69
– planmäßige Abschreibungen auf Sachanlagen	– 295	– 240	+ 55	+ 22,92
– sonstige betriebliche Aufwendungen	– 118	– 68	+ 50	+ 73,53
+ sonstige betriebliche Erträge	+ 44	+ 27	+ 17	+ 62,96
= Teil-Betriebsergebnis	= 724	= 475	= 249	+ 52,42
+ Zinserträge	+ 17	+ 13	+ 4	+ 30,77
– Zinsaufwendungen	– 97	– 83	– 14	+ 16,86
= Betriebsergebnis	= 644	= 405	+ 239	+ 59,01

9.2.3.3.2   Aufbereitung der Bilanz

Kundenbilanzen werden zur Beurteilung nach zwei Arten aufbereitet:

1. Neustrukturierung nach Fristigkeit und Liquidität

Die Bilanzpositionen werden hierzu neu gegliedert und zusammengefasst. Die aufbereitete Bilanz wird auch als **Strukturbilanz** bezeichnet.

Aktiva	Aufbereitete Bilanz (Strukturbilanz)	Passiva
1. Immaterielles Anlagevermögen Patente, Konzessionen, …	**1 Eigenkapital** – Gezeichnetes Kapital – Rücklagen (inkl. Zuführungen aus dem Jahresüberschuss)	
2. Sachanlagen – Grundstücke – Technische Anlagen und Maschinen – Betriebs- und Geschäftsausstattung		
	Eigenkapital	
3. Finanzanlagen – Beteiligungen – Wertpapiere des Anlagevermögens – Sonstige Finanzanlagen	**2 Langfristige Rückstellungen** – Pensionsrückstellungen **3 Langfristige Verbindlichkeiten** – Langfristige Verbindlichkeiten gegenüber Kreditinstituten (ab 1 Jahr)	
Summe 1–3 Anlagevermögen	**Summe 2–3 Langfristiges Fremdkapital**	
4. Vorräte – Roh-, Hilfs- und Betriebsstoffe – Unfertige Erzeugnisse – Fertige Erzeugnisse und Waren	**4 Kurzfristige Rückstellungen** – Steuerrückstellungen – Sonstige kurzfristige Rückstellungen	
5. Forderungen und sonstige Vermögensgegenstände – Forderungen aus Lieferungen und Leistungen – Sonstige Vermögensgegenstände (inkl. Rechnungsabgrenzungsposten) – Wertpapiere des Umlaufvermögens **6. Liquide Mittel**	**5 Kurzfristige Verbindlichkeiten** – Kurzfristige Verbindlichkeiten gegenüber Kreditinstituten – Verbindlichkeiten aus Lieferungen und Leistungen – Erhaltene Anzahlungen auf Bestellungen – Sonstige Verbindlichkeiten (inkl. Rechnungsabgrenzungsposten) – Zur Ausschüttung vorgesehener Anteil des Bilanzgewinns	
Summe 4–6 Umlaufvermögen	**Summe 4–5 Kurzfristiges Fremdkapital**	
= Bilanzsumme	**= Bilanzsumme**	

2. Veränderungen der einzelnen Bilanzbestände:

Auf Basis der Strukturbilanz werden die Veränderungen der Bilanzbestände im Zeitvergleich gegenübergestellt (Bewegungs- oder Veränderungsbilanz). Hierdurch gewinnt man einen Überblick über die Veränderungen der einzelnen Positionen. Die erhaltenen Werte dienen zudem als Grundlage für die Ermittlung der Bilanzkennziffern.

Aufbereitete Bilanzen der Leisefluss Sanitärbau AG **Beispiel**

Aktiva	Berichts-jahr		Vorjahr		Veränderungen	
	TEUR	%	TEUR	%	TEUR	%
Immaterielles Anlagevermögen	20	0,7	20	0,8	–	–
Sachanlagen	1.280	45,9	1.191	47,6	+ 89	+ 7,47
Finanzanlagen	150	5,4	150	6,0	–	–
Anlagevermögen	1.450	52,0	1.361	54,4	+ 89	+ 6,54
Vorräte	685	24,6	543	21,7	+ 142	+ 26,15
Forderungen und sonstige Vermögensgegenstände	570	20,4	528	21,1	+ 42	+ 7,95
Liquide Mittel	83	3,0	71	2,8	+ 12	+ 16,90
Umlaufvermögen	1.338	48,0	1.142	45,6	+ 196	+ 17,16
Gesamtvermögen	2.788	100	2.503	100	+ 285	+ 11,39

Passiva	Berichts-jahr		Vorjahr		Veränderungen	
	TEUR	%	TEUR	%	TEUR	%
Eigenkapital	800	28,7	750	30	+ 50	+ 6,67
Langfristige Rückstellungen	227	8,1	206	8,2	+ 21	+10,19
Langfristige Verbindlichkeiten	410	14,7	454	18,1	– 44	– 9,69
Langfristiges Fremdkapital	637	22,8	660	26,3	– 23	– 3,84
Kurzfristige Rückstellungen	170	6,1	210	8,4	– 40	– 19,05
Kurzfristige Verbindlichkeiten	1.181	42,4	883	35,3	+ 298	+ 33,75
Kurzfristiges Fremdkapital	1.351	48,5	1.093	43,7	+ 258	+ 23,60
Gesamtkapital	2.788	100	2.503	100	+ 285	+ 11,39

Zusammenhänge zwischen Gewinn-und-Verlust-Rechnung und Bilanz

Trotz getrennter Aufbereitung der Bilanz und der Gewinn-und-Verlust-Rechnung stehen beide Unterlagen in engem Zusammenhang und werden gemeinsam ausgewertet.

Die nachfolgende Übersicht zeigt den Zusammenhang zwischen bestimmten Positionen.

Bilanz		Gewinn-und-Verlust-Rechnung
Aktiva	**Passiva**	
Forderungen aus Lieferungen und Leistungen	← →	Umsatzerlöse
– Unfertige Erzeugnisse – Fertige Erzeugnisse und Waren	← →	Bestandsveränderungen an – fertigen/unfertigen Erzeugnissen und Waren
Roh-, Hilfs- und Betriebsstoffe	Verbindlichkeiten aus Lieferungen und Leistungen	Materialaufwand
Sachanlagen	← →	Planmäßige Abschreibung auf Sachanlagen
Finanzanlagen Wertpapiere	← →	Abschreibungen auf Finanzanlagen und Wertpapiere des Umlaufvermögens
	Lang- und kurzfristige Verbindlichkeiten	Zinsen und zinsähnliche Aufwendungen

9.2.3.4 Kennzahlen der Jahresabschlussanalyse

Kreditinstitute verwenden ähnliche Verfahren der Jahresabschlussanalyse. Sie greifen hierzu auf überwiegend gleiche Kennzahlensysteme zurück. Die Kennziffern stellen mit wenigen Ausnahmen Verhältniszahlen dar und werden in Prozent ausgedrückt.

a) Gewinn-und-Verlust-Rechnung

Im Gegensatz zur Bilanz stellt die Gewinn-und-Verlust-Rechnung eine **Zeitraumrechnung** dar. Sie lässt konkrete Rückschlüsse auf den **Unternehmungsprozess** und dessen Ablaufgeschwindigkeit im Geschäftsjahr zu. Gegenstand der Auswertung sind die

- Ertragslage
- Kapitaldienstfähigkeit
- Prozessgeschwindigkeit

des Unternehmens.

Als Gewinngröße wird das **Betriebsergebnis** verwendet.

1. Ertragslage

Bezeichnung	Formel	Berichtsjahr	Vorjahr	Aussagekraft

Cashflow	Betriebsergebnis
	+ planmäßige Abschreibungen
	  auf das Anlagevermögen
	+ Erhöhung langfristiger Rückstellungen
	  (Nettobetrag)
	= Cashflow
		644
		+ 295
		+ 21
		= 960
			405
			+ 240
			+ 21
			= 666
				Der Cashflow ist der Nettozufluss an liquiden Mitteln, den eine Unternehmung innerhalb eines Geschäftsjahres regelmäßig aus den Umsatzerlösen erwirtschaften kann. Er stellt somit die verfügbaren liquiden Mittel dar, die z. B. als Kapitaldienst für Kredite eingesetzt werden können.
				Erläuterungen:
				Abschreibungen auf Sachanlagen sind Aufwendungen, aber keine Ausgaben. Sie werden bei der Preiskalkulation berücksichtigt und führen über die Umsatzerlöse zu Einnahmen. Aufwendungen für langfristige Rückstellungen stehen i. d. R. geringere Auflösungsbeträge für Pensionen etc. gegenüber. In Höhe der Differenz sind sie daher als liquide Mittel verfügbar.

Cashflow-Rate	$\dfrac{\text{Cashflow} \cdot 100}{\text{Gesamtleistung}}$	$\dfrac{960 \cdot 100}{6.425} = 14{,}9\,\%$	$\dfrac{666 \cdot 100}{5.721} = 11{,}60\,\%$	Anteil der von der Gesamtleistung im Unternehmen verbliebenen Liquidität
Umsatzrentabilität	$\dfrac{\text{Betriebsergebnis} \cdot 100}{\text{Gesamtleistung}}$	$\dfrac{644 \cdot 100}{6.425} = 10{,}02\,\%$	$\dfrac{405 \cdot 100}{5.721} = 7{,}08\,\%$	Diese Kennzahl verdeutlicht, wie viel Euro Gewinn je 100,00 EUR Umsatzerlöse erzielt wurden.
Eigenkapitalrentabilität	$\dfrac{\text{Betriebsergebnis} \cdot 100}{\text{Eigenkapital}}$	$\dfrac{644 \cdot 100}{800} = 80{,}5\,\%$	$\dfrac{405 \cdot 100}{750} = 54{,}0\,\%$	Je größer die Eigenkapital- bzw. Gesamtkapitalrentabilität, desto höher ist die Rendite, die ein Teilhaber durch die Investition in die Unternehmung erzielt hat. Zur Beurteilung der Investition ist die jeweilige Rendite mit alternativen Anlagen am Kapitalmarkt zu vergleichen.
Gesamtkapitalrentabilität	$\dfrac{\text{Betriebsergebnis} + \text{Zinsaufwand} \cdot 100}{\text{Gesamtkapital (= Bilanzsumme)}}$	$\dfrac{(644 + 97) \cdot 100}{2.788} = 26{,}6\,\%$	$\dfrac{(405 + 83) \cdot 100}{2.503} \triangleq 19{,}5\,\%$	Eine zusätzliche Kreditaufnahme ist immer dann lohnenswert, wenn sich hierdurch die Eigenkapitalrentabilität steigern lässt. Dies ist immer dann der Fall, wenn die Erträge aus dem investierten Fremdkapital höher als die Fremdkapitalzinsen sind.
Return on Investment (ROI)	$\dfrac{\text{Betriebsergebnis} \cdot 100}{\text{Umsatzerlöse}} \cdot \dfrac{\text{Umsatzerlöse}}{\text{Bilanzsumme}}$ **Umsatzrentabilität · Umschlagshäufigkeit des investierten Kapitals**	$\dfrac{644 \cdot 100}{6.283} \cdot \dfrac{6.283}{2.788} = 23{,}1\,\%$	$\dfrac{405 \cdot 100}{5.755} \cdot \dfrac{5.755}{2.503} = 16{,}2\,\%$	Zusammengesetzte Kennziffer, mit der die Rentabilität zukünftiger Investitionen ermittelt werden kann.

Exkurs: Ableitung des Cashflow aus der Gewinn- und-Verlust-Rechnung

Die Auszubildenden der Rhein-Ruhr-Bank AG sollen zum Thema Cashflow ein Referat ausarbeiten. Im Rahmen der Vorbereitung taucht ein Problem auf. Der Cashflow eines Unternehmens wird in allen Büchern als Nettozufluss liquider Mittel in einer Rechnungsperiode definiert. Je größer dieser Cashflow, desto größer ist die Investitions- und Schuldentilgungskraft aus eigenen Mitteln. Leider können sich die Auszubildenden nicht erklären, wieso sich der Cashflow aus dem Jahresüberschuss, den Abschreibungen und den Dotierungen der Pensionsrückstellungen zusammensetzt, da sie keine direkte Verbindung zu liquiden Mitteln erkennen können.

Der Cashflow eines Unternehmens wird definiert als Nettozufluss liquider Mittel, den ein Unternehmen aus der Umsatztätigkeit in einer Periode erwirtschaften kann. Sollte man den Cashflow einer Privatperson berechnen, so wäre dies einfach. Der Cashflow wäre der Betrag, der am Monatsende in der Geldbörse nach allen Zahlungseingängen und allen Zahlungsausgängen übrig bliebe.

Der Cashflow eines Unternehmens ist etwas schwieriger zu bestimmen. Ausgangspunkt der Überlegung ist die Gewinn-und-Verlust-Rechnung des Unternehmens. Hier werden bekanntlich die Aufwendungen und die Erträge gegenübergestellt, um den Jahresüberschuss zu ermitteln. Schaut man sich die Aufwendungen und Erträge etwas genauer an, so kann man zwischen Aufwendungen unterscheiden, die tatsächlich zu Auszahlungen führen, und solchen, die nicht zu Auszahlungen führen. Ebenso führen manche Erträge zu Einzahlungen, andere Erträge hingegen nicht.

Aufwendungen	**Gewinn-und-Verlust-Rechnung**	**Erträge**
Aufwendungen (auszahlungswirksam) z.B. Personalaufwand	Erträge (einzahlungswirksam) z.B. Umsatzerlöse	
Aufwendungen (nicht auszahlungswirksam) z.B. Abschreibungen oder Dotierungen der Rückstellungen		
Jahresüberschuss	Erträge (nicht einzahlungswirksam) z.B. Bestandserhöhungen	

Wendet man den Gedanken der Geldbörse auf die Gewinn-und-Verlust-Rechnung an, so ergäbe sich eine einfache Cashflow-Formel.

Cashflow = Erträge (einzahlungswirksam) – Aufwendungen (auszahlungswirksam)

Aus der Gewinn-und-Verlust-Rechnung kann man folgenden Zusammenhang ableiten:

> **Erträge (einzahlungswirksam)** = **Aufwendungen (auszahlungswirksam)**
> + **Aufwendungen (nicht auszahlungswirksam)**
> + **Jahresüberschuss**
> – **Erträge (nicht einzahlungswirksam)**

Wenn wir dies in die einfache Cashflow-Formel einsetzen, ergibt sich

> **Cashflow** = **Aufwendungen (auszahlungswirksam)**
> + **Aufwendungen (nicht auszahlungswirksam)**
> + **Jahresüberschuss**
> – **Erträge (nicht einzahlungswirksam)**
> – **Aufwendungen (auszahlungswirksam)**

Wenn wir nun die auszahlungswirksamen Aufwendungen herauskürzen, ergibt sich die bekannte Cashflow-Formel:

Cashflow = **Ergebnis nach Steuern (Das moderne Controlling benutzt das Betriebsergebnis, vgl. Seite 286.)**
+ **nicht auszahlungswirksame Aufwendungen, (z. B. Abschreibungen und Dotierungen der Rückstellungen)**
– **Erträge (nicht einzahlungswirksam)**

Da das traditionelle Rechnungswesen nicht zwischen zahlungswirksamen und -unwirksamen Vorgängen trennt, ermittelt man den Cashflow nicht direkt, sondern quasi rückwärts auf die dargestellte Art und Weise.

Fazit:

2. Kapitaldienstfähigkeit
Kapitaldienstfähigkeit bedeutet, dass der Kreditnehmer in der Lage ist, die aus einem Kreditvertrag resultierenden Zins- und Tilgungsleistungen zu tragen. Grundsätzlich wird die Kapitaldienstfähigkeit in zwei Schritten bewertet:

a) Feststellung des Kapitaldienstes
Mit einem Tilgungsplan werden alle Zins- und Kapitalrückzahlungsbeträge in ihrer Höhe und ihrer Fälligkeit ermittelt. Eine exakte Berechnung des Kapitaldienstes ist nur möglich, wenn feste Konditionen für die gesamte Laufzeit vereinbart wurden.

b) Ermittlung der Kapitaldienstfähigkeit
Maßgebliche Beurteilungsgröße ist der Cashflow, der das „verfügbare" liquide Kapital der Unternehmung darstellt. Durch eine laufende Aktualisierung der Berechnungen mit zeitnahen Wirtschaftsdaten kann die Kapitaldienstfähigkeit auch als zukunftsorientiertes Instrument der Unternehmensanalyse verwendet werden.

3. Prozessgeschwindigkeit des Unternehmens

Bezeichnung	Formel	Berichtsjahr	Vorjahr	Aussagekraft
Kreditorenziel (in Tagen)	$\dfrac{\text{Verbindlichkeiten L + L} \cdot 365 \text{ Tage}}{\text{Materialaufwand}}$	$\dfrac{483 \cdot 365 \text{ Tage}}{3.062} = 58 \text{ Tage}$	$\dfrac{418 \cdot 365 \text{ Tage}}{2.857} = 54 \text{ Tage}$	Steigende Werte lassen auf eine übermäßige Ausnutzung von Zahlungszielen aufgrund von Zahlungsschwierigkeiten schließen.
Debitorenziel (in Tagen)	$\dfrac{\text{Forderungen L + L} \cdot 365 \text{ Tage}}{\text{Umsatzerlöse}}$	$\dfrac{522 \cdot 365 \text{ Tage}}{6.283} = 30 \text{ Tage}$	$\dfrac{512 \cdot 365 \text{ Tage}}{5.755} = 33 \text{ Tage}$	Steigende Werte lassen auf bonitätsmäßig schlechte Abnehmer und auf Mängel in der Debitorenbuchhaltung schließen.

b) Bilanz

Die Bilanz ist eine **Zeitpunktrechnung**. Sie gibt dem Kreditinstitut Hinweise auf die **Unternehmensstruktur.**

Die Auswertung erfolgt durch Kennzahlen. Die benötigten Größen werden der Strukturbilanz entnommen.

1. Vertikale Struktur der Bilanz

Sie gibt Auskunft über die Vermögens- und Kapitalstruktur. Sinnvolle Vergleichsgrößen sind die jeweiligen Branchendurchschnittswerte.

a) Vermögen

Bezeichnung	Formel	Berichtsjahr	Vorjahr	Aussagekraft
Anlagequote	$\dfrac{\text{Anlagevermögen} \cdot 100}{\text{Bilanzsumme}}$	$\dfrac{1.450 \cdot 100}{2.788} = 52{,}0\,\%$	$\dfrac{1.361 \cdot 100}{2.503} = 54{,}4\,\%$	Je höher die Anlagequote, desto geringer sind die Chancen einer kurzfristigen Anpassung an den technischen Fortschritt oder an konjunkturelle Schwankungen in der Branche.

b) Kapital

Bezeichnung	Formel	Berichtsjahr	Vorjahr	Aussagekraft
Eigenkapitalquote	$\dfrac{\text{Eigenkapital} \cdot 100}{\text{Bilanzsumme}}$	$\dfrac{800 \cdot 100}{2.788} = 28{,}7\,\%$	$\dfrac{750 \cdot 100}{2.503} = 30{,}0\,\%$	Je höher der Eigenkapitalanteil, desto günstiger ist die Kreditwürdigkeit aufgrund der breiteren Haftungsbasis zu beurteilen
Fremdkapitalquote	$\dfrac{\text{Fremdkapital} \cdot 100}{\text{Bilanzsumme}}$	$\dfrac{1.988 \cdot 100}{2.788} = 71{,}3\,\%$	$\dfrac{1.753 \cdot 100}{2.503} = 70{,}0\,\%$	Je höher der Fremdkapitalanteil, desto stärker belastet der zu erbringende Kapitaldienst die zukünftige Gewinnentwicklung

2. Horizontale Struktur der Bilanz

Sie gibt Auskunft über das Finanzierungsverhalten des betrachteten Unternehmens. Wesentliches Beurteilungskriterium ist die Einhaltung der „Goldenen Bilanz- bzw. Bankregel". Sie besagt, dass langfristig gebundenes Vermögen auch langfristig finanziert werden sollte.

a) Anlagendeckung

Bezeichnung	Formel	Berichtsjahr	Vorjahr	Aussagekraft
Anlagendeckungsgrad I	$\dfrac{\text{Eigenkapital} \cdot 100}{\text{Anlagevermögen}}$	$\dfrac{800 \cdot 100}{1.450} = 55{,}17\,\%$	$\dfrac{750 \cdot 100}{1.361} = 55{,}10\,\%$	Langfristig gebundene Vermögensteile sollten vollständig durch langfristiges Kapital finanziert werden.
Anlagendeckungsgrad II	$\dfrac{(\text{Eigenkapital} + \text{langfristiges Fremdkapital}) \cdot 100}{\text{Anlagevermögen}}$	$\dfrac{(800 + 637) \cdot 100}{1.450} = 99{,}1\,\%$	$\dfrac{(750 + 660) \cdot 100}{1.361} = 103{,}6\,\%$	Ist der Anlagendeckungsgrad II größer 100 %, so ist zusätzlich der „Eiserne" Bestand an Vorräten fristenkongruent gedeckt.

b) Liquidität

Bezeichnung	Formel	Berichtsjahr	Vorjahr	Aussagekraft
Liquidität 1. Grades **Barliquidität**	**flüssige Mittel 1. Ordnung** (Kasse, Bankgut- haben, EZB-fähige Wechsel) · 100 kurzfristiges Fremdkapital	$\frac{83 \cdot 100}{1.351} = 6,14\,\%$	$\frac{71 \cdot 100}{1.093} = 6,50\,\%$	Zielwert: 10 % bis 30% Je höher die liquiden Mittel, desto eher ist das Unternehmen in der Lage, seine kurzfristigen Zahlungsverpflichtungen zu erfüllen
Liquidität 2. Grades **Einzugsbedingte Liquidität**	**flüssige Mittel 2. Ordnung =** (flüssige Mittel 1. Ordnung + Wertpapiere und sonstige Vermögensgegenstände + Forderungen aus Lieferungen und Leistungen) · 100 kurzfristiges Fremdkapital	$\frac{(83 + 522) \cdot 100}{1.351} = 44,78\,\%$	$\frac{(71 + 512) \cdot 100}{1.093} = 53,34\,\%$	Zielwert: 100 % bis 120 % Eine angespannte Liquidität (< 100 %) ist ein Grund für eine Kreditaufnahme im kurzfristigen Bereich.
Liquidität 3. Grades **Umsatzbedingte Liquidität**	**flüssige Mittel 3. Ordnung =** (flüssige Mittel 2. Ordnung + Vorräte) · 100 kurzfristiges Fremdkapital	$\frac{(83 + 522 + 685) \cdot 100}{1.351} = 95,48\,\%$	$\frac{(71 + 512 + 543) \cdot 100}{1.093} = 103,02\,\%$	Ist die umsatzbedingte Liquidität kleiner als 100 %, so müsste das Unternehmen zur Tilgung seiner Verbindlichkeiten einen Teil seines Anlagevermögens veräußern.

c) Verschuldungsgrad

Dynamischer Verschuldungsgrad in Jahren	$\frac{\text{Effektivverschuldung}}{\text{Cashflow}}$	$\frac{1.383}{960} \triangleq 1,44$ Jahre	$\frac{1.170}{666} \triangleq 1,76$ Jahre	Der Verschuldungsgrad wird in Jahren gemessen. Er zeigt, wie lange das Unternehmen benötigt, sich aus dem Cashflow zu entschulden. Ein geringer Verschuldungsgrad wirkt positiv auf die Kapitaldienstfähigkeit.
	Effektivverschuldung = Fremd- kapital- flüssige Mittel 2. Ordnung	1.988 – 605 = 1.383	1.753 – 583 = 1.170	

Kennzahlen der Jahresabschlussanalyse im Überblick

1. Ertragslage	**Cashflow** **Cashflow-Rate**	**Umsatzrentabilität** **Eigenkapitalrentabilität** **Gesamtkapitalrentabilität** Return on Investment
2. Prozessgeschwindigkeit	**Kreditorenziel** **Debitorenziel**	
3. Bilanzstruktur	Vertikale Struktur Anlagequote **Eigenkapitalquote** Fremdkapitalquote	Horizontale Struktur **Anlagedeckungsgrad I** **Anlagedeckungsgrad II**
4. Finanzlage	Liquidität Liquidität 1. Grades (FK kurz) Liquidität 2. Grades (FK kurz) Liquidität 3. Grades (FK kurz)	Verschuldungsgrad Effektivverschuldung Dynamischer Verschuldungsgrad

Die fettgedruckten Kennziffern sind Gegenstand der Formelsammlung in der IHK-Prüfung.

Besondere Kennzahlen für Anlageentscheidungen in Aktien

Für Anlageentscheidungen in Aktien werden besondere Kennzahlen verwendet. Im Gegensatz zu den vorgenannten Kennziffern werden sie börsentäglich neu ermittelt und können den Wirtschaftsdiensten und der Presse entnommen werden. Sie dienen ebenfalls als Beratungsgrundlage im Wertpapiergeschäft mit Kunden.

Bezeichnung	Formel	Aussagegehalt
Dividendenrendite	$\dfrac{\text{Veröffentlichte Dividende} \cdot 100}{\text{Kapitaleinsatz}}$	Ausmaß der Verzinsung des eingesetzten Kapitals.
Kurs-Gewinn-Verhältnis (Price-earnings-Ratio)	$\dfrac{\text{Börsenkurs}}{\text{Erwarteter Gewinn pro Aktie}}$ Gewinn pro Aktie = $\dfrac{\text{Erwarteter Gesamtgewinn der AG}}{\text{Anzahl der Aktien der AG}}$	Das KGV beschreibt, wie viel Jahre das Unternehmen den betrachteten Gewinn erzielen müsste, um den Kurs der Aktie zu erwirtschaften. Ein niedriges KGV bedeutet eine günstige Bewertung der Aktie durch die Börse.
Kurs-Cashflow-Verhältnis	$\dfrac{\text{Börsenkurs}}{\text{Cashflow je Aktie}}$ Cashflow je Aktie = $\dfrac{\text{Cashflow}}{\text{Anzahl der Aktien}}$	Analog zum KGV misst diese Kennzahl den Zeitraum, der zur Erwirtschaftung des Aktienkurses durch den Cashflow je Aktie benötigt wird.
Kurs-Buchwert-Verhältnis	$\dfrac{\text{Börsenkurs}}{\text{Buchwert der Aktie}}$ Buchwert der Aktie = $\dfrac{\text{Gezeichnetes Kapital + Offene Rücklagen + Bilanzgewinn}}{\text{Anzahl der Aktien}}$ Anstelle des Buch- kann auch der **Substanzwert** einer Aktie gewählt werden: $\dfrac{\text{Gezeichnetes Kapital + Offene Rücklagen + Bilanzgewinn + Stille Reserven/Rücklagen}}{\text{Gesamtzahl der Aktien}}$	Der Buchwert, auch rechnerischer Kurs der Aktie, zeigt den Anteil je Aktie am bilanziellen Eigenkapital der AG. Er kann als erste Orientierungsgröße für die Anlageentscheidung dienen. Ein direkter Zusammenhang zum Börsenkurs besteht nicht.

Aufgaben

1. *Im Rahmen der Kreditwürdigkeitsprüfung liegt der Rhein-Ruhr-Bank AG der folgende Jahresabschluss zur Bilanzanalyse vor:*

Aktiva	Bilanz vom 31.12. (Kurzfassung)		Passiva
	TEUR		TEUR
Gebäude	*360*	*Eigenkapital*	*180*
Betriebs- und Geschäftsausstattung	*120*	*Langfristige Bankkredite*	*250*
Warenbestand	*80*	*Verbindlichkeiten aus L. u. L.*	*90*
Forderungen aus L. u. L.	*110*	*Kontokorrentkredit*	*180*
Kassenbestand	*30*		
	700		*700*

Gewinn-und-Verlustrechnung	TEUR
Umsatzerlöse	1.180
Wareneinsatz	720
Personalaufwand	200
Planmäßige Abschreibungen auf Sachanlagen	75
Zinsaufwendungen	50
Sonstige betriebliche Aufwendungen	105

Ermitteln und erläutern Sie

a) die Eigenkapitalquote in Prozent,
b) den Anlagendeckungsgrad II in Prozent,
c) das Kreditorenziel in Tagen (auf volle Tage aufrunden),
d) das Debitorenziel in Tagen (auf volle Tage aufrunden),
e) das Betriebsergebnis in TEUR,
f) die Eigenkapitalrentabilität in Prozent.

2. *Die Rhein-Ruhr-Bank AG analysiert im Firmenkundengeschäft die aktuelle Bilanz samt Gewinn-und-Verlust-Rechnung eines Kreditkunden (alle Angaben in TEUR).*

AKTIVA		Bilanz zum 31.12.	PASSIVA
A. Anlagevermögen		*A. Eigenkapital*	
I. Sachanlagen		*1. Gezeichnetes Kapital*	*1.245*
1. Grundstücke und Gebäude	*2.322*	*2. Rücklagen*	*3.022*
2. BGA	*1.257*	*3. Bilanzgewinn*	*890*
II. Finanzanlagen	*219*	*B. Rückstellungen*	*1.347*
B. Umlaufvermögen		*(davon kurzfristig 226,7)*	
1. Vorräte	*3.820*	*C. Verbindlichkeiten*	
2. Forderungen aus LL	*4.890*	*1. gegenüber KI (davon kfr. 1.860)*	*3.780*
3. Bankguthaben	*2.380*	*2. aus LL*	*4.604*
Summe AKTIVA	*14.888*	*Summe PASSIVA*	*14.888*

Auszug aus der Gewinn-und-Verlust-Rechnung	*TEUR*
Umsatzerlöse (netto)	*44.026*
Bestandsveränderungen	*– 2.482*
Materialaufwand	*17.569*
Personalaufwand	*21.856*
(davon: Zuführung zu den langfristigen Rückstellungen	*395,55)*
Planmäßige Abschreibungen auf Sachanlagen	*274,0*
Sonstige betriebliche Aufwendungen	*267,45*
Sonstige betriebliche Erträge	*22,3*

Ermitteln Sie die folgenden Größen und interpretieren Sie die Ergebnisse:

a) das Betriebsergebnis

b) die Eigenkapitalquote

c) den Anlagendeckungsgrad II

d) den Cashflow

e) die Cashflow-Rate

f) die Eigenkapitalrentabilität

g) die Umsatzrentabilität

h) das Debitorenziel

i) das Kreditorenziel

Diese Aufgaben nach neuer Formelsammlung der IHK finden Sie unter BuchPlusWeb.

9.2.4   Analyse zukunftsorientierter Unternehmensinformationen

Kredit- und Anlageentscheidungen werden für einen zukünftigen Zeitraum getroffen. Die vergangenheitsorientierte Jahresabschlussanalyse muss deshalb um eine Analyse zukunftsorientierter Informationen ergänzt werden, um eine aussagekräftige Bonitätseinschätzung zu gewinnen. Im Rahmen des Bankinternen Ratingverfahrens (BIR) werden zukunftsorientierte Beurteilungskriterien als sog. „weiche Faktoren" bezeichnet. In Abhängigkeit von der Unternehmensgröße und der Qualität des zur Verfügung stehenden Datenmaterials fließen die „weichen Faktoren" mit einem Anteil von 40 % (mittelständische Unternehmen) bis 60 % (Großunternehmen) in das gesamte Ratingergebnis mit ein. Bei mittelständischen Unternehmen wird folgendes Gewichtungsschema verwendet:

Weiche Faktoren	Gewicht in %
Management, Produktion, Personal, Controlling, Marktfaktoren	24,5
Nachfolgeregelung	5,5
Dauer der Kundenbeziehung	8,0
Kontenverhalten	2,0
Gesamt	**40,0**

Die vielfältigen Informationen zu den „weichen" Faktoren erhält der Kreditberater durch persönliche Gespräche mit dem Management, Betriebsbesichtigungen und bankinternes Datenmaterial. Die Erfassung und Beurteilung der gewonnen Informationen erfolgt anhand von „Checklisten"[1].

---

[1] *Die Checklisten können auf der Website des Verlages unter **BuchPlusWeb** kostenlos heruntergeladen werden.*

Im Folgenden werden die Beurteilungskriterien eines Kreditinstituts zu den einzelnen weichen Faktoren kurz dargestellt:

Management:
Geschäftsleitung/Schlüsselpersonen
Unternehmensstrategie, Leitbild, Corporate Identity
Risikomanagement

Produktion:
Technische Ausstattung, Anlagenabnutzungsgrad der Maschinen, Investitionsplanungen
Beschaffungspolitik, Lieferantenabhängigkeit, Lagerhaltung
Produktivität, Ablauforganisation, Qualitätsmanagement
Kapazitätsauslastung, Auftragslage

Personal:
Personalplanung und -entwicklung
Weiterbildungsstrukturen
Struktur der Informationstechnologie

Controlling:
Planungsqualität (strategisch, operativ)
Managementinformationssysteme
Verfügbarkeit von Jahresabschluss + Gewinn-und-Verlust-Rechnung
Moderne Kostenrechnung/Kalkulation
Debitorenmanagement

Marktfaktoren:
Marktpotenzial, Markttrends, -anteil
Kundenstruktur, Zielgruppen
Marktforschung, Imageanalyse, Konkurrenzforschung
Produktpalette/Sortimentsstruktur
Produkt-/Sortimentspolitik
Preis- und Konditionenpolitik
Kommunikationspolitik (z. B. Werbung, Öffentlichkeitsarbeit, Sponsoring)

Nachfolgeregelung für die Unternehmensleitung

Bankinterne Informationen:
Dauer der Kundenbeziehung
Bisherige Kontoführung

∎ Zusammenfassende Darstellung der Unternehmensanalyse

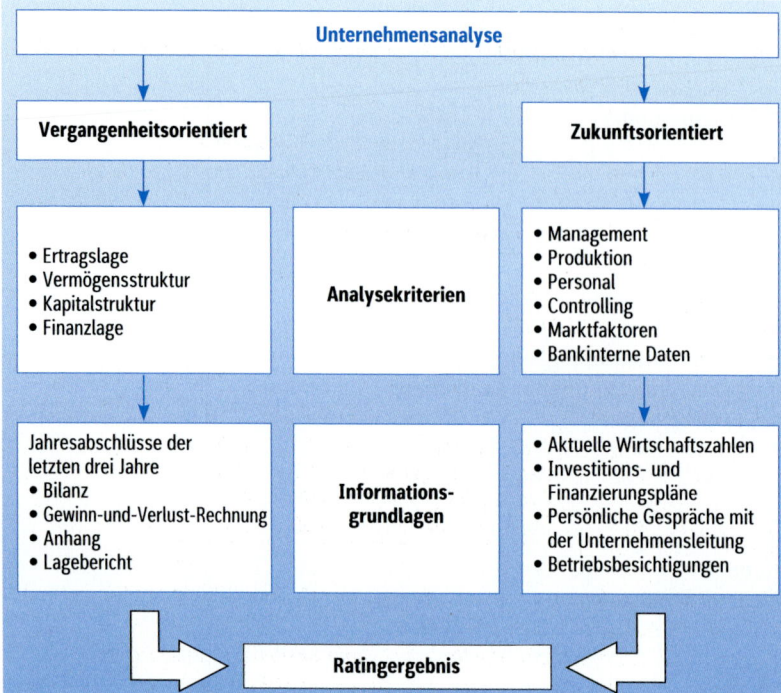

1. Zur Beurteilung eines Kreditantrages der Windkraft AG benötigt die Rhein-Ruhr-Bank AG folgende Informationen:

a) Eigenkapitalentwicklung gegenüber dem Vorjahr

b) Restlaufzeiten der bestehenden Verbindlichkeiten

c) Ausgaben für Forschung und Entwicklung

d) Geschäftsentwicklung seit dem letzten Jahresabschluss

e) Branchendurchschnittszahlen

f) Beschäftigtenzahl im Jahresdurchschnitt

g) Betriebsergebnis der letzten zwei Jahre

h) Energieverbrauch und -quellen

i) Anzahl und Arten der emittierten Aktien

j) Entwicklung des Anlagevermögens

k) Cashflow des letzten Geschäftsjahres

l) Struktur der langfristigen Verbindlichkeiten

m) Fachliche Qualifikation des Managements

n) Schwerpunkte der zukünftigen Unternehmensentwicklung

o) Vorschlag über die Verwendung des Bilanzgewinns

p) Aktuelle Wirtschaftszahlen des letzten Monats

q) Momentane Auftragslage

r) Finanzierungsstruktur des Unternehmens

s) *Bestandsveränderungen an unfertigen und fertigen Erzeugnissen*

t) *Höhe der gesamten Bruttodividende der letzten beiden Geschäftsjahre*

Stellen Sie jeweils fest, welche der nachfolgenden Informationsquellen die Rhein-Ruhr-Bank AG zur Beschaffung der benötigten Daten nutzen sollte:

1 *Bilanz*	6 *Externe Quellen (IHK, Verbände, ...)*
2 *Gewinn-und-Verlust-Rechnung*	7 *Ökologische Buchhaltung/Öko-Controlling*
3 *Anhang*	8 *Gewerbliche Auskunfteien*
4 *Lagebericht*	9 *Weitere Quellen*
5 *Unternehmensleitung, Steuerberater*	

2. *Die Stahlbau GmbH legt Ihnen folgende Bilanzzahlen vor*

Aktiva			Passiva		
	Berichtsjahr	Vorjahr		Berichtsjahr	Vorjahr
Anlagevermögen	500	300	Eigenkapital	100	100
Umlaufvermögen	300	400	Langfristige Verbindl.	200	200
			Kurzfristige Verbindl.	500	400
Bilanzsumme	800	700	Bilanzsumme	800	700

a) *Stellen Sie die bilanziellen Veränderungen gegenüber dem Vorjahr fest. Überlegen Sie sich einen Geschäftsfall, der zu diesen Veränderungen geführt hat.*

b) *Beurteilen Sie die Finanzierungsstruktur der Stahlbau GmbH auf Basis der Anlagendeckung II.*

c) *Unterbreiten Sie der Stahlbau GmbH einen konkreten Finanzierungsvorschlag.*

3. a) *Anhand der vorliegenden Bilanz des letzten Geschäftsjahres der Holzbau AG stellt der Firmenkundenberater eine erste Bilanzanalyse auf, wobei er folgende Bilanzkennziffern ermitteln will:*

Verwenden Sie hierzu die Kennziffern auf dem Faltblatt am Endes des Buches.

- *Eigenkapitalquote*
- *Liquidität 1. Grades*
- *Anlagedeckungsgrad I + II*
- *Rentabilität des Eigenkapitals*

Information: Betriebsergebnis 1.000

Aktiva		Passiva	
I. Anlagevermögen	30.000	I. Gez. Kapital	10.000
II. Umlaufvermögen		II. Rücklagen	6.000
Vorräte	6.000	III. Langfristige Verbindlichkeiten	18.000
Forderungen	6.000	IV. Kurzfristige Verbindlichkeiten	10.000
Kasse, Bank	2.000		
Bilanzsumme	44.000	Bilanzsumme	44.000

b) *Wie wäre die Bilanz zu beurteilen, wenn die in a) ermittelten Werte höher wären?*

c) *Nennen Sie fünf weitere Unterlagen, die neben der Bilanz zur Unternehmensbeurteilung herangezogen werden sollten.*

4. Analyse der Automobile Daysler AG

Bilanz Automobile Daysler AG (in Mio. Euro)

Aktiva			Passiva		
A. Anlagevermögen:	Berichtsjahr	Vorjahr	**A. Eigenkapital**	Berichtsjahr	Vorjahr
I. Immaterielle Anlagewerte	2.823	2.561	I. Gezeichnetes Kapital	2.565	2.561
II. Sachanlagen	36.434	29.532	II. Kapitalrücklagen	7.380	7.274
III. Finanzanlagen	3.969	2.851	III. Gewinnrücklagen	23.925	20.533
			V. Bilanzgewinn	2.354	2.820
B. Umlaufvermögen			**B. Rückstellungen**		
I. Vorräte	14.985	11.796	1. Pensionsrückstellungen	17.958	14.629
II. Forderungen und sonstige			2. Steuerrückstellungen	5.192	4.165
Vermögensgegenstände			**C. Verbindlichkeiten**		
1. Forderungen aus Lieferungen			1. Verbindlichkeiten gegenüber		
und Leistungen	18.706	16.504	Kreditinstituten		
III. Wertpapiere	9.032	12.160	– langfristig	13.410	12.660
IV. Zahlungsmittel	9.099	6.589	– kurzfristig	6.495	4.853
			3. Verbindlichkeiten aus		
			Lieferung und Leistungen	10.896	10.172
			4. Sonstige Verbindlichkeiten	4.873	2.326
Bilanzsumme	95.048	81.993	**Bilanzsumme**	95.048	81.993

(Positionen ohne Werte wurden aus Gründen der Übersichtlichkeit nicht aufgeführt.)

Gewinn-und-Verlust-Rechnung (in Mio. Euro) – Auszug –

Position	Berichtsjahr	Vorjahr
1. Umsatzerlöse	151.035	131.782
2. Erhöhung oder Verminderung des Bestandes an fertigen und unfertigen Erzeugnissen	– 8.600	+ 4.350
4. Sonstige betriebliche Erträge	827	1.099
5. Materialaufwand	92.811	90.383
6. Personalaufwand	17.153	16.245
7. Planmäßige Abschreibungen auf Sachanlagen	3.168	2.756
8. Sonstige betriebliche Aufwendungen	2.587	3.194
10. Zinserträge	1.580	1.370
13. Zinsaufwendungen	18.185	18.189
14. Steuern vom Einkommen und Ertrag	4.533	3.014
15. Ergebnis nach Steuern	6.405	4.820

(Positionen ohne Werte wurden aus Gründen der Übersichtlichkeit nicht aufgeführt.)

Zusätzliche Angaben lt. Anhang:

- *Die Abschreibungsmethoden orientieren sich an den steuerrechtlichen Vorschriften.*
- *Der Bilanzgewinn soll als Dividende vollständig an die Aktionäre ausgeschüttet werden.*

Arbeitsaufträge:

a) *Bereiten Sie die vorliegenden Bilanzzahlen der Daysler AG auf und tragen Sie die ermittelten Werte in das nachfolgende Schema ein.*
   Hilfsmittel: *– Erstes Faltblatt „Strukturbilanz" am Ende des Buches*

Aktiva	Berichtsjahr		Vorjahr		Veränderungen	
	Mio. EUR	%	Mio. EUR	%	Mio. EUR	%
Immaterielles Anlagevermögen						
Sachanlagen						
Finanzanlagen						
Anlagevermögen						
Vorräte						
Forderungen und sonstige Vermögensgegenstände						
Liquide Mittel						
Umlaufvermögen						
Gesamtvermögen						

Passiva	Berichtsjahr		Vorjahr		Veränderungen	
	Mio. EUR	%	Mio. EUR	%	Mio. EUR	%
Eigenkapital						
Langfristige Rückstellungen						
Langfristige Verbindlichkeiten						
Langfristiges Fremdkapital						
Kurzfristige Rückstellungen						
Kurzfristige Verbindlichkeiten						
Kurzfristiges Fremdkapital						
Gesamtkapital						

b) Bereiten Sie die Gewinn-und-Verlust-Rechnungen der Daysler AG auf und tragen Sie Ihre Ergebnisse in das nachfolgende Schema ein.

	Berichtsjahr	Vorjahr	Veränderungen	
	Mio. EUR	Mio. EUR	Mio. EUR	in %
Umsatzerlöse				
+/– Bestandsveränderungen				
+ andere aktivierte Eigenleistungen				
= **Gesamtleistung**				
– Materialaufwand				
= **Rohüberschuss**				
– Personalaufwand				
– Planmäßige Abschreibungen auf Sachanlagen				
– Sonstige betriebliche Aufwendungen				
+ Sonstige betriebliche Erträge				
= **Teil-Betriebsergebnis**				
+ Zinserträge				
– Zinsaufwendungen				
= **Betriebsergebnis**				

c) Ermitteln Sie folgende Kennzahlen zur Auswertung der aufbereiteten Jahresabschlusszahlen.
Hilfsmittel: Faltblatt „Kennziffern zur Jahresabschlussanalyse" am Ende des Buches

Kennzahlen	Berichtsjahr	Vorjahr	Veränderungen		d) Kritik
			absolut	in %	+ / o / –
Cashflow					
Der Bestand der Pensionsrückstellungen im Vorvorjahr betrug 13.827 Mio. EUR.					
Cashflow-Rate					
Umsatzrentabilität					
Eigenkapitalrentabilität					
Gesamtkapitalrentabilität					
Debitorenziel					
Kreditorenziel					
Eigenkapitalquote					
Anlagedeckungsgrad I					
Anlagedeckungsgrad II					

d) Bewerten Sie anschließend die Kennzahlen im Zeitvergleich (letzte Spalte) mit folgenden Zeichen:
+ = Verbesserung   **o = keine Veränderung**   **– = Verschlechterung**

5. Analyse des Jahresabschlusses der Energie AG

Zur Analyse der Jahresabschlüsse der Energie AG liegen Ihnen die nachfolgenden, teilweise aufbereiteten Daten vor:

Aufbereitete Bilanzen der Energie AG (in Mio. Euro)

Aktiva	Berichtsjahr		Vorjahr		Veränderungen	
	Mio. EUR	%	Mio. EUR	%	Mio. EUR	%
Immaterielles Anlagevermögen	1.751	*3,53*	1.307	*2,93*	444	*33,97*
Sachanlagen	17.125	*34,55*	13.593	*30,47*	3.532	*25,98*
Finanzanlagen	10.403	*20,99*	9.392	*21,05*	1.011	*10,76*
Anlagevermögen						
Vorräte	3.382	*6,82*	3.169	*7,10*	213	*6,72*
Forderungen und sonstige Vermögensgegenstände	13.930	*28,10*	14.322	*32,10*	– 392	*– 2,74*
Liquide Mittel	2.980	*6,01*	2.832	*6,35*	148	*5,23*
Umlaufvermögen						
Gesamtvermögen						

Passiva	Berichtsjahr		Vorjahr		Veränderungen	
	Mio. EUR	%	Mio. EUR	%	Mio. EUR	%
Eigenkapital	**6.063**	**12,23**	**5.635**	**12,63**	**428**	**7,60**
Langfristige Rückstellungen	18.590	*37,50*	16.790	*37,63*	1.800	*10,72*
Langfristige Verbindlichkeiten	4.980	*10,05*	4.855	*10,88*	125	*2,57*
Langfristiges Fremdkapital						
Kurzfristige Rückstellungen	11.615	*23,43*	12.317	*27,61*	– 702	*– 5,70*
Kurzfristige Verbindlichkeiten	8.323	*16,79*	5.018	*11,25*	3.305	*65,86*
Kurzfristiges Fremdkapital						
Gesamtkapital						

Aufbereitung der Gewinn-und-Verlust-Rechnungen der Energie AG (in Mio. Euro)

	Berichtsjahr	Vorjahr	Veränderungen	
	Mio. EUR	Mio. EUR	Mio. EUR	in %
Umsatzerlöse	33.882	33.298	584	*1,75*
+/– Bestandsveränderungen	– 80	80	– 160	*200*
+ Andere aktivierte Eigenleistungen	16	27	– 11	*– 40,74*
+ Sonstige betriebliche Erträge	2.042	1.662	380	*22,86*
– Materialaufwand	– 18.336	– 18.803	– 467	*– 2,48*
– Personalaufwand	– 7.120	– 6.612	508	*7,68*
– Planmäßige Abschreibungen auf Sachanlagen	– 2.191	– 2.132	59	*2,77*
– Sonstige betriebliche Aufwendungen	– 5.643	– 5.077	566	*11,15*
+ Zinserträge	1.610	1.480	130	*8,78*
– Zinsaufwendungen	– 1.398	– 1.254	– 144	*11,48*

Arbeitsaufträge zu Aufgabe 5:

a) *Ermitteln Sie aus den Angaben der Gewinn-und-Verlust-Rechnung in Mio. Euro für beide Jahre die Gesamtleistung und das Betriebsergebnis.*

b) *Ermitteln Sie die nachfolgenden Kennzahlen zur Auswertung der Jahresabschlusszahlen der Energie AG.*

			Veränderungen		c) Kritik
Kennzahlen	**Berichtsjahr**	**Vorjahr**	**absolut**	**in %**	**+ / o / –**
Cashflow					
Information: Der Bestand der Pensionsrückstellungen im Vorvorjahr betrug 14.783 Mio. EUR.					
Cashflow-Rate					
Umsatzrentabilität					
Eigenkapitalrentabilität					
Gesamtkapitalrentabilität					
Kreditorenziel					
Verbindlichkeiten LL (Mio. EUR)	*2.745*	*2.022*			
Debitorenziel					
Forderungen LL (Mio. EUR)	*7.123*	*6.560*			
Eigenkapitalquote					
Anlagedeckungsgrad I					
Anlagedeckungsgrad II					
Liquidität 1. Grades (FK kurz)					
Liquidität 2. Grades (FK kurz)					
Liquidität 3. Grades (FK kurz)					
Effektivverschuldung					
Dynamischer Verschuldungsgrad					

c) *Bewerten Sie anschließend die Kennzahlen im Zeitvergleich (letzte Spalte) mit folgenden Zeichen:*
   *+ = **Verbesserung***   *o = **keine Veränderung***   *– = **Verschlechterung***

6. *Die Schibulski GmbH legt Ihnen folgende Bilanzzahlen (in Mio. Euro) vor:*

Aktiva					Passiva	
	Berichtsjahr	Vorjahr			Berichtsjahr	Vorjahr
Anlagevermögen	450	350	Eigenkapital		100	100
Umlaufvermögen	350	400	Langfristiges Fremdkapital		200	250
			Kurzfristiges Fremdkapital		500	400
Bilanzsumme	800	750	Bilanzsumme		800	750

a) *Stellen Sie fest, welche der nachstehenden Aussagen die Bilanzveränderungen bei der Schibulski GmbH zutreffend beschreiben.*
   1. *Die Finanzierungsstruktur hat sich wesentlich verbessert, da die langfristigen Verbindlichkeiten gesunken sind und neue Investitionen kurzfristig finanziert wurden.*
   2. *Im Berichtsjahr wurde gegen die „Goldene Bilanzregel" verstoßen, da eine Tilgung langfristiger Verbindlichkeiten durch liquide Aktiva vorgenommen wurde.*
   3. *Im Berichtsjahr wurde gegen die „Goldene Bilanzregel" verstoßen, da langfristige Investitionen durch Betriebsmittelkredite finanziert wurden.*
   4. *Die Senkung der Vorräte führte zu geringeren Kosten, sodass notwendige Erweiterungsinvestitionen auf Basis von günstigen Lieferantenkrediten durchgeführt werden konnten.*
   5. *Das Finanzierungsverhalten im Berichtsjahr führt offensichtlich zu einem Liquiditätsengpass, da die kurzfristigen Verbindlichkeiten u. U. nur durch den Verkauf von Vorräten zu tilgen wären.*

b) *Erläutern Sie begründet eine sinnvolle „Problemlösung" für die Schibulski GmbH.*

Informationen zu den Aufgaben 7 bis 9:
Die strukturierten Bilanzen der Golem AG aus den letzten drei Jahren zeigen folgende Entwicklung (in Mio. Euro):

Aktiva					Passiva		
	Jahre				Jahre		
	01	02	03		01	02	03
Anlagevermögen	500	600	700	Eigenkapital	100	200	250
Umlaufvermögen	300	350	400	Langfristiges Fremdkapital	200	400	500
				Kurzfristiges Fremdkapital	500	350	350
Bilanzsumme	800	950	1.100	Bilanzsumme	800	950	1.100

Aus dem Rechnungswesen der Golem AG liegen darüber hinaus folgende Zahlen vor (in Mio. Euro):

Position	01	02	03
Gesamtleistung	180	200	215
Planmäßige Abschreibungen auf Sachanlagen	20	22	25
Zinsaufwendungen	57	52	65
Betriebsergebnis	25	28	30
Ergebnis nach Steuern	12	14	16
Zuführung zu den langfristigen Rückstellungen (Nettobetrag)	5	6	8

Verwenden Sie zur Aufgabenbearbeitung die Kennziffern des Faltblattes.

7. a) Ermitteln Sie den Cashflow für die drei vorliegenden Jahre anhand der nachfolgenden Formel:

Cashflow = Betriebsergebnis + planmäßige Abschreibungen auf Anlagevermögen + Zuführung zu langfristigen Rückstellungen

    b) Ermitteln Sie die relativen Veränderungen des Cashflows gegenüber dem Vorjahr für die Jahre 02 und 03 in Prozent.

    c) Stellen Sie fest, welche der nachfolgenden Aussagen den Cashflow unzutreffend beschreiben:

      1. Der Cashflow ist eine Kennziffer zur Beurteilung der Ertragslage. Er zeigt den Betrag an liquiden Mitteln an, der innerhalb eines Jahres regelmäßig aus den Umsatzerlösen erwirtschaftet werden kann.

      2. Der Cashflow dient Kreditinstituten als Maßgröße für die Beurteilung der Kreditwürdigkeit und der Ermittlung der Kapitaldienstfähigkeit von Unternehmen. Er stellt das „verfügbare" Einkommen des Unternehmens dar.

      3. Eine Verlängerung der betriebsgewöhnlichen Nutzungsdauer von Anlagegütern wirkt sich positiv auf den Cashflow aus.

      4. Übersteigen die Auszahlungen aus Pensionsrückstellungen deren Zuführungen, so hat dies kurzfristig keine Auswirkungen auf den Cashflow.

      5. Eine Verlängerung der betriebsgewöhnlichen Nutzungsdauer von Anlagegütern wirkt sich negativ auf den Cashflow aus.

      6. Der Cashflow entspricht der Summe aus Betriebsergebnis und den nicht auszahlungswirksamen Aufwendungen unter Abzug von nicht einzahlungswirksamen Erträgen.

    d) Stellen Sie anhand der Veränderungen des Cashflows in den vorliegenden Jahren fest, welche der nachfolgenden Aussagen auf die Kreditwürdigkeit der Golem AG zutreffen:

    Die Kreditwürdigkeit ...

      1. hat sich vom Jahr 01 bis zum Jahr 03 ständig verbessert.

      2. ist unverändert schlecht.

      3. verbesserte sich zwar im Jahr 02, verschlechterte sich jedoch anschließend wieder.

      4. wird vom Cashflow nur unwesentlich beeinflusst.

      5. ist unverändert positiv zu beurteilen.

      6. hängt im Wesentlichen von den Branchendurchschnittswerten ab.

    e) Die Cashflow-Rate zeigt den Anteil der von der Gesamtleistung im Unternehmen verbliebenen Liquidität.

    ea) Ermitteln Sie die Cashflow-Rate für die Jahre 02 und 03.

    eb) In der Branche ergeben sich für die betrachteten Jahre folgende Vergleichszahlen:

Cashflow-Rate	Jahr 02	Jahr 03
Branchenwert	29%	29,1%

Vergleichen Sie die Entwicklung der Golem AG zur Branche.
Stellen Sie fest, welche der nachfolgenden Aussagen diese Entwicklung richtig beschreibt.

Die Entwicklung der Golem AG ist im Vergleich zur Branche ...

    1. besser.

    2. schlechter.

    3. nicht eindeutig zu beurteilen.

    4. exakt gleich.

8. a) Ermitteln Sie die Anlagendeckung I und II für die vorliegenden Jahre.

b) Beurteilen Sie die Entwicklung der Anlagendeckung II.

Stellen Sie fest, welche der nachstehenden Aussagen die Entwicklung richtig beschreibt:
1. Eine weitere Erhöhung dieser Kennzahl ist stets wünschenswert, da eine langfristige Finanzierung der Vorräte geringere Zinsaufwendungen nach sich zieht.
2. Eine zu starke Ausweitung der Anlagendeckung II vermindert die Flexibilität des Unternehmens, da Umlaufvermögen u. U. als Sicherheit für langfristige Kredite verwendet wird.
3. Eine hohe Anlagendeckung II ist immer gut, da der „eiserne" Bestand an Vorräten durch langfristiges Kapital gedeckt sein sollte.
4. Eine Anlagendeckung über 100 % ist stets zu vermeiden, da sie im Widerspruch zu einer fristenkongruenten Finanzierungsstruktur steht.
5. Eine zu hohe Anlagendeckung II birgt das Risiko, dass zur Rückzahlung von langfristigen Verbindlichkeiten Teile des Umlaufvermögens verkauft werden müssen.

c) Ermitteln Sie für die Jahre 02 und 03 die Liquidität 3. Ordnung:

d) Vergleichen Sie die Entwicklung der Liquidität 3. Grades mit der Anlagendeckung II.

Welche Aussagen über den Zusammenhang zwischen den beiden Kennzahlen sind richtig?
1. Steigt die Anlagendeckung II, so sinkt die Liquidität III.
2. Sinkt die Anlagendeckung II, so sinkt auch die Liquidität III.
3. Steigt die Liquidität III, so sinkt die Anlagendeckung II.
4. Die beiden Kennzahlen entwickeln sich stets gleichgerichtet.
5. Die Anlagendeckung II und die Liquidität III beeinflussen sich in keinster Weise.
6. Beträgt die Anlagendeckung II 100 %, gilt das auch für die Liquidität III.

9. a) Ermitteln Sie die Eigenkapitalquote für die Golem AG für die Jahre 01 bis 03.

b) Die Branche weist für den gleichen Zeitraum eine Eigenkapitalquote von konstant ca. 20 % aus. Beurteilen Sie die Eigenkapitalquote der Golem AG im Vergleich zur Branche.
Stellen Sie fest, welche der nachstehenden Aussagen diese Entwicklung unzutreffend beschreiben:

Die Golem AG ...
1. verfügt gegenüber der Branche in den Jahren 02 und 03 über eine bessere Bonität.
2. hat gegenüber der Branche in den Jahren 02 und 03 auch eine höhere Fremdkapitalquote.
3. finanziert sich sinnvoll, da Eigenkapital stets günstiger zu beschaffen ist als teure Bankkredite.
4. hat sich gegenüber der Branche im Jahr 01 stärker auf die Fremd- als auf Eigenfinanzierung konzentriert.
5. verfügt im Jahr 01 über eine größere Unabhängigkeit gegenüber ihren Fremdkapitalgebern als die Branche.
6. verfügt in den Jahren 02 und 03 über eine tendenziell bessere Kreditwürdigkeit.

c) Ermitteln Sie für die Jahre 01 bis 03 die Eigenkapitalrentabilität.

d) Stellen Sie fest, welche der nachstehenden Aussagen die Entwicklung der Eigenkapitalrentabilität zutreffend beschreiben:

Die Eigenkapitalrentabilität ...
1. hat sich stetig verbessert, da niedrige Werte geringere Kosten für die Golem AG bedeuten.
2. hat sich verbessert, da das Betriebsergebnis stetig gestiegen ist.
3. hat sich aufgrund der allgemeinen Zinsentwicklung ebenfalls reduziert.
4. hat sich verschlechtert, sodass die Aktionäre geringere Dividenden erwarten können.
5. ist gesunken, da sich das Betriebsergebnis nicht im gleichen Maße wie das Eigenkapital erhöht hat.
6. gewährt dem Aktionär trotz der negativen Entwicklung eine bessere Rendite als vergleichbare Investitionen in Schuldverschreibungen.

e) Ermitteln Sie die Gesamtkapitalrentabilität für die Jahre 01 bis 03.

f) Vergleichen Sie die Gesamtkapital- mit der Eigenkapitalrentabilität für die Jahre 01 bis 03.

Stellen Sie fest, welche der nachstehenden Aussagen zu beiden Kennziffern zutrifft:
1. Beide Kennziffern entwickeln sich stets gleich gerichtet.
2. Die Gesamtkapitalrendite ist stets geringer, da Fremdkapital billiger als Eigenkapital ist.
3. Bei einer höheren Eigenkapitalquote steigt stets die Gesamtkapitalrendite.
4. Eine günstige Fremdfinanzierung steigert die Gesamtkapitalrendite, wenn gleichzeitig das Betriebsergebnis gesteigert werden kann.
5. Bei sinkenden Zinsen für Fremdkapital verbessert eine erhöhte Kreditaufnahme stets die Gesamtkapitalrendite.
6. Steigende Kreditzinsen wirken sich positiv auf beide Kennzahlen aus.

10. Das Debitoren- und Kreditorenziel sind Kennzahlen, die zur Beurteilung der Prozessgeschwindigkeit des Umsatzes des betrachteten Unternehmens herangezogen werden.
Stellen Sie fest, welche der nachfolgenden Aussagen sich auf ...

1 das Kreditorenziel,
2 das Debitorenziel,
3 beide Kennzahlen,
4 keine der beiden Kennzahlen

beziehen. Ordnen Sie die Ziffern den Aussagen zu.

1. Steigende Werte deuten auf Zahlungsschwierigkeiten des betrachteten Unternehmens hin.
2. Sinkende Werte können durch eine bessere Liquiditätssituation des betrachteten Unternehmens begründet sein.
3. Steigende Werte können ihre Ursache in einer nachlässigen Debitorenbuchhaltung sowie einem unzureichenden Mahnwesen des betrachteten Unternehmens haben.
4. Die Inanspruchnahme von Factoring wirkt positiv auf diese Kennzahl.
5. Steigende Werte können ein Indiz für eine sinkende Zahlungsmoral der Abnehmer sein.
6. Die verstärkte Nutzung von Leasing bewirkt eine Verbesserung dieser Kennzahl.
7. Abnehmende Werte deuten auf eine gestiegene Bonität der Abnehmer hin.
8. Sinkende Werte sind als positiv zu beurteilen.

Jahresbilanz zum ....

der ....

Aktivseite				Passivseite

	EUR	EUR	EUR
1. Barreserve			
a) Kassenbestand	....		
b) Guthaben bei Zentralnoten-	....		
banken darunter:			
bei der Deutschen			
Bundesbank .... EUR			
c) Guthaben bei Postgiroämtern	....	....	
2. Schuldtitel öffentlicher Stellen und			
Wechsel, die zur Refinanzierung			
bei Zentralnotenbanken zugelassen			
sind			
a) Schatzwechsel und unverzinsliche			
Schatzanweisungen sowie			
ähnliche Schuldtitel öffentlicher			
Stellen	....		
darunter:			
bei der Deutschen Bundesbank			
refinanzierbar			
.... EUR			
b) Wechsel	....	....	
3. Forderungen an Kreditinstitute [1]		....	
a) täglich fällig	....	....	
b) andere Forderungen		....	
4. Forderungen an Kunden [2]			
darunter:			
durch Grundpfandrechte			
gesichert .... EUR			
Kommunalkredite .... EUR			
5. Schuldverschreibungen und andere			
festverzinsliche Wertpapiere			
a) Geldmarktpapiere	....		
aa) von öffentlichen Emittenten	....	....	
ab) von anderen Emittenten			
b) Anleihen und Schuldverschrei-			
bungen	....		
ba) von öffentlichen Emittenten	....		
bb) von anderen Emittenten			
darunter:			
beleihbar bei der Deutschen			
Bundesbank .... EUR			
c) eigene			
Schuldverschreibungen			
Nennbetrag .... EUR	....	....	
6. Aktien und andere nicht			
festverzinsliche Wertpapiere			
a) Handelsbestand	....		
7. Beteiligungen [4]	....		
darunter:			
an Kreditinstituten .... EUR			

	EUR	EUR	EUR
1. Verbindlichkeiten gegenüber			
Kreditinstituten [6]			
a) täglich fällig		....	
b) mit vereinbarter Laufzeit oder			
Kündigungsfrist		....	....
2. Verbindlichkeiten gegenüber Kunden [7]			
a) Spareinlagen			
aa) mit dreimonatiger Kündi-			
gungsfrist		....	
ab) mit vereinbarter Kündi-			
gungsfrist		....	....
b) andere Verbindlichkeiten			
ba) täglich fällig		....	
bb) mit vereinbarter Laufzeit			
oder Kündigungsfrist		....	....	....
[8])			
3. Verbriefte Verbindlichkeiten [9])			
a) begebene Schuldverschreibungen		....	
b) andere verbriefte Verbindlichkeiten		....	
darunter:			
Geldmarktpapiere .... EUR			
eigene Akzepte und Solawechsel			
im Umlauf .... EUR			
3.a Handelsbestand			
4. Treuhandverbindlichkeiten			....
darunter:			
Treuhandkredite .... EUR			
5. Sonstige Verbindlichkeiten			....
6. Rechnungsabgrenzungsposten [10])			
6.a Passive latente Steuern			....
7. Rückstellungen			
a) Rückstellungen für Pensionen			
und ähnliche Verpflichtungen			....
b) Steuerrückstellungen			....
c) andere Rückstellungen			....
8. Nachrangige Verbindlichkeiten			....
9. Genussrechtskapital			
darunter:			
vor Ablauf von zwei Jahren fällig			
.... EUR			
10. Fonds für allgemeine Bankrisiken			
11. Eigenkapital			....
a) gezeichnetes Kapital [12]			....
b) Kapitalrücklage			
c) Gewinnrücklagen [13])			
ca) gesetzliche Rücklage		....	
cb) Rücklage für Anteile an		....	
einem herrschenden oder			
mehrheitlich beteiligtem			
Unternehmen			

noch Aktivseite					noch Passivseite		

	EUR	EUR	EUR		EUR	EUR	EUR
8. Anteile an verbundenen Unternehmen				cc) satzungsmäßige Rücklagen		....	
darunter:		....		cd) andere Gewinnrücklagen	....	....	
an Kreditinstituten .... EUR				d) Bilanzgewinn/Bilanzverlust		....	....
9. Treuhandvermögen		....					
darunter:							
Treuhandkredite .... EUR							
10. Ausgleichsforderungen gegen die öffentliche Hand einschließlich Schuldverschreibungen aus deren Umtausch		....					
11. Immaterielle Anlagewerte		....					
12. Sachanlagen		....					
13. Ausstehende Einlagen auf das gezeichnete Kapital		....					
darunter:							
eingefordert .... EUR							
14. Sonstige Vermögensgegenstände		....					
15. Rechnungsabgrenzungsposten [5])		....					
16. Aktive latente Steuern		....					
17. Aktiver Unterschiedsbetrag aus der Vermögensverrechnung		....					
18. Nicht durch Eigenkapital gedeckter Fehlbetrag		....					
Summe der Aktiva		....		Summe der Passiva			....

1. Eventualverbindlichkeiten
   a) Eventualverbindlichkeiten aus weitergegebenen abgerechneten Wechseln ....
   b) Verbindlichkeiten aus Bürgschaften und Gewährleistungsverträgen ....
   c) Haftung aus der Bestellung von Sicherheiten für fremde Verbindlichkeiten ....

2. Andere Verpflichtungen
   a) Rücknahmeverpflichtungen aus unechten Pensionsgeschäften ....
   b) Platzierungs- und Übernahmeverpflichtungen ....
   c) Unwiderrufliche Kreditzusagen ....

Gewinn-und-Verlust-Rechnung

der ....

für die Zeit vom .... bis ....

| **Aufwendungen** | | | | **Erträge** | |

	EUR	EUR	EUR		EUR	EUR
1. Zinsaufwendungen [1])			....	1. Zinserträge aus [2])		
				a) Kredit- und Geldmarktgeschäften	....	
2. Provisionsaufwendungen [4])			....	b) festverzinslichen Wertpapieren und Schuld-buchforderungen	....	....
3. Nettoaufwand des Handelsbestandes[6])			....	2. Laufende Erträge aus		
				a) Aktien und anderen nicht festverzinslichen Wertpapieren	....	
4. Allgemeine Verwaltungsaufwen-dungen				b) Beteiligungen [3])	....	
a) Personalaufwand				c) Anteilen an verbundenen Unternehmen	....	....
aa) Löhne und Gehälter	....			3. Erträge aus Gewinngemeinschaften, Gewinnab-führungs- oder Teilgewinnabführungsverträgen		....
ab) Soziale Abgaben und Aufwen-dungen für Altersversorgung und für Unterstützung darunter: für Altersversorgung .... EUR	....	....		4. Provisionserträge [5])		....
b) andere Verwaltungsaufwen-dungen		....	....	5. Nettoertrag des Handelsbestandes [6])		....
5. Abschreibungen und Wertberichti-gungen auf immaterielle Anlagewerte und Sachanlagen			....	6. Erträge aus Zuschreibungen zu Forderungen und bestimmten Wertpapieren sowie aus der Auflösung von Rückstellungen im Kredit-geschäft		....
6. Sonstige betriebliche Aufwendungen			....	7. Erträge aus Zuschreibungen zu Beteiligungen, Anteilen an verbundenen Unternehmen und wie Anlagevermögen behandelten Wertpapieren		....
7. Abschreibungen und Wertberich-tigungen auf Forderungen und bestimmte Wertpapiere sowie Zuführungen, zu Rückstellungen im Kreditgeschäft			....	8. Sonstige betriebliche Erträge		....
8. Abschreibungen und Wertberich-tigungen auf Beteiligungen, Anteile an verbundenen Unternehmen und wie Anlagevermögen behandelte Wertpapiere			....	9. Außerordentliche Erträge		....
9. Aufwendungen aus Verlustübernahme			....	10. Erträge aus Verlustübernahme		....
10. Außerordentliche Aufwendungen			....	11. Jahresfehlbetrag		....
11. Steuern vom Einkommen und vom Ertrag			....			
12. Sonstige Steuern, soweit nicht unter Posten 6 ausgewiesen			....			
13. Aufgrund einer Gewinngemein-schaft, eines Gewinnabführungs-oder eines Teilgewinnabführungs-vertrags abgeführte Gewinne			....			
14. Jahresüberschuss			....			
Summe der Aufwendungen			....	Summe der Erträge		....

noch Gewinn-und-Verlust-Rechnung

	EUR	EUR
1. Jahresüberschuss/Jahresfehlbetrag		....
2. Gewinnvortrag/Verlustvortrag aus dem Vorjahr		....
		....
3. Entnahmen aus der Kapitalrücklage		....
		....
4. Entnahmen aus Gewinnrücklagen		
a) aus der gesetzlichen Rücklage	....	
b) aus der Rücklage für Anteile an einem herrschenden oder mehrheitlich beteiligtem Unternehmen	....	
c) aus satzungsmäßigen Rücklagen	....	
d) aus anderen Gewinnrücklagen	....	....
		....
5. Entnahmen aus Genussrechtskapital		....
		....
6. Einstellungen in Gewinnrücklagen		
a) in die gesetzliche Rücklage	....	
b) in die Rücklage für Anteile an einem herrschenden oder mehrheitlich beteiligtem Unternehmen	....	
c) in satzungsmäßige Rücklagen	....	
d) in andere Gewinnrücklagen	....	....
		....
7. Wiederauffüllung des Genußrechtskapitals		....
8. Bilanzgewinn/Bilanzverlust		....

---

[1]) Bausparkassen haben den Posten 1 Zinsaufwendungen in der Gewinn-und-Verlust-Rechnung wie folgt zu untergliedem:

        „a) für Bauspareinlagen .... EUR
        b) andere Zinsaufwendungen .... EUR .... EUR".

[2]) Bausparkassen haben im Ertragsposten 1 den Unterposten a Zinserträge aus Kredit- und Geldmarktgeschäften in der Gewinn-und-Verlust-Rechnung wie folgt zu untergliedern:

        „aa) Bauspardarlehen .... EUR
        ab) Vor- und Zwischenfinanzierungskrediten .... EUR
        ac) sonstige Baudarlehen .... EUR
        ad) sonstige Kredit- und Geldmarktgeschäften .... EUR .... EUR".

[3]) Kreditgenossenschaften und genossenschaftliche Zentralbanken haben im Ertragsposten 2 den Unterposten b Laufende Erträge aus Beteiligungen in der Gewinn-und-Verlust-Rechnung um die Worte „und aus Geschäftsguthaben bei Genossenschaften" zu ergänzen.

[4]) Bausparkassen haben den Posten 2 Provisionsaufwendungen in der Gewinn-und-Verlust-Rechnung wie folgt zu untergliedern:

        „a) Provisionen zur Vertragsabschluss und -vermittlung .... EUR
        b) andere Provisionsaufwendungen .... EUR .... EUR".

[5]) Bausparkassen haben den Posten 4 Provisionserträge in der Gewinn-und-Verlust-Rechnung wie folgt zu untergliedern:

        „a) aus Vertragsabschluss und -vermittlung .... EUR
        b) aus der Darlehensregelung nach der Zuteilung .... EUR
        c) aus Bereitstellung und Bearbeitung von Vor- und Zwischenfinanzierungskrediten .... EUR
        d) andere Provisionserträge .... EUR .... EUR".

[6]) Kreditgenossenschaften, die das Warengeschäft betreiben, haben nach dem Aufwandposten 3 Nettoaufwand aus Finanzgeschäften oder nach dem Ertragsposten 5 Nettoertrag aus Finanzgeschäften in der Gewinn-und-Verlust-Rechnung folgenden Posten einzufügen:

        „3a./5a. Rohergebnis aus Warenverkehr und Nebenbetrieben .... EUR".

Gewinn-und-Verlust-Rechnung			**Formblatt 3** (Staffelform)

der ....

für die Zeit vom .... bis ....

	EUR	EUR	EUR
1. Zinserträge aus [1])			
a) Kredit- und Geldmarktgeschäflen	....		
b) festverzinslichen Wertpapieren und Schuldbuchforderungen	....	....	
2. Zinsaufwendungen [2])		....	....
3. Laufende Erträge aus			
a) Aktien und anderen nicht festverzinslichen Wertpapieren		....	
b) Beteiligungen [3])		....	
c) Anteilen an verbundenen Unternehmen		....	....
4. Erträge aus Gewinngemeinschaften, Gewinnabführungs- oder Teilgewinnabführungsverträgen			....
5. Provisionserträge [4])		....	
6. Provisionsaufwendungen [5])		....	
7. Nettoertrag oder Nettoaufwand des Handelsbestandes [6])			....
8. Sonstige betriebliche Erträge			....
9. Erträge aus der Auflösung von Sonderposten mit Rücklageanteil			....
10. Allgemeine Verwaltungsaufwendungen			
a) Personalaufwand			
aa) Löhne und Gehälter	....		
ab) Soziale Abgaben und Aufwendungen für Altersversorgung und für Unterstützung	....		
darunter:			
für Altersversorgung .... EUR			
b) andere Verwaltungsaufwendungen		....	....
11. Abschreibungen und Wertberichtigungen auf immaterielle Anlagewerte und Sachanlagen			....
12. Sonstige betriebliche Aufwendungen			....
13. Abschreibungen und Wertberichtigungen auf Forderungen und bestimmte Wertpapiere sowie Zuführungen zu Rückstellungen im Kreditgeschäft		....	
14. Erträge aus Zuschreibungen zu Fordenungen und bestimmten Wertpapieren sowie aus der Auflösung von Rückstellungen im Kreditgeschäft		....	....
15. Abschreibungen und Wertberichtigungen auf Beteiligungen, Anteile an verbundenen Unternehmen und wie Anlagevermögen behandelte Wertpapiere		....	
16. Erträge aus Zuschreibungen zu Beteiligungen, Anteilen an verbundenen Unternehmen und wie Anlagevermögen behandelten Wertpapieren		....	....
17. Aufwendungen aus Verlustübernahme			....
18. Ergebnis der normalen Geschäftstätigkeit			....
19. Außerordentliche Erträge		....	
20. Außerordentliche Aufwendungen		....	
21. Außerordentliches Ergebnis		....	....
22. Steuern vom Einkommen und vom Ertrag		....	
23. Sonstige Steuern, soweit nicht unter Posten 12 ausgewiesen		....	....
24. Erträge aus Verlustübernahme			....
25. Aufgrund einer Gewinngemeinschaft, eines Gewinnabführungs- oder eines Teilgewinnabführungsvertrags abgeführte Gewinne			....

noch Gewinn-und-Verlust-Rechnung (Staffelform)

	EUR	EUR
		....

26. Jahresüberschuss/Jahresfehlbetrag

27. Gewinnvortrag/Verlustvortrag aus dem Vorjahr ....

....

28. Entnahmen aus der Kapitalrücklage ....

....

29. Entnahmen aus Gewinnrücklagen
   a) aus der gesetzlichen Rücklage ....
   b) aus der Rücklage für Anteile an einem herrschenden oder
      mehrheitlich beteiligtem Unternehmen ....
   c) aus satzungsmäßigen Rücklagen ....
   d) aus anderen Gewinnrücklagen ....
                                                            ....

30. Entnahmen aus Genussrechtskapital ....
                                       ....

31. Einstellungen in Gewinnrücklagen
   a) in die gesetzliche Rücklage ....
   b) in die Rücklage für Anteile an einem herrschenden oder
      mehrheitlich beteiligtem Unternehmen ....
   c) in satzungsmäßige Rücklagen ....
   d) in andere Gewinnrücklagen ....
                                                         ....

32. Wiederauffüllung des Genussrechtskapitals ....

33. Bilanzgewinn/Bilanzverlust ....

---

¹) Bausparkassen haben den Posten 2 Zinsaufwendungen in der Gewinn-und-Verlust-Rechnung
   wie folgt zu untergliedem:
   „a) für Bauspareinlagen .... EUR
    b) andere Zinsaufwendungen .... EUR   .... EUR".

²) Bausparkassen haben im Ertragsposten 1 den Unterposten a Zinserträge aus Kredit- und
   Geldmarktgeschäften in der Gewinn-und-Verlust-Rechnung wie folgt zu untergliedern:
   „aa) Bauspardarlehen .... EUR
    ab) Vor- und Zwischenfinanzierungskrediten .... EUR
    ac) sonstige Baudarlehen .... EUR
    ad) sonstige Kredit- und Geldmarktgeschäften .... EUR   .... EUR".

³) Kreditgenossenschaften und genossenschaftliche Zentralbanken haben im Ertragsposten 3 den
   Unterposten b Laufende Erträge aus Beteiligungen in der Gewinn-und-Vertust-Rechnung um die
   Worte „und aus Geschäftsguthaben bei Genossenschaften" zu ergänzen.

⁴) Bausparkassen haben den Posten 6 Provisionsaufwendungen in der Gewinn-und-Verlust-Rechnung
   wie folgt zu untergliedern:
   „a) Provisionen zur Vertragsabschluss und -vermittlung .... EUR
    b) andere Provisionsaufwendungen .... EUR   .... EUR".

⁵) Bausparkassen haben den Posten 5 Provisionserträge in der Gewinn-und-Verlust-Rechnung wie folgt
   zu untergliedern:
   „a) aus Vertragsabschluss und -vermittlung .... EUR
    b) aus der Darlehensregelung nach der Zuteilung .... EUR
    c) aus Bereitstellung und Bearbeitung von Vor- und Zwischenfinanzienungskrediten .... EUR
    d) andere Provisionserträge .... EUR   .... EUR".

⁶) Kreditgenossenschaften, die das Warengeschäft betreiben, haben nach dem Aufwand- oder Ertragposten 7
   Nettoertrag oder Nettoaufwand aus Finanzgeschäften in der Gewinn-und-Verlust-Rechnung folgenden Posten
   einzufügen:

   „7a. Rohergebnis aus Warenverkehr und Nebenbetrieben .... EUR".

Aktivseite

Inhalte wichtiger Bilanzpositionen

Bilanzposten	Inhalt
1. Barreserve a) Kassenbestand b) Guthaben bei Zentralnotenbanken	gesetzliche Zahlungsmittel, ausländische Noten und Münzen, Postwertzeichen, Gerichtsgebührenmarken. Täglich fällige Guthaben in Euro und Fremdwährung bei Zentralnotenbanken der Niederlassungsländer des Kreditinstituts.
2. Schuldtitel öffentlicher Stellen und Wechsel, die zur Refinanzierung bei Zentralnotenbanken zugelassen sind a) Schatzwechsel und unverzinsliche Schatzanweisungen sowie ähnliche Schuldtitel öffentlicher Stellen darunter: bei der Deutschen Bundesbank refinanzierbar b) Wechsel	Mit Diskontabzug hereingenommen und zur Refinanzierung (Verpfändung) bei der EZB und Zentralnotenbanken der Niederlassungsländer zugelassen, Wertansatz mit Zeitwert Schatzwechsel und U-Schätze des Bundes und der Länder, die refinanzierungsfähig sind
3. Forderungen an Kreditinstitute	Forderungen an in- und ausländische Kredit- und Finanzierungsinstitute, aus Guthaben, Devisenswapgeschäften, Wertpapierpensionsgeschäften und Termineinlagen und Forderungen aus nicht börsenfähigen Schuldverschreibungen (z. B.: Namensschuldverschreibungen) in Euro und Fremdwährung
4. Forderungen an Kunden	Forderungen aus KK-Krediten, Ratenkrediten, mittel- und langfristige Darlehen, Akzeptkrediten (Kundenakzeptkreditforderungen), Rembourskrediten, Forderungen aus Namensschuldverschreibungen (Rektapapiere), angekaufte Forderungen, von Kunden eingereichte Diskontwechsel, Forderungen aus Rückschecks und Rückwechseln. In Anspruch genommene Beträge abzüglich Wertberichtigungen (EWB und PWB) auf diese Forderungen, in Euro und Fremdwährung
5. Schuldverschreibungen und andere festverzinsliche Wertpapiere	Börsenfähige Inhaber- und Orderschuldverschreibungen, Schuldbuchforderungen, zum Bilanzwert einschl. aufgelaufener, noch nicht vereinnahmter Stückzinsen sowie vor Fälligkeit hereingenommene Zinsscheine
6. Aktien und andere nicht festverzinsliche Wertpapiere	Aktien, Investmentanteile, Optionsscheine, Gewinnanteilscheine, börsenfähige Genussscheine
7. Beteiligungen	Aktien, GmbH-Anteile, Geschäftsguthaben bei Genossenschaften, Beteiligung als persönlich haftende Gesellschafter einer OHG, KG, KGaA, Beteiligung als Kommanditist oder stiller Gesellschafter
9. Treuhandvermögen	Kredite im eigenen Namen für fremde Rechnung
11. Immaterielle Anlagewerte	EDV-Software, Firmenwert.
12. Sachanlagen	Grundstücke und Gebäude, die dauernd dem Geschäftsbetrieb dienen, Betriebs- und Geschäftsausstattung (Büroeinrichtung, Kraftfahrzeuge, EDV-Ausstattung)
14. Sonstige Vermögensgegenstände	Schecks / Reiseschecks / Lastschriften } bereits Eingang vorbehalten gutgeschrieben — und binnen 30 Tagen ab Einreichung fällig fällige Schuldverschreibungen und fällige Kupons } spätestens am ersten Geschäftstag nach dem Bilanzstichtag fällig Forderungen an das Bundeszentralamt für Steuern wegen verauslagter KESt, Goldmünzen, Barrengold, Silbermünzen (soweit kein gesetzliches Zahlungsmittel), andere Edelmetalle
15. Rechnungsabgrenzungsposten	Aufwendungen des neuen Jahres, die bereits im abgelaufenen Jahr vom Kreditinstitut bezahlt wurden

Passivseite

Bilanzposten	Inhalt
1. Verbindlichkeiten gegenüber Kreditinstituten	Verbindlichkeiten gegenüber Kreditinstituten und Verbindlichkeiten aus Namensschuldverschreibungen, Verbindlichkeiten gegenüber der Deutschen Bundesbank aus Übernachtkrediten (Spitzenrefinanzierungsfazilität) und täglich fällige Darlehen (Geldmarkt) in Euro + Fremdwährung
2. Verbindlichkeiten gegenüber Kunden	Verbindlichkeiten gegenüber Nichtbanken in Euro und Fremdwährung
a) Spareinlagen	ab Kündigungsfrist von drei Monaten, VL-Sparbeträge,
b) andere Verbindlichkeiten b1) täglichfällig	Sichteinlage von Nichtbanken
b2) mit vereinbarter Laufzeit oder Kündigungsfrist	Festgelder, Verbindlichkeiten aus Namensschuldverschreibungen, Sparbriefe, Namensgeldmarktpapiere (Certificates of deposit)
3. Verbriefte Verbindlichkeiten	Inhaber- und Orderschuldverschreibungen, Geldmarktpapiere, die Teile einer Gesamtemission sind
4. Treuhandverbindlichkeiten	Ansatz in gleicher Höhe wie Position Aktiva Nr. 9
5. Sonstige Verbindlichkeiten	Lohn- und Kirchensteuer und Sozialversicherungsbeiträge aus Gehaltszahlungen, Kapitalertragsteuer, Sonstige Verbindlichkeiten aus antizipativen Aufwendungen, die nicht Passivposten direkt zugeordnet werden können.
6. Rechnungsabgrenzungsposten	Erträge des neuen Jahres, die bereits im abgelaufenen Jahr an das Kreditinstitut gezahlt wurden
7. Rückstellungen a) Rückstellungen für Pensionen	
b) Steuerrückstellungen	für zu erwartende Steuernachzahlungen im nächsten Geschäftsjahr
c) andere Rückstellungen	Rückstellungen für z. B. Prozesskosten und Pauschalwertberichtigungen zu Avalkrediten
11. Fonds für allgemeine Bankrisiken	offene Reserven, die aus dem versteuerten Gewinn gebildet werden sowie gesonderter Ausweis von mindestens 10 % der Nettoerträge des Handelsbestandes
12. Eigenkapital a) gezeichnetes Kapital	Grundkapital (AG), Stammkapital (GmbH) Geschäftsguthaben (eG), Eigenkapital der OHG-Gesellschafter, der Komplementäre und Kommanditisten der KG, Einlagen stiller Gesellschafter
b) Kapitalrücklagen	z. B. Agio bei Aktienausgabe über pari
c) Gewinnrücklagen	Sicherungsrücklagen der Sparkassen, Ergebnisrücklagen der Kreditgenossenschaften sowie thesaurierte Anteile des Gewinns anderer Rechtsformen
1. Eventualverbindlichkeiten	Indossamentsverbindlichkeiten aus weitergegebenen Wechseln
b) aus Bürgschaften und Gewährleistungsverträgen	Avalverbindlichkeiten aus der Übernahme von Bürgschaften und Garantien in Euro und Fremdwährung, Akkreditivverbindlichkeiten aus Eröffnung und Bestätigung, abzüglich Deckungsguthaben und Rückstellungen

Inhalte der G + V-Rechnung im Überblick

Aufwendungen	Inhalte
1. Zinsaufwendungen	Zinsen für Sicht-, Termin- und Spareinlagen, für Geldaufnahme, gezahlte Kredit- und Überziehungsprovision, Zinsen für ausgegebene Schuldverschreibungen
2. Provisionsaufwendungen	Provisionen und ähnliche Aufwendungen aus Dienstleistungsgeschäften: Kontoführungsgebühren, Depotgebühren Clearstream AG und sonstige fremde Lagerstellen, gezahlte Provisionen im Wertpapier-, Devisen- und Edelmetallgeschäft
3. Nettoaufwand des Handelsbestandes	Überschuss aller Aufwendungen über alle Erträge – aus Geschäften mit Finanzinstrumenten des Handelsbestandes – aus dem Handel mit Edelmetallen – aus Zuschreibungen und Abschreibungen für Finanzinstrumente des Handelbestandes und Edelmetallen – aus der Bildung bzw. Auflösung von Rückstellungen für drohende Verluste aus den genannten Geschäften

4. Allgemeine Verwaltungsaufwendungen
 	
a) Personalaufwand
  aa) Löhne und Gehälter
  ab) Soziale Abgaben und Aufwendungen für Altersversorgung und für Unterstützung, darunter: für Altersversorgung
	Aufwendungen als Entgelt für geleistete Arbeit
	Gesetzliche Pflichtabgaben, Beihilfen und Unterstützungen, die das Kreditinstitut zu erbringen hat. Zuführung zu Pensionsrückstellungen, freiwillige soziale Leistungen

b) andere Verwaltungsaufwendungen	Gesamte Aufwendungen sachlicher Art: Raumkosten, Bürobetriebskosten, Kraftfahrzeugbetriebskosten, Porto, Verbandsbeiträge einschl. der Beiträge zu Sicherungseinrichtungen eines Verbandes, Werbungskosten, Repräsentationen, Aufsichtsratsvergütungen, Versicherungsprämien, Rechts-, Prüfungs- und Beratungskosten
5. Abschreibungen und Wertberichtigungen auf immaterielle Anlagewerte und Sachanlagen	Abschreibungen auf Sachanlagen, erworbene EDV-Software, imaginäre Firmenwerte
6. Sonstige betriebliche Aufwendungen	Aufwendungen i. Z. m. Kassenfehlbeträgen und Verkäufen von Anlagegegenständen unter Buchwert
7. Abschreibungen und Wertberichtigungen auf Forderungen und bestimmte Wertpapiere sowie Zuführungen, zu Rückstellungen im Kreditgeschäft	Abschreibungen auf Forderungen, auf Eventualforderungen, Prämien für Kreditversicherungen, Abschreibungen wegen nicht realisiertem Kursverlust auf Wertpapiere der Liquidationsreserve und Aufwendungen aus Geschäften mit diesen Wertpapieren aufgrund realiierter Kursverluste. Vollständige Verrechnung mit Erträgen Nr. 6 erlaubt.
8. Abschreibungen und Wertberichtigungen auf Beteiligungen, Anteile an verbundenen Unternehmen und wie Anlagevermögen behandelte Wertpapiere	Abschreibungen wegen nicht realisierter Kursverluste und Aufwendungen aus Geschäften mit Wertpapieren des Anlagevermögens. Vollständige Verrechnung mit Erträgen Nr. 7. erlaubt
9. Aufwendungen aus Verlustübernahme	
11. Außerordentliche Aufwendungen	Aufwendungen i. Z. m. betriebsfremden Geschäften des KI
12. Steuern vom Einkommen und vom Ertrag	Körperschaftsteuer, Gewerbesteuer
13. Sonstige Steuern, soweit nicht unter Posten 6 ausgewiesen	z. B. Kfz-Steuer
14. Aufgrund einer Gewinngemeinschaft, eines Gewinnabführungs- oder eines Teilgewinnabführungsvertrags abgeführte Gewinne	
15. Jahresüberschuss	

Erträge	Inhalte
1. Zinserträge aus	
a) Kredit- und Geldmarktgeschäften	Zinsen aus KK-Krediten, Darlehen, Geldmarktanlagen, Diskonterträge aus abgezinsten Papieren (Schatzwechsel und V-Schätze), Erträge aus Genussrechten, Kredit- und Überziehungsprovisionen
b) festverzinslichen Wertpapieren und Schuldbuchforderungen	Zinsen aus festverzinslichen Wertpapieren und Wertrechten
2. Laufende Erträge aus	
a) Aktien und anderen nicht festverzinslichen Wertpapieren	Dividendenerträge, Ausschüttungen von Investmentgesellschaften
b) Beteiligungen	Erträge aus Beteiligungen an Unternehmen
c) Anteilen an verbundenen Unternehmen	
3. Erträge aus Gewinngemeinschaften, Gewinnabführungs- oder Teilgewinnabführungsverträgen	
4. Provisionserträge	Provisionen und ähnliche Erträge aus Dienstleistungsgeschäften (Zahlungsverkehr, Außenhandelsgeschäft, Wertpapierkommissions- und Depotgeschäft), Erträge für Treuhandkredite und Verwaltungskredite, aus der Vermittlungstätigkeit bei Kredit-, Spar-, Bauspar- und Versicherungsverträgen, Bonifikationen aus Platzierung von Wertpapieren, Bürgschaftsprovisionen, Kontoführungsgebühren
5. Nettoertrag des Handelsbestandes	Überschuss aller Erträge über alle Aufwendungen – aus Geschäften mit Finanzinstrumenten des Handelsbestandes – aus dem Handel mit Edelmetallen – aus Zuschreibungen und Abschreibungen für Finanzinstrumente des Handelsbestandes und Edelmetallen – aus der Bildung bzw. Auflösung von Rückstellungen für drohende Verluste aus den genannten Geschäften
6. Erträge aus Zuschreibungen zu Forderungen und bestimmten Wertpapieren sowie aus der Auflösung von Rückstellungen im Kreditgeschäft	Realisierte Kursgewinne aus Wertpapieren der Liquiditätsreserve, Erträge aus der Zuschreibung zu Forderungen, Erträge aus dem Eingang bereits abgeschriebener Forderungen
7. Erträge aus Zuschreibungen zu Beteiligungen, Anteilen an verbundenen Unternehmen und wie Anlagevermögen behandelten Wertpapieren	Realisierte und nicht realisierte Gewinne (Zuschreibungen) i. Z. m. den Wertpapieren des Anlagevermögens. Verrechnung mit Aufwendungen Nr. 8 erlaubt
8. Sonstige betriebliche Erträge	Erträge i. Z. m. Kassenüberschüssen und aus dem Verkauf von Anlagegegenständen über Buchwert
10. Außerordentliche Erträge	Erträge i. Z. m. betriebsfremden Geschäften des KI
11. Erträge aus Verlustübernahme	
12. Jahresfehlbetrag	

Schema zur Ermittlung des Betriebsergebnisses aus der Gewinn-und-Verlust-Rechnung:

(1)

	Zinserträge
+	Laufende Erträge
–	Zinsaufwendungen
=	**Zinsüberschuss**

(2)

+	Provisionserträge
–	Provisionsaufwendungen
=	**Provisionsüberschuss**

(3)

	Personalaufwand
+	Andere Verwaltungsaufwendungen
+	Abschreibungen und Wertberichtigungen auf immaterielle Anlagewerte und Sachanlagen
=	**Verwaltungsaufwand**

Teilbetriebsergebnis: Summe (1) + (2) – (3)

+ / –	Nettoerträge bzw. -aufwendungen aus Finanzgeschäften
+ / –	Saldo aus Sonstigen betrieblichen Aufwendungen und Erträgen
–	Risikovorsorge (Rückstellungen, Vorsorgereserven (offen/still)
=	**Betriebsergebnis**

+	Erträge aus Finanzanlagen
–	Aufwendungen aus Verlustübernahmen
+	Erträge aus der Auflösung von Sonderposten mit Rücklagenanteil
=	**Jahresüberschuss (vor Steuern)**
–	Steuern vom Einkommen und Ertrag
=	**Jahresüberschuss (nach Steuern)**
–	Rücklagendotierung
=	**Bilanzgewinn**

Kontenplan der IHK-Abschlussprüfung

Klasse 1

10 Kasse
11 Bundesbank
12 Eigene Wertpapiere

Klasse 2

20 Banken-KK
21 Kunden-KK
22 Spareinlagen
23 Termineinlagen
24 Begebene Schuldverschreibungen

Klasse 3

30 Betriebs- und Geschäftsausstattung
31 Grundstücke und Gebäude
32 Sammelposten (Geringwertige Wirtschaftsgüter)

Klasse 4

40 Umsatzsteuer
41 Vorsteuer

Klasse 5

50 Zinserträge aus Kreditgeschäften
51 Zinserträge aus Wertpapieren
52 Provisionserträge
53 Kursgewinne aus Wertpapieren
54 Erträge aus Zuschreibungen zu Wertpapieren
55 Erträge aus Zuschreibungen zu Forderungen
56 Sonstige betriebliche Erträge

Klasse 6

60 Zinsaufwendungen
61 Provisionsaufwendungen
62 Kursverluste aus Wertpapieren
63 Andere Verwaltungsaufwendungen
64 Kostensteuern
65 Abschreibungen auf Sachanlagen
66 Abschreibungen auf Wertpapiere
67 Abschreibungen auf Forderungen
68 Sonstige betriebliche Aufwendungen

Klasse 7

70 Gezeichnetes Kapital
71 Kapitalrücklage
72 Gesetzliche Gewinnrücklagen
73 Andere Gewinnrücklagen
74 Rückstellungen
75 Einzelwertberichtigungen auf Forderungen
76 Pauschalwertberichtigungen auf Forderungen
77 Fonds für allgemeine Bankrisiken
78 Gewinn-und-Verlust-Konto
79 Bilanzgewinn/-verlust

Klasse 8

80 Eröffnungsbilanzkonto
81 Schlussbilanzkonto

Sachwortverzeichnis

1. Inkassostelle 70
§ 340 f HGB 157
§ 340 g HGB 156
800-Euro–Methode 96

A

Abgeltungssteuer 63
Abschluss eines gemischten
   Kontos 55
Abschreibung 88
Abschreibung auf Sachan-
   lagen 92
AfA-Tabellen 89
Aktiva 14
Aktive Rechnungsabgrenzung
   139
Aktives Bestandskonto 20
Aktiv-Passiv-Mehrung 17
Aktiv-Passiv-Minderung 18
Aktivtausch 16
Alternativzinssatz 171
Analyse zukunftsorientierter
   Unternehmensinformatio-
   nen 298
Andere aktivierte Eigenleis-
   tungen 277
Andere Gewinnrücklagen 260
Anfangsbestand 21
Anhang 79
Anlagendeckungsgrad I 294
Anlagendeckungsgrad II 294
Anlagequote 294
Anlagevermögen 14
Anschaffungskosten 89, 90
Anscheinend intakte Forde-
   rungen 102
Antizipative Rechnungsab-
   grenzungsposten 141
Antizipative Zinsen 145
Aufbewahrungsfristen 11
Aufgaben der Kosten-und-
   Erlös-Rechnung 167
Aufgaben des Controllings
   165
Aufwandskonto 34
Aufwendungen 32

Außenfinanzierung 259
Außerplanmäßige Abschrei-
   bung 88
Available for Sale 136

B

Bankenkontokorrent 47
Bankinternes Rating 281
Bareinzahlung 62
Bartransaktion 63
Barwertkalkulationen 216
Belastung 30
Bestandsänderung 21
Bestandskonto 20
Bestandsveränderungen 277
Betriebliches Rechnungs-
   wesen 166
Betriebsabrechnung als Voll-
   kostenrechnung 225
Betriebsbereich 219
Betriebsergebnis 179, 195,
   287
Betriebserlöse 187, 188
Betriebskalkulation 219
   – Kostenarten 219
Betriebskalkulation als Teil-
   kostenrechnung 225
Betriebskosten 171, 188
Betriebsleistungen 188
Bewertungsvorschriften 281
Bewertung von Sachanlagen 88
Bewertung von Wertpapieren
   119
Bezogenes KI 70
Bilanz 13
Bilanzgewinn 260, 265
   – Bruttodividende 266
   – Verwendung 266
Bilanzgliederung 274
   – Kreditinstitute 274
   – Nichtbanken 274
Bilanzpositionen von Nicht-
   banken 275
   – Aktivseite 275
   – Passivseite 276
Bilanzwahrheit 11

Bilanzwert der Debitoren 106
Bilanzwert einer Schuld-
   verschreibung 123
Bruttozinsspanne 206, 211
Buchungssatz 23
Buchwert der Forderung 104

C

Cashflow 291, 292
Cashflow-Rate 291
Controlling 164

D

Debitor 39
Debitorenziel (in Tagen) 293
Deckungsbeitragsrechnung 237
   – Begriff 237
   – Deckungsbeitrag I 238
   – Deckungsbeitrag II 238
   – Deckungsbeitrag III 238
   – für Aktivprodukte 239, 241
   – für Passivprodukte 243
   – Grundstruktur 238
Degressive Abschreibung 90
Dividendenrendite 296
Dualismus von Marktleis-
   tungen 185
   – Betriebsleistungen 185
   – Wertleistungen 186
Dynamischer Verschuldungs-
   grad in Jahren 295

E

Eigene Aktien 261
Eigene Anteile 259
Eigenkapital 13, 258
   – Bestandteile der Bilanz-
   position 258
Eigenkapitalkosten 171
Eigenkapitalquote 294
Eigenkapitalrentabilität 291
Einzelkosten 220
Einzelwertberichtigung 103
Einzug von Schecks 68
Einzug von Sepa-Lastschriften 72
Endverbraucher 81

Erfolg 168
Erfolgskonto 31
Erlöse 179
Eröffnungsbilanz 14
Eröffnungsbilanzkonto 28
Erträge 32
Ertragskonto 34

F

fair value 128
Finanzbuchhaltung 9
Fixe Kosten 221
Fonds für Allgemeine Bank-
    risiken 130
Forderungen an Kunden 102
Forderungen und sonstige
    Vermögensgegenstände 288
Freistellungsauftrag 64
Fremdkapital 14
Fremdkapitalquote 294
Fristentransformationsbeitrag
    206
– Strukturbeitrag 208
– Zinsstrukturkurve 207

G

Gehaltsabrechnung 75
Gemeinkosten 220
Gemildertes Niederstwert-
    prinzip 120
Gemischtes Konto 55
Geometrisch-degressive
    Abschreibung 91
Geringwertige Wirtschafts-
    güter 95
Gesamtbetriebskalkulation
    190, 195
– Gesamtzinsspannen-
    rechnung 192
– Kalkulatorisches Betriebs-
    ergebnis 191
Gesamtkapitalrentabilität 291
Gesamtleistung 277
Gesamtzinsspannenrechnung
    192
– Betriebsspanne 195
– Bruttozinsspanne 195
– Nettozinsspanne 195

– Nettozinsspannen-
    rechnung 192
– Zinsertragsbilanz 193
– Zinsspanne 192
Geschäftsstellenkalkulation
    257
Gesetzliche Rücklage 259
Gewinn 33
Gewinnrücklagen 259
Gewinn-und-Verlust-Konto
    33
Gewinn-und-Verlust-
    Rechnung 79
Gewinn- und Verlust-Rech-
    nung von Nichtbanken 277
Gewinnvortrag 260
Gezeichnetes Kapital 259
Gläubiger 14
Grundbegriffe der Kosten-
    und-Erlös-Rechnung 168
Grundbuch 24
Grunderlöse 174, 175
Grundkosten 168, 169
Grundsätze ordnungsgemäßer
    Buchführung (GoB) 11
Gutschrift 30

H

Haben 21
Habensaldo 31
Hauptbuch 29
Held for Trading 136
Held to Maturity 136

I

IFRS 135
Immaterielles Anlagever-
    mögen 288
Imparitätsprinzip 122
Indirekte Abschreibung 104
Innenfinanzierung 259
Innerbetriebliche Leistungen
    184, 187
– back-office 184
– cost-center 184
International Financial Repor-
    ting Standards 135
Internes Rechnungswesen 166

Inventar 11
Inventur 11

J

Jahresabschlussanalyse 280,
    284
– Aufbau 285
– Aufbereitung von Jahres-
    abschlussunterlagen 286
– Grundprobleme 284
– Zusammenfassende Dar-
    stellung 300
Jahresabschluss von Kredit-
    instituten 79
Jahresüberschuss 263
– Ermittlung 263
– nach Steuern 263
– Verwendung 264
– vor Steuern 263
Jahresüberschussverwendung
    265
Journal 24

K

Kalkulationen im Wertbereich
    201
Kalkulation von Aktiv-
    produkten 239
– Kalkulation der Preisunter-
    grenze 239
Kalkulation von Marktleis-
    tungen 243
Kalkulation von Passiv-
    produkten 241
– Kalkulation der Preisober-
    grenze 242
Kalkulatorische Abschreibung
    173
Kalkulatorische Eigenkapital-
    kosten 171
– Ermittlung der kalkulato-
    rischen Eigenkapitalkosten
    172
– Ermittlung des erforder-
    lichen Eigenkapitals 172
– Ermittlung des kalkulato-
    rischen Eigenkapitalkos-
    tensatzes 172

Kalkulatorische Eigenmiete 171
Kalkulatorischer Unter-
  nehmerlohn 173
Kalkulatorische Wagniskosten
  173
Kapitaldienstfähigkeit 293
Kapitalrücklagen 259
Kassendifferenz 66
Kassenverkehr 62
Kennzahlen der Jahresab-
  schlussanalyse 290
  – Überblick 295
Kirchensteuer 63
Konditionenbeitrag
  – Aktiva 204
  – Gesamter Konditionen-
    beitrag 211
  – Passiva 204
Konditionenbeitrag Aktiva 205
Konditionenbeitrag des Aktiv-
  geschäftes 211
Konditionenbeitrag des Pas-
  sivgeschäftes 211
Konditionenbeitrages 204
Konditionenbeitrag Passiva 205
Kontengruppe 60
Kontenklasse 59
Kontenplan 59
Kontenrahmen 59
Korrespondenzbank 47
Kosten 179
Kostenarten der Betriebs-
  kalkulation 219
  – Einzelkosten 219
  – Fixe Kosten 219
  – Gemeinkosten 219
  – Personalkosten 219
  – Sachkosten 219
  – Variable Kosten 219
Kosten-und-Erlös-Rechnung
  167, 178
Kosten- und Erlösüber-
  leitungsbogen 177
Kostenvergleich 222
Kreditor 39
Kreditorenziel (in Tagen) 293
Kreditrating Firmenkunden
  283

Kundenkalkulation 248
  – Deckungsbeitrag I 251
  – Deckungsbeitrag II 251
  – Deckungsbeitrag III 251
  – Deckungsbeitrag im
    Betriebsbereich 252
  – Deckungsbeitrag im Wert-
    bereich 251
  – Zusammenfassende Dar-
    stellung 251
  – Zusammenfassung 253
Kundenkontokorrentkonto 39
Kurs-Buchwert-Verhältnis
  296
Kurs-Cashflow-Verhältnis
  296
Kursgewinn 55
Kurs-Gewinn-Verhältnis 296
Kursverlust 55
Kurzfristige Rückstellungen
  288
Kurzfristige Verbindlichkeiten
  288

L
Lagebericht 79
Lineare Abschreibung 90
Liquidität 1. Grades 295
Liquidität 2. Grades 295
Liquidität 3. Grades 295
Lorokonto 47

M
Marktleistungen 184, 187
  – front-office 185
  – profit-center 185
Marktleistungen nach Art der
  erbrachten Leistung 188
Marktzinsmethode 202
  – Aufbau 203
  – Bruttozinsspanne 206
  – Fristentransformations-
    beitrag 207
  – Konditionenbeitrag 204
  – Opportunitätsprinzip 202
  – Zusammenfassung 210
Maßgeblicher Forderungs-
  ausfall 117

Materialaufwand 277
Mehrung 21
Mehrwert 81
Mehrwertsteuer 81
Methoden der Bank-
  kalkulation 190
Minderung 21
Mindestkonditionenmarge 239
Mittelherkunft 14
Mittelverwendung 14

N
Nachdisposition 67
Nebenbuch 40
Nettogewinnspannenrech-
  nung 198
  – Betriebsergebnis 198
  – Bewertungsspanne 198
  – Bruttobedarfsspanne 198
  – Bruttoertragsspanne 198
  – Bruttogewinnspanne 198
  – Bruttozinsspanne 198
  – Handelsergebnis 198
  – Handelsspanne 198
  – Nettogewinnspanne 198
  – Personalaufwandsspanne
    198
  – Provisionsspanne 198
  – Risikospanne 198
  – Sachaufwandsspanne 198
  – Sonstige Ertragsspanne
    198
  – Teilbetriebsergebnis 198
Nettozinsspannenrechnung
  194, 195
Neutrale Aufwendungen 174
  – Außerordentliche Aufwen-
    dungen 174
  – Betriebsfremde Aufwen-
    dungen 174
  – Periodenfremde Aufwen-
    dungen 174
Neutrale Erträge 176
  – Außerordentliche Erträge 176
  – Betriebsfremde Erträge
    176
  – Periodenfremde Erträge
    176

Nicht realisierter Kursgewinn 122
Nicht realisierter Kursverlust 122
Niederstwertprinzip 55
Nostrokonto 47
Nutzungsdauer 89

O
Offene Rücklagen 262
Offene Vorsorgereserven 156
Operatives Controlling 164

P
Passiva 14
Passive Rechnungsabgrenzung 137
Passives Bestandskonto 20
Passivtausch 17
Pauschalwertberichtigung 105
Permanente Inventur 12
Personalbuchung 75
Personalkosten 220
Planmäßige Abschreibung 88
Poolabschreibung 96
Price-earnings-Ratio 296
Produktkalkulation 238
– Überblick 245
Prozessgeschwindigkeit des Unternehmens 293
PWB-Satz 116

R
Ratingklasse 218
Realisierter Kursgewinn 122
Realisierter Kursverlust 122
Rechnungslegung der Kreditinstitute 13
Regelkreis-Modell 165
Retoure 69
Return on Investment (ROI) 291
Rhein-Ruhrbank AG 296
Risikoabschlag 128
Risikokosten 171, 216
– Ausfallwahrscheinlichkeit 218
– Entstehung 216
– Ermittlung von Risiko-

kostensätzen 218
– Verlustquote 217
Rohüberschuss 287
Rückgabe unbezahlter Schecks 67
Rückgabe von Sepa-Lastschriften 74
Rücklage für Anteile an einem herrschenden oder mehrheitlich beteiligten Unternehmen 260
Rückscheck 69
Rückstellung 151

S
Sachkosten 220
Saldieren 25
Satzungsmäßige Rücklagen gem. § 58, 1 AktG 260
Scheckabkommen 67
Scheckbuchungen 70
Scheck- und Lastschriftbuchungen 66
Schlussbilanz 14
Schlussbilanzkonto 28
Schulden 12
Schuldverschreibungen des Handelsbestandes 131
Selbstkosten 167, 222
Selbstkostenermittlung 183
Sepa-Lastschrift 72
Shareholder-Value 264
Sichere Forderungen 102, 104
Skontro 40
Sofortaufwand 96
Solidaritätszuschlag 63
Soll 21
Sollsaldo 31
Sonderposten Fonds für allgemeine Bankrisiken 156
Sonstige Verbindlichkeiten 64
Spargeschäft 63
Spartenübergreifende Kompensation 160
Standard-Einzelkostenrechnung 225
– Aufbau 226

– Standard-EDV-Kosten-Satz 229
– Standard-Einzelkostensatz 232
– Standardkostensatz 228
– Standardpersonalkostensatz 229
– Standard-Stückkosten 229
Steuern vom Einkommen und Ertrag 263
Stichtagsinventur 12
Stille Reserven 163
Stille Rücklagen 262
Stille Vorsorgereserven 157
Strategisches Controlling 164
Strenges Niederstwertprinzip 121
Strukturbeitrag 208, 211
– Aktiva 209
– Passiva 209
Strukturbilanz 288
Strukturmerkmale von Kundenbilanzen 273

T
Teil-Betriebsergebnis 287
Teilhaber 14
Teilkostenrechnung 224
Transitorische Rechnungsabgrenzungsposten 137

U
Überbewertung von Passiva 163
Überweisung 53
Umlaufvermögen 14
Umsatzerlöse 277
Umsatzrentabilität 291
Umsatzsteuer 81
Umsatzsteuerfrei 84
Umsatzsteuer in Kreditinstituten 83
Umsatzsteuerpflichtig 84
Umsatzsteuerzahllast 82
Uneinbringliche Forderungen 102
Unterbewertung von Aktiva 163
Unternehmensanalyse 300

V

Variable Gesamtkosten 222
Variable Kosten 221
Verlust 33
Verlustvortrag 260
Vermögen 12
Verschuldungsgrad 295
Vollkostenrechnung 224
Vorräte 288
Vorschusszinsen 64
Vorsorge für allgemeine Bank-
risiken 155
Vorsteuer 82, 84

W

Weg einer Überweisung 53
Weiche Faktoren 298
Werterlöse 187, 188
Wertkosten 187, 188

Wertleistungen 188
Wertpapiere der Liquiditäts-
reserve 121
Wertpapiere des Anlagever-
mögens 120
Wertpapiere des Handels-
bestandes 128
Wertpapiere nach IFRS/IAS
39 136
Wertpapierkategorien 119
Wertveränderungen in der
Bilanz 16
Wirtschaftlichkeit 168

Z

Zahlungsempfänger 72
Zeitliche Abgrenzung des Jah-
reserfolges 137
Zeitlich verlegte Inventur 12
Zeitwertprinzip 128

Zinsstrukturkurve 207
Zinsüberschuss 195
Zusammenhang zwischen der
Gewinn-und-Verlust-Rech-
nung und der Kosten-und-
Erlös-Rechnung 179
Zusatzerlöse 174, 175
Zusatzkosten 168, 170, 171
Zweckaufwand 169
Zweckertrag 175
Zweifelhafte Forderungen 102

Aktiva	Aufbereitete Bilanz (Strukturbilanz)	Passiva

1. Immaterielles Anlagevermögen	**1. Eigenkapital**
Patente, Konzessionen, ...	– Gezeichnetes Kapital
	– Rücklagen (inkl. Zuführungen aus dem
2. Sachanlagen	Jahresüberschuss)
– Grundstücke	**Eigenkapital**
– Technische Anlagen und Maschinen	
– Betriebs- und Geschäftsausstattung	**2. Langfristige Rückstellungen**
	– Pensionsrückstellungen
3. Finanzanlagen	
– Beteiligungen	**3. Langfristige Verbindlichkeiten**
– Wertpapiere des Anlagevermögens	– Langfristige Verbindlichkeiten gegen-
– Sonstige Finanzanlagen	über Kreditinstituten (ab 1 Jahr)
Summe 1–3 Anlagevermögen	**Summe 2–3 Langfristiges Fremdkapital**
4. Vorräte	**4. Kurzfristige Rückstellungen**
– Roh-, Hilfs- und Betriebsstoffe	– Steuerrückstellungen
– Unfertige Erzeugnisse	– Sonstige kurzfristige Rückstellungen
– Fertige Erzeugnisse und Waren	
	5. Kurzfristige Verbindlichkeiten
5. Forderungen und sonstige	– Kurzfristige Verbindlichkeiten gegen-
Vermögensgegenstände	über Kreditinstituten
– Forderungen aus Lieferungen und	– Verbindlichkeiten aus Lieferungen und
Leistungen	Leistungen
– Sonstige Vermögensgegenstände	– Erhaltene Anzahlungen auf Bestel-
(inkl. Rechnungsabgrenzungsposten)	lungen
– Wertpapiere des Umlaufvermögens	– Sonstige Verbindlichkeiten
	(inkl. Rechnungsabgrenzungsposten)
6. Liquide Mittel	– Zur Ausschüttung vorgesehener Anteil
	des Bilanzgewinns
Summe 4–6 Umlaufvermögen	**Summe 4–5 Kurzfristiges Fremdkapital**
= Bilanzsumme	**= Bilanzsumme**

Schema: Von der Eröffnungsbilanz bis zur Schlussbilanz

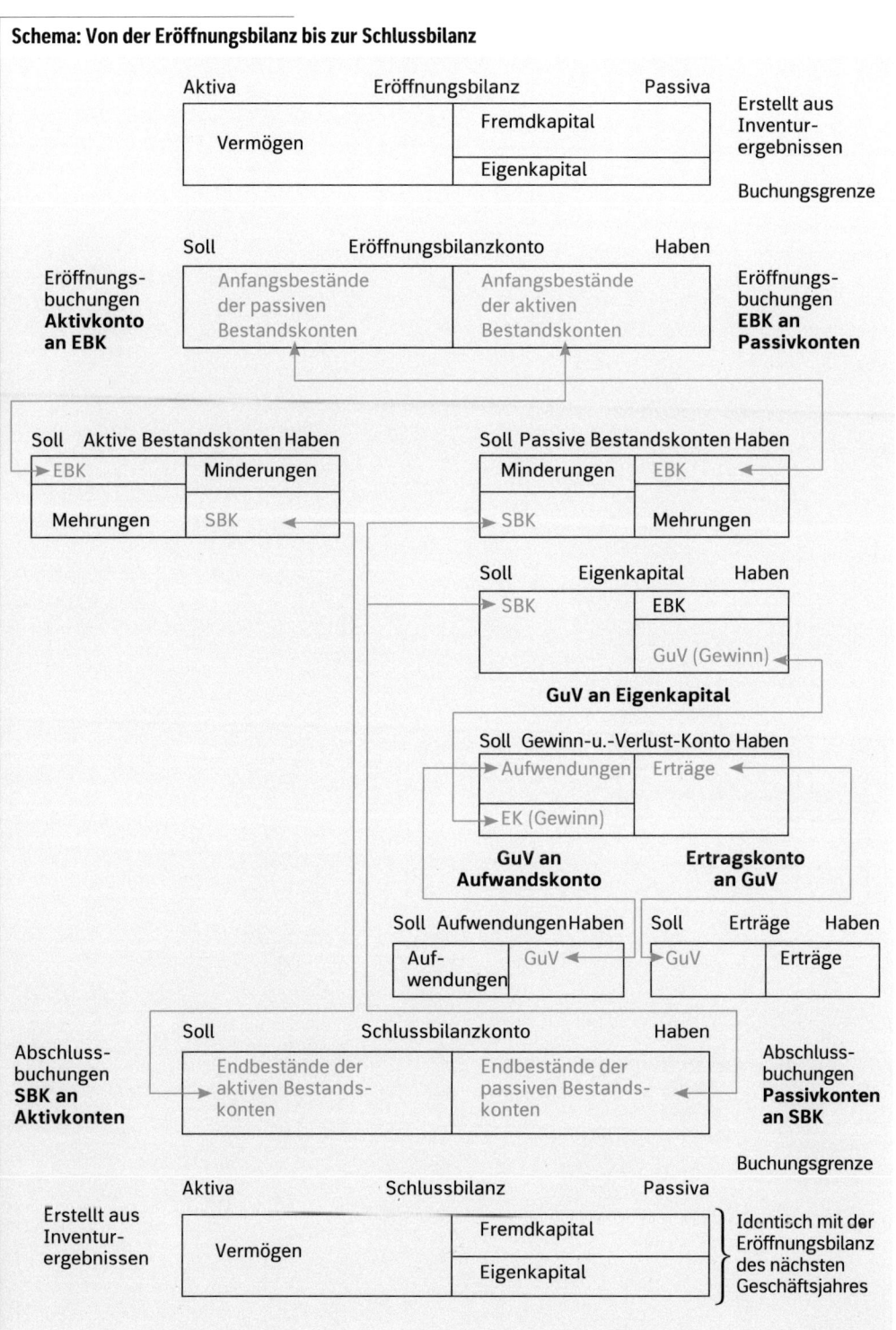

Kennziffern zur Jahresabschlussanalyse

Der Bilanzgewinn ist – sofern nicht etwas anderes angegeben wird – als kurzfristiges Fremdkapital anzusehen.

Eigenkapitalquote = $\dfrac{\text{Eigenkapital} \cdot 100}{\text{Bilanzsumme}}$

Anlagendeckungsgrad I = $\dfrac{\text{Eigenkapital} \cdot 100}{\text{Anlagevermögen}}$

Anlagendeckungsgrad II = $\dfrac{(\text{Eigenkapital} + \text{langfristiges Fremdkapital}) \cdot 100}{\text{Anlagevermögen}}$

Cashflow = Betriebsergebnis + planmäßige Abschreibungen auf Sachanlagen + Zuführung zu den langfristigen Rückstellungen

Cashflow-Rate = $\dfrac{\text{Cashflow} \cdot 100}{\text{Umsatzerlöse}}$

Eigenkapitalrentabilität = $\dfrac{\text{Betriebsergebnis} \cdot 100}{\text{Eigenkapital}}$

Gesamtkapitalrentabilität = $\dfrac{(\text{Betriebsergebnis} + \text{Zinsaufwand}) \cdot 100}{\text{Bilanzsumme}}$

Umsatzrentabilität = $\dfrac{\text{Betriebsergebnis} \cdot 100}{\text{Umsatzerlöse}}$

Debitorenziel (Kundenziel) = $\dfrac{\text{Forderungen aus Lieferungen und Leistungen} \cdot 365}{\text{Umsatzerlöse}}$

Kreditorenziel (Lieferantenziel) = $\dfrac{\text{Verbindlichkeiten aus Lieferungen und Leistungen} \cdot 365}{\text{Materialaufwand bzw. Wareneinsatz}}$

KGV = $\dfrac{\text{Börsenkurs}}{\text{erwarteter Gewinn pro Aktie}}$

Dividendenrendite = $\dfrac{\text{veröffentlichte Dividende} \cdot 100}{\text{Kapitaleinsatz}}$

Kalkulationsschemata + Deckungsbeitragsrechnungen

Kalkulation

Der Kalkulation im Betriebsbereich liegt die Teilkostenrechnung (prozessorientierte Standardeinzelkosten-rechnung) zugrunde.

1. Produktkalkulation im Aktivgeschäft

Ermittlung der **Preisuntergrenze** eines Produkts

   Alternativzinssatz für Anlagen am GKM
+ Mindestkonditionenmarge, bestehend aus:
     Direkt zurechenbare Betriebskosten in %
     Risikokosten in %
     Eigenkapitalkosten in %
= Preisuntergrenze Aktivprodukt in %

Ermittlung des **Deckungsbeitrags**

   Zinserlöse
− Alternativzinsen für Anlage am GKM
= **Deckungsbeitrag I** (Zinsüberschuss, Zins-Konditionenbeitrag)
+ Direkt zurechenbare Provisionserlöse
− Direkt zurechenbare Betriebskosten
= **Deckungsbeitrag II** (Netto-Konditionenbeitrag)
− Risikokosten
− Eigenkapitalkosten
= **Deckungsbeitrag III** (Beitrag zum Betriebsergebnis)

• Deckungsbeitrag III ohne Berücksichtigung der Overhead-Kosten
• Die Kosten für die Unterlegung mit Eigenkapital werden angegeben.

2. Produktkalkulation im Passivgeschäft

Ermittlung der **Preisobergrenze** eines Produkts

   Alternativzinssatz für Beschaffung am GKM
− Direkt zurechenbare Betriebskosten in %
= Preisobergrenze Passivprodukt in %

Ermittlung des **Deckungsbeitrags**

   Alternativzinsen für Beschaffung am GKM
− Zinskosten
= **Deckungsbeitrag I** (Zinsüberschuss, Zins-Konditionenbeitrag)
+ Direkt zurechenbare Provisionserlöse
− Direkt zurechenbare Betriebskosten
= **Deckungsbeitrag II** (Netto-Konditionenbeitrag)
= **Deckungsbeitrag III** (Beitrag zum Betriebsergebnis)

• Deckungsbeitrag II und III ohne Berücksichtigung der Overhead-Kosten

3. Kundenkalkulation

   Konditionenbeiträge der Aktivgeschäfte
+ Konditionenbeiträge der Passivgeschäfte
= **Deckungsbeitrag I** (Zinsüberschuss, Zins-Konditionenbeitrag)
+ Direkt zurechenbare Provisionserlöse
− Direkt zurechenbare Betriebskosten
= **Deckungsbeitrag II** (Netto-Konditionenbeitrag)
− Direkt zurechenbare Risikokosten
− Direkt zurechenbare Eigenkapitalkosten
= **Deckungsbeitrag III** (Deckungsbeitrag des Kunden)

4. Geschäftsstellenkalkulation

   Konditionenbeiträge der Aktivgeschäfte
+ Konditionenbeiträge der Passivgeschäfte
= **Deckungsbeitrag I** (Zinsüberschuss, Zins-Konditionenbeitrag)
+ Direkt zurechenbare Provisionserlöse
− Direkt zurechenbare Betriebskosten
= **Deckungsbeitrag II** (Netto-Konditionenbeitrag)
− Direkt zurechenbare Risikokosten
− Direkt zurechenbare Eigenkapitalkosten
= **Deckungsbeitrag III** (Deckungsbeitrag der Geschäftsstelle)